Jürgen Trabant

Mithridates im Paradies

Jürgen Trabant

Mithridates im Paradies
Kleine Geschichte
des Sprachdenkens

C.H. Beck

Dieses Werk wurde gefördert durch einen einjährigen Forschungsaufenthalt am Historischen Kolleg in München.
Das Historische Kolleg, dessen Träger die Stiftung zur Förderung der Historischen Kommission bei der Bayerischen Akademie der Wissenschaften und des Historischen Kollegs ist, wird finanziert aus Mitteln des Freistaates Bayern und privater Zuwendungsgeber (derzeit DaimlerChrysler-Fonds, Fritz Thyssen Stiftung und Stifterverband für die Deutsche Wissenschaft).

© Verlag C. H. Beck oHG, München 2003
Satz: Janß, Pfungstadt
Druck und Bindung: Ebner & Spiegel, Ulm
Gedruckt auf säurefreiem, alterungsbeständigem Papier
(hergestellt aus chlorfrei gebleichtem Zellstoff)
Printed in Germany
ISBN 3 406 50200 8

www.beck.de

für Christiane

Inhalt

5. London – Paris – Neapel
Das Reich des Menschen und die Sprache   157

6. Riga – Tegel – Cambridge, Mass.
Der beste Spiegel des menschlichen Geistes   210

7. Cambridge – Schwarzwald
Arbeiten, Spiele und Feiern der Sprache   293

Anhang

Aber wo die Sprachen sind, da geht es frisch und stark.

(Luther 1524)

Mithridates im Paradies?

«Es gibt kaum einen bekannteren Namen als den des Mithridates», so beginnt 1673 Racines Vorwort zu seiner Tragödie *Mithridate*: «Il n'y a guère de nom plus connu que celui de Mithridate». Das wird heute sicher niemand mehr behaupten. Der Bekanntheitsgrad dieser historischen Gestalt hat seit dem 17. Jahrhundert so offensichtlich abgenommen, daß man heute erläutern muß, wer denn der im Titel dieses Buches erscheinende Herr ist und warum er dort erscheint. Auch Mozarts (kürzlich wieder ausgegrabene) Jugend-Oper *Mitridate* hat den Mithridates nicht vor dem Vergesssen gerettet. Die Gebildeten im 17. und 18. Jahrhundert wußten – römische Geschichte war kanonisches Wissen –, daß Mithridates (oder korrekter Mithradates), der König von Pontus, der letzte ernstzunehmende Gegner Roms bei der Unterwerfung des gesamten Mittelmeerraums gewesen ist. Karthago war längst gefallen, Griechenland war römisch, nur dieser König vom Schwarzen Meer war noch nicht bereit, sich dem Imperium Romanum zu unterwerfen. Nach langen Kriegen und erbittertem Widerstand unterlag aber schließlich auch Mithridates dem universalen Imperium. Mithridates brachte sich um bzw. ließ sich umbringen, um nicht den Römern in die Hände zu fallen.

Dieser Untergang und Selbstmord eines großen Königs lockte natürlich die Tragödienschreiber an. Aber vor den Tragödiendichtern haben ganz andere Schriftsteller den Namen des Königs evoziert: die Sprachgelehrten. Mithridates war nämlich nicht nur für seinen hartnäckigen militärischen Widerstand gegen das universale Imperium und sein tragisches Ende berühmt, sondern auch dafür, daß er außerordentlich viele Sprachen beherrschte – je nach Quelle zweiundzwanzig, fünfundzwanzig oder gar fünfzig. Er war extrem polyglott und konnte in der jeweiligen Sprache mit den Völkern (und Soldaten) seines Reiches sprechen. Auch in dieser – wenn man will «kulturpolitischen» – Hinsicht war Mithridates also völlig unrömisch. Es ist den Römern ja nicht im Traum eingefallen, die Sprachen der von ihnen beherrschten Völker zu lernen. Sie erwarteten selbstverständlich, daß die unterworfenen Völker die Sprache des Imperiums verwendeten (außer dort, wo das Griechische verbreitet war, das die Römer als die Sprache der höheren Bildung anerkannten und über ihre eigene stellten). Der Name des vielsprachigen Königs eignete sich also bestens für ein Buch, das die Vielzahl der Sprachen der Welt dokumentieren wollte, für Conrad Gesners 1555 erschienene kleine Sprachenenzyklopädie *Mithridates sive de differentiis linguarum*, «Mithridates oder über die Verschiedenheiten der Sprachen». Daß mit der Erinnerung an Mithridates nicht nur dessen Vielsprachigkeit, sondern gleichzeitig auch dessen Widerstand gegen Rom evoziert wird, war dem protestantischen Schweizerischen Gelehrten sicher nicht unwillkommen.

Seine Vielsprachigkeit und die Opposition gegen Rom (das Universale Reich, die Universale Kirche, die Universale Sprache) sind die Gründe dafür, daß auch das vorliegende Buch den Mithridates noch einmal aus der Versenkung holt. Es teilt also durchaus Gesners Sympathie für den König von Pontus. Es stellt ihn allerdings nicht dem Imperium, sondern dem Paradies gegenüber, in dem es nun ganz bestimmt nur *eine* Sprache gab und in dem es, wenn man das aus dem Paradies Berichtete recht bedenkt, sogar besser *gar keine* Sprache gegeben hätte. Das Paradies und Mithridates sind die Pole, zwischen denen sich das europäische Sprachdenken bewegt, bei massiver Bevorzugung des paradiesischen Poles allerdings. Indem der Titel des Buches den Mithridates aber dem Paradies nicht nur gegenüberstellt, sondern in das Paradies hineinstellt, soll eine – wenn auch eher unwahrscheinliche – Lösung der Opposition angedeutet werden: Mithridates *im* Paradies.

Angesichts des nicht mehr aufzuhaltenden Prozesses, in dem sich das Menschengeschlecht gerade einen neuen biologischen Typus entwirft, d. h. sich in einem universellen Design neu stylt – «in smaragdener Schönheit» –, werden nämlich die sprachlichen Verschiedenheiten, denen die Sympathie des vorliegenden Buches gilt, weitgehend verschwinden. Nicht nur verschafft sich ja in der politischen Realität eine einzige Sprache globale Geltung, auch in der Sprachreflexion liegt der Fokus auf dem Universellen, d. h. auf dem Biologischen. Die (angeborene) Universalgrammatik, so teilt uns die linguistische Forschung mit, sei nun endgültig entschlüsselt, es liegt gleichsam ein linguistischer Generalbauplan der Sprache vor, angesichts dessen die verschiedenen Sprachen nur unerhebliche (und folglich auch überflüssige) kulturelle Oberflächenkräuselungen seien. Und auch das Gen oder die Gene, auf denen diese Universalgrammatik (oder was man sonst für «Sprache» hält) lokalisiert ist, seien (so gut wie) gefunden, liest man in *Nature*. Wie bei dem biologischen Typus wird auch auf diesem Gebiet des Menschseins das Schönste, Klügste und vor allem das Stärkste – oder Coolste – selektiert. Die Schönen, Klugen und Starken wollen natürlich auch die Sprache der Schönsten, Klügsten und Stärksten sprechen. Es sieht ganz danach aus, daß dies nicht das Ungarische ist, das Deutsche allerdings auch nicht.

Der universalistische Wind bläst den kulturellen Differenzen allenthalben ins Gesicht. Sie waren ja in der Tat im 20. Jahrhundert wie heilige Kühe unantastbar geworden, nachdem sie jahrhundertelang von den sich universell aufspreizenden Mehrheitskulturen in imperialistischer Arroganz mit Füßen getreten worden waren. Ich möchte hier aber nicht die kulturelle Diversität um jeden Preis verteidigen. Mein Buch heißt ja nicht «Mithridates» sondern «Mithridates im Paradies», es plädiert also für die Vermittlung von Verschiedenheit und Einheit. Nicht alles Kulturelle ist schützenswert und unantastbar, nur weil es «kulturell» ist. Die kulturell bedingte Unterdrückung der Frau in vielen Gesellschaften der Welt ist einfach unerträglich, die kulturell gegebene Sitte der Klitoris-Beschneidung ist zutiefst unmenschlich, das kulturell übliche öffentliche Vergießen von Tierblut in rituellen Handlungen ist ein Graus, ebenso wie es das Herausreißen menschlicher Herzen im aztekischen Kultus oder römische Gladiatorenkämpfe waren. Eine Kritik der Kulturen im Namen universeller Werte halte ich für völlig legitim und notwendig. Aber Sprachen sind in dieser Hinsicht gerade anders als die genannten kulturellen Phänomene. Sprachen sind sozusagen unschuldig different, sie tun niemandem weh, sie unterdrücken niemanden, sie sind einfach nur verschieden. Sie leisten überall auf der ganzen Welt dasselbe: Sie erlauben es den Menschen, die Welt zu denken und anderen Menschen das Gedachte mitzuteilen. Jede Sprache tut das, mit jeder Sprache kann man alles sagen, nur jede tut es anders. Ebensowenig wie es universelle Maßstäbe für die Qualität von Sprachen gibt – früher glaubte man, bestimmte Sprachen seien besser als andere –, ebensowenig gibt es universelle ethische Gründe, Sprachen zu unterdrücken oder zu eliminieren.

Dennoch wird dies bis heute aus zwei klassischen Gründen immer wieder getan, aus einem praktischen und einem philosophischen: In praktischer Hinsicht ist die Verschiedenheit der Sprachen natürlich ein Kommunikationshindernis (und damit ein Hindernis für die Ausweitung der Macht und des Marktes), das man beiseite räumen möchte. Und in theoretischer Hinsicht behindert die Sprache überhaupt – und ihre Vielfalt allzumal – vermeintlich die objektive, universelle Wahrheit. Nur ist die Konsequenz aus diesen unabweisbaren Einsichten nicht notwendigerweise die Unterdrückung der Sprachen oder die sprachliche Vereinheitlichung der Welt. Was die Behinderung der Kommunikation durch die Vielfalt der Sprachen angeht, so kann man Sprachen ja lernen (das ist auf jeden Fall ein Gewinn) und damit diese Kommunikationsbarrieren überwinden. Aus Gründen der kommunikativen Gerechtigkeit müßte dies allerdings reziprok gelten: Ich lerne deine Sprache, du lernst meine Sprache, dann haben wir beide etwas gelernt und dann verstehen wir uns

schon. Das *einseitige* Lernen einer einzigen Sprache als Zweitsprache auf
der ganzen Welt und die *Einsprachigkeit* derer, die diese Sprache schon
können, sind eine schreiende Ungerechtigkeit und eine bodenlose
Dummheit. Und was die Wahrheit angeht, so wäre auch mit einer einzigen Sprache das Problem nicht gelöst. Die Sprache ist auch in der Einzahl
immer noch da und macht sich auch als einzige störend bemerkbar: Da
sie die Sprache einfach nicht wegbekommen, müssen sich die Wahrheitssucher also mit der Sprache sowieso irgendwie arrangieren. In diesem
Fall kann man die Wahrheit aber auch nach wie vor ebensogut in der
einen wie in der anderen Sprache suchen – und dann übersetzen oder
übersetzen lassen oder, wie gesagt, dem anderen zumuten, meine Sprache zu lernen, wenn er meine Wahrheit kennenlernen möchte. Diese
etwas komplizierteren Sprachverhältnisse sind nicht so bequem wie die
globale Einsprachigkeit, sie sind aber gerechter und bedeutend interessanter und, wie ich glaube, für die Freiheit des menschlichen Geistes einfach unabdingbar.

Mein Motiv für das Schreiben des vorliegenden Buches ist also, wie
man sieht, meine altmodische Liebe zu diesen schwindenden Oberflächen-Dingern, den Sprachen: *l'amore delle lingue*, wie die italienischen Humanisten sagen, sozusagen eine unheilbare «Philo-Logie». Sie
schwankt zwischen Hoffnung und Verzweiflung. Das Buch ist also ein
Pamphlet – oder ein Epitaph – für ein Denken sprachlicher Diversität im
kommenden globalen Paradies, für Mithridates im Paradies.

Zu dieser ziemlich uncoolen Programmatik kommt nun noch erschwerend hinzu, daß, was ich im folgenden schreibe, ein einzelner gar
nicht mehr ernsthaft schreiben kann. Niemand überblickt das europäische Sprachdenken von der Antike – oder auch «nur» von Dante – bis
heute. Niemand kann heute eigentlich mehr ernsthaft eine Synthese der
außerordentlich lebendigen und subtilen Forschungen zur Geschichte
der Sprachwissenschaft und Sprachphilosophie versuchen wollen (außer
Lia Formigari, die das kann). Nationale und internationale Gesellschaften und Kongresse, mehrbändige Kongreßakten, Zeitschriften und Buchreihen haben in den letzten Jahren das Wissen auf diesem Gebiet vervielfacht. Faßbar ist das also bestenfalls in Gemeinschaftsunternehmungen,
wie sie auch in eindrucksgebietenden, zumeist mehrbändigen Gesamt-Darstellungen ziemlich zahlreich vorliegen. Dort steht alles drin,
was ich im folgenden erzähle, und natürlich vieles mehr und viel besser.

Weshalb ich es aber dennoch tue, weshalb ich also die folgende Reise
durch die Jahrhunderte und Orte des europäischen Sprachdenkens wage,
verlangt also eine Erklärung oder besser: eine Entschuldigung. Das erste
Motiv ist das angedeutete Unbehagen an der kulturellen Situation der
Sprache und der Sprachen. Mithridates, der sagenhafte König von Pontus, der zweiundzwanzig Sprachen konnte, ist eine völlig überflüssige, ja

geradezu lächerliche Figur geworden; das sprachliche Paradies – «einerlei Sprache» – breitet sich immer mehr unter dem ziemlich einhelligen Beifall sämtlicher Beteiligter aus. Und ich möchte verstehen, warum das so ist. Ich suche die Gründe dafür nicht in der ökonomischen Globalisierung, sondern im Überbau, in den Köpfen der Menschen, in der europäischen Mentalität, wie sie sich in den historischen Reflexionsprozessen über die Sprache entfaltet hat. Meine Geschichte des europäischen Sprachdenkens hat also in dieser quälenden Frage nach den Sprachen – der *questione della lingua* – einen Fluchtpunkt und eine durchaus einschränkende Perspektive, die ein ordentliches wissenschaftliches Unternehmen eigentlich gar nicht haben dürfte.

Der zweite Grund für mein frivoles Unternehmen ist ein Bedürfnis nach Klarheit. Der Wald der Gelehrsamkeit, um ein Bild von Vico aufzugreifen, ist ebenso ehrfurchtgebietend wie undurchdringlich geworden, so daß ich versucht habe, mir selber durch das Schreiben Klarheit zu verschaffen über die Grundlinien dieses langen europäischen Prozesses, der – wie so vieles andere auch – offensichtlich an sein amerikanisches Ende gekommen ist. Dabei ist nun gewiß ein allzu grelles Licht entstanden, so daß nur noch grobe Linien zu sehen sind. Aber es sollten ja Wege im dichten Wald gewiesen oder gar Schneisen geschlagen werden, die vielleicht eine Orientierung ermöglichen und dann zu einer näheren Inspektion einladen.

Schließlich wollte ich dieses Gebiet des Wissens, die Geschichte der Sprach-Reflexion in Europa, das Außenstehenden unendlich gelehrt und abseits von jeglicher Lebenspraxis erscheinen muß, einmal für den normalen gebildeten Leser und Sprecher darstellen. Diese Geschichte ist nämlich nicht nur ein – wie ich natürlich finde – ziemlich interessanter Aspekt der allgemeinen Kultur- und Geistesgeschichte, sondern auch überhaupt nicht abgehoben vom Leben: Was dort verhandelt wird, betrifft durchaus die alltägliche kulturelle Praxis aller Menschen. Wir sind ja doch unentwegt in sprachliche Aktivitäten verwickelt und treffen dabei ständig kulturelle Entscheidungen, die motiviert sind von unserer Vergangenheit und die ihrerseits die Zukunft modellieren.

Der Wunsch nach Klarheit und das Bemühen um Verständlichkeit haben mich weitgehend auf die Diskussion der gelehrten Literatur verzichten lassen. Ich gehe daher auch sparsam mit Fußnoten um und führe in der ziemlich umfangreichen Bibliographie die Literatur an, auf der das Ganze basiert. Ich lasse vor allem die großen Texte sprechen und hoffe, daß der eine oder andere Leser zu diesen Texten greift. Das Schönste wäre es, wenn dieser oder jener dann in der Bibel oder den *Kratylos, De magistro, De vulgari eloquentia*, den *Dialogo delle lingue, Of Words*, die *Abhandlung über den Ursprung der Sprache, Über die Verschiedenheit des menschlichen Sprachbaues*, die *Philosophischen Untersuchungen* und *Unterwegs zur Sprache* lesen würde. Dann hätte der *Mithridates im Paradies* immerhin sein zweitschönstes Ziel erreicht.

Hoffnung, daß mir einige gebildete Sprecher in die Lektüre des vorliegenden Buches folgen, gibt mir die Tatsache, daß der *Mithridates im Paradies* bei einigen von ihnen schon auf Interesse gestoßen ist, noch bevor es ihn gab. Denn das vorliegende Buch konnte nur geschrieben werden, weil mir das Historische Kolleg in München die Gelegenheit gegeben hat, abseits von den täglichen Pflichten des Universitätsbetriebs während eines Studienaufenthalts in München aus einer Projektskizze ein Buch zu machen. Wie immer die Leser das Buch aufnehmen werden, für mich war die Zeit der Realisierung meines ziemlich riskanten Projekts eine wunderbare kreative Zeit, für die ich dem Historischen Kolleg unendlich dankbar bin.

1. Paradies
Vom ersten Wort zur Sprache des Herzens

1.1. Israel

1.1.1. Benennen: Eden   Im Anfang war das Wort, der Logos, sagt Johannes. Das ist aber schon eine späte griechische Interpretation, welche die Macht des Wortes in der Bibel gewaltig übertreibt. Modern würden wir sagen, es ist eine typisch griechische logo-zentrische Reduktion und Radikalisierung der hebräischen Originalerzählung. Am Anfang der Bibel war nämlich nicht nur das Wort. Gott hat die Welt nicht nur mit Worten geschaffen, er hat ganz offensichtlich auch mit den Händen gearbeitet. Der Schöpfungsprozeß am Anfang der *Genesis* ist durch einen Dreier-Rhythmus bestimmt: Sprechen – Machen/Scheiden – Nennen. Sehen wir uns den ersten Schöpfungstag an:

> Und Gott *sprach*: Es werde Licht! und es ward Licht. Und Gott sah, daß das Licht gut war. Da *schied* Gott das Licht von der Finsternis und *nannte* das Licht Tag und die Finsternis Nacht.[1]

Es ist nicht das schöpferische Wort allein, das alles bewirkt, sondern das Sprechen Gottes ist eingebettet in ein Machen oder Scheiden oder Schaffen – in ein praktisches Tun. Das magische Sprechen Gottes ist gleichsam ein Initialfunke und ein Entwurf dessen, was da entstehen soll. In einem zweiten Moment des Schöpfungsaktes «geschieht» dann, was Gott entworfen hat, oder Gott «macht» oder «schafft» es. Natürlich läßt sich das nicht fein säuberlich voneinander trennen, der göttliche Schöpfungsakt ist *einer*, aber eben doch mit zwei Aspekten, einem sprachlichen und einem praktischen.

Deutlich von diesen getrennt und etwas Zusätzliches scheint mir aber das dritte Moment: das Nennen, das Zusprechen von Namen. Gott *nannte* das Licht «Tag» und die Finsternis «Nacht». Dieses Namengeben ist ganz offensichtlich auch für Gott etwas, was *im Anschluß* an das schöpferische Sprechen und Machen kommt, gleichsam eine Bestätigung der Kreation. Gott führt aber sein Namengebungswerk nicht zu Ende. Er nennt zwar das Licht «Tag», die Finsternis «Nacht», und er benennt auch noch den «Himmel», die «Erde» und das «Meer». Aber das ist es dann auch schon. Das heißt, er schafft nicht auch noch eine Sprache – mit Ausnahme der genannten fünf Namen. Die Schaffung der Sprache überläßt Gott seiner letzten Kreatur, dem Menschen.

Denn als Gott der Herr gemacht hatte von der Erde allerlei Tiere auf dem Felde und allerlei Vögel unter dem Himmel, brachte er sie zu dem Menschen, daß er sähe, wie er sie nennte; denn wie der Mensch allerlei lebendige Tiere nennen würde, so sollten sie heißen. Und der Mensch gab einem jeglichen Vieh und Vogel unter dem Himmel und Tier auf dem Felde seinen Namen.

Allerdings wird diese Gebung der Namen durch Adam (den Namen *Eva* gibt Adam seiner Frau erst nach dem Sündenfall, kurz vor der Vertreibung aus dem Garten Eden, Gn. 3, 20) erst beim zweiten Durchgang erzählt. Die Bibel erzählt ja die Schöpfung des Menschen zweimal. Und sie stellt in diesem zweiten Durchgang die Schöpfung des Menschen etwas anders dar: In *Genesis* 1 wird der Mensch gewissermaßen in einem Rutsch in seiner geschlechtlichen Doppeltheit als Mann und Frau geschaffen: «Und Gott schuf den Menschen ihm zum Bilde, zum Bilde Gottes schuf er ihn; und schuf sie einen Mann und ein Weib» (Gn. 1, 27). In *Genesis* 2 (der später folgenden, aber offensichtlich älteren Geschichte) wird aber zunächst der Mensch «aus einem Erdenkloß» gemacht. Gott bildet also wie ein Töpfer, wie ein Bildhauer. Und dann tut er das, was Michelangelo ja bekanntlich nicht gelang: «Er blies ihm seinen lebendigen Odem in die Nase. Und also ward der Mensch eine lebendige Seele» (Gn. 2, 7). Dies ist eine wichtige Präzisierung des Schöpfungsvorgangs, die für das Sprachthema ganz entscheidend ist. Denn wie anders, wenn nicht mit dem lebendigen Atem, wird Adam die Namengebung vollziehen: die Namen sind Ausatmungen des Menschen. Nun wird zwar nicht gesagt, wozu diese Namen eigentlich dienen. Es ist aber offensichtlich so, daß wie bei Gottes eigener Namengebung ihr Zweck die Bestätigung der Schöpfung ist. Gott überläßt seiner Kreatur die Aufgabe, seine Schöpfung weiter zu benennen, und das heißt, mit dieser Benennung die Welt in Besitz zu nehmen, die Welt zu erschließen bzw. die Schöpfung zu Ende zu führen. Gottes Ebenbild macht es so, wie Gott es gemacht hat: Es gibt Namen. Aber mehr auch nicht, der Mensch ist nur in diesem dritten Moment der Schöpfung wie Gott. Er kann das Geschaffene nur post festum benennen. Das ist auch nicht schlecht, es ist durchaus gottes-ebenbildlich. Aber es ist nicht gott-gleich. Das menschliche Wort schafft – außer sich selbst – nichts Neues. Die Kreativität des menschlichen Wortes – oder genauer: der Namen – ist durchaus eingeschränkt. Und genau das genügt dem Menschen dann auch nicht.

Bemerkenswert ist nun, daß Adam in dieser zweiten Schöpfungsgeschichte den Tieren Namen gibt, noch bevor er eine Gefährtin hat. Adam ist noch allein. Die Namen dienen also ganz offensichtlich nicht dazu, dem anderen etwas mitzuteilen. Es gibt ja noch gar keinen anderen, mit dem der Mensch *kommunizieren* könnte. Die Bestätigung der Schöpfung und die Aneignung der Welt durch die Wörter scheint das Primäre zu sein. Dennoch: die Erzählung der Erschaffung der Adamssprache, der *lingua adamica,* ist *eingebettet* in die Geschichte von der Erschaffung der Frau, in die Geschichte der Eröffnung der Sphäre des Miteinanders. Der Erzählung von der Schaffung der *lingua adamica* geht nämlich unmittelbar folgendes voraus:

> Und Gott der Herr sprach: Es ist nicht gut, daß der Mensch allein sei; ich will ihm eine Gehilfin machen, die um ihn sei.

Es folgt die zitierte Stelle:

> Denn als Gott der Herr gemacht hatte von der Erde allerlei Tiere auf dem Felde und allerlei Vögel unter dem Himmel, brachte er sie zu dem Menschen, daß er sähe, wie er sie nennte; denn wie der Mensch allerlei lebendige Tiere nennen würde, so sollten sie heißen. Und der Mensch gab einem jeglichen Vieh und Vogel unter dem Himmel und Tier auf dem Felde seinen Namen.

Und unmittelbar daran schließt an:

> aber für den Menschen ward keine Gehilfin gefunden, die um ihn wäre.

Die Namengebung, die Benennung der Welt, die geistig-sprachliche Aneignung der Welt, bereitet gleichsam die mit der Schöpfung Evas eröffnete Dimension des *Anderen,* der Alterität und der Kommunikation, vor.

Bei dieser ersten von der Bibel berichteten sprachlichen Aktivität des soeben geschaffenen Menschen, der Benennung der Tiere durch Adam, müssen die folgenden drei Momente hervorgehoben werden:

Erstens hat man diese Stelle «Und der Mensch gab einem jeglichen Vieh und Vogel unter dem Himmel und Tier auf dem Felde seinen Namen» in der Bibelauslegung nicht nur auf «Vieh und Vogel» beschränkt, sondern hierin die Schaffung einer umfassenden Sprache verstanden, die *alle Gegenstände der Welt* benennt. Dabei wird «Sprache» im wesentlichen als ein Ensemble von Wörtern bzw. von Namen für Gegenstände, als ein *Wortschatz,* verstanden (Grammatik spielt bis in die Moderne hinein keine Rolle, wenn von der Beziehung zwischen Welt und Sprache die Rede ist).

Zweitens ist die *lingua adamica* als Schöpfung des gerade aus der Hand Gottes hervorgegangenen Menschen, der noch nicht der Sünde und dem Irrtum verfallen ist, als die *eine wahre Ursprache,* als Ensemble der den Dingen wesentlich zukommenden Wörter verstanden worden. Die Sprache des Paradieses ist die vollkommene Sprache.[2] Es wird später eine Diskussion darum geben, ob eine der existenten Sprachen diese wahre, richtige Ursprache der Menschheit ist (das Hebräische wird diese Position lange innehaben). Dennoch enthält die biblische Narration schon in nuce ein Problem, das die Sprachreflexion bis heute beschäftigt: Einerseits wird nämlich gesagt: «denn wie der Mensch allerlei lebendige Tiere nennen würde, so sollten sie heißen». Das heißt: der Mensch waltet frei, oder, wie es später heißen wird, nach seinem Belieben, *secundum placitum, willkürlich.* Andererseits aber stellt sich die Frage, ob Adam *irgendeinen* Namen gegeben hat – und auch einen anderen hätte geben können – oder ob nicht die Geschöpfe gleichsam einen Namen haben, der ihnen *wesentlich* zukommt. Adam würde dann durchaus *nicht* nach Belieben handeln, sondern eben den Namen rufen, der den Geschöpfen anhängt. Von Anfang an würde sich die Objektivität selbst oder sogar das Wesen der Gegenstände – die *Natur* der Dinge – in die Sprache einprägen. Natürlich fallen hier am Anfang das Belieben Adams und das Wesen der Dinge zusammen, so daß die *lingua adamica* auf jeden Fall die vollkommene Sprache des Anfangs ist, die das Wesen der Dinge aussagt. Aber diese beiden Momente der biblischen Narration werden später in ein konfliktuelles Verhältnis treten: das Belieben des Menschen und das Wesen der Sachen treten auseinander. Indem die Sprache eingeschrieben ist in einen Raum zwischen der Freiheit oder – wie es in der Sprachreflexion heißen wird – der «Willkür» des sprechenden Menschen einerseits und der prägenden Kraft der Welt andererseits, der «Natürlichkeit», eröffnet schon die Bibel das spannungsreiche Verhältnis, das die Sprachreflexion über Jahrhunderte bis heute beschäftigen wird.

Die Geschichte läßt drittens, wie gesagt, offen, *wozu* die *lingua adamica* eigentlich dienen soll. Die Namengebung vollendet oder führt fort, was Gott beginnt: die sprachliche Bestätigung der Schöpfung. Diese ist beim Menschen ein Akt der geistigen Aneignung der Schöpfung, der Welterschließung. Sprache dient also – modern gesagt – primär der *Kognition.* Durch die narrative Position der Geschichte – mitten in der Erzählung der Schaffung des anderen Menschen – scheint die Bibel aber auch anzudeuten, daß Sprache auch im Hinblick auf den Anderen, also auch im Hinblick auf *Kommunikation* geschaffen wird.

1.1.2. *Miteinander-Sprechen: Hinaus aus Eden*   Der Andere bzw. die

Andere spielt jedenfalls in der nächsten biblischen Sprachepisode die entscheidende Rolle. Und diese Rolle ist durchweg *negativ.* Die nächste Geschichte über die Sprache handelt vom Miteinander-Sprechen. Und das führt bekanntlich geradewegs in die Katastrophe: in den Sündenfall. Das erste *Miteinander-Sprechen,* von dem die Bibel berichtet, ist nämlich dasjenige zwischen der Schlange und Eva. Das zeigt schon von vornherein, daß es mit dem Miteinander-Sprechen nicht gut stehen kann.

> Und die Schlange war listiger denn alle Tiere auf dem Felde, die Gott der Herr gemacht hatte, und sprach zu dem Weibe: Ja, sollte Gott gesagt haben: Ihr sollt nicht essen von allerlei Bäumen im Garten? Da sprach das Weib zu der Schlange: Wir essen von den Früchten der Bäume im Garten; aber von den Früchten des Baumes mitten im Garten hat Gott gesagt: Esset nicht davon, rühret's auch nicht an, daß ihr nicht sterbet. Da sprach die Schlange zum Weibe: Ihr werden mitnichten des Todes sterben; sondern Gott weiß, daß, welches Tages ihr da-

von esset, so werden eure Augen aufgetan, und werdet sein wie Gott und wissen, was gut und böse ist. Und das Weib schaute an, daß von dem Baum gut zu essen wäre und daß er lieblich anzusehen und ein lustiger Baum wäre, weil er klug machte; und sie nahm von der Frucht und aß und gab ihrem Mann auch davon und er aß.

Es gelingt der Schlange durch dieses Gespräch, Eva zum Essen vom Baum der Erkenntnis des Guten und des Bösen zu verführen. Dann verführt Eva den Adam zu derselben Tat. Wie macht sie das aber? Von einem Gespräch zwischen Adam und Eva, von einer ersten zwischenmenschlichen Kommunikation also, ist nämlich in der Bibel zunächst nicht die Rede. Man könnte daher fast annehmen, daß Eva Adam die Frucht wortlos gegeben hat. Wir wissen aber dennoch, daß Eva die Verführung sprachlich initiiert hat. Denn, wenn Gott die Strafe für das Übertreten seines Verbots ausspricht, wirft er Adam (in Gn. 3, 17) Folgendes vor: «Dieweil du hast gehorcht der Stimme deines Weibes und gegessen von dem Baum». Adams Ohr war der Stimme Evas hörig, es hat gehorcht. Die beiden haben also tatsächlich miteinander gesprochen. In diesem Miteinander-Sprechen entwirft – nach der Schlange – Eva die verbotene Tat. Der erste Sprechakt zwischen den beiden Menschen, von dem die Bibel berichtet, ist eine *Aufforderung*. Aufforderungen enthalten immer den Entwurf einer zukünftigen Handlung des Hörers. Die hier geforderte zukünftige Handlung des Hörers war gleichzeitig eine *verbotene*, ja es war die einzige verbotene Handlung. Der erste Sprechakt war also *Verführung*, Persuasion, gelungene *Rhetorik*. Eva entwirft in ihrem Sprechen das Neue und Verbotene, das in der ausgeführten Handlung dann in die Welt tritt und alles verändert: «... und er aß. Da wurden ihrer beider Augen aufgetan, und sie wurden gewahr, daß sie nackt waren». Im Miteinander-Sprechen schaffen die Menschen das Neue, das gleichzeitig das Verbotene ist: Sie schaffen *Wissen*.

Das Miteinander-Sprechen hat also keine gute Presse in der Bibel. Aus ihm entsteht der Sündenfall, in ihm wird das unerhörte Wissen generiert, das den Menschen, wie die Schlange gesagt hat, in der Tat Gott ähnlich macht: «Ihr werdet sein wie Gott», nämlich wissend und schöpferisch. Durch ihr Miteinander-Sprechen schaffen die Menschen etwas Neues, das vorher noch nicht in der Welt war. Die Namengebung Adams war nur eine Verdoppelung der Schöpfung Gottes, ein Nachhall der Kreation. Das Sprechen der Schlange und Evas dagegen schafft Adams Tat («er aß») und das aus ihr resultierende Wissen («sie sahen, daß sie nackt waren»), das gottgleich ist. Gott selber bestätigt das (Gn. 3, 22): «Und Gott der Herr sprach: Siehe, Adam ist geworden wie unsereiner und weiß, was gut und böse ist.»

Gott bestraft diesen Schritt in die Gottähnlichkeit bekanntlich grausam: mit Geburtsschmerzen, mit der Unterordnung der Frau unter den

Mann, mit der Notwendigkeit der Arbeit und mit der Sterblichkeit. Besonders hart trifft es die Frau. Und Gott vertreibt die Menschen aus dem Paradies, damit sie sich nicht auch noch an dem Baum des Lebens vergreifen. Denn es standen zwei Bäume im Paradies: der Baum des Lebens und der Baum des Wissens. Gott hat aber ganz offensichtlich nicht vorhergesehen, daß durch das Miteinander-Sprechen das Wissen des Menschen so groß werden wird, daß er heute – in seinem neuen Paradies und mit seiner neuen Adamssprache – längst auch an den Baum des Lebens Hand angelegt hat.

Obwohl das Vergehen sprachlich initiiert war, wird aber die Sprache zunächst nicht bestraft. Man hätte sich ja auch vorstellen können, daß Gott die Kommunikation zwischen den Menschen stört. Das geschieht aber nicht, noch nicht. Das geschieht erst beim nächsten Versuch, so sein zu wollen wie Gott, in Babel.

1.1.3. Verschiedenheit als Strafe: Babel   Die Menschen benehmen sich auch nach dieser schlimmen Bestrafung nicht besser: Kain ermordet Abel. Die Menschen werden dann sogar so böse, daß Gott beschließt, sie bis auf Noah alle zu ertränken. Noah überlebt die große Flut, aber schon bei seinen Söhnen beginnt es wieder: Ham ist der Übeltäter unter den drei Söhnen Noahs Sem, Ham und Japhet. Und mitten hinein in die Genealogie Sems, die hinführt auf den Vater des Volkes Israel, auf Abraham, setzt die Bibel die Geschichte vom Turmbau zu Babel. Hier wird nun erneut im Miteinander-Sprechen das Unerhörte geplant, um an Gott heranzureichen oder Gott ähnlich zu werden («daß wir uns einen Namen machen»). Die Menschen können das unerhörte Projekt verabreden und in Angriff nehmen, weil sie «einerlei Sprache» haben und deswegen miteinander sprechen können. Die nun verfügte Strafe betrifft aber die Sprache: die Sprache wird «verwirrt», damit «keiner des anderen Sprache verstehe»:

> Es hatte aber alle Welt einerlei Zunge und Sprache. Da sie nun zogen gen Morgen, fanden sie ein ebenes Land im Lande Sinear, und wohnten daselbst. Und sie sprachen untereinander: Wohlauf, laßt uns Ziegel streichen und brennen! und nahmen Ziegel zu Stein und Erdharz zu Kalk und sprachen: Wohlauf, laßt uns eine Stadt und einen Turm bauen, des Spitze bis an den Himmel reiche, daß wir uns einen Namen machen! denn wir werden sonst zerstreut in alle Länder. Da fuhr der Herr hernieder, daß er sähe die Stadt und den Turm, die die Menschenkinder bauten. Und der Herr sprach: Siehe, es ist einerlei Volk und einerlei Sprache unter ihnen allen, und haben das angefangen zu tun; sie werden nicht ablassen von allem, was sie sich vorgenommen haben zu tun. Wohlauf, lasset uns herniederfahren und ihre Sprache daselbst verwirren, daß keiner des andern Sprache verstehe! Also zerstreute sie der Herr von dort in alle Länder, daß sie mußten aufhören die Stadt zu bauen. Daher heißt ihr Name Babel, daß der Herr daselbst verwirrt hatte aller Länder Sprache und sie zerstreut von dort in alle Länder. (Gn. 11, 1–9)

Auch wenn das Miteinander-Sprechen, die sprachliche Verführung, der Grund für den Sündenfall gewesen ist, so begründet der Sündenfall doch kein *explizites* Sprach-Theorem oder Sprach-Mythem. Die *sprachliche* Aktivität spielt bei der Zerknirschung über die erste Sünde kaum eine Rolle, sondern mehr die verbotene Handlung, das Essen der Frucht. Die Bibel sagt ja auch zum Sprechen nicht viel, und auch eine vorstellbare Bestrafung der an der Missetat beteiligten Organe (Stimme und Ohr, «Du hast gehorcht der Stimme deines Weibes») wird zunächst nicht vorgenommen. Dennoch kritisiert die europäische Tradition, wie noch Walter Benjamin, das Miteinander-Sprechen als «Geschwätz»,[3] insbesondere natürlich als Geschwätzigkeit der Frau. Und sie schöpft aus dieser ersten sprachlichen Verführung ihr Ressentiment gegen das Rhetorische, gegen die Persuasion. Auf jeden Fall aber gibt der Sündenfall den schon aufs Negative vorbereitenden Hintergrund für die Babel-Geschichte ab, den zweiten, *expliziten* Mythos über die Sprache nach der adamitischen Namengebung. Das erneute verwerfliche Miteinander-Sprechen wird dann an der Quelle bestraft, an der Einheit der Sprache, die das ja erst ermöglicht hat.

Der Garten Eden und Babel, die erste und die dritte Sprachepisode der Bibel, werden in der europäischen Tradition zusammengedacht und haben eine fundamentale Bedeutung für das europäische Sprachdenken. Sie sind geradezu der eine unerschütterliche Pfeiler dessen, was man «europäische Sprachideologie» nennen könnte (der andere ist Aristoteles' semiotische Sprachauffassung): Zuerst schafft Adam die Sprache des Paradieses, die gleichzeitig die «richtigen» Wörter, die Urwörter enthält. Diese Sprache des Gartens Eden hält sich über den Sündenfall hinaus bis Babel als einheitliche Sprache der Menschen (die den Turmbau ermöglichende «einerlei Zunge und Sprache» wird als *lingua adamica* gedeutet). Hier nun also fährt Gott hernieder und bestraft die mit einerlei Sprache komplottierenden Menschen durch die Verwirrung dieser Sprache, d. h. durch die Herstellung sprachlicher *Verschiedenheit*.

In diesem Mythos wurzelt die tiefste europäische Vorstellung von der Sprache: Einheit der Sprache ist gut, paradiesisch, Vielfalt der Sprache ist schlecht, sie ist *Strafe und Verlust*, Verlust der ursprünglichen paradiesischen Einheit und der ursprünglichen richtigen Wörter. Gegen diese von dem Gründungstext unserer Kultur ausgehende nostalgische Vorstellung von der sprachlichen Einheit ist kein Kraut gewachsen. Sie ist gleichsam unausrottbar, und jegliche Bemühung, sprachliche Vielfalt als etwas Positives zu denken, ist daher auch weitgehend zum Scheitern verurteilt.[4]

1.1.4. Versöhnung: Pfingsten Dabei denkt das Neue Testament eigentlich die Vermittlung, die Aufhebung des Fluches von Babel im vierten biblischen Sprach-Mythos: in der Pfingsterzählung. Aber Pfingsten spielt in der (west)europäischen christlichen Tradition merkwürdigerweise keine so fundamentale Rolle wie die Vorstellung von der *lingua adamica* und ihrer Zerstörung in Babel. Die Pfingstgeschichte handelt von einer Zusammenkunft verschiedensprachiger Menschen an einem Ort, denen etwas mitgeteilt werden soll von Menschen, die ihre Sprachen nicht sprechen. Das Problem, das von den Aposteln gelöst werden soll, ist, wie man durch die Mauer der verschiedenen Sprachen dringt, um die Frohe Botschaft zu verkünden. Die Sache ist aussichtslos, Gott selbst hat hier seinen babelischen Riegel vorgeschoben. Aber gerade deswegen ist er es auch, der das Kommunikationshindernis beseitigt. Gott hatte dabei im Grunde zwei Optionen: Entweder er hebt die Verschiedenheit der Sprachen auf, er stellt die *lingua adamica* wieder her, er kassiert die babelische Strafe. Die Apostel würden also auf Aramäisch oder Griechisch oder in einer neuen Sprache sprechen, die die in Jerusalem versammelten Menschen dann ebenfalls alle verstehen und sprechen würden. Oder er tut das, was zu Pfingsten geschieht:

> Und als der Tag der Pfingsten erfüllt war, waren sie alle einmütig beieinander. Und es geschah schnell ein Brausen vom Himmel wie eines gewaltigen Windes und erfüllte das ganze Haus, da sie saßen. Und es erschienen ihnen Zungen, zerteilt, wie von Feuer; und er setzte sich auf einen jeglichen unter ihnen; und sie wurden voll des heiligen Geistes und fingen an, zu predigen mit andern Zungen, nach dem der Geist ihnen gab auszusprechen. Es waren aber Juden zu Jerusalem wohnend, die waren gottesfürchtige Männer aus allerlei Volk, das unter dem Himmel ist. Da nun diese Stimme geschah, kam die Menge zusammen und wurden bestürzt; denn es hörte ein jeglicher, daß sie mit seiner Sprache redeten. Sie entsetzten sich aber alle, verwunderten sich und sprachen untereinander: Siehe, sind nicht diese alle, die da reden, aus Galiläa? Wie hören wir denn ein jeglicher seine Sprache, darin wir geboren sind? Parther und Meder und Elamiter, und die wir wohnen in Mesopotamien und in Judäa und Kappadozien, Pontus und Asien, Phrygien und Pamphylien, Ägypten und an den Enden von Libyen bei Kyrene und Ausländer von Rom, Juden und Judengenossen, Kreter und Araber: wir hören sie mit unseren Zungen die großen Taten Gottes reden. (Apostelgeschichte 2, 1–11)

Gott wählt also im Pfingstwunder den Weg der *Verschiedenheit*, nicht den der paradiesischen Einheit, bzw. genauer den Weg der *Einheit in der Verschiedenheit*. Die Sprachen bleiben bestehen, die Apostel sprechen – inspiriert vom Heiligen Geist – in den verschiedenen Sprachen der Völker der Erde. Was zu sagen ist, kann man in allen Sprachen sagen. Die Botschaft ist universell, die Arten und Weisen, sie auszudrücken, sind verschieden. Der Heilige Geist spricht in allen Sprachen. Der Fluch von Babel braucht gar nicht kassiert zu werden, weil die «Einerleiheit» der Botschaft durchaus *in* der Verschiedenheit der Sprachen Bestand hat. Die Verschiedenheit ist nicht so tief, daß man sie nicht überwinden könnte.

«Ihr sollt euch nicht verstehen», sagte der babelische Gott. «Du kannst mich einfach nicht verstehen», klagt noch der sprachliche (oder kulturelle) Relativismus und gibt jeden Versuch einer Kommunikation auf. Der pfingstliche Geist dagegen sagt: «Du kannst mich verstehen, weil ich auch *deine* Sprache spreche». Pfingsten lehrt, daß man die sprachliche Verschiedenheit überwinden kann, indem man die Sprache des Anderen erwirbt (die Apostel hatten es natürlich etwas einfacher als wir, die wir die Sprachen mühsam erlernen müssen, sie hatten ein pneumatisches Sprachlabor, von dem die Hypno- und Suggestopädie noch heute träumt).

Der pfingstliche Weg bejaht also die Verschiedenheit, aber er zeigt auch – und das ist wichtig –, daß diese Verschiedenheit auf einer fundamentalen *Einheit des Geistes* aufruht. Pfingsten ist nicht relativistisch, es ist daher auch nicht resignativ, sondern es akzeptiert die menschliche Verschiedenheit in der Zuversicht, daß die Menschen ihr Trennendes überwinden können, weil sie geistig zutiefst identisch sind. Allerdings ist Pfingsten in dieser Hinsicht auch nicht sehr klar: Es läßt nämlich die Frage offen, die dann das europäische Sprachdenken bis heute beschäftigen wird, *wie tief* denn eigentlich die Verschiedenheit ist. Ist es nur eine Verschiedenheit des Materiellen, des *Lauts* (wie Aristoteles annimmt)? Oder ist es trotz der Universalität des Geistes auch eine Verschiedenheit des *Denkens* (wie Humboldt lehrt), d. h. gibt es so etwas wie eine einzelsprachliche Form des Denkens? Die Betonung der Einheit der Botschaft hinter der sprachlichen Verschiedenheit, der Einheit des (Heiligen) Geistes hinter den verschiedenen Lauten, der Einheit also des Wichtigen hinter der Verschiedenheit des Nicht-So-Wichtigen läßt eher darauf schließen, daß hier griechisches Sprachdenken am Werk ist, das seinen Aristoteles verinnerlicht hat. Bei diesem ist nämlich, wie wir gleich sehen werden, sprachliche Verschiedenheit nur eine oberflächliche, materielle, die aufruht auf einer universellen Identität des Geistes. Diese Diversität der Signifikanten zu überwinden ist daher zwar immer noch wunderbar, aber es ist doch nicht das ganz große Wunder, das jedes Erlernen einer Fremdsprache vollbringt.

Wie dem auch sei, ob tiefe oder flache Verschiedenheit, die pfingstliche Botschaft ist jedenfalls, daß sprachliche Verschiedenheit nicht so abgrund-furchtbar ist, wie der Babel-Mythos es nahelegt (sie wird ja beibehalten), und daß man sprachliche Verschiedenheit durch das Erlernen und Sprechen fremder Sprachen überwinden kann.

Aber die pfingstliche Botschaft ist in Europa nicht sehr stark gewesen. Schon die in Jerusalem versammelten Menschen können es nicht fassen: «Was will das werden?» fragen die einen fassungslos und: «Sie sind voll des süßen Weines» spotten die anderen angesichts der Vielsprachigkeit der Apostel. Die negative Einschätzung sprachlicher Diversität und die

Sehnsucht nach Einheit, nach der Sprache Adams, hat Pfingsten nicht überwinden können. Das hängt meines Erachtens mit zwei Ereignissen zusammen, die für die weitere Geschichte des europäischen Sprachdenkens bedeutsam waren: zum einen mit der schon angedeuteten totalen Entdramatisierung bzw. Vergleichgültigung sprachlicher Verschiedenheit durch die griechische Philosophie und zum anderen mit der Erfahrung einer einsprachigen universalen politischen Struktur: des römischen Imperiums und der lateinischen Kirche (wobei das Griechische nicht als «andere» Sprache empfunden wurde). Einerseits war im Nachdenken über die Sprache die sprachliche Verschiedenheit völlig gleichgültig geworden, und andererseits war die paradiesische Einerleiheit der Zunge gelebte Realität.

1.1.5. Am Rande: Schibboleth Sprachliche Differenz spielt – als Ausgrenzungs- und Differenzierungskriterium – in der Schibboleth-Episode aus dem Buch der Richter (12, 5–6) eine Rolle: Um in der Menge die flüchtigen feindlichen Ephraimiter herauszufinden, ließen die Gileaditer alle, die den Jordan überqueren wollten, an der Furt das Wort *Schibboleth* aussprechen. Wenn sie statt *Schi*bboleth *Si*bboleth sagten und sich damit als Fremde und Anderssprachige verrieten, wurden sie erschlagen. Es starben durch diesen Sprachtest immerhin 42 000 Menschen. Diese Geschichte ermutigt auch nicht gerade zur positiven Einschätzung sprachlicher Verschiedenheit.

1.2. Griechenland

Man kann beileibe nicht sagen, die Griechen hätten sich nicht für die Sprache interessiert, schließlich haben sie Logik, Rhetorik und Grammatik erfunden, die alle etwas mit Sprache zu tun haben. Und die gesellschaftlich-politische Einrichtung des griechischen Lebens war mit dem Sprechen eng verflochten. Der *Logos* in allen Formen beschäftigte die Griechen intensiv. Aber die Griechen haben sich eigentlich nur für das *eigene* Sprechen, für das Griechische, interessiert, nicht für fremde Sprachen.[5] Diesem Desinteresse für die anderen Sprachen liegt schon in der griechischen Sprache eine ethnozentrische Verachtung der Anderen zugrunde, die gerade auf das *sprachliche* Anderssein der Anderen abhebt: Die Anderen sind im Griechischen ja die *brbr*-Sager, die wie die Tiere Brummenden, die *barbaroi*. Sofern sie die Sprachen der Anderen auf eine geradezu staunenerregende Weise uninteressant fanden, haben die Griechen über das wesentliche und auffälligste Merkmal der Sprache gleichsam hinweggesehen, nämlich über ihr Vorkommen als verschiedene historische Sprachen. Das war bei den Juden ja gerade anders, deren Mythos die Existenz der Verschiedenheit der Sprachen zu verstehen versucht und als großes dramatisches Ereignis bewältigt. In diesem Zug zeigt sich vielleicht eine Grunddifferenz zwischen Israel und Griechenland: Israel denkt *historisch*, Griechenland denkt *kosmisch*-universell. Griechenland wird daher auch von der Sprache kosmisch-universell handeln: «Grammatik» z. B. ist nicht Grammatik *einer* Sprache, auch wenn sie tatsächlich nur eine Sprache, nämlich das Griechische beschreibt, sondern Beschreibung der Technik der Sprache *überhaupt*. Die Kategorien des Denkens und Sprechens werden nicht als von einer bestimmten historischen Sprache, eben dem Griechischen, abhängig betrachtet, sondern selbstverständlich als universelle, ewige, also kosmische.[6] Das kann auch gar nicht anders sein, wenn andere Sprachen, die andere Denkkategorien kennen, gar nicht in den Blick kommen.

1.2.1. Sprachlosigkeit des Erkennens Im zentralen Text der Griechen über die Sprache, in Platons Dialog *Kratylos*,[7] der auch der zweite Grundtext des europäischen Sprachdenkens ist, werden die anderen Sprachen dann auch eher ausgeblendet. Dennoch: die Fragestellung des Dialogs entzündet sich nicht zuletzt an der Erfahrung sprachlicher Verschiedenheit, wie ja überhaupt die Grundfrage der griechischen Aufklärung – die kritische Überprüfung der tradierten Kultur vor dem Gericht der Vernunft – durch die Erfahrung anderer kultureller, religiöser und politischer Gegebenheiten ausgelöst worden ist. Hermogenes, der Widersacher des Kratylos in der Streitfrage, die sie dem Sokrates vorlegen, kann nämlich offensichtlich gar nicht glauben, daß Kratylos (immer noch) der Meinung ist, die Wörter kämen den Sachen von Natur aus zu (*physei*): «jegliches Ding habe seine von Natur ihm zukommende richtige Benennung», bzw. «es gebe eine natürliche Richtigkeit der Wörter, für die Hellenen und die Barbaren insgesamt die nämliche» (*Krat.* 383a/b). Hermogenes findet das offensichtlich schon allein deswegen so unglaublich, weil ja doch die Hellenen und die erwähnten Barbaren evidentermaßen verschiedene Wörter für dieselben Sachen haben. Allerdings spielt dann das Argument der sprachlichen Verschiedenheit gar keine weitere Rolle mehr, sondern die Fragestellung wird ganz an griechischen Beispielen diskutiert. Das scheint mir charakteristisch: Natürlich wissen die Griechen, daß die anderen Völker andere Sprachen sprechen, aber sie machen nichts daraus. Sie bleiben ganz in ihrer eigenen sprachlichen Welt, die sie als eine universelle, gleichsam natürliche hypostasieren.

Wahrscheinlich hätte sich die Frage sowieso erübrigt, ob die Wörter vom Menschen gesetzt (nach dem *nomos*) oder ob sie von der Natur (*physei*) aus richtig sind, wenn die anderen Sprachen tatsächlich in Betracht gezogen worden wären. Ein auch nur halbwegs ernsthafter Blick auf die anderen Sprachen hätte ja die Vermutung, die Wörter wä-

ren irgendwie von den Sachen her determiniert, von vornherein eher als
wenig plausibel erscheinen lassen. Was ist in den Wörtern *Pferd, hippos,
equus, cheval, horse* dem bezeichneten Gegenstand «ähnlich»? Nichts.
Man hätte sich vielleicht noch fragen können, ob eines der Wörter dem
Pferd ähnlicher ist als die anderen. Aber Kratylos will offensichtlich gar
nicht über den sprachlichen Tellerrand schauen. Er repräsentiert ja auch
das alte und altmodische griechische Sprachdenken, das ganz innerhalb
seiner Sprache verbleibt, bzw. das die eigene Sprache gleichsam als einzig
existente behandelt. Dann fehlt natürlich von vornherein die Perspektive
auf das Anderssein, und die Annahme, daß die Wörter den Sachen *physei*
zukommen, liegt nahe. Die Position des Kratylos entspricht einem «primitiven» Denken, wie man es etwa noch bei Heraklit findet und wie es in
unserer Moderne etwa Heidegger wieder restituiert hat, der – gleichsam
gegen die Geschichte – geschichtliche Sprachen, vor allem das Griechische und das Deutsche, als das Sein spiegelnde Sprachen, also als Sprachen mit «natürlichen» Wörtern behandelt.[8]

> Ich meinesteils, Sokrates, habe schon oft mit diesem und vielen andern darüber
> gesprochen und kann mich nicht überzeugen, daß es eine andere Richtigkeit
> der Worte gibt, als die sich auf Vertrag [*syntheke*] und Übereinkunft [*homolo-
> gia*] gründet. (*Krat.* 384c)

Diese Position des Hermogenes ist die modernere, die, wie gesagt, auch
über die eigene kulturelle Welt hinausschaut und daher an eine natürliche Richtigkeit der Namen nicht mehr glauben kann, sondern menschliche Satzung als Grund für das Funktionieren («Richtigkeit») der Wörter annimmt. Die Ausdrücke, die Platon für diese der Natur (*physis*) entgegengesetzte Instanz verwendet, sind: *syntheke, homologia, nomos,
ethos*, Vertrag, Übereinkunft, Gesetz, Gewohnheit. Im allgemeinen
spricht man hier von der *thesei*-Position, also der Auffassung, die
menschliches Setzen (*thesis*) zur Grundlage der Sprache macht.

Platons Philosophie trägt ja insgesamt den Streit aus zwischen dem
alten griechischen Denken und dem modernen Denken, das heißt zwischen dem Mythos, der raunenden Rede der alten Weisen, die in ihrem
sprachlichen Duktus jene natürliche Übereinstimmung von Wörtern und
Welt voraussetzen, und den in der Stadt erfolgreichen aufgeklärten Leh-
rern, die als «Sophisten» die unhinterfragte Tradition über den Haufen
werfen und dem rationalen Denken und dem gesunden Menschenverstand zum Erfolg verhelfen wollen. Platon führt in seinen Dialogen zumeist beide Positionen in die Sackgasse, in die berühmte platonische
Aporie. So ist es auch hier.

Zunächst nimmt er sich den «Modernen», Hermogenes, vor und ent-
lockt ihm Zugeständnis um Zugeständnis anhand einer großen Zahl von
Wortbeispielen. Um nur das berühmteste zu erwähnen (das durch die ge-

samte sprachphilosophische Literatur geistert): Hermogenes muß zugestehen, daß das [r] im griechischen Wort *rhein* ein Fließen abbildet
(426c) oder daß *soma* «Körper» und *sema* «Zeichen, Grab» miteinander
verbunden seien, weil die Körper Zeichen und Gräber der Seele seien
(400b/c). Sokrates behauptet also anhand von zahlreichen und breit ausgeführten Beispielen Ähnlichkeiten zwischen Signifikanten und den von
ihnen bezeichneten Sachen oder Konzepten und schließt von Ähnlichkeiten zwischen Signifikanten auf Ähnlichkeiten zwischen den bezeichneten
Sachen und Konzepten. Diese Art des «Etymologisierens», also des Auf-
weisens der «wahren» (*etymon*) Bedeutung aufgrund von materiellen
Ähnlichkeiten der Wörter, wird bis zur Erfindung der modernen wissenschaftlichen Wortgeschichte im 18./19. Jahrhundert betrieben. Die
stoische Philosophie wird diesen «kratylischen» Zug des Sprachdenkens
verstärken. Die *Etymologien* des spanischen Kirchenvaters Isidor von
Sevilla aus dem 7. Jahrhundert präsentieren dem Mittelalter das gesamte
Wissen gleichsam als einen «etymologischen» Zusammenhang. Und
Heidegger hat – wie gesagt – dieses wilde «etymologische» Denken aus
der Sprache heraus wieder hoffähig gemacht, obwohl er es eigentlich besser wissen müßte. Hermogenes stimmt im wesentlichen all diesen – aus
moderner Sicht abenteuerlichen – Nachweisen der «Natürlichkeit» der
Wörter zu, d. h. er läßt seine *thesei*-Position erheblich erschüttern.

Aber *Kratylos* wäre kein platonischer Dialog, wenn es nicht dem Kratylos ebenso erginge: Sokrates weist im letzten Viertel des Gesprächs nun
umgekehrt dem Kratylos nach, daß die Wörter nicht nur natürliche Abbilder sind. Die Wörter werden nämlich von einem Wörtermacher (*ono-
maturgos*) gemacht, dem *nomothetes*, dem «Gesetzgeber», der ein
«Wortsetzer» (*onomaton thetes*) ist (389d). Wie jeder andere Macher
macht auch der Wortsetzer es einmal so und ein andermal so, einmal gut
und einmal nicht so gut. Kratylos muß daher am Ende zugestehen
(435a–c), daß in den Wörtern eine ganze Menge *syntheke, ethos, homologia* am Werke ist, also genau das, was Hermogenes gegen die *physis* in
Anschlag gebracht hat.

Beide Positionen sind damit also erschüttert, bzw. beide Positionen
sind auch richtig. Sokrates versucht aber keine Synthese, die sich ja
durchaus auch angeboten hätte, etwa dergestalt, daß die Wörter von den
Menschen gemacht werden, aber daß bei diesem Machen die Dinge
selbst und die Beziehungen zwischen den Dingen berücksichtigt werden,
so daß die Wörter «thetisch» und «natürlich» zugleich sind.[9] Statt dessen
macht Sokrates einen Schnitt, der die Sprache insgesamt, also dieses ganze thetisch-natürliche Sprachwesen zurückweist, bzw. der die ganze Fragestellung als für die wirklich wichtigen Dinge unwichtig erweist. Wenn
es nun schon einmal so ist, so ungefähr kann man die Argumentation
rekonstruieren, daß die Wörter die Dinge (*ta pragmata, ta onta*) nur

unzureichend abbilden, dann sind sie ja nicht gerade zuverlässige Mittel
zur Erkenntnis der Welt. Wäre es da nicht besser, fragt Sokrates, wenn
wir angesichts dieser Unsicherheit der Abbildung diese wackeligen Bilder
einfach beiseite schieben und die Dinge *direkt*, d. h. ohne Hilfe der Wörter kennenlernten:

> Sokrates: Wenn man also zwar auch wirklich die Dinge durch die Wörter kann
> kennen lernen, man kann es aber auch durch sie selbst, welches wäre dann
> wohl die schönere und sichere Art, zur Erkenntnis zu gelangen? Aus dem Bilde
> [*eikon*] erst dieses selbst kennenzulernen, ob es gut gearbeitet ist, und dann
> auch das Wesen selbst, dessen Bild es war, oder aus dem Wesen [*aletheia*] erst
> dieses selbst, und dann auch sein Bild, ob es ihm angemessen gearbeitet ist?
>
> Kratylos: Notwendig, ja, dünkt mich, die aus dem Wesen.
>
> Sokrates: Auf welche Weise man nun Erkenntnis der Dinge erlernen oder
> selbst finden soll, das einzusehen sind wir vielleicht nicht genug, ich und du; es
> genüge uns aber schon, darin übereinzukommen, daß nicht durch die Worte,
> sondern weit lieber durch sie selbst man sie erforschen und kennenlernen muß
> als durch die Worte.
>
> Kratylos: Offenbar, Sokrates. (*Krat.* 439a/b)

Phainetai, o Sokrates. Sprachlosigkeit der Erkenntnis ist das Ziel, der
Traum. Zu den Sachen selbst muß der Erkennende gehen. Durch die
Dinge selbst, nicht durch die Wörter muß man die Dinge erforschen. Die
Dinge (*ta onta*) sind ja nach platonischer Lehre selber nur Abbilder der
Ideen, die Wörter sind daher nur (unsichere) Abbilder der Abbilder, dop-
pelt entfernt von der wahren Erkenntnis. Die Sprache ist daher letztlich
für das Erkennen entbehrlich. Oder besser: es wäre am besten, wenn
Sprache für das Erkennen entbehrlich wäre. Sokrates sagt hier nicht, ob
dem tatsächlich so ist. Aber seine Sehnsucht geht zur Sprachlosigkeit.

Wir halten also für das für Europa fundamentale griechische Sprachdenken der *Philosophie* fest: Die Sprachreflexion ist situiert in einer *kognitiven* Fragestellung. Es geht um das Erkennen, d. h. um das Verhältnis
der Wörter (und des die Wörter erfindenden und nutzenden Menschen)
zur Welt. Natürlich weiß Platon, daß die Sprache auch der Kommunikation dient. Aus dem *Kratylos* stammt ja die berühmte «Definition» der
Namen als belehrende, also kommunikative, und das Wesen unterschei-
dende, also kognitive, Werkzeuge:

> Das Wort ist also ein belehrendes Werkzeug und ein das Wesen unterscheiden-
> des und sonderndes, wie die Weberlade das Gewebe sondert. (*Krat.* 388b)

Diese berühmte Formel vom *didaskalikon organon kai diakritikon tes usi-
as* ist eine kommunikativ-kognitive Funktionsbestimmung der Sprache.
Sie steht aber ganz am Anfang des Dialogs. Was Platon zuvörderst interessiert, ist die *kognitive* Funktion dieses Werkzeugs, nicht die Mitteilung. In

diesem Verhältnis zwischen Mensch und Welt scheint Platon der Sprache zunächst eine zentrale Position zu geben, wenn es die Wörter sind, die das Wesen unterscheiden. Er überprüft sie deswegen so skrupulös, um zu erfahren, was ihr kognitives Potential ist, ob an den Wörtern «etwas dran» ist oder nicht, ob sie also Welt-Wissen enthalten oder nicht. Seine Antwort ist: teils teils. Die Menschen bemühen sich, mit ihren Wörtern die Sachen zu erkennen, das Wesen zu unterscheiden. Aber die Bilder, die sie von den Sachen entwerfen, sind nicht immer gelungen. Daraus folgt, daß es doch am besten wäre, wenn Erkenntnis *ohne Sprache* vonstatten ginge, wenn man sich den zu erkennenden Dingen ohne diese unvollkommenen Abbilder nähern würde (zumal die Dinge selbst schon nur Abbilder sind). In der *kognitiven* Perspektive, die die Hauptachse der Fragestellung der griechischen *Philosophie* ist, wird letztlich eine Sehnsucht nach *Sprachlosigkeit* artikuliert. In der Privilegierung der kognitiven Dimension und der Herabstufung der Bedeutung der Sprache beim Erkennen liegt nicht nur ein Sieg über den raunenden Mythos, sondern auch gerade der spezifische Sieg der – wahre Erkenntnis suchenden – *Philosophen* gegenüber den *Rednern*, die primär auf erfolgreiche Beeinflussung der Anderen aus sind, und gegenüber der *Rhetorik*, die die kommunikativ-pragmatische Dimension des Sprechens privilegiert.

Schauen wir noch einmal nach Israel zurück: Der Fokus der Sprachreflexion der Bibel – das *Problem* der Sprache also – liegt dort nicht in der kognitiven, sondern in der *kommunikativen* Dimension der Sprache. Das Kognitive, das Wort-Welt-Verhältnis, ist paradiesisch: Adam gibt den Geschöpfen ihren Namen: *thesis* und *physis* fallen dabei einfach zusammen, ihr Verhältnis, d. h. das Verhältnis des Menschen zur Natur, zur Schöpfung, ist völlig unproblematisch. Kommunikation aber ist das Problem, vom ersten Sprechen an. Kommunikation ist sündhaft und schuldig, daher wird sie in Babel unmöglich gemacht, und zwar – von Griechenland her gesehen – dadurch, daß die Wörter völlig unnatürlich, völlig «thetisch» werden. Mit ihrem Blick auf die Kommunikation artikuliert die Bibel nicht so sehr die Sehnsucht nach *Sprachlosigkeit* als vielmehr die Sehnsucht nach *sprachlicher Einheit*.

Beide sind die unauslöschlichen Sehnsüchte Europas: Beim Kommunizieren sollen uns die *Sprachen* nicht stören. Daher: Weg mit den vielen Sprachen! Beim Erkennen, beim Erschließen der Welt, soll uns die Sprache nicht stören. Daher: Weg mit der Sprache überhaupt!

1.2.2. Das Zeichen oder die Gleichgültigkeit der Sprache Im Grunde sanktioniert Aristoteles, der Schüler Platons, der zweite Vater des Abendlandes, Platons Sehnsucht nach der Sprachlosigkeit der Erkenntnis, wobei er das von Platon offengelassene Problem – *physei* oder *syntheke* (*homologia, ethos*) – elegant löst. Aristoteles trennt einfach, was bei Platon zusammengedacht war: Kognition und Kommunikation, und er ordnet das eine der Natur, das andere der *syntheke* zu. Aristoteles bricht endgültig mit der alten griechischen Vorstellung, daß Sprache und Welt-Erkenntnis aufs engste miteinander verknüpft seien. Von dieser Vorstellung ist ja noch der ganze lange Dialog *Kratylos* getragen, auch wenn er sie am Ende aufkündigt. Nach Aristoteles gibt es auf der einen Seite die *Kognition*, und die findet *ohne Sprache* statt (und ist bei allen Menschen die gleiche). Auf der anderen Seite haben wir die *Kommunikation*, und zu diesem Zwecke besitzen wir Wörter, und diese sind bei den verschiedenen Völkern verschieden. In dem berühmtesten und – nach den Bibel-Passagen – sicher einflußreichsten europäischen Text über die Sprache, in *De interpretatione*, heißen die entscheidenden Sätze von Aristoteles folgendermaßen, in der Übersetzung Heideggers:

> Es ist nun das, was in der stimmlichen Verlautbarung (sich begibt), ein Zeigen [*symbola*] von dem, was es in der Seele an Erleidnissen gibt, und das Geschriebene ist ein Zeigen der stimmlichen Laute. Und so wie die Schrift nicht bei allen (Menschen) die nämliche ist, so sind auch die stimmlichen Laute nicht die nämlichen. Wovon indes diese (Laute und Schrift) erstlich ein Zeigen [*semeia*] sind, das sind bei allen (Menschen) die nämlichen Erleidnisse der Seele, und die Sachen, wovon diese (die Erleidnisse) angleichende Darstellungen [*homoiomata*] bilden, sind gleichfalls die nämlichen. (*De int.* 16a, Heidegger 1959: 244)

Die Wörter bezeichnen das, was die Seele gedacht hat, um es anderen mitzuteilen. Das Denken selbst aber hat mit den Wörtern eigentlich nichts zu tun, es ist völlig unabhängig von den Wörtern. Es ist dasselbe bei allen Menschen, wie die Sachen selbst, die die Menschen erkennen. Die Vorstellungen, die die Menschen von den Sachen bilden – *ta en te psyche pathemata* nennt sie Aristoteles, Heidegger übersetzt: «Erleidnisse» – sind bei allen Menschen gleich: *homoiomata*, Gleichnisse, Ebenbilder der Sachen. Zwischen die materiellen Wörter (*ta en te phone*) und die Sachen (*ta pragmata*) führt Aristoteles diese geistigen Abbilder ein. Die Wörter beziehen sich nicht, wie noch bei Platon, direkt auf die Dinge, sondern die «Erleidnisse der Seele» vermitteln zwischen Wörtern und Sachen. Diese Vorstellungen (in der maßgeblichen Aristoteles-Übersetzung von Boëthius werden sie *ea quae sunt in anima passiones* und *conceptiones,* in der sonstigen lateinischen Tradition auch *affectiones animi* oder einfach *conceptus* genannt) ermöglichen die Trennung von Kognition und Kommunikation. Und diese Trennung macht es möglich, *physei* und *thesei* auf die beiden Funktionen der Sprache zu verteilen: Die Kognition vollzieht sich *physei*, die *conceptus* sind Abbilder, *homoiomata* der Sachen (Boëthius: *similitudines*), eine von den Sachen determinierte Abbildlichkeit war ja gerade auch mit dem Ausdruck *physei* gemeint. Die Kommunikation vollzieht sich dagegen *thesei*, nach den Regeln historischer, kulturell partikularer Gemeinschaften.

Die Wörter (lat. *voces*) sind nämlich – wie die Schriftzeichen – bei den Menschen *verschieden*, sie sind keine *homoiomata*, sondern *symbola* oder *semeia*, Symbole oder Zeichen (lat. *signa*, Boëthius nennt beides *notae*). Schon dank ihrer Verschiedenheit sind sie ja offensichtlich nicht natürlich-abbildlich, sondern von verschiedenen Menschen verschieden *gesetzt*. Sie sind mit anderen vereinbart. Ein *symbolon* ist nämlich ein in der Mitte auseinandergebrochener Gegenstand, den ein Gast oder ein Bote (der Träger einer Mitteilung) als vereinbartes Erkennungszeichen bei sich trägt. Wenn der Bruchrand seiner Hälfte des Gegenstandes auf den Bruchrand des Gegenstandes des Empfängers paßt, dann ist die Gemeinschaft zwischen Gast und Gastgeber, zwischen Träger und Empfänger der Botschaft etabliert. Der Gast wird aufgenommen, der Bote kann die Botschaft überbringen. *Semeion*, der andere von Aristoteles verwendete Begriff, kann im Griechischen sowohl ein natürliches Anzeichen (ein Krankheitssymptom etwa wie die gerötete Haut bei Fieber) als auch ein vereinbartes Zeichen sein. Daß letzteres der Fall ist, präzisiert Aristoteles ausdrücklich: Das Verhältnis zwischen dem Wort und der Vorstellung, die es bezeichnet, bestimmt Aristoteles nämlich als *kata syntheken*, «nach Vereinbarung» (Boëthius übersetzt unglücklich: *secundum placitum*, »nach Belieben»). Aristoteles übernimmt den platonischen Ausdruck der *syntheke* gerade für dieses Verhältnis zwischen Wort und Vorstellung. Daß man sich die *syntheke* dabei nicht als eine *explizite* Vereinbarung vorstellen darf, also als einen ausdrücklichen Vertrag, sondern als historische Tradition, hat Coseriu erklärt.[10] «Die in der Stimme sind», *ta en te phone*, die Wörter als materielle Erscheinungsformen, beziehen sich auf die Vorstellungen, deren Zeichen sie sind, gemäß der *syntheke*. Die «Zeichen» beziehen sich also *thesei* oder *kata syntheken* auf die kognitiven Produkte, die «Erleidnisse der Seele», die ihrerseits aber *physei* mit den Sachen verbunden sind.

Das zweite Moment der «stimmlichen Verlautbarungen» ist das *kommunikative*: Aristoteles spricht nicht ausdrücklich von Kommunikation oder von «Belehrung» wie Platon (*organon didaskalikon*). Diese Funktion ist aber im Ausdruck «Zeichen» oder «Symbol» wesentlich enthalten. *Symbola* dienen, wie gezeigt, gerade der Herstellung einer interpersonellen Beziehung. Wenn die beiden Hälften des auseinandergebrochenen Gegenstandes zusammenpassen, dann gehören die beiden Menschen zusammen, die sie tragen. Miteinandersein, Kommunikation ist hergestellt. Das *symbolon* stellt nichts dar, sondern nur die kommunikative Beziehung her.[11] Das *semeion* hat gegenüber dem *symbolon*, das rein intersubjektiv ist, durchaus eine weitere Dimension, den Bezug auf eine Sache, es ist nämlich auch *deiktisch*, es verweist auf etwas. Heidegger übersetzt daher ja auch mit «Zeigen». Das *semeion* ist also nicht aussschließlich kommunikativ, Gemeinsamkeit herstellend, es steht auch schon für etwas, es «zeigt» auf etwas (wahrscheinlich auch etymologisch, beim deutschen Wort «Zeichen» ist ja die Beziehung zum «Zeigen» noch unmittelbar evident). Dennoch: dieses Zeigen auf etwas geschieht natürlich primär *für einen anderen*, es ist immer *auch* kommunikativ. Sogar wenn das *semeion* ein natürliches Zeichen ist, dem keine kommunikative Intention eines Zeigenden zugrundeliegt, eine schwarze Regenwolke am Himmel etwa (sie hat ja nicht die Absicht, mir etwas mitzuteilen), wird es dennoch immer *als mitteilend* interpretiert, gleichsam *als ob* ein Kommunizierender die schwarze Wolke für mich am Himmel aufgeführt hätte: Die schwarze Wolke teilt mir mit, daß es jetzt gleich regnen wird. Nicht zufällig hat der griechische *semeion*-Begriff auch eine militärische Bedeutung: das Kommando, der Befehl. Zwingender kommunikativ (und deiktisch zugleich) kann wohl nichts sein.

Die von Aristoteles dem Abendland eingeprägte Sprachauffassung läßt sich – mit den in der lateinischen Tradition verwendeten Ausdrükken – schematisch folgendermaßen darstellen:

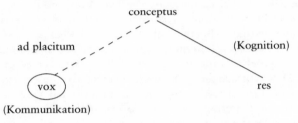

Das Wort ein (*primär* kommunikatives) «Zeichen» zu nennen ist aber aus mehreren Gründen nicht so unmittelbar evident, wie es uns heute erscheint. Noch bei Platon war das Wort vor allem ein «das Sein unterscheidendes Werkzeug», *organon usian diakritikon*, also *kognitiv*. Aber seit Aristoteles ist es eine weit verbreitete Vorstellung der europäischen Sprachreflexion, daß das Wort zuvörderst ein Zeichen sei. Damit ist das Problem, das Platon bezüglich der Sprache stellte – welcher Art ist das Verhältnis der Sprache zur Welt? – zwar entschärft. Sprache ist damit aber auch aus den ernsthaften, wirklich wichtigen Dingen der ernsten wichtigen Männer hinauskomplimentiert: Als bloß kommunikatives und (in seiner historischen Diversität kontingentes) Mittel des Zeigens auf das Gedachte steht sie nicht mehr im Zentrum, d. h. mitten im Denken, sondern ist nur noch etwas Sekundäres, dem Wichtigen, dem Denken Äußeres. Augustinus, der dritte Vater des Abendlandes, wird das bestätigen und die Wörter damit definitiv als bloße, *signa*, «Zeichen» in das Gedächtnis des Abendlandes einschreiben.

Semeion charakterisiert nicht nur das Wort als ein primär kommunikatives (und deiktisches) Mittel, es ist auch in anderer Hinsicht eine merkwürdige Metapher für das Wort, weil es das Wort *visuell* macht: Aristoteles spricht an der zitierten Stelle genau genommen ja nicht von «Wort» oder «Sprache» (*onoma, logos,* die Ausdrücke haben einen anderen terminologischen Status bei ihm, *onoma* ist «Nomen», *logos* ist «Satz»), sondern von «Lauten», *ta en te phone,* «was in der Stimme ist» (*vox*), von «stimmlicher Verlautbarung». Wenn er aber dieses Lautliche «Zeichen» oder «Symbol» nennt, so ist dies ein metaphorischer Übergang in ein anderes Medium, nämlich ins Visuelle. «Zeichen» sind nämlich primär – auch noch in den heutigen europäischen Umgangssprachen – visuelle Mittel. «Ein Zeichen geben», *faire signe* usw. bezieht sich zumeist auf etwas, was man sehen kann.[12] Dieser Einbruch des Visuellen ins Akustische hat sicher auch mit der wachsenden Bedeutung der Schrift zu tun. Aristoteles ist einer der Momente der europäischen Geistesgeschichte, an dem Sprache ganz nah an die Schrift herankommt, gleichsam selber schon als Schrift aufgefaßt wird. Es ist ja kein Zufall, daß Aristoteles im gleichen Atemzug auch die Buchstaben nennt, die «Symbole» der Laute seien.

Diese semiotische Redeweise von der Sprache – die «stimmlichen Verlautbarungen» sind «Zeichen» des «Gedachten», *voces* sind *signa* der *conceptus* der *res* – ist in der europäischen Sprachreflexion ein ebenso wirksames wie problematisches Konzept, das das Nachdenken über die Sprache bis heute determiniert.

De interpretatione von Aristoteles konnte auch deswegen so tief in Europa wirken, weil der Text seit dem 6. Jahrhundert das ganze Mittelalter hindurch in der lateinischen Übersetzung des Boëthius zur Verfügung stand und zusammen mit den *Kategorien* und einigen anderen logischen Schriften als *Organon* jahrhundertelang *das* philosophische Lehrbuch überhaupt war. Im Gegensatz zu den klassischen Römern konnten die Gelehrten des Mittelalters ja kein Griechisch, so daß in der mittelalterlichen Gelehrtenwelt nur das bekannt war, was auf lateinisch verfügbar war. Der *Kratylos* von Platon beispielsweise ist erst im 15. Jahrhundert von Ficino ins Lateinische übersetzt worden. Griechisch-Kenntnisse hat man in Westeuropa erst im 16. Jahrhundert in nennenswertem Umfang. Boëthius' Übersetzung etabliert bestimmte terminologische Traditionen, z. B. daß «die in der Stimme», *ta en te phone, voces* heißen, daß die «Erleidnisse der Seele», *pathemata tes psyches,* die *passiones animae* oder *conceptiones* o. ä. sind, die Dinge, *ta pragmata,* sind *res.* Aber diese Ausdrücke sind im allgemeinen wenig problematisch. Eine Wendung der lateinischen Übersetzung hat aber für jahrhundertelange, immer noch anhaltende Verwirrung gesorgt: Boëthius übersetzt das aristotelische *kata syntheken* «nach Übereinkunft, Verabredung, Tradition» mit: *secundum placitum,* «nach Belieben». Dies hat vor allem den Gedanken nahegelegt, daß es ins Belieben des *einzelnen* gestellt sei, diesen oder jenen Signifikanten zu wählen, was mit *kata syntheken* ganz bestimmt nicht gemeint war. Diese Formulierung generiert dann weitere wie *secundum beneplacitum, secundum arbitrium, arbitraire, voluntary, willkürlich*. Die Verwirrung um die «Willkürlichkeit» des sprachlichen Zeichens hat hier ihren Anfang.

Fazit   Platon artikuliert die Sehnsucht nach Sprachlosigkeit in der kognitiven Dimension, nachdem er die Frage nach Natürlichkeit oder «Willkürlichkeit» der Wörter in die Aporie gestürzt hatte. Die Verschiedenheit der Sprachen spielt dabei nur als Hintergrund für die *thesei*-Position eine Rolle, und die kommunikative Dimension der Sprache wird dabei kaum thematisiert. Aristoteles entdramatisiert die Platonische Fragestellung in doppelter Hinsicht, sofern er einerseits die Kognition überhaupt von der Sprache löst, also die Sprachlosigkeit der Erkenntnis feststellt und die Sprache zum Mittel für die Kommunikation des sprachlos Gedachten degradiert (Zeichen). Damit löst er andererseits die Ausgangsfrage des Kratylos im Sinne einer *physei*-These bezüglich des Erkennens (die Vorstellungen sind Abbilder der Sachen) und einer strikt «thetischen» Auffassung von den Wörtern: Die Wörter sind bei den verschiedenen Menschen je nach historischer Tradition verschieden, sie sind bloß materiell verschiedene Zeichen. Von zentraler Bedeutung ist dabei, daß das Wichtige, das «Eigentliche», nämlich das Denken, bei allen Menschen gleich und universell ist und daß es sozusagen von der Sprache gar nicht tangiert wird. Sprache hat nichts mehr – wie noch in Platons Frage nach der Richtigkeit der Namen – mit dem Erkennen zu tun. Sprache ist damit ein Ensemble von im Grunde kontingenten verschiedenen Signifikanten, die etwas Zusätzliches tun, eben das Gedachte den anderen kommunizieren. Das *kata syntheken* gibt der Sprache von vornherein den Geschmack des Gleichgültigen, das der lateinische Ausdruck *secundum placitum* dann sanktioniert.

Diese Auffassung von Sprache entdramatisiert nicht nur die Sprachauffassungen der Bibel und Platons. Sie macht Sprache (als Einzelsprache) einfach *indifferent*. Sprache ist damit eigentlich kein interessanter Gegenstand der Reflexion mehr. Ihre Verschiedenheit ist nur eine materielle, und ihre Materialität ist uninteressant, weil sie nichts mit dem universellen Denken zu tun hat, das doch das Wichtige ist. Im Grunde ist damit ihre Verschiedenheit auch überflüssig, d. h. es genügt auch, sich nur mit dem Griechischen (oder später mit dem Lateinischen) zu beschäftigen, bzw. das Griechische einfach als Sprache überhaupt anzusehen.

1.2.3. Logik, Rhetorik, Grammatik   Die zitierten Anfangssätze von *De interpretatione* sind sicher die wirkungsmächtigsten sprachphilosophischen Sätze des Aristoteles. Aber ein Zweites darf nicht vergessen werden: *De interpretatione* ist ein kleiner Text über die behauptende Rede, die den sprachlichen Kern der *Philosophie* (wenn es denn einen solchen überhaupt noch gibt) ausmacht. Nachdem er nämlich das Verhältnis von Laut, Denken und Welt und die Differenz von Nomen (*onoma*) und Verb (*rhema*) geklärt hat, geht es Aristoteles eigentlich darum, die sprachliche Größe näher zu bestimmen, auf der das Sprechen der Philosophie basiert: die *Behauptung*, den *logos apophantikos*. Nicht jeder *logos* gehört nämlich zum Gegenstandsbereich der Philosophie, sondern nur der behauptende, d. h. jener, der Wahrheit oder Falschheit zuspricht: *apophansis*. Philosophie oder «Wissenschaft» ist der Bereich der wahren Sätze, des *logos apophantikos*. Nur Sätze wie «Sokrates ist ein Mensch» haben Wahrheit oder Falschheit. Sätze in anderen Modi des Sagens haben diese Eigenschaft nicht. So etwa Bitten oder Aufforderungen. Aristoteles' berühmtes Beispiel für ein nicht wahrheitsfähiges Sprechen ist die *euche*, die Bitte (Boëthius: *deprecatio*, die Übersetzungen geben dies oft mit «Gebet» wieder, d. h. sie grenzen die *euche* auf die bittende Anrufung der Götter ein) (*De int.* 17a). In der modernen sprechakttheoretischen Redeweise ist eine Bitte ein Sprechen über ein zukünftiges Handeln A des Hörers, und zwar ein solches, mit dem der Sprecher den Hörer dazu bringen möchte, die zukünftige Handlung A zu realisieren. Ich kann natürlich von diesem Wunsch nach einem zukünftigen Handeln des Zuhörers nicht sagen, daß er falsch oder wahr sei. Wohl aber ist dies der Fall bei Aussagen wie: «Es regnet» oder «Der Baum ist grün» usw. Nur um solche Aussagen geht es der Wissenschaft.

Im Grunde hatte natürlich schon Platon in seiner Auseinandersetzung mit den Sophisten die Wahrsprech-Welt der Philosophie deutlich von den anderen Modi des Sagens getrennt. Am deutlichsten wird die Privilegierung des Wahr-Sprechens ja in seinem Ausschluß der Dichter aus dem idealen Staat, weil in ihrem Sprechen sozusagen prinzipiell der Anspruch auf Wahrheit suspendiert ist. Ernsthafte Männer brauchen keine fiktiven Geschichten und keine schöne Sprache. Aristoteles kennt diese Exklusionen nicht, sondern er bemüht sich ja gerade um eine umfassende Systematisierung verschiedener Formen des Denkens und Sprechens. Er erfaßt daher auch Formen des Sprechens, die nicht auf Wahrheit abzielen. Aber er *trennt* natürlich doch die Philosophie (und ihr Sprechen in Aussage-Sätzen) von den anderen Modi des Sagens, die er an die Rhetorik und an die Poetik relegiert:

> Jeder *logos* ist zwar bedeutend [*semantikos*] [...], behauptend [*apophantikos*] ist aber nicht jeder *logos*, sondern nur einer, dem es zukommt, wahr oder falsch zu sein. Nicht allen kommt dies zu. So ist z. B. eine Bitte [*euche*] zwar ein *logos*, aber weder wahr noch falsch. Die anderen nun wollen wir beiseite lassen; denn sie zu untersuchen ist eher Sache der Rhetorik oder der Poetik. Der

logos apophantikos ist aber Gegenstand der jetzt anzustellenden Betrachtung. (*De int.* 17a)[13]

Während die *Poetik* von einem Sagen handelt, bei dem die Frage nach der Wahrheit aufgehoben ist (es geht bei Aristoteles um eine «wahrscheinliche» Nachahmung, *mimesis*, von Charakteren und Handlungen), handelt die *Rhetorik* von solchem Sprechen, bei dem der eine den anderen zu etwas überredet (Persuasion), im Fall der Aufforderung, *euche*, z. B. davon, daß ein Sprecher den Zuhörer dazu bewegen möchte, die zukünftige Handlung A zu vollziehen: «Stimme für meine Partei!», «Kaufe das Produkt A!» etc. Was bei diesem Sprechen interessiert, ist gar nicht, ob die Aussage wahr ist oder falsch, sondern ob sie wirkt oder nicht. Der Fokus der Rhetorik ist nicht so sehr *die Welt, über die* etwas gesagt wird, sondern *der Andere, mit dem* der Redner in eine *kommunikative* Beziehung tritt:

> Eine Rede [*logos*] besteht nämlich aus dreierlei: einem Redner, einem Gegenstand, worüber er spricht, und einem Publikum; und der Zweck der Rede ist nur auf ihn, den Zuhörer, ausgerichtet. (*Rhetorik* I, 3: 1358a/b)

Das Interesse der Rhetorik ist also prinzipiell *pragmatisch*, Sprecher und Hörer betreffend. Rhetorik ist die Lehre von der Wirksamkeit der Rede auf den *Hörer* (*akroates*), nicht die Lehre von den Bedingungen der Wahrheit, von denen die Philosophie, genauer die *Logik* handelt. In der Rhetorik werden die Verfahren diskutiert, wie man möglichst effektiv sein kommunikatives, pragmatisches Ziel erreicht. Die Rhetorik richtet die Aufmerksamkeit daher auch auf das Formale der Rede, das Aristoteles *lexis* nennt – im Gegensatz zum Ausdruck *logos*, der sich primär auf das Inhaltliche der Rede bezieht.[14] In späteren Rhetoriken werden sogar *vor allem* die Verfahren des Schmucks der Rede aufgeführt, die sogenannten rhetorischen Figuren, die nichts anderes sind als Mittel, die Rede wirksam zu gestalten.[15]

Die Rhetorik als Reflexion über das nicht-wahrheitsfähige Sprechen bleibt – obwohl der große Philosoph Aristoteles eine *Rhetorik* schreibt – prinzipiell aus der *Philosophie* ausgesperrt. Diese, als Bereich des Wahr-Sprechens, braucht nur eine Theorie des Aussage-Satzes und des Schlußfolgerns, also eine Theorie des Verknüpfens von wahren Sätzen: *Logik*. Als *concevoir, juger, raisonner* bestimmt noch Jahrtausende später die *Logik* von Port Royal ihre drei Aufgaben: Begriffe bilden, urteilen, schlußfolgern. *De Interpretatione* behandelt kurz: *concevoir*, das Bilden von Begriffen und die Bezeichnung derselben, und schreitet zum *juger* – also zum Wahrheit- oder Falschheit-Zusprechen – voran. Als eine gerade die pragmatische Dimension, also das Miteinander-Sprechen berücksichtigende Disziplin schießt die Rhetorik über dieses behauptende Sprechen (*apophansis*) hinaus. Wenn wir einen – später wieder aufgegebenen – terminologischen Unterschied von Austin (1962) aufgreifen, so können wir sagen, daß Philosophie *konstatives* Sprechen (der Wissenschaft) betrifft, Rhetorik dagegen *performatives* Sprechen in den anderen Lebensbereichen. Das bleibt so bis ins 20. Jahrhundert. In gewisser Hinsicht wird Wittgenstein der erste Philosoph sein, der in seiner eigenen sprachphilosophischen Wende die Philosophie von der Wahrsprech-Problematik zum Rhetorischen wenden wird: von der Betrachtung der Bedingungen des wahren Sprechens im *Tractatus logico-philosophicus* zur Entdeckung der Vielfalt kommunikativen Handelns (Sprachspiele) mittels des Sprechens in den *Philosophischen Untersuchungen*. Damit kassiert erst Wittgenstein die uralte Trennung der Philosophie von der Rhetorik.

Die Griechen haben über Rhetorik (und Poetik) hinaus noch eine weitere, für das europäische Sprachdenken fundamentale sprachthematisierende Disziplin erfunden, die *Grammatik, techne grammatike*, die Kunst des Schreibens. Sie verdankt sich hauptsächlich zwei didaktischen Notwendigkeiten: der Lektüre klassischer Texte und dem Sprachunterricht. Sie ist, wie Steinthal so unübertrefflich gezeigt hat, ein Produkt der griechischen Spätzeit, des Hellenismus, und daher auch eigentlich «der Sarg, das Grab des griechischen Geistes» (Steinthal 1863: 375):

> Dem griechischen Volk, das den Untergang seines Geistes, seiner Sprache überlebt hatte, war noch die Aufgabe gestellt, sich seines vergangenen Lebens zu erinnern. (Ebd.: 374)

Aus dieser Notwendigkeit entwickelt die Grammatik eine basale Analyse der «Teile des *logos*», d. h. eine Analyse des Satzes in seine Bestandteile. Die klassische antike Grammatik besteht im Kern, grob gesagt, aus dem, was Aristoteles schon in der *Poetik*, Kapitel 20 (1456b–1457a), andeutet: aus einer Beschreibung der Laute (*stoicheia* oder *grammata*, Buchstaben, und Silben) und der Wortarten (die auf griechisch eben «Teile des *logos*» hießen): Verbindungswörter (Konjunktionen, Präpositionen), Artikel, Nomen, Verben. Die ausgearbeitete griechische Grammatik unterscheidet dann acht «Redeteile»: Nomen, Verb, Partizip, Artikel, Pronomen, Präposition, Adverb, Konjunktion. Die römische Grammatik wird natürlich den Artikel fallen lassen, den es im Lateinischen nicht gibt, dafür aber die Interjektion anfügen, so daß es wieder acht *partes orationis* sind. Sicher ist der *Satz* die normale syntaktische Grundgröße der Grammatik: *logos* oder *oratio*. Die klassische Grammatik ist aber nicht eigentlich auf den Satz beschränkt, sie hat immer auch *Textuelles* im Blick, sie ist ja Teil der rhetorischen Schulung. Aristoteles nennt daher z. B. an der angegebenen Stelle (1457a) auch die ganze Ilias einen *logos*, der durch Verknüpfung (*syndesmos*) eine Einheit ist.

Dennoch ist der Versuch der Beschreibung der elementaren Sprach-
strukturen *unterhalb* der Text-Ebene, d. h. des Satzes, der Kern der
Grammatik und sozusagen die Urform dessen, was wir heute Sprachwissenschaft nennen.[16]

Die spätere sprachwissenschaftliche Beschreibung der Sprachen
wird, wohl vor allem im Gefolge der klaren mittelalterlichen Aufteilung
der Aufgaben von Grammatik und Rhetorik, an der Grenze des Satzes
halt machen, d. h. sie wird die Verknüpfung von Sätzen zu Texten nicht
mehr berücksichtigen. Daher kommen ihr auch die verschiedenen
Funktionen von Texten – die Vielfalt der Sprechakte – gar nicht in den
Blick. Textuelles, im Sinne der Verknüpfung von Sätzen und im pragmatischen Sinne von Sprechhandlungen, ist also traditionellerweise in
der Grammatik nicht zu finden, die die Grundlage der Linguistik ist.
Erst im Anschluß an die textorientierte Stilistik im 20. Jahrhundert und
erst wenn die Philosophie die Trennung von Rhetorik und Wahrsprechen aufhebt (in der *ordinary language philosophy*), wird auch die
Sprachwissenschaft die Satzverknüpfungen einerseits (Text) und die
pragmatischen Funktionen andererseits (Illokutionen, Sprachspiele,
Textfunktionen) berücksichtigen und damit ihre klassische Beschränkung auf den Satz aufgeben.

1.3. Rom

Doch wie die Wasserscheide auf dem Apennin die Flüsse teilt, so flossen von
dem Bergeskamm der *ungeteilten Weisheit* die Lehren in verschiedene Richtungen, so daß die *Philosophen* gleichsam in das Jonische Meer strömten, das
ganz *griechisch* wirkt und reich an Häfen ist, die *Redner* aber in *unser Tyrrhenisches, barbarisches* Meer stürzten, voll von Klippen und Gefahren, in dem
sich selbst Odysseus schon verirrte.

Haec autem, ut ex Appennino fluminum, sic ex *communi sapientiae* iugo sunt
doctrinarum facta divortia, ut *philosophi* tamquam in superum mare Ionium
defluerent *Graecum* quoddam et portuosum, *oratores* autem in inferum hoc,
Tuscum et barbarum, scopulosum atque infestum laberentur, in quo etiam
ipse Ulixes errasset. (*De orat.* III, 69, H.v.m.)

1.3.1. Imperium und Mithridates   Rom ist, wie Cicero an der hier zitierten Stelle feststellt, gegenüber dem philosophischen Griechenland vor
allem eine *rhetorische* Sprach-Kultur (die dann an ihrem christlichen
Ende gerade die Rede und die Rhetorik zum Verstummen bringen wird).
Wie überall sonst führen die Römer natürlich auch auf dem Feld der
Sprachreflexion Griechenland fort und geben dem Sprachdenken eine
spezifisch römische Färbung. Bei aller Wirkungsmächtigkeit dieser lateinischen Sprachreflexion, insbesondere im Bereich der Rhetorik (Cicero

und Quintilian) und der Grammatik (Donatus und Priscian), ist aber Roms wichtigster und originellster Beitrag zum europäischen Sprachdenken vielleicht eher ein *politisch-praktischer* als ein theoretischer. Durch die Konstruktion seines riesigen Reiches und durch die Ausbreitung seiner Sprache schreibt Rom nämlich – wie vorher auch schon die hellenistische Welt – die Erfahrung einer einheitlichen, die Welt umspannenden Sprache ins Gedächtnis Europas. Die politischen und kulturellen römischen Strukturen sind ganz offensichtlich so attraktiv für die unterworfenen Völker, daß sich zunächst deren Eliten, dann auch die Völker insgesamt Rom anschließen. Allerdings nicht der Osten: der bleibt griechisch. Die Römer sind ja selber durch und durch griechisch gewesen. Die römische Kultur ist eine einmalige Symbiose mit der griechischen eingegangen, wie sie ähnlich weltpolitisch bedeutsam etwa auch in Japan stattfindet, das die chinesische Kultur in sich aufnimmt (allerdings ohne China zu beherrschen). Das große mächtige Siegervolk gibt sich ganz der Kultur des besiegten Griechenland hin. Die römische Elite ist zweisprachig, sie kann griechisch. Deswegen wird auch das Lateinische dort keinen Erfolg haben, wo griechisch gesprochen wird. Die Römer breiten ihre Sprache aber dorthin aus, wo nicht griechisch gesprochen wird: über die Apenninenhalbinsel, in die Alpenländer und über diese hinaus, nach Iberien, nach Gallien, nach Nordafrika, nach Dacien. Die Kirche wird nach dem Zusammenbruch des Reiches die Strukturen des Reiches weitertragen und mit ihnen seine Sprache. Das heißt, die Völker Europas machen die jahrhundertelange Erfahrung einer universalen politischen Organisation, die mit einer universalen Sprache einhergeht, sie machen gleichsam die Erfahrung eines sprachlichen Paradieses hienieden. Nicht nur die biblische Geschichte vom Paradies, auch diese jahrhundertelange katholische («katholisch» heißt ja nichts anderes als «universal») Erfahrung ist dem Gedächtnis Europas eingeschrieben. Wenn Europa im 16. Jahrhundert seine sprachliche Einheit verliert – Paradise lost –, wird es diese Erfahrung nostalgisch in seinem Herzen tragen, unauslöschlich bis heute. Fünfhundert Jahre einer – immer als problematisch empfundenen – sprachlichen Verschiedenheit haben die Sehnsucht Europas nach der alten katholischen Einheit nicht zerstören können. Deswegen hat sich das Neue Rom – the New Rome – ja auch so schnell wieder herstellen können.

Allerdings gab es auch in der Welt des Alten Rom durchaus Widerstand: Der letzte ernsthafte Gegner des die Weltherrschaft anstrebenden Rom ist Mithridates, der von 120 bis 63 v. Chr. herrschende König von Pontos, gewesen. Karthago ist besiegt, nichts widersteht Rom mehr außer Mithridates und sein Reich am Schwarzen Meer. Doch auch Mithridates wird schließlich besiegt und sein Reich dem Römischen eingegliedert. Mithridates war, außer für seinen militärischen Widerstand gegen das universale Rom, dafür berühmt, daß er zweiundzwanzig Sprachen sprach (nach Aurelius Victor waren es sogar fünfzig). Der ansonsten wohl eher unangenehme Potentat hatte offensichtlich eine der römischen völlig entgegengesetzte Vorstellung von sprachlicher Machtausübung. Geradezu pfingstlich läßt er sich auf die Sprachen seiner Völker ein. Rom hat sich dagegen – außer ums Griechische – um die Sprachen der beherrschten Völker nicht im geringsten geschert. Daß Caesar in Gallien etwa eine keltische Sprache gelernt hätte, wird nicht berichtet. Rom hat zwar seine Sprache den Unterworfenen nicht mit Gewalt aufgezwungen wie etwa später die Französische Republik. Aber wenn die Unterworfenen mit den Herrschenden kommunizieren wollten, mußten sie sich schon der Sprache Roms bedienen. Die Eliten der besiegten Völker paßten sich dem siegreichen Rom in sprachlicher und kultureller Hinsicht eilfertig an. Und am Ende entstand durch einen langsamen Romanisierungsprozeß – auch ohne Zwang à la française – eine universelle Latinität der unterworfenen Völker (die allerdings gleichzeitig auch eine in die verschiedenen volkstümlichen Ausprägungen fragmentierte Latinität war, aus der die romanischen Sprachen hervorgegangen sind).

1.3.2. Über den Redner   In der Gleichgültigkeit, ja Kälte gegenüber den anderen Sprachen, ist Rom also ganz griechisch. Wie die Griechen haben sich aber auch die Römer ausführlich mit (ihrer eigenen) Sprache beschäftigt. Natürlich geht die Rhetorik der Römer auf die Griechen zurück, und auch ihre Grammatik ist eine griechische Erfindung. Gleichwohl hat doch in beiden Bereichen in Europa vor allem die lateinische Tradition vorbildlich gewirkt. Was die Grammatik angeht, so war das lateinische Modell so stark, daß zum Beispiel der Name des berühmtesten lateinischen Grammatikers Donatus das Appellativ für diese Sorte Buch wurde: Ein «Donat» ist im Mittelalter einfach eine Grammatik, so wie heute ein «Tempo» einfach ein Papiertaschentuch ist. Auch in der Rhetorik ist nicht so sehr Aristoteles, als vielmehr die römische Systematisierung durch Quintilian das rhetorische Lehrbuch des Abendlandes geworden. Sowohl Donat (und der zweite Grammatiker: Priscianus, 6. Jhdt.) als auch Quintilian sind relativ späte Handbücher für sprachliche Techniken: Die *Ars* des Donatus (aus dem vierten Jahrhundert) systematisiert die Einzelsprache Latein (nach dem Vorbild der Beschreibung des Griechischen), und die *Institutio oratoria* des Quintilian (aus dem ersten nachchristlichen Jahrhundert) systematisiert Verfahren der Textherstellung.

Grammatik und Rhetorik sind bewundernswerte Arbeiten an der Sprache. Ihre Bedeutung und ihre Konsequenz für die europäische Sprachreflexion liegt darin, daß sie Einzelsprache und Text-Produktion sozusagen als beschreibbare Techniken verdinglichen, daß sie Sprache

als *Bücher* erfahrbar machen. Die Grammatik vor allem ist sozusagen die
fest-gestellte, verfügbare und ordentlich *geregelte* Sprache. Dies befördert die Vorstellung, daß eine Sprache erst dann eine «richtige» Sprache
ist, wenn sie eine Grammatik hat, d. h. wenn sie in eine buchförmige,
regelhafte Beschreibung überführt worden ist. Von Sprachen, die nur gesprochen werden und die ein solches Buch nicht haben, hegt man dann
leicht die Vorstellung, daß sie gar keine Regeln haben (und deswegen gar
keine «richtigen» Sprachen sind). Daher ist es später für eine Sprache sozusagen der erste Adelstitel, in einer Grammatik festgeschrieben zu werden. Dies ist die Motivation des Schreibens von Grammatiken für die
romanischen Volkssprachen. Das Italienische, das Spanische, das Französische werden erst dann dem Lateinischen ebenbürtig, wenn sie über
eine Grammatik verfügen. Genau in dieser Absicht entstanden die volkssprachlichen Grammatiken im 15./16. Jahrhundert, etwa – um nur die
berühmtesten zu nennen – die kastilische Grammatik von Nebrija (1492)
oder die französische Grammatik von Meigret (1550).

In diesem Zusammenhang sollte nicht unerwähnt bleiben, daß die
Alten zwar Grammatiken ihrer Sprachen kennen, aber eigentlich keine
Wörterbücher. Allenfalls haben die Grammatiken lexikalische Teile.
Natürlich gibt es zwei- oder mehrsprachige Wortlisten. Diese waren einfach im internationalen Verkehr nötig und nützlich. Einsprachige Wörterbücher aber sind Produkte der Moderne, sie erscheinen erst um 1600,
so z. B. das italienische Wörterbuch der Accademia della Crusca (1612).
Aber auch diese modernen einsprachigen Wörterbücher sind nicht immer von vornherein als Beschreibungen der einzelsprachlichen Semantiken geplant gewesen, sondern – wie etwa der *Trésor* der französischen
Sprache von Nicot (1606) – ursprünglich aus zweisprachigen Wörterbüchern entstanden. Die einzelsprachliche Semantik emanzipiert sich erst
langsam von der übersetzungs-praktischen Fragestellung und wächst
gleichsam hinein in die immer stärker werdende Einsicht in die *semantische*, nicht nur lautliche Partikularität der Einzelsprache.

Die Inexistenz von Wörterbüchern in der Antike bis in die Neuzeit
hinein hat nämlich auch mit den soeben dargestellten Sprachauffassungen zu tun: In der aristotelischen Tradition sind Wörter (*voces*) notwendigerweise völlig uninteressant, sie kommen sozusagen als einzelsprachliche Lexeme gar nicht in den Blick, sie sind ja – modern gesprochen –
nur Signifikanten, die aber im modernen Sinne keine Signifikate, also
einzelsprachliche Bedeutungen haben. Wörter sind nur Laute, die Gedanken bezeichnen, die ihrerseits aber ohne Sprache gedacht werden.
Was heutige Wörterbücher beschreiben, also «Bedeutungen», die als
einer Sprache immanente «geistige Inhalte» sozusagen einen eigenen Bereich des Denkens bilden, das existierte einfach nicht. Die Vorstellungen,
die *conceptus*, die *passiones animae* der Antike, sind keine «Bedeutun-

gen» in diesem Sinne, sie haben mit der Sprache nichts und mit der Einzelsprache schon überhaupt nichts zu tun, und sie werden daher auch von keiner *sprachlichen* Disziplin beschrieben. Wenn – viel später allerdings, im Mittelalter, etwa bei Lullus – ein Begriffssystem aufgestellt wird, so soll dies die *Gedanken* des Menschen ordnen, das heißt, dann ist dies als eine Beschreibung der unabhängig von der Sprache existierenden Begriffe gedacht, nicht als *lexikalisches* System einer Sprache. Die Enzyklopädie steht also allemal *vor* dem Wörterbuch.

Die Wörter werden allerdings durchaus interessant, wenn sie «kratylisch» als «natürlich» (*physei*), als Abbilder der Sachen betrachtet werden, wie etwa bei Varro (*De lingua latina*) im ersten vorchristlichen Jahrhundert oder später bei dem schon erwähnten Isidor von Sevilla. Die *physei*-Auffassung verleiht dem materiellen Wort ja eine kognitive Ladung, so daß dann historisch oder «etymologisch» nach den semantischen Motivationen für diese materielle Form des Wortes gesucht wird. Aber im Rahmen der *physei*-Sprachauffassung gibt es keine rechte Unterscheidung zwischen *conceptus* und *res,* der Raum für eine einzelsprachliche Semantik ist noch gar nicht eröffnet. Die Semantik hängt weitgehend von den Sachen ab, und sie ist ununterscheidbar mit der Phonetik verwoben. Und einzelsprachlich ist diese Phonetiko-Semantik gewissermaßen prinzipiell nicht, weil sie ja von einem *natürlichen* Zusammenhang zwischen Laut und Sache ausgeht. Dennoch sind diese «Etymologien» zweifellos erste Versuche der Erfassung des Lexikalischen einer Sprache.

Wichtiger als das Lexikalische ist also den Alten das «Grammatische» der Wörter. Die Wörter treten ja – jedenfalls im Lateinischen und im Griechischen, um die es hier geht – nicht «nackt» in der Rede auf, also als bloße Repräsentanten eines Konzepts und damit einer Sache, sondern in einer bestimmten kategorialen Formung (und der entsprechenden Morphologie): als Nomina oder als Verben. Diese kategoriale Zurüstung der Wörter für die Verwendung im Satz, und damit letztlich für die Verwendung in der Rede, beschreibt die Grammatik. Das dominante Strukturierungskriterium der Grammatik waren die Wortarten, die auf griechisch-lateinisch *partes orationis*, «Redeteile», hießen. Das Nomen (*onoma*) ist das, was als Subjekt im Satz auftreten kann, das Verbum (*rhema*) ist der Träger der Prädikation (und der «Zeit», nach Aristoteles) und als Kern des Satzes dessen strukturelles Zentrum. Gegenüber der Rhetorik, die ebenfalls eine Kunst der *oratio* war, betrachtete die Grammatik den Kern der *oratio*: den Satz, und zwar – wenn man so will – den «nackten» Kernsatz ohne Berücksichtigung des zusätzlichen Schmucks. Die Rhetorik beschreibt dann die über die «grammatische» Kategorisierung hinausgehende zusätzliche Zurüstung auf die rednerische Wirksamkeit. Sie betrifft, wie wir gesehen haben, das Sprachliche außerhalb der Philosophie, das Sprechen außerhalb des Sprechens über das Wahre. Und genau dies ist der hauptsächliche Ort römischer Sprachreflexion.

Gegenüber der griechischen Kultur und ihrer Privilegierung der Philosophie, ist es, wie Cicero an der eingangs zitierten Stelle feststellt, ein Hauptzug der römischen Kultur, daß sie ganz entschieden die *Rhetorik* bevorzugt: «ut *oratores* autem in inferum hoc, Tuscum et barbarum laberentur», «daß die *Redner* aber in unser Tyrrhenisches, barbarisches Meer stürzten». Einen richtig großen Philosophen – wenn wir einmal den Kirchenvater Augustinus beiseite lassen, den wir im nächsten Abschnitt behandeln – hat Rom ja nicht hervorgebracht. Aber eben doch den großen Cicero. Und Cicero steht gerade für diese Priorität des Rhetorischen. Sein *De oratore* ist sicher das «römischste» Buch über die Sprache. Es wird in der Renaissance so etwas wie ein Grundbuch sprachlichen Verhaltens in Europa sein und von da an eine bestimmte Art des europäischen Nachdenkens über die Sprache ganz entschieden befördern, nämlich eine Verschiebung der Sprachbetrachtung auf das Pragmatisch-Performative und auf das «Rhetorische» im umgangssprachlichen Sinne, also auf den «Schmuck» und die «Eleganz» der Rede, gegen die philosophische Indifferent-Machung der Sprache. Wie dominant aber in der europäischen Tradition die *philosophische* Sprachreflexion ist, zeigt die Tatsache, daß Cicero trotz seiner enormen Wirkung in der europäischen Sprach-Kultur kaum je in den Darstellungen der Geschichte der Sprachphilosophie und der Sprachwissenschaft erwähnt wird. Die alte Trennung von Philosophie und Rhetorik funktioniert trotz der pragmatischen Wende der Philosophie bis heute.

Während durch *De interpretatione* die Sprache zu einer sekundären Verlautbarung des philosophischen Sprechens, des Wahr-Sprechens, degradiert wird, geht es in *De oratore* um die Wirksamkeit, um Überzeugungsarbeit, um kommunikative Technik. Schon allein in der Narration von *De oratore* – es ist ja der Bericht über ein Gespräch unter bedeutenden Rednern der römischen Republik – wird wunderbar deutlich, daß die sprachliche Aktivität, die hier anvisiert wird, nicht diejenige von Wissenschaftlern ist, sondern diejenige von *Politikern* und Juristen, also von öffentlich wirkenden Sprechern, die ihre Partner überzeugen müssen. *De oratore* handelt von in der politischen *Praxis* stehenden römischen *Handelnden*, die sich selbst den Nur-Wissenden, den griechischen Philosophen, gegenüberstellen. Die römische Aristokratie der Republik muß sich ganz offensichtlich mehr um ihre politischen Pflichten kümmern als um das reine Erkennen der Wahrheit. *Agere* vs. *cognoscere* ist die Grundachse, um die sich die Diskussion in dem Buch über den Redner dreht, Handeln vs. Wissen, und die zugunsten eines (natürlich vom Wissen geleiteten) Handelns entschieden wird. Weitere Kernwörter dieser Opposition sind: *forenses res civiles* vs. *scientia, tractatio orationis* vs.

cognitio rerum, negotium vs. *otium*. Es geht immer um das erste, um das gesellschaftliche Handeln. Etwas schematisch gesagt: Rom plädiert in seiner Erbschaft Griechenlands weit mehr für das rhetorische Erbe als für das philosophische Erbe. Sprachtheoretisch gesagt votiert es damit mehr für die pragmatisch-kommunikative Dimension als für die semantisch-kognitive. Kommunikatives Verhalten und Wirksamkeit der öffentlichen Rede sind sozusagen das, was Rom an der Sprache thematisiert und interessiert. Den hohen gesellschaftlichen Rang der öffentlichen persuasiven Rede (*dicere*) stellt Crassus mit seinem ersten Redebeitrag in Ciceros Dialog fest:

> In meinen Augen, fuhr er fort, gibt es ja nichts Herrlicheres, als wenn man es vermag, die Menschen durch die Rede in seinen Bann zu schlagen, ihre Neigung zu gewinnen, sie zu verleiten, wozu man will, und abzubringen, wovon man will. Das ist es, was allein bei jedem freien Volke und besonders in friedlichen, ruhigen Ländern stets eine überaus glanzvolle und beherrschende Bedeutung hatte.

> [...] neque vero mihi quicquam, inquit, praestabilius videtur, quam posse dicendo tenere hominum mentis, adlicere voluntates, impellere quo velit, unde autem velit deducere: haec una res in omni libero populo maximeque in pacatis tranquillisque civitatibus praecipue semper floruit semperque dominata est. (*De orat.* I, 30)

Die Rede ist, was den Menschen vom Tier unterscheidet, sie macht seine *humanitas* aus, und diese zeigt sich im wesentlichen im *con-loqui*, im Miteinander-Sprechen (quod conloquimur inter nos), und im Ausdrücken unserer Gedanken (quod exprimere dicendo sensa possumus, ebd. I, 32). Die Sprache ist – und das ist das Wichtigste (summa) – der Kitt der Gesellschaft (congregatio) und der Zivilisation (humanus cultus civilis) und folglich auch der Gesetze und des Rechts (leges iudicia iura):

> Ja, welche Macht sonst, um zum Allerwichtigsten zu kommen, vermochte die zerstreuten Menschen an einem Ort zu *versammeln*, sie von einem wilden und rohen Leben zu unserer *menschlichen und politischen Gesittung* hinzuführen oder schon bestehenden Staatswesen die *Gesetze, Gerichte und Rechtsnormen* vorzuschreiben?

> Ut vero iam ad illa summa veniamus, quae vis alia potuit aut dispersos homines unum in locum *congregare* aut a fera agrestique vita ad hunc *humanum cultum civilemque* deducere aut iam constitutis civitatibus *leges iudicia iura* describere? (*De orat.* I, 33, H.v.m.)

Massiv wird also die gesellschaftlich-kommunikative Dimension der Sprache, ihre «zivile» (was ja nur das lateinische Wort für «politisch» ist) Funktion in den Vordergrund gerückt. Dazu gehört auch, daß über die reine Nützlichkeit in einer «befriedeten und freien Gesellschaft» (pacata et libera civitas, II, 33) hinaus das Reden Vernügen (oblectatio) bereitet,

daß sie süß klingt, daß Glanz der Worte (splendor verborum) die mitge-
teilte Sache verschönt (II, 34). Eine Folge der Dominanz der gesellschaftlichen Wirksamkeit der Rede ist also eine Achtsamkeit auf die Sprache
selbst, Roman Jakobson würde sagen: auf ihre poetische Funktion. Daher ist es kein Zufall, daß die bedeutsamste antike Kompilation der
Schmuckmittel der Rede eben eine römische Produktion ist, die erwähnte *Institutio* Quintilians.

Die Dominanz der Rhetorik vor der wahrsprechenden Philosophie
(vor der Wissenschaft) schafft ein Gegengewicht gegen jenes Denken, das
die Sprache als indifferent darstellt. Im persuasiven und schön ge-
schmückten Sprechen tritt das Wort nicht immer und sofort vor der
Sache zurück wie beim klassischen philosophischen Wahrsprechen, dem
es nur auf die Sache ankommt. Die Sprache gewinnt durchaus ihr eigenes
Recht. Daher wird an einer weiteren sprachtheoretisch zentralen Stelle
von Ciceros Buch über den Redner dann auch die enge Verbindung von
Wort und Sache, über die gesprochen wird, festgestellt:

> Denn *da sich jede Rede aus der Sache und der Formulierung zusammensetzt*,
> kann einerseits die Formulierung keine Basis haben, wenn man die Sache weg-
> nimmt, andererseits fehlt der Sache die *Erhellung*, wenn man die Formulierung
> von ihr trennt.

> Nam cum *omnis ex re atque verbis constet oratio*, neque verba sedem habere
> possunt, si rem subtraxeris, neque res *lumen*, si verba semoveris. (*De orat.*
> III, 19, H.v.m.)

Diese Formulierung Ciceros von der Sprache als dem «Licht» (lumen),
das auf die Sachen geworfen wird, ist gleichsam die Keimzelle eines tieferen Verständnisses von der Sprache, das – gerade aus der Cicero-Rezep-
tion – in der Renaissance entsteht. Allerdings wird das Christentum, in
seinem bedeutendsten und einflußreichsten Lehrer, dem vierten Großen
Lehrer Europas, die römische Rhetorik erst einmal in die totale Sprachlosigkeit führen.

1.3.3. Augustinus: Die Stille des Gebets Rom ist eine Republik, und ihr
politisches Zentrum ist der Senat und die politische Rede. Daher blüht
hier die Rhetorik und im Anschluß daran ein rhetorisches Sprachdenken.
Auch wenn durch die politische Entwicklung Roms zum Kaisertum der
Ort der Rhetorik, der Senat, als Ort tatsächlichen politischen Handelns
bedeutungslos wird, so bleibt offensichtlich doch eine Kultur der Rede
erhalten, die der Sprache ein Gewicht für sich gibt. Das Christentum
wird aber sozusagen *prinzipiell* die Rhetorik abschaffen, und daher auch
– jedenfalls bei seinem größten Denker, bei Augustinus – eher an Platon
anschließen als an Cicero, dessen Stunde aber an weniger dunklen Tagen
wieder schlagen wird. Zeiten der (absoluten) Wahrheit sind ja schlechte

Zeiten für die Rhetorik, auch wenn die Zeiten noch so rhetorisch sind: So ist beispielsweise die Französische Revolution, in der vermutlich nach dem römischen Senat die hinreißendsten politischen Reden gehalten wurden, ein ausgesprochen anti-rhetorisches und anti-sprachliches Unternehmen. Es geht in der Revolution ja um die Etablierung von Vernunft und Wahrheit in der politischen Wirklichkeit. Daher werden im Namen der Raison und der Wahrheit die platonische Sehnsucht nach Sprachlosigkeit oder doch wenigstens die aristotelische Indifferenz des Sprachlichen beim wahren Sprechen bzw. die biblische Sehnsucht nach der einen Sprache des Paradieses leidenschaftlich und aggressiv gegen die Rhetorik und das Eigengewicht der besonderen Sprachen in Anschlag gebracht.[17]

Der Kampf gegen die Rhetorik, gegen geschmücktes Sprechen, letztlich gegen Sprache überhaupt wird nun bei dem wichtigsten Lehrer Europas, bei Augustinus, geradezu exemplarisch durchgespielt, und zwar – und das ist das Dramatische – an dessen eigener Person. Augustinus war ja vor seiner Bekehrung zum Christentum ein Lehrer der Beredsamkeit, er war ein exzellenter, berühmter Redner in der damaligen Hauptstadt Mailand, er befand sich also in jeder Hinsicht im Zentrum der heidnischen römischen Kultur (etwa wie ein Popsänger, ein Filmstar oder ein Sportler im Zentrum unserer heutigen Kultur, in Hollywood). Nach seiner Bekehrung stürmt er genau dieses Zentrum, d. h. seine eigene Vergangenheit: das schöne Reden, die Betonung der Äußerlichkeit der Sprache, die Beredsamkeit. Augustinus bekämpft sich selbst.

Mit derselben Leidenschaft, mit der er gegen seine Sexualität, die Freuden des Körpers und der Sinne überhaupt anrennt, die alle unter dem Oberbegriff der *concupiscentia*, der Begierde, denunziert werden, geht er auch gegen die Sprache vor. Jedenfalls gegen das weltliche Sprechen. Vor dem Hintergrund der großen Bedeutung des göttlichen Wortes als der welt-erschaffenden kreativen Kraft («im Anfang war das Wort»), jenes Wortes, das in Jesus Christus Fleisch geworden war, wird das Menschenwort eigentlich nur noch zum Weitertragen des Gotteswortes einerseits und zum *Beten* andererseits, also zum Sprechen mit Gott, ertragen. Das größte Werk des Augustinus, die *Confessiones,* sind ein Gebet, ein Gespräch mit Gott. «Magnus es, domine», «Groß bist Du, Herr», so beginnen die *Bekenntnisse.* Gott ist der Gesprächspartner, mit dem das bekennende Ich im wesentlichen kommuniziert. Allenfalls spricht es noch mit sich selbst: *Soliloquia,* Selbstgespräche, heißt ein anderes Buch des Heiligen. Ein solches Sprechen bedarf der Stimme nicht mehr, es kann ganz im Inneren des Solus, des Einzelnen, verbleiben. Daher stellt auch der zum Christ gewordene Lehrer der Redekunst seinen Unterricht ein. Augustinus «zieht den Dienst seiner Zunge zurück vom Markplatz der Geschwätzigkeit» (subtrahere ministerium linguae meae nundinis loquacitatis, *Conf.* IX, 2), damit, wie er schreibt, «nicht länger eine Jugend [...] sich die Waffen für ihr Toben aus meinem Munde kaufe» (ebd.).

Der Rückzug vom Markt der Geschwätzigkeit und aus den *bella forensia* (ebd.), den öffentlichen Wortkriegen, ist Teil jenes totalen Rückzugs aus der Welt, zu dem Augustinus das Christentum radikalisiert. Das «Fleisch» ist der Feind, es ist der Sitz der *concupiscentia* jeder Art, der sexuellen Begierde wie auch ihrer Abarten, vor allem der *voluptas oculorum* oder *concupiscentia oculorum*, der Begierde der Augen (*Conf.* X, 35). Das Erkennen der Welt, *cognitio* und *scientia* sind nichts anderes als Formen dieser fleischlichen Begierde; der *appetitus noscendi*, der Wissensappetit, ist eine Form der «Begierde der Augen». Den Augen, diesen vorzüglichen Erkenntnisorganen des Menschen, denen in der griechischen Philosophie eine ganz hervorragende Rolle zugedacht war, sofern das Erkennen als ein Sehen der Seele gefaßt wurde, setzt Augustinus ganz besonders zu. Sie sind seine erkenntnistheoretischen Hauptfeinde:

> Außer der Begierlichkeit des Fleisches, die allen sinnlichen Freuungen und Genüssen zugrunde liegt [...] wohnt in der Seele noch ein andere Art von Begier. Durch die gleichen Sinne des Leibes will sie zwar nicht im Fleische ihre Lust haben, aber durch das Mittel des Fleisches Erfahrungen machen: sie bemäntelt ihren hohlen Fürwitz mit dem Namen Erkenntnis und Wissenschaft. Da sie auf dem Erkenntnistrieb beruht und zum Erkennen an erster Stelle unter den Sinnen die Augen da sind, ist sie durch göttlichen Ausspruch Begierlichkeit der Augen genannt worden.

> Praeter enim concupiscentiam carnis, quae inest in delectatione omnium sensuum et voluptatum [...] inest animae per eosdem sensus corporis quaedam non se oblectandi in carne, sed experiendi per carnem *vana et curiosa cupiditas* nomine cognitionis et scientiae palliata. Quae quoniam in appetitu noscendi est, *oculi* autem sunt ad noscendum in sensibus *principes*, concupiscentia oculorum eloquio divino adpellata est. (*Conf.* X, 35, H.v.m.)

Wissen und Wissenschaft als Begierde der Augen und als *vana et curiosa cupiditas* («eitle und fürwitzige Begierde») zu denunzieren, ist ein Schlag gegen Erkenntnis und Wissenschaft, *cognitio et scientia,* von dem diese sich im Grund erst Jahrhunderte später wieder erholen werden, wenn die Augen sich wieder auf die Welt richten dürfen, wenn die Augen wieder die «Fürsten» (*principes*) unter den Sinnen werden. Jetzt werden bestenfalls erst einmal die *Ohren* gespitzt, aber nicht auf die Welt – das wäre *concupiscentia aurium*, Ohrengeilheit – sondern auf die Worte des Herrn.[18] Diese epistemische Wende des Christentums von den Augen zu den Ohren verändert das ganze Dispositiv des Wissens profund: Quelle des Wissens ist nicht mehr die Welt, sondern einzig das Wort.

Es scheint also, als sei damit die (über das Hören definierte) Sprache nun doch nicht so negativ gesehen, wie ich eingangs sagte, als behaupte sich hier doch die in der römischen Kultur vorgegebene Dominanz der

Sprache gegenüber der Sache. Das ist in der Tat insofern der Fall, als diese Enklave des fleischlichen Hörens auf die Worte des Herrn die einzige Quelle der Erkenntnis ist. Um das Evangelium zu hören, gibt es keine anderen Ohren als die Ohren des Fleisches. Und man muß zu diesen Ohren des Fleisches auch in der eigenen Sprache sprechen. Wenn Moses, so schreibt Augustinus, auf Hebräisch zu ihm gesprochen hätte, hätte er ihn nicht verstanden, Moses hätte schon lateinisch reden müssen. Aber dieses Sprechen zu den Ohren des Fleisches wird insofern doch wieder reduziert, d. h. in seiner Materialität und in seinem einzelsprachlichen Sosein aufgehoben, als der Christ das Gesagte eigentlich schon weiß und die Wahrheit schon in ihm ist. Das Hören auf die Worte Gottes ist gleichsam nur ein *Wecken* der Wahrheit, die der Christ schon kennt, unabhängig vom Sprechen oder gar von irgendeiner Einzelsprache:

> [...] da würde innen, dort innen, wo die Denkkraft wohnt, mir die Wahrheit, die nicht hebräische, nicht griechische, nicht lateinische, noch barbarische Wahrheit, ohne das Werkzeug von Mund und Zunge, ohne Silbengetön es sagen: Wahr ist's was er sagt.

> Intus utique mihi, intus in domicilio cogitationis nec hebrea nec graeca nec latina nec barbara veritas sine oris et linguae organis, sine strepitu syllabarum diceret: «Verum dicit». (*Conf.* XI, 3)

Gesprochen werden muß oder besser: auf die Worte Gottes muß gehört werden. Dennoch: die Wahrheit – und hier haben wir dann Augustinus als christianisierten Platon – ist letztlich *sprachlos*, auch wenn sie über ein tönendes Sprechen in einer bestimmten Einzelsprache initiiert wird. Sprachlosigkeit der wahren Erkenntnis war bei Platon eine Sehnsucht, von der noch nicht ganz klar war, ob sie erreicht werden könnte. Hier aber ist der Besitz der sprachlosen *veritas* eine unerschütterliche Gewißheit, die Gewißheit des Glaubens.

«Wahrheit» gewinnt der christliche Wissende also durch eine gänzlich andere epistemische Perspektive als der Heide: Der Grieche *schaut* als Erkennender auf die *Welt*. In dieser visuell-kognitiven Perspektive spielte bei Platon und dann vor allem bei Aristoteles Sprache letztlich keine Rolle. Der Christ dagegen *hört* als Erkennender auf das Wort Gottes, seine Erkenntnisdimension ist kommunikativ-auditiv, akroamatisch, und sprachlich. Der *Blick* auf die Welt ist als fleischliche Lust völlig disqualifiziert. Und dennoch spielt dann auch hier die Sprache insofern letztlich keine Rolle mehr, als das, was ich da kommunikativ-auditiv erfahren habe, schon in mir ist. Daß das, was ich höre, wahr ist, weiß ich schon. Das Sprechen, das die einzige Quelle der Wahrheit ist, wird gleichzeitig wieder radikal degradiert.

Diese gleichsam verschwindende, sich selbst auflösende Funktion der Sprache inszeniert Augustinus in dem wohl bedeutendsten sprachphilosophischen Text der Antike nach dem *Kratylos*, in seinem Dialog *De magistro*.[19] Augustinus diskutiert dort mit seinem Sohn Adeodatus die Rolle der Sprache für den Christen. Dies ist für den frisch konvertierten Rhetorik-Lehrer, der sein Leben bisher dem schönen römischen Sprechen gewidmet hatte, nicht nur eine philosophisch-theologische, sondern auch eine biographisch bedeutsame Frage. Welches Verhältnis hat die Sprache zur Wahrheit, zu jener wahren Erkenntnis, deren der Christ durch die Konversion so erschütternd teilhaftig geworden ist? Zunächst dient das Sprechen, *locutio*, dem Lehren, *docere*, und dem Insgedächtnisrufen, der *commemoratio*, außer beim Beten, wo der Angesprochene, Gott, ja nicht belehrt und auch nicht erinnert zu werden braucht und wo letztlich auch gar nicht gesprochen wird, weil es ganz im Inneren stattfindet: in den «Kammern des Herzens», dem «Tempel des Geistes». Hier tut sich der große Raum des inneren Menschen auf, den das Christentum eröffnet. Die *locutio* besteht aus Wörtern, *verba*, nach deren Funktion gefragt wird. Das *verbum* ist ein Zeichen, *signum*, aber wofür? Für eine Sache, *res*, oder für ein «Erleidnis der Seele», *affectio animi*? Die Termini stammen gewissermaßen direkt aus *De interpretatione*. Und die aristotelische Redeweise vom Wort als einem Zeichen, gr. *semeion*, lat. *signum*, wird hier nun für das christliche Abendland endgültig festgeschrieben und mit subtilsten semiotischen Überlegungen verknüpft. Die Hauptfrage des Dialogs ist aber, analog zu Platon, ob wir Erkenntnis durch diese Zeichen gewinnen. Ähnlich wie Sokrates, der das Wort zunächst als ein belehrendes und das Sein unterscheidendes Werkzeug bestimmte, kommen auch Adeodatus und Augustinus zumindest vorübergehend darin überein, daß man *ohne* Zeichen nichts lehren, also nichts wissen kann. Aber auch für die christlichen Dialogpartner ist die Kenntnis der Sachen – *cognitio rerum, doctrina, scientia* – bedeutend wichtiger als die bloße Kenntnis der Zeichen (*cognitio signorum*).

> Es steht also fest, daß nichts ohne Zeichen gelehrt wird und daß uns die Erkenntnis selbst wertvoller sein muß als die Zeichen, durch die wir sie erlangen.

> Confectum est igitur et nihil sine signis doceri et cognitionem ipsam signis, quibus cognoscimus, cariorem nobis esse oportere. (*De magistro* 31)

Schließlich wird aber dieses Zwischenergebnis in den Abgrund gestürzt. In Wirklichkeit lehren und lernen wir überhaupt nichts durch die Zeichen, sondern *nur durch die Sachen* selbst. Man kann die Sachen nur *ohne* Zeichen erfahren. Das Zeichen kommt bestenfalls *hinterher*, nachdem ich die Sache schon kenne. Das Wort *erinnert* uns höchstens an das, was wir schon wissen, andernfalls *ermahnt* es uns, die Sache, die wir noch nicht kennen, zu suchen:

> Hactenus verba valuerunt; quibus ut plurimum tribuam, *admonent tantum, ut quaeramus res,* non exhibent, ut norimus.

> Der Wert des Wortes, wenn wir das Beste annehmen wollen, besteht höchstens darin, daß es uns einlädt, eine Sache zu suchen, aber Worte an sich bieten uns niemals ein Ding so dar, daß wir es erkennen. (*De magistro* 36, H.v.m.)

Oder:

> Es gibt also ganz entschieden die unfehlbare Erkenntnis, deren volle Wahrheit so lautet: Wenn Worte verlautet werden, wissen wir entweder, was sie bedeuten, oder wir wissen es nicht. Sofern wir es wissen, beruht das eher auf Erinnerung als auf empfangener Belehrung. Wenn wir es nicht wissen, fehlt jedenfalls eine Erinnerung, aber unter Umständen erwächst daraus eine Aufforderung, nach ihrer Bedeutung zu suchen.

> Verissima quippe ratio est et verissime dicitur, cum verba proferentur, aut scire nos quid significent aut nescire; si scimus, commemorari potius quam discere, si autem nescimus, ne commemorari quidem, sed fortasse ad quaerendum admoneri. (Ebd.)

Wenn nun die Rolle der Sprache als erkenntnisbringendes Mittel schon so weit zurückgenommen ist, so ist es nur noch ein letzter Schritt zu der Feststellung, daß der Mensch über den großen Zusammenhang (de universis quae intelligimus) sowieso nicht eine von außen zu ihm sprechende Wahrheit befragt, sondern diejenige, die schon in seinem Geiste herrscht (sed intus ipsi menti praesidentem veritatem, 38). Tatsächlich tönende Worte von außen können nur zur Suche nach dieser Wahrheit mahnen: «ad quaerendum res». Die *res,* die da gefunden wird und in diesem Inneren wohnt, ist *Christus.* Und Christus ist nicht nur die Sache, die Wahrheit, sondern er ist auch der Kommunikator, der «innere Lehrer», der *intus magister* (40):

> Jener aber, der da befragt wird, lehrt, und das ist der, von dem es heißt, daß er im inneren Menschen wohnt, ist Christus, das ist die unwandelbare und ewige Weisheit Gottes.

> Ille autem, qui consulitur, docet, qui in interiore homine habitare dictus est Christus, id est incommutabilis dei atque sempiterna sapientia.
> (*De magistro* 38)

Am Ende des Dialogs (dessen Ende überhaupt kein Dialog mehr ist, sondern ein langer Monolog Augustinus', die *doctrina* des Augustinus) wird als Fazit festgehalten, daß die Worte zwar nicht unnütz sind, aber doch auch nicht so wichtig, wie man meinen könnte – d. h. so wichtig wie der Rhetorik-Lehrer Augustinus früher glaubte und wie die ganze ihn umgebende römische Wort-Kultur meint. Wir Menschen können nichts lehren, da die Worte die Sachen nicht kognitiv erschließen. Unsere Worte sind nur Aufforderungen, die Sache zu suchen. Nur der in uns wohnende

Lehrer – *intus magister* – kann etwas lehren, und die äußeren Worte haben letztlich keine andere Funktion, als diesen inneren Lehrer selbst zu suchen.

Quid sit autem in caelis, docebit ipse, a quo etiam per homines signis admonemur *foris*, ut *ad eum intro conversi* erudiamur.

Der da aber im Himmel ist, der ist es selbst, der lehren wird, er, der uns durch die Menschen die Unterweisung mit Hilfe der *äußeren* Zeichen zuteil werden läßt, damit wir, *nach innen zu ihm zurückgekehrt*, uns seine Lehren erwerben. (*De magistro* 46, H.v.m.)

Am Ende der Antike, im christlichen Denken, haben wir also sozusagen einen *doppelten Abschied* von der Sprache. Sowohl ihre kognitive als auch ihre kommunikative Funktion werden kassiert bzw. ins *Innere des Menschen* gewendet, in diesen – *cor,* «Herz», genannten – Innen-Raum, der der neue Welt-Raum des Christen ist. Zunächst glauben wir, daß wir «lehren», daß wir den anderen etwas über die Sachen mitteilen. Dann aber stellen wir fest, daß die Worte nichts über die Sachen sagen, ihre kognitive Funktion ist null, sie erinnern höchstens an schon Erkanntes oder sie mahnen, die Sachen zu suchen (die als solche ohne Sprache erkannt werden). Die einzige Sache aber, die der Erkenntnis wert ist, ist aber auch gar nicht da draußen in der Welt wie bei den Griechen, sondern sie ist *in mir*. Wenn die Worte mahnen, die Sachen zu suchen, so verweisen sie auf mein Inneres. Denn dort sitzt die Wahrheit, *sempiterna veritas: Christus*. Die kognitive Relation selbst wird nach innen gewendet, in den Erkennenden selbst. Und der in mir wohnende Christus ist nicht nur die zu erkennende Sache, sondern auch der Lehrer, der «innere Lehrer». Das heißt, auch die kommunikative, «lehrende» Dimension wird ins Innere verlegt. Kognition und Kommunikation sind auf einen Punkt im Inneren konzentriert, sie koinzidieren in Christus.

Der äußeren Sprache bleibt da nicht mehr viel: Jeder rhetorische Glanz des Sprechens ist von vornherein funktionslos. Die kommunikative Funktion des Sprechens, das Lehren (docere), wird letztlich ja von dem wahrgenommen, der in mir wohnt, dem inneren Lehrer, *intus magister*. Die äußeren Worte verweisen auf die schon erkannte innere Wahrheit. Als Prototyp des Sprechens ergibt sich aus dem augustinischen Sprachdenken das Gebet, «Magnus es, domine», und die an Gott gerichtete *Confessio*, deren Fluchtpunkte die Sprachlosigkeit und das Schweigen sind.

Es ist klar, daß vor diesem Denken der Sprache nichts gleichgültiger und überflüssiger ist als die Verschiedenheit der Sprachen. Die Wahrheit, wir haben es gehört, ist weder hebräisch, noch griechisch, noch lateinisch, noch barbarisch, sie ist einfach sprachlos. Hinter allen «Sprachen des Fleisches» (*linguae carnis*) steht die eine Wahrheit des Glaubens bzw.

die «eine *Sprache des Herzens* im Glauben», «et in diversitate linguarum carnis una est *lingua* in fide *cordis*».²⁰ Vor diesem Hintergrund sind Augustinus' Ausführungen über die zweiundsiebzig postbabelischen Sprachen zu verstehen, die für Jahrhunderte die klassische Autorität in dieser Frage sein werden.²¹ Die Verschiedenheit der menschlichen Sprachen ist ein Zeichen des diesseitigen Gefallenseins des Menschen. Sofern allerdings pfingstlich in allen die *lingua cordis* spricht, ist die Verschiedenheit aber auch keine besondere Katastrophe mehr. Sie ist angesichts der radikalen Bedeutungslosigkeit äußerer Sprache einfach radikal gleichgültig. Keine besonders guten Aussichten für das christliche Abendland, in der Verschiedenheit der Sprachen etwa einen besonderen Reichtum der Schöpfung zu sehen.

1.4. Zwei Schlußbemerkungen

Ich habe in diesem Kapitel Jahrhunderte übersprungen, von der Bibel, von Platon und Aristoteles über Cicero bis ans Ende jener Zeit, die wir die «Antike» nennen, die – wie das nun folgende sogenannte «Mittelalter» – ungefähr tausend Jahre lang währte. Die Frivolität dieser Sprünge ist evident. Dennoch: Die bisher behandelten Texte blieben in der antiken Welt auf eine ganz andere Art und Weise zeitgenössisch, als dies in unseren beschleunigten Zeiten der Fall ist. Wir haben ja schon Schwierigkeiten, Goethe noch als einen Zeitgenossen zu verstehen, Hegel ist mausetot, Heidegger entschwindet gerade in die (dann bedeutungslose) Vergangenheit. Die Bibel ist aber für den spätantiken Christen nicht «vergangen», «historisch», oder gar – wie der historistisch denkende Herder schrieb – «die älteste Urkunde der Menschheit», die ihn dann auch nichts mehr angeht. Ebensowenig sind die großen klassischen griechischen Denker des 5. Jahrhunderts vor Christus im 5. Jahrhundert nach Christus vergangen. Das römisch-griechische Erziehungssystem funktionierte ja noch, bevor es von den germanischen Migrationen und Eroberungen zerschlagen wird. Das Christentum, das in der Spätantike zur dominanten kulturellen und politischen Kraft des römischen Reiches wird, beerbt gerade durch seine offizielle Stellung Rom auch geistig. Es muß aber das heidnische Denken vor das Tribunal des Glaubens führen, der ihm eine neue – und wie hier zum Teil durchaus revolutionäre – Wende gibt. Diese Konfluenz von Griechenland und Rom einerseits und (hebräisch-griechisch-lateinischer) Bibel andererseits findet für das westliche Abendland entscheidend und prägend im Werk des Heiligen Augustinus statt, der nicht nur einer der Kirchenväter ist, sondern der Kirchenvater überhaupt und als solcher vielleicht der einflußreichste Denker Europas.

Die Bibel, Platon, Aristoteles, Cicero und Augustinus als grundlegen-

de Referenztexte der modernen Entwicklung des europäischen Sprachdenkens zu privilegieren, hat etwas ungeheuer Reduktionistisches angesichts der großen Menge von Texten und Autoren, die dabei unberück-
sichtigt bleiben und die selbstverständlich bei einer umfassenden
Gesamtdokumentation heranzuziehen sind. Ein Blick in die jüngst
erschienenen, z. T. monumentalen Darstellungen der Geschichte der
Linguistik oder der Sprachphilosophie zeigt das katastrophale Ausmaß
dieser Auslassungen.[22] Dennoch möchte ich diese extrem selektive
Fokussierung durch den Blick auf die weitere Entwicklung verteidigen.
Es sind bei meinem Versuch, die Hauptlinien des europäischen Sprachdenkens herauszuarbeiten, aus meiner Sicht *diese* Texte oder die in diesen Texten vertretenen Auffassungen, die in mehr oder minder starker
Weise bei den späteren europäischen Autoren präsent sind, die im folgenden behandelt werden (die aber natürlich ihrerseits ungerecht hervorgehoben und ausgewählt worden sind).

Eine der größten Ungerechtigkeiten meiner Darstellung ist sicher die
Auslassung der gesamten mittelalterlichen Sprachreflexion, die nur insofern vorkommt, als sie in Dante präsent ist, mit dem meine Darstellung
des *modernen* europäischen Sprachdenkens nach diesem Vorspiel nun
beginnt. Ich setze mit Dante ein, weil ich bei Dante tatsächlich einen
Neuansatz sehe, dessen sich Dante übrigens selbst schärfstens bewußt
ist, wenn er im ersten Satz seiner Abhandlung sagt, daß noch niemand
vor ihm über die *vulgaris eloquentia* geschrieben habe: «nemo ante nos».

2. Florenz
Poetische Welt-Sprache
und neue Grammatik des Paradieses

2.1. *Vulgaris eloquentia: Volkssprache vs. Muttersprache*

Cum neminem ante nos de vulgaris eloquentie doctrina quicquam inveniamus tractasse, [...] locutioni vulgarium gentium prodesse temptabimus. (I i 1)

Da wir niemanden finden, der vor uns eine Lehre von der vulgaris eloquentia behandelt hat [...], werden wir versuchen, etwas Nützliches über das Sprechen der Leute aus dem Volk zu sagen.

Mit diesem berühmten, sehr selbstsicheren Satz beginnt Dantes kurz nach 1300 geschriebener Traktat, dessen Titel traditionellerweise aus diesem ersten Satz entlehnt wird: *De vulgari eloquentia*. Aber was genau ist der neue Gegenstand, also worüber genau hat vor Dante niemand eine Lehre, eine *doctrina*, gehabt, was ist *vulgaris eloquentia*? Die deutsche Übersetzung von Dornseiff und Balogh aus dem Jahre 1925 gibt der Danteschen Schrift den pathetischen Titel: «Über das Dichten in der Muttersprache». Das ist höchst mißverständlich und problematisch.[1] Eine Kritik dieses Titels, unter dem der Text in Deutschland Verbreitung gefunden hat, soll uns Klarheit über den Gegenstand der Danteschen Schrift verschaffen.

2.1.1. Der deutsche Titel ist zunächst eine extreme Eingemeindung. Er ruft Dantes Schrift vom Beginn des Trecento hinein in einen modernen Diskurs, nämlich in die Art und Weise, wie in Deutschland zu Beginn des 20. Jahrhunderts Sprache thematisiert wurde. Natürlich geht es dem Dichter Dante in seiner Schrift um das «Dichten». Es geht um die Rechtfertigung einer bestimmten literarischen Praxis, und zwar gerade um das Schreiben «hoher» Lyrik, die auch als *poesis* auftritt (II iv 2), um eine Tätigkeit, die in der Tat auch als *poetari* bezeichnet wird, um Akteure, die – wenn auch mit einiger Vorsicht («richtige Dichter», poetae regulares, II iv 3, sind die klassischen lateinischen Dichter) – durchaus auch *poetae* sind (II iv 2). Die poetae, die Dante auch «vulgares eloquentes», «avientes», «versificatores», «versificantes» nennt, sind aber für Dante vor allem: Gelehrte, *doctores*. Dies ist der Terminus, den Dante meistens verwendet. Schon deswegen ist das Wort «dichten» mit seinen modernen Konnotationen problematisch. Das Dichten, von dem hier die Rede ist, verdankt sich auf keinen Fall einem romantischen Raptus, sturmdurchpeitschten Nächten auf kahlen Bergen und gefühlstrunkenen Liebesbegegnungen, sondern der Gelehrsamkeit. Für *doctores* schreibt Dante eine *doctrina*.

Vor allem aber spricht gegen das Wort «Dichten» im Titel der Abhandlung, daß Dante – ebenso wie in einem berühmten Satz aus seinem *Convivio*, in dem er auf *De vulgari eloquentia* referiert (*Conv.* I v 10) – eben das Wort *eloquentia* benutzt, wenn er vom Gegenstand seiner Abhandlung spricht. Eloquentia geht allemal über das «Dichten» hinaus. Eloquentia ist nicht auf literarische Texte, gar auf das Verfassen metrisierter Texte beschränkt (an das man beim «Dichten» ja vor allem denkt), sondern meint *jede kunstvolle Sprachproduktion*. Eloquentia ist das, was die *Rhetorik*, die Kunst der Rede, in Regeln faßt. Nun wäre allerdings auch «Beredsamkeit» kein besonders treffender deutscher Ausdruck für die hier gemeinte eloquentia, weil wir dabei eher an öffentliche, politische Rede denken, die, wie wir gesehen haben, das Zentrum der antiken Rhetorik war. Darum geht es bei Dante nicht (wenngleich, wie wir sehen werden, Dantes Überlegungen zur Sprache durchaus politische Implikationen haben), sondern um verschiedene *lyrische* Gattungen, die er als eloquentia zusammenfaßt. Vielleicht nähert sich daher der Ausdruck «Sprachkunst» am ehesten dem, was mit eloquentia gemeint ist. Dieser Ausdruck würde auch gut dazu passen, daß Dante im gleichen Satz die eloquentia mit der *locutio* (vulgarium gentium), also mit dem «Sprechen» (der Leute aus dem Volk) verbindet. Die eloquentia ist – der gemeinsame Stamm *loc* macht dies ja deutlich – die elaborierte Form der locutio. «Sprachkunst» – «Sprechen» würde also die lateinische etymologische Figur e*loq*uentia – *loc*utio gut wiedergeben.

2.1.2. Wenn nun aber «Dichten» trotz seiner romantischen Konnotationen die Sache, um die es Dante hauptsächlich geht, dennoch trifft, so ist die «Muttersprache» des Dornseiffschen Titels sachlich völlig unangemessen, ja der Ausdruck verfälscht den gesamten Sinn des Textes. Zwar ist Dantes Text tatsächlich einer der ersten europäischen Texte, in dem der Ausdruck «Muttersprache» für die natürlich erworbene Erstsprache erscheint. In der Antike war ja, was wir «Muttersprache» nennen, die Sprache des *Vaters*: sermo *patrius*, eine Ausdrucksweise, die auch Dante noch kennt: «patrium vulgare» (I xv 2). Der Mutter wird die zuerst gelernte Sprache erst seit dem Mittelalter, seit dem 12. Jahrhundert, zugeordnet.[2] Allerdings sind es auch bei Dante – wie in Augustinus' *Confessiones* – die «assistentes», die Umgebung, und die Amme (nutrex), von denen die erste Sprache gelernt wird.[3] Die Mutter erscheint gerade nicht im Zusammenhang mit der einleitenden Bemerkung über den Erstspracherwerb. Der Ausdruck «Muttersprache» verdient aus mehreren Gründen auf keinen Fall die Auszeichnung, die ihm die deutsche Übersetzung angedeihen läßt.

Erstens sagt Dantes Formel von der «vulgaris eloquentia» nichts von der *Mutter*-Sprache. Nicht die Mutter erscheint im Adjektiv *vulgaris* als Trägerin der Sprache, um die es geht, sondern das *Volk*: vulgus. Die mit dem Ausdruck *vulgaris* aufgerufene Opposition ist die von Volk und Gelehrten, den schon erwähnten doctores. Der Ausdruck *vulgare* zielt primär auf die Differenz der Bildung: Latein-Können, Lesen- und Schreiben-Können oder nicht. Dies ist eine andere Opposition als diejenige, die mit der «Mutter» anvisiert ist, wo es primär um die Opposition von Eigensprache und Fremdsprache und von Nähe und Ferne geht.

Zweitens: Während der Ausdruck *vulgare* den ganzen Text durchzieht, erscheint der Ausdruck *maternus*, «Mutter-», erst im sechsten Kapitel (materna locutio, I vi 2) und insgesamt nur zweimal. Materna locutio ist eine Unterart des Vulgare.

Drittens sprechen die Kontexte, in denen *maternus* auftritt, dagegen, diesen Ausdruck positiv aufzuladen. *Materna locutio* erscheint nämlich an einer – im übrigen als Exkurs markierten – Stelle, an der das Vulgare in seiner bornierten, extrem provinziellen Form *kritisiert* wird. Es ist die Passage, in der sich Dante über die Leute lustig macht, die glauben, das Vulgare ihres kleinen Dorfes, eben ihre locutio materna, sei die schönste und bedeutendste Sprache der Menschheit, sie sei die Sprache Adams. «Wir aber, fährt Dante fort, denen *die ganze Welt* Heimat ist» (nos autem, cui *mundus* est patria, I vi 3), d. h. wir *Weltbürger* wissen, daß diese provinzielle Überschätzung der locutio materna ein Irrtum ist. Negativ konnotiert ist auch die «Muttersprache» bei ihrem zweiten Vorkommen in *De vulgari eloquentia*, in der Wendung «maternum vulgare» (I xiv 7): Dort wird der Dichter Hildebrand von Padua dafür gelobt, daß er sich vom «vulgare maternum», also der Sprache des unmittelbaren nächsten Lebenszusammenhangs, abgewandt und dem «*curiale* vulgare», der *höfischen* Volkssprache, zugewandt habe. «Muttersprache» ist hier eindeutig die unterste Stufe des Vulgare, in dem gerade *nicht* gedichtet werden soll. Das Dichten in der «Muttersprache», der Sprache der dörflich-familiären *Nähe*, lehnt Dante also gerade ab! Er sucht eine Sprache der größten Distanz, eine Sprache der *Welt*, für diejenigen, denen die Welt Vaterland ist, cui *mundus* est patria.

Verfehlt ist darüber hinaus auch das sentimentalische Tremolo, das der deutsche Titel mit dem Ausdruck «Muttersprache» aufruft. Es geht Dante in *De vulgari eloquentia* nicht um die Sprache der liebevollen Nähe der Mutter. Das heißt nicht, daß Dante eine solche Vorstellung einer Sprache der Liebe (und Liebe zur Sprache) nicht kennt, sie kommt nur in *diesem* Text nicht vor. In dem anderen Text Dantes über die Sprache, im ersten Traktat des *Convivio*, wird die Volkssprache emphatisch an die Eltern und an die Freunde gebunden. Im *Convivio* ist das Vulgare eindeutig die Sprache liebevoller Nähe, die der Ausdruck «Muttersprache» impliziert. Die Kapitel I xii und I xiii des *Convivio* handeln von der Liebe, ja dem perfettissimo amore Dantes zum Volgare, das ihm «la cosa più prossima» sei (*Conv.* I xii 4), die «am nächsten stehende Sache». Emphatischer ist kaum jemals die Volkssprache als «Sprache der Nähe»[4] beschworen worden als an dieser Stelle des *Convivio*. Allerdings: Der Ausdruck *Muttersprache* erscheint dort nicht.[5]

2.1.3.   Gegenüber den ausgesprochen sprach-erotischen Ausführungen des *Convivio* ist *De vulgari eloquentia* sehr viel kühler. Das hängt damit zusammen, daß *De vulgari eloquentia* als ein lateinischer Text an die Gelehrten, die doctores, gerichtet ist und in der Sprache der ratio und der doctrina geschrieben ist, während das *Convivio* sich in der Sprache des Herzens und der Nähe ausdrücklich an die Nicht-doctores wendet. Die Qualitäten des Vulgare sind in *De vulgari eloquentia* kurz, unsentimental und rational skizziert: Das Vulgare ist zeitlich primär (onto- und phylogenetisch), alle können es (auch die Frauen und die Kinder), es ist natürlich (es wird «ohne Regel», sine regula, gelernt). Deswegen ist es nobilior, «vornehmer», (weil Natur höher ist als Kunst) als die andere Sprache, zu der es in Opposition steht und die Dante hier *gramatica* nennt, d. h. zum Latein der doctores. Die Gramatica ist eine «sekundäre» (secundaria) und von den Grammatikern erfundene, «künstliche» (artificialis) Sprache, die nur wenige (pauci) beherrschen und offensichtlich hauptsächlich zur Lehre verwenden: «et doctrinamur in illa» (I i 3).

De vulgari eloquentia ist aber nicht nur wegen des gelehrten sprachlichen Kontextes kühler, sondern vor allem, weil es bei aller Wertschätzung auch eine fundamentale *Kritik* des Vulgare enthält. Das Vulgare ist nämlich nicht nur die vornehmere, weil natürliche Sprache der Vielen, sondern es hat gegenüber der Gramatica einen entscheidenden Mangel: es ist mit dem Makel der *Verschiedenheit* geschlagen. Schon gleich am Anfang wird es als «in *diversas* prolationes et vocabula divisa» (I i 4) charakterisiert, «aufgeteilt in *verschiedene* Laute und Wörter». Es trägt den Makel von Babel an sich. *De vulgari eloquentia* ist daher ein Buch, das einen Weg beschreibt, wie der Makel der *divisio*, der Trennung, der Verschiedenheit der Vulgärsprache zu überwinden ist.

Dieser Weg, den wir im folgenden genauer verfolgen werden, ist ein Aufstieg in eine Region, in der sich die Gramatica schon befindet. Es ist auffällig, daß Dante in *De vulgari eloquentia* das Lateinische niemals *latine* oder ähnlich nennt (der Terminus *latini* meint die *modernen* Italiener).[6] Er gibt der künstlichen Sprache sozusagen keinen geographischen oder historischen Namen mehr. Er sagt zwar, daß die (alten) Römer diese Sprache *gramatica* genannt haben. Aber auch die Griechen haben eine

Gramatica. Der Ausdruck bezeichnet also einen *Typus* von Sprache, der keinen Ort hat und auch keine Zeit, keine Geschichte. Gramatica ist die ort- und zeitlose unveränderliche Sprache, eine neue Sprache des Paradieses. Hierher strebt das Vulgare, wenn es zu einem *Vulgare illustre cardinale aulicum curiale* werden soll.

2.2. Nemo ante nos: Von der Notwendigkeit der doctrina

2.2.1.   Kehren wir zu Dantes stolzem Eingangssatz zurück: «Da wir niemanden finden, der vor uns eine Lehre über die Sprachkunst in der Volkssprache geschrieben hat.» In den gelehrten Kommentaren wird an dieser Stelle immer darauf hingewiesen, daß vor Dante z. B. provenzalische Grammatiken und Poetiken geschrieben wurden, die ja auch von der vulgaris eloquentia handeln, und daß z.B. Brunetto Latini, eine der großen Inspirationsquellen Dantes, eine italienisch geschriebene Rhetorik verfaßt hat. Und es wird diskutiert, welche dieser Bücher Dante gekannt haben konnte. Aber selbst wenn er sie alle gekannt haben sollte, so hat er doch Recht mit seiner Behauptung, daß niemand vor ihm eine *doctrina* über die Sprachkunst in der Volkssprache verfaßt hat. Die provenzalischen Bücher sind nämlich Grammatiken («Donate») und Anleitungen zum Verseschmieden in dieser Sprache, praktisch-technische Ratgeber: *artes* (auch diejenigen, die sich «doctrina» nennen, wie die «doctrina de compondre dictatz»[7]). Aber eine doctrina im Sinne einer ausgearbeiteten *Theorie* der Volkssprache enthalten diese Bücher nicht. Und genau dies ist Dantes Beitrag – und in der Tat etwas Neues: nemo ante Dante.

Aber wieso braucht man überhaupt eine doctrina der volkssprachlichen Sprachkunst? Die volkssprachliche romanische Literatur blüht in Europa seit dem 11. Jahrhundert in der provenzalischen Lyrik und in der französischen Epik, die in ganz Europa nachgeahmt wurden. Und es gab ganz offensichtlich keine Notwendigkeit, diese literarische Praxis theoretisch zu begründen. Genau dies aber geschieht nun zu Beginn des 14. Jahrhunderts in Italien. Das ist einigermaßen verwunderlich und bedarf einer Erklärung. Anscheinend verlangt das *neue kulturelle System*, in dem die italienische Literatur so spät erblüht, eine gelehrte Theorie, eine doctrina.

Nach Curtius (1963) ist das Wiedererstarken der *lateinischen* Bildung im romanischen Europa seit dem 11. Jahrhundert verantwortlich für die Blüte auch der *volkssprachlichen* Literatur. Die italienische Dichtung und Dante würden also nur vollenden, was die Franzosen und Provenzalen begonnen haben. Curtius berücksichtigt dabei aber zu wenig, was Auerbach (1958: 22 ff.) deutlich herausarbeitet, nämlich daß sich der *gesellschaftliche Ort* der volkssprachlichen Literatur in Italien verändert hat und damit auch das literarische System: Die frühe volkssprachliche Literatur des europäischen Mittelalters war an den gesellschaftlichen Kontext der feudalen Organisation gebunden. Sie war nicht kirchlich, sondern säkular und aristokratisch-höfisch. Auch wenn sie von *clercs*, von lateinisch gebildeten Intellektuellen, betrieben wurde, so war sie doch eine kulturelle Praxis des *feudalen Adels*, d. h. sie befriedigte das kulturelle Bedürfnis einer Lebenswelt, die von der lateinischen Kultur (und Sprache) deutlich getrennt war. Der Kontext der erst um 1300 blühenden volksprachlichen *italienischen* Literatur ist demgegenüber die *städtische patriziale* Kultur, deren Dichter zwar «weder feudal aristokratisch noch geistlich» sind (Auerbach 1958: 225), die aber *sowohl* das Erbe der höfischen Kultur und Sprache *als auch* das Erbe der kirchlichen Kultur und Sprache antreten und in ihrer literarischen Praxis *beides* betreiben. Diese Konfluenz der volkssprachlichen mit der lateinischen Kultur in einer expliziten *Diglossie* der literarischen Produktion unterscheidet gerade die «verspäteten» Dichter Italiens von den volkssprachlichen Dichtern der vorangegangenen Jahrhunderte. Dante, der diese literarische Diglossie wie kein anderer repräsentiert, ist sowohl ein (lateinischer) *doctor* als auch ein (volkssprachlicher) Minne- und Ependichter.

In dieser Verbindung der volkssprachlichen Dichtung mit der lateinischen Gelehrsamkeit wird nun aber die alte Selbstverständlichkeit des volkssprachlichen Schreibens problematisch. Solange die Dichter für ein des Lateinischen unkundiges ritterliches Publikum schrieben, bedurfte es keiner doctrina. Nun aber, wo die Dichter volkssprachlich *und* lateinisch schreiben, wo sie also ein doppeltes oder oft auch ein zweisprachiges Publikum haben, muß die volkssprachliche Textproduktion gerechtfertigt werden. Der *Dichter*, der auch ein *lateinischer doctor* ist und der als solcher von der höheren Würde lateinischer Schriftkultur überzeugt ist, muß gegenüber sich selbst und den anderen lateinischen doctores begründen, warum er sich mit volkssprachlicher Textproduktion abgibt. Dante tut dies zweimal: Im *Convivio* begründet er ausführlich, warum er die (hier explizit als niedriger eingestufte) Volkssprache verwendet auf einem Feld der Rede, das eigentlich dem höheren Lateinischen vorbehalten ist, auf dem Gebiet der Wissenschaft. Das heißt im *Convivio* steigt der doctor Dante – und mit ihm die doctrina – ins Vulgare *hinab*, aus Großzügigkeit und Liebe. In *De vulgari eloquentia* dagegen ist Dante oben – im Lateinischen. Daher geht es hier auch umgekehrt darum, das Vulgare in die Höhe des Lateinischen *empor*zuheben. Lateinische Kultur und Sprache als Hüterin und Ort der doctrina verlangt eine Theorie dieses für einen doctor durchaus niederrangigen sprachlichen Tuns.

2.2.2. Wie prekär eine solche Rechtfertigung in der italienischen Hoch-
kultur war, zeigt die Tatsache, daß eigentlich nur Dante sie wagt und daß
dieses Wagnis weitgehend ohne Echo blieb. Schon die unmittelbar auf
Dante folgende Generation wird nämlich seine doctrina der volkssprachlichen Sprachkunst widerrufen. *De vulgari eloquentia* verschwindet für
zweihundert Jahre in der Versenkung, ein merkwürdiges Verschweigen,
ja wohl eher ein aktives Unterdrücken des Textes, das anzeigt, wie unwillkommen die Dantesche Botschaft war: Eine doctrina *vulgaris* eloquentiae ist den auf Dante folgenden *humanistischen* doctores unerträglich. Die neue diglossische italienische Kultur, die so glänzend gerade mit
Dante und mit Petrarca und Boccaccio begonnen hatte, hält nämlich –
gegen alle Evidenz und gegen Dantes Lehre – die eigenen volkssprachlichen Texte letztlich doch für minderwertig und setzt verstärkt auf das
Lateinische. Der Humanismus ist in dieser Hinsicht ein ganz merkwürdiger Fall von ideologischer Blindheit gegenüber einer glänzenden literarischen Praxis. Seiner anti-vulgären Ideologie folgt schließlich auch die
Praxis: Die volkssprachliche literarische Produktion verfällt nach ihrer
ersten großen Blüte. Die bedeutendsten italienischen Schriftsteller des
Quattrocento schreiben lateinisch.

Erst im Cinquecento, mehr als zweihundert Jahre nach der Nieder-
schrift von *De vulgari eloquentia*, wenn sich doch die volkssprachliche
Praxis gegen die humanistisch-lateinische Theorie durchgesetzt haben
wird, wird die Lehre von der volkssprachlichen Sprachkunst wieder aus
der Versenkung hervorgeholt und in eine – allerdings völlig veränderte –
kulturelle und politische Welt hineingerufen. In der sogenannten *Questione della lingua*, jenem Streit um das Kultur- und Sprach-Modell der
Zukunft, der uns im nächsten Kapitel beschäftigen wird, verwendet der
Dichter Trissino den Danteschen Text zur Stärkung seiner Position, der
Theorie einer höfischen Sprache, der *lingua cortigiana*, die er provokant
auch *lingua italiana* nennt.

Diese Inanspruchnahme, das ist oft festgestellt worden, entbehrt zwar
nicht einer gewissen Plausibilität, vor allem in dem negativen Zug der
Zurückweisung eines Vorrangs des Florentinischen und in der Vision
eines gesamtitalienischen Vulgare. Dennoch entspricht Dantes Vorstellung
vom Vulgare illustre nicht Trissinos Konzept einer zukünftigen lingua
italiana. Dantes Theorie zielt auf das Register der hohen Lyrik der doctores, Trissino spricht vom Register (und Soziolekt) der Konversation der
Höflinge am (päpstlichen) Hof. Doch diese Details der italienischen
Sprachgeschichte sollen uns hier nicht weiter beschäftigen.

2.2.3. Die italienischen doctores tragen also um 1400 ein durchaus
neues und eigenartiges kulturelles System, in dem die sprachlichen Positionen neu verteilt sind. Das neue System hebt das alte Nebeneinander

der Kultur- und Sprachwelten auf, das Nebeneinander von lateinischem System, in dem alles lateinisch war, und ritterlichem System, in dem alles volkssprachlich war. Das neue System ist eines, das beides verbindet. Für dieses unternimmt Dante die bisher unerhörte – nemo ante nos – Aufgabe, das ganze sprachliche Diasystem neu zu vermessen.

Als Erbe der lateinischen *und* der volkssprachlichen Kultur des Mittelalters durchschreitet Dante zu diesem Zwecke das gesamte damalige Wissen über die Sprache. Er tut das mit großer methodischer Bewußtheit, d. h. mit den beiden methodischen Instrumenten seiner Zeit: den *autoritates* einerseits und der eigenen *ratio* andererseits. Deutlich markiert Dante die Stellen, an denen er von dem einen zum anderen Instrument übergeht. Da noch kein doctor vor ihm sich mit dem niedrigen Gegenstand der Volkssprache abgegeben hat, ist es nicht verwunderlich, wenn er gerade dort seine eigene ratio bemühen muß, wo es um die Volkssprachen geht. Die autoritates – das sind im wesentlichen die Bibel, Aristoteles, Augustinus, und der Heilige Thomas – haben hierzu nichts gesagt. Sie konnten dazu auch nichts sagen, schon weil es die für Dantes Kultur fundamentale *Diglossie* von Vulgare und Gramatica nicht gab. Es ist daher auch nicht verwunderlich, daß Dante dort, wo er vom Vulgare spricht, zu wirklich neuen Erkenntnissen kommt: zu einer Theorie der Variabilität der Sprache in Zeit und Raum und zur Vision einer neuen Sprache jenseits der Geschichte.

Die Dualität von Vulgare und Gramatica ist der Grundgedanke der Danteschen Sprachtheorie, ihr Ausgangspunkt und ihr ständiger Bezugspunkt in der Entfaltung des gesamten Systems der Sprachen. Dante diskutiert die großen Themen der europäischen Sprachreflexion, die wir im ersten Kapitel kennengelernt haben: das Wesen der Sprache, den Ursprung der Sprache und die Verschiedenheit der Sprachen, um zur Theorie eines «hohen», eloquenten Vulgare vorzustoßen, die gleichzeitig auch das linguistische Grundproblem der Menschheit löst: die sprachliche Verschiedenheit. Ich möchte im folgenden die argumentative Bewegung des Danteschen Textes nachzeichnen, die, wie Maria Corti (1982) gezeigt hat, deutlich zirkulär oder spiralförmig ist: von der ursprünglichen gloriosen Einheit der Sprache zurück zu einer gleichsam posthistorischen gloriosen Einheit im Vulgare illustre. Nur Rousseaus *Essai sur l'origine des langues* wird Jahrhunderte später eine vergleichbare geschichtsphilosophische und sprachhistorische Kreisbewegung beschreiben, natürlich mit deutlich deprimierenderen Aussichten, nämlich von den prähistorischen tierischen Anfängen zurück zu den posthistorischen tierischen Niederungen der Zivilisation und der Sprache.

2.3. Subiectum nobile: Das Wesen der Sprache

2.3.1. Dante entfaltet seine Theorie des Vulgare als eine Reise vom Paradies über Babel durch den italienischen Wald (ytalia silva, I xv 1) zu einem Neuen Paradies. Nachdem er seine diglossische Ausgangssituation konstatiert hat, die Sprachsituation des doctor, stellt er seiner Suche zunächst einige Gedanken über das Wesen der Sprache voran. Hier ist Dante am wenigsten innovativ: Die Sprache ist ein willkürliches (ad placitum) lautliches (sonus) Zeichen (signum), das der Kommunikation der Vorstellungen unseres Geistes dient: «nostre mentis enucleare aliis conceptum» (I ii 3) oder: «ad comunicandas inter se conceptiones suas aliquod rationale signum et sensuale» (I iii 2). Das ist sozusagen Uralt-Aristoteles, wie er dem Abendland seit Jahrhunderten durch die Boëthius-Übersetzung von *De interpretatione* bekannt ist. Dieser wird nun allerdings mit ein paar schönen Stücken christlicher Philosophie versetzt.

Da die Menschen weder Engel noch Tiere sind, d. h. da sie nicht *nur* Geist und nicht *nur* Leib sind, können sie es nicht so machen wie die Engel oder wie die Tiere. Die Engel brauchen keine Zeichen. Als reine Geister kommunizieren sie durch die direkte Spiegelung ihrer Ideen in Gott, durch die *speculatio spiritualis*. Auch die Tiere brauchen keine Zeichen: Sie werden vom Instinkt geleitet, und sie sind ganz Körper, sie zeigen ihre Regungen, passiones, direkt an ihren Körpern, in den actus. Nur der Mensch muß gemäß seiner körperlich-geistigen Doppelnatur sein Inneres durch ein Zeichen (signum) kundtun, nur der Mensch muß sprechen: «soli homini datum fuit loqui» (I ii 8). Weil der menschliche Geist mit einem dicken und undurchsichtigen Körper umgeben ist (grossities atque opacitas mortalis corporis, I iii 1), muß der Mensch seine inneren Vorstellungen in einem sinnlichen Zeichen nach außen stellen: *enucleare*, «ent-kernen», ist das schöne lateinische Wort, das Dante hier verwendet. Das Zeichen ist sinnlich, sofern es Laut ist, und es ist rational «in quantum aliquid significare videtur ad placitum» (I iii 3), sofern es etwas «willkürlich» bezeichnet, d. h. sofern es sich willkürlich auf die zu kommunizierenden «Vorstellungen» (conceptus, conceptiones) bezieht. Die actus der Tiere sind zwar sinnlich, aber keine Zeichen, weil sie nicht ad placitum, also beliebig, willkürlich sind, sondern mechanisch, instinktgebunden und insofern natürlich. Das placitum (mit dem Boëthius den aristotelischen Ausdruck *syntheke* übersetzt), das Belieben, die Willkür ist der eigentliche Kern der menschlichen Sprache. Dante versteht, Boëthius folgend, placitum offensichtlich als individuelles «Belieben», während der Ausdruck *syntheke* bei Aristoteles, wie wir gesehen haben, ja die gesellschaftlich-historische Übereinkunft bezeichnete.

Das ad placitum ist bei Dante eng verbunden mit seiner Vorstellung von der *Individualität* des Geistes. Diese ist der zweite, originellere Grund für die Notwendigkeit des Sprechens beim Menschen im Gegensatz zu den Tieren. Die Körperbewegungen und Gemütsregungen, actus et passiones, sind bei allen Tieren derselben Art immer dieselben: «sunt iidem actus et passiones» (I ii 5). Da das Tier seine eigenen actus und passiones kennt, erkennt es auch die der anderen. Im Gegensatz zum Instinkt der Tiere ist aber die Ratio des Menschen individualisiert, weil sie hinsichtlich Unterscheidungsvermögen (discretio), Urteilskraft (iudicium) und Erkenntnisvermögen (electio) bei jedem Einzelnen diversifiziert ist (diversificetur in singulis, I iii 1). Weil damit jedes menschliche Wesen gleichsam fast (fere quilibet) seine eigene Species ist und die anderen dieses individuelle Innere nicht automatisch an seinem Körper ablesen können, muß der Mensch den anderen seine inneren Vorstellungen mitteilen.

2.3.2. Charakteristisch für Dantes Sprachbetrachtung ist, daß Sprache ganz offensichtlich etwas *Positives* ist, etwas, was den Menschen auszeichnet und, wie er später sagt, ein «actus humani generis egregius» (I iv 3), eine herausragende Tätigkeit des Menschengeschlechts. Dies ist ja keinesfalls selbstverständlich in der europäischen Sprachreflexion. Sprach-Philosophie ist, wie wir gesehen haben, in Europa von Anfang an vor allem Sprach-*Kritik*. Hier spricht aber kein Philosoph wie Platon, der die reine Wahrheit sucht und den dabei die Sprache als schlechtes Abbild letztlich nur stört. Hier spricht auch kein philosophierender Theologe wie Augustinus, der darüber hinaus auch noch die Körperlichkeit der Sprache als sündhaft betrachtet. Sofern Sprachphilosophie zumeist das Leiden des wahrheitssuchenden Philosophen an der Sprache zum Thema hat, ist *De vulgari eloquentia* gerade kein sprach-*philosophisches* Buch: Das «rationale signum et sensuale» ist für Dante ein «subiectum nobile», ein «vornehmer Gegenstand» (I iii 3). Es spricht eben ein *Dichter*, der mit der Sprache arbeitet, sich an ihr erfreut und sie daher erst einmal als eine für das Menschsein notwendige und folglich herausragende Handlung ansieht. Eine solche Feier der Sprache, die sich von dem traditionellen Zähneknirschen der Philosophen über die Sprache deutlich unterscheidet, haben wir bisher bei dem *rhetorischen* Cicero kennengelernt, dem europäischen Meister der eloquentia.

Dennoch ist die menschliche Sprache nicht nur signum nobile und actus egregius, sondern ihr menschlicher Kern, ihre Willkürlichkeit, ist gerade auch ein *Problem*. Das Moment des ad placitum und der individuellen geistigen Diversifikation des Menschen ist nämlich auch die Grundlage für die *Verschiedenheit der Sprachen*. Nicht nur die Strafe Gottes, der Fluch von Babel, sondern das *Wesen* des Menschen selbst als

eines von Grund auf variablen Tiers legt den Keim der sprachlichen Verschiedenheit. *Hier* setzt Dantes Sprachkritik an: an der Variabilität der
Sprache, nicht an der (theologischen) sündhaften Körperlichkeit der
Sprache oder an dem (philosophischen) Gedanken des kognitiven Hin-
dernisses. Auch diese Kritik ist typisch für einen Dichter. Das Problem
des Schriftstellers ist nämlich *nicht* wie für den Philosophen die *Wahrheit*
der Erkenntnis, sondern die Permanenz und die Reichweite seines (schönen) Textes, d. h. sein Problem ist der *Ruhm*, die *gloria*. Wenn die Sprache sich in Raum und Zeit rasch verändert, ist es mit dem Ruhm des
Dichters nicht weit her. Er muß daher darauf bedacht sein, die sprachlichen Bedingungen für die gloria herzustellen.

2.4. *Paradisum: Ursprung der Sprache*

2.4.*1*.   Auf die gloria führt das zweite große Sprachthema der europäischen Tradition, das Dante behandelt: der Ursprung der Sprache. Dieser
wird in einem Abschnitt behandelt (Kap. I iv bis vi), dessen Schönheit
ihn zu einem bemerkenswerten Beitrag in der Geschichte des – heute wieder aktuellen – Themas macht. Beim Thema Sprachursprung ist die aufgerufene autoritas natürlich die höchste überhaupt: die Bibel. In der Art
und Weise, wie Dante mit dieser Autorität umgeht, zeigt er Frömmigkeit
und Freiheit zugleich. Er akzeptiert nämlich die Autorität, aber er akzeptiert sie doch nicht blind, sondern auch sie muß sich vor der anderen
methodischen Instanz bewähren, der *rationalen* Überprüfung. Daher
stellt er ja überhaupt die Frage nach dem Ursprung der Sprache, die an
sich mit den beiden ersten Sprach-Szenen der Bibel autoritativ abschließend behandelt ist: Adam gibt den Tieren ihren Namen, und Eva spricht
als erste, zuerst mit der Schlange, dann mit Adam, den sie mit diesem ersten zwischenmenschlichen Sprechakt zum Sündenfall verführt, mit den
bekannten Folgen. Das ist Dante aber ganz offensichtlich zu wenig, er
stellt daher trotz dieser bekannten Tatsachen die folgenden Fragen: Wer
spricht zuerst, was wird gesagt, zu wem, wo und wann und in welcher
Sprache?

> [...] cui hominum primum locutio data sit, et quid primitus locutus fuerit, et ad
> quem, et ubi, et quando, nec non et sub quo ydiomate primiloquium emanavit.
> (I iv 1)

> [...] welchem der Menschen zuerst Sprache gegeben worden ist und was zuerst
> gesagt worden ist und zu wem und wo und wann und schließlich in welcher
> Einzelsprache das erste Sprechen hervorströmte.

Was die erste Frage angeht, wer?, *quis hominum?*, so korrigiert Dante
die Bibel «rationabiliter» in zwei Momenten: Erstens wird ganz offen-

sichtlich die adamitische Namengebung nicht als «Sprechen», als *locutio*, betrachtet. Dante übergeht Adams Erfindung von Bezeichnungen einfach: *loqui* ist das Miteinander-Sprechen, *locutio* ist *interrogatio* und *responsio*, Ansprache und Erwiderung. Zweitens akzeptiert Dante nicht, daß das Sprechen, das er gerade als das entscheidende Kriterium des Menschseins herausgestellt hatte, daß dieser «egregius humani generis actus», dieser hervorragende Akt des Menschengeschlechts, zuerst von der Frau vollzogen worden sei, auch noch in einer Kommunikation mit der Schlange, d. h. mit dem Bösen, dem Teufel. Nur Adam könne der erste Sprecher gewesen sein.

Quid? Was? Die Bibel sagte nichts dazu. Dante aber präzisiert, daß das erste Wort *El* («Gott») gewesen sein muß. Da Dante das Sprechen als Sprechakt auffaßt, ist nach seiner Weitererzählung diese erste Äußerung des Menschen – *El* – aber nicht bloß ein isoliertes, entpragmatisiertes Wort, sondern eine komplette Äußerung mit der illokutionären Funktion der Antwort (responsio). *Ad quem?* Zu wem? Adam antwortet Gott, der ihn aber seinerseits nicht in der (menschlichen) Lautsprache angesprochen hat, sondern der mit seinem schöpferischen Wink (nutus), der alles lenkt, auch diese Antwort in Gang gesetzt hat. *Quando?* Wann? Adams Äußerung findet unmittelbar statt, nachdem Gott ihm seinen Atem gegeben hat, «mox postquam afflatus est» (I v 1). Adams erstes Ausatmen ist auch seine erste Äußerung.

Dies führt Dante zu einer bei der obigen Aufzählung gar nicht gestellten, aber für die Funktionsbestimmung der Sprache zentralen Frage, nämlich *warum* denn der Mensch überhaupt spricht, wo er doch noch allein ist (Eva ist noch nicht geschaffen), bzw. warum der Mensch mit seinem ersten Lebenshauch mit Gott spricht, wo Gott doch schon alles weiß. Adams *responsio* kann also nicht einfach die *Mitteilung* eines Gedankens (conceptus) sein, denn den kennt Gott, der alles weiß, ja schon. Es gibt offensichtlich etwas Ursprünglicheres als die Funktion der Mitteilung der Gedanken, die im Zentrum von Dantes Wesensbestimmung der Sprache stand: Adams responsio dient der *Verherrlichung Gottes*, der *glorificatio*: «ut in explicatione tante dotis glorietur ipse qui gratis dotaverat» (I v 2), «daß in der Entfaltung einer so großen Gabe der selber verherrlicht werde, der ohne Lohn gegeben hat». Die Lobpreisung ist jenes Überschüssige, das Gott von seiner Schöpfung erwartet. Die Entäußerung Gottes in der Schöpfung und damit auch im Wort des Menschen dient der *gloria* des Schöpfers.[8] Die Bibel-Exegese fördert also den letzten, tiefsten Grund alles menschlichen Sprechens zutage: «ut glorietur».

Diese religiöse Urfunktion der Sprache ist das zentrale Moment in Dantes mittelalterlich-christlichem Sprachdenken, das, wenn ich es richtig sehe, nicht einmal der allerchristlichste Augustinus kannte. Sprache ist damit gleichzeitig auch etwas fundamental Poetisches, gleichsam Luxurierendes. Bisher war sie – und sie bleibt es in den meisten Funktionsbestimmungen oder Ursprungsszenarien bis heute – etwas Nützliches und Praktisches, sei es daß sie der Welterschließung diente, sei es daß sie das Miteinander der Menschen regelte. In der *glorificatio Dei* haben wir ein über die Weltorientierung überschießendes Moment, das vielleicht wirklich ins Zentrum führt. Wilhelm von Humboldt, der ansonsten die Sprache – ernsthaft – als eine «Arbeit des Geistes» betrachtet, kann sich als ihren letzten Grund nur einen poetischen Überschuß des Menschseins vorstellen: «das Poëtische, ein aufglimmender Funke in der thierischen Dumpfheit» (Humboldt VI: 156). Und auch Noam Chomsky macht «Schönheit» als letzten Grund für die Existenz der Sprache ausfindig. Ut gloriaretur.

Die Frage, wo – *ubi?* – diese glorifizierende Exspiration stattgefunden hat, beantwortet sich von selbst: Wo Gott Adam seinen Atem eingehaucht hat, sei es innerhalb oder außerhalb des Paradieses, dort hat Adam auch den ersten Atem ausgehaucht. Die Frage, ob es innerhalb oder außerhalb des Paradieses war, ist Dante aber offensichtlich nicht so wichtig: «si extra paradisum afflatus est homo, extra, si vero intra, intra» (I v 3).

2.4.2. Als letzte Frage beantwortet Dante die Frage nach der Einzelsprache: *sub quo ydiomate?*, die er mit der Rekonstruktion der ersten Äußerung Adams – *El* – implizit schon beantwortet hat. Das erste *idioma* war das Hebräische. Denn Gott hat mit der ersten Seele auch eine ganz bestimmte Form der Rede mitgeschaffen, eine komplette Sprache mit Lexikon, Syntax und Phonetik:

> [...] dicimus certam formam locutionis a Deo cum anima prima concreatam fuisse. Dico autem «formam» et quantum ad rerum vocabula et quantum ad vocabulorum constructionem et quantum ad constructionis prolationem. (I vi 4)

> [...] wir sagen, daß eine bestimmte Form der Sprache von Gott mit der ersten Seele mitgeschaffen worden ist. Ich sage aber «Form» sowohl bezüglich der Wörter für die Sachen, als auch bezüglich der Konstruktion der Wörter und der Aussprache der Konstruktion.

Diese Sprache Adams, die nur die Kinder Hebers bewahrt haben und die die Sprache Christi gewesen sei, hätten wir noch, wenn wir sie nicht beim Turmbau zu Babel verspielt hätten. Die von Gott mit der ersten Seele mitgeschaffene Sprache wird als die einheitliche Ursprache des Paradieses gefeiert.

2.5. Turris Babel: Verschiedenheit

2.5.1. Nun setzt Dante mit einer großen, rhetorisch herrlichen Klage über die Schande von Babel ein, die jene ursprüngliche Einheit zerstört:[9] «Dispudet, heu, nunc humani generis ignominiam renovare! (Ivii 1). «Ach, welche Schande, nun die Niedertracht des Menschengeschlechts ins Gedächtnis zu rufen!» Es ist nach dem Sündenfall und der Sintflut die dritte vom Menschen in seiner Sündhaftigkeit verursachte Katastrophe, die Gott aber milde bestraft. Man muß diese mit vielen Interjektionen durchsetzte (heu!, o!) laute Klage als *laute* Klage wahrnehmen: Babel ist *die Katastrophe* schlechthin: Die einheitliche Sprache – «una eademque loquela» – wird in verschiedene Sprache diversifiziert: «multis diversificati loquelis» (I vii 6).

In einer Narration, die die soziale Struktur der mittelalterlichen Stadt widerspiegelt, stellt sich Dante die Fragmentierung der ursprünglichen Einheit so vor, daß sich die verschiedenen Handwerkergruppen, die beim Turmbau beteiligt waren, jeweils in einer eigenen Sprache isolieren. Die einheitliche Adamssprache, die ja das gemeinsame Werk ermöglicht hatte, geht verloren, außer bei denen, die wie Heber sich nicht am Turmbau beteiligt hatten und die daher die Paradies-Sprache Hebräisch – die heilige Sprache, «sacratum ydioma» (I vii 8) – bis zu Christus bewahren. Ansonsten nimmt das Unheil seinen Lauf.

Der auf Babel folgenden geographischen Zerstreuung (dispersio) der Menschheit folgt nämlich die weitere Fragmentierung der Sprache. Aus dem Osten, wo die Wurzel der Menschheit ist, «radix humane propaginis principalis» (I viii 1), verbreiten sich die Menschen in beide Himmelsrichtungen. Nach Europa kommen sie mit einer dreigeteilten Sprache (ydioma tripharium, I viii 2): Zwischen Europa und Asien wird das Griechische gesprochen, im Norden die Sprache, deren Bejahungspartikel *io* sei, also grosso modo die germanischen Sprachen, und im Süden eine dritte Sprache (tertium ydioma, Dante nennt sie gerade nicht «Latein»!). Diese war zunächst einheitlich (insofern hat Dante schon eine Vorstellung davon, daß die romanischen Sprachen aus einer einzigen Sprache hervorgegangen sind), nun ist sie aber wiederum «tripharium», dreigeteilt in die «lingua *oil*» (I x 2), die lingua *oc* und die Sprache, in der man mit *si* bejaht. Die letztere nun, die er *vulgare latium*, d. h. «italienische Volkssprache», nennt, ist alles andere als einheitlich. Sie ist in mindestens vierzehn variationes (I x 3) aufgespalten – sieben auf jeder Seite der Halbinsel –, die Dante dann in der ersten dialektgeographischen Skizze des Italienischen auf ihre Tauglichkeit für die *eloquentia* untersucht. Dante weiß aber, daß diese vierzehn «vulgaris Ytalie variationes» (I x 7) weiter variieren, so daß man eine tausendfache und darüber hinausgehende Variation der Sprache annehmen kann: «millena loquele variatio» (I x 7).

2.5.2. Ich gehe hier nicht auf diese erste Genealogie und Klassifikation der romanischen Sprachen und italienischen Dialekte ein, die als die gloriose Geburtsurkunde der Romanistik, geschrieben vom größten Dichter romanischer Zunge, angesehen wird und daher vielfach ausführlich gewürdigt worden ist. Mir kommt es vielmehr darauf an, zu zeigen, wie Dante die immer dramatischer werdende variatio der Volkssprachen nach der Babelischen Verdammung darstellt und begründet. Ausdrücklich stellt Dante im Kapitel I ix fest, daß hierzu die autoritates nicht genügen und daß er seine ratio bemühen müsse, um zu erklären, wie aus einer anfänglich einheitlichen Sprache die Verschiedenheit folgt: «de unius eiusdemque a principio ydiomatis variatione secuta» (I ix 1). Bevor er nämlich die vierzehn (oder tausend) Variationen der *lingua di sì* untersucht, entwirft er im neunten Kapitel eine Theorie sprachlicher Variation.

Jenseits der babelischen Strafe, jenseits der Verwirrung (confusio), die Dante als ein *Vergessen* der ersten von Gott geschaffenen Sprache präzisiert, gibt es einen einzigen Grund (una eademque ratio, I ix 5) für alle Unterschiede und Verschiedenheiten der Sprachen (hec omnes differentie atque sermonum varietates, I ix 5): Jede menschliche Sprache ist ein Versuch der Wiederherstellung jener bei Babel verlorenen Ur- und Einheits Sprache *aus eigenem Belieben* (a nostro beneplacito), und «da der Mensch ein äußerst unstabiles und variables Wesen ist, kann keine [von uns selbst gemachte] Sprache dauerhaft und gleichbleibend sein»:

> Cum [...] homo sit instabilissimum atque variabilissimum animal, [omnis nostra loquela] nec durabilis nec continua esse potest. (I ix 6)

Sprachliche Verschiedenheit und Veränderbarkeit wird also «rationaliter» aus dem Wesen des Menschen abgeleitet, das schon zu Beginn der Abhandlung, im dritten Kapitel, hinsichtlich seiner geistigen Vermögen als extrem diversifiziert charakterisiert worden war. Die geistige Diversifikation (ratio diversificatur in singulis, I iii 1), d. h. die geistige Individualität des Menschen, war ja der Hauptgrund für die Notwendigkeit des menschlichen Sprechens (locutio) überhaupt. Sie erlaubte keine tierisch-mechanische Kommunikation, sondern machte willkürliche, von den Menschen gesetzte, selbstgemachte Zeichen nötig (ad placitum). Die «Willkürlichkeit» wird hier nun außerdem ganz ausdrücklich die Basis für die Verschiedenheit der Sprache. Wo die – verlorene – Einheits-Sprache ersetzt werden muß, wird sie nach unserem Belieben wiederhergestellt: «a nostro beneplacito reparata» (I ix 6). Willkürlichkeit, «unser Belieben», ist der Ansatzpunkt für Verschiedenheit.

Diese wesenhafte *geistige* Diversifikation des Menschen wird nun durch die *zeitliche* und *räumliche* Veränderlichkeit und Variabilität des Menschen noch überboten. Zur Dimension des Geistes (ratio) kommen zwei weitere Dimensionen menschlicher Verschiedenheit hinzu: nämlich Zeit und Raum. In den Distanzen von Raum und Zeit variiert die Sprache als Einzelsprache (loquela): «per locorum temporumque distantias variari oportet» (I ix 7). Sie variiert zusammen mit den «mores et habitus», mit den Sitten und Gebräuchen. Mit dieser rekurrenten Trias: *loquela-mores-habitus*, Sprache-Sitten-Gebräuche, ist im Grunde auch die Dimension aufgerufen, in der sich die zeitliche und räumliche Verschiedenheit und Veränderbarkeit manifestiert: die *Gesellschaft*.

Zusammenfassend gesagt situiert Dante mit diesen Variationsdimensionen von Gesellschaft, Zeit und Raum die Sprache (und die Sitten und Gebräuche) in dem, was modern «Geschichte» genannt wird. Dante hat einen solchen Begriff von Geschichte noch nicht, aber sein analytischer Scharfsinn hat doch die Parameter des Historischen deutlich benannt. Dantes Behauptung, daß der Mensch ein instabilissimum et variabilissimum animal sei, ließe sich modern in der Wendung ausdrücken, daß der Mensch ein *historisches* Wesen sei.

2.6. *Gramatica: Die neue Sprache des Paradieses*

2.6.1. Da für Dante aber Instabilität und Variabilität – Historizität – keinesfalls positiv besetzte Begriffe sind, ist es nicht erstaunlich, daß er genau hier, im Anschluß an seine Überlegungen über die Gründe sprachlicher (und gesellschaftlicher) Verschiedenheit und Veränderlichkeit im neunten Kapitel, Ausschau hält nach der Möglichkeit, diese Bewegung anzuhalten oder der Historizität zu entfliehen. Die *Gramatica* war nach Dante ein solcher Versuch, der sprachlichen Variation in Raum und Zeit Einhalt zu gebieten. Die «Erfinder» (inventores) der Gramatica haben nämlich in gemeinsamer Übereinstimmung vieler Völker die Sprache in *Regeln – regulae –* gefaßt: «de comuni consensu multarum gentium fuerit regulata» (I ix 11). Sie haben sie fixiert, so daß sie sich nicht mehr verändern kann: «nec variabilis esse potest». Die Gramatica ist also nichts anderes als das *«unveränderliche Gleichbleiben der Sprache in verschiedenen Zeiten und Orten»*: «inalterabilis locutionis ydemptitas diversis temporibus atque locis» (I ix 11).

Was am Anfang von *De vulgari eloquentia* in jener ersten Gegenüberstellung von Vulgare und Gramatica vielleicht noch negativ klang, nämlich daß die Gramatica sekundär, elitär und künstlich sei, bekommt nun im Anschluß an die Ausführungen über die Verschiedenheit und Verän-

derlichkeit des Vulgare einen ganz anderen Klang. Die Gramatica ist
nämlich der goldene Weg, die beklagte sprachliche Verschiedenheit zu
überwinden.

Es ist natürlich kein Zufall, daß dieses Lob der Gramatica genau in der
Mitte des ersten Buches, im Omphalos dieses Buches, steht. Die Gramatica ist der Kern, das Zentrum des Buches, der Leitstern der Suche, auf die
sich Dante nun begibt, der Kompaß der «Jagd» (venatio) nach einer entsprechenden Sprache im heutigen Italien. Dante begibt sich in den Wald
der verschiedenen italienischen Vulgaria (ytalia silva, I xv 1) mit dem
Leitstern einer «geregelten Sprache», einer «locutio regulata», die durch
die Zeiten und Räume unveränderlich bleibt.

2.6.2.   Der Wald ist für Dante generell kein angenehmer Ort.[10] Auch
die ytalia silva ist wie der berühmte dunkle Wald am Anfang seiner
großen Dichtung eine «selva oscura», undurchdringlich, struppig,
wild. Das romanische Wort für «wild» (selvaggio, sauvage etc.) ist ja
im übrigen gerade eine Ableitung von lat. *silva* «Wald»: *silvaticus*, d. h.
«zum Wald gehörig» (deutsch «wild» hat nach Grimm mit «Wald»
nichts zu tun!). Dantes Wanderung durch den italienischen Di-
alekt-Wald, das Abschreiten der diatopischen Dimension des *si*-Vulga-
re, ist vor allem *Kritik* dieser «wilden» varietates. Dabei spielt das
ästhetische Kriterium der Klangschönheit eine entscheidende Rolle.
Man darf ja nicht vergessen, daß «Sprache» gemäß den aristotelischen
Vorgaben für Dante im wesentlichen *Klang* ist: sonus. Die kognitive
Tiefe sprachlicher Verschiedenheit hat Dante noch nicht gesehen; die
geistige Individualität ist zwar Ausgangspunkt für das placitum und daher für die *materielle* Verschiedenheit der Sprachen, sie ist aber selber
keine sprachliche, sondern eben eine *geistige* Individualität. Zu Beginn
seiner Reise durch die Dialekte Italiens stellt Dante die Dissonanz der
vielen Varietäten des italienischen Vulgare fest: «multis varietatibus
latio *dissonante* vulgari» (I xi 1). Fast alle Dialekte klingen scheußlich,
und Dante ist geradezu unerschöpflich in der Erfindung negativer Ausdrücke zur Charakterisierung der dialektalen Varianten: *tristiloquium,
crudeliter eructuant, dissonare, acerbitas, turpiter barbarizant, turpilo-
quium, muliebre, yrsutus, asperitas, barbarissimum, garrulitas* etc.,
also: «Trauersprache», «grausames Gerülpse», «Mißton», «Herb-
heit», «scheußliche Barbarei», «Schandsprache», «weibisch», «struppig», «Rauheit», «äußerst barbarisch», «Geschwätzigkeit» usw. Wenn
Dante als der Erfinder der italienischen Dialektologie gepriesen wird,
wird immer gern übersehen, daß es sich im wesentlichen um eine Beschimpfung der diatopischen Varietäten des Italienischen handelt, bzw.
daß Variation als dissonante Scheußlichkeit kritisiert und nicht als
wunderbare Vielfalt gepriesen wird.

2.6.3. Die «Jagd» im italienischen Dialektwald diente im wesentlichen dazu, diese Welt der tausendfachen sprachlichen Variation als Ansammlung sprachlicher Formen zu zeigen, die für das anvisierte Register der eloquentia, der Sprachkunst, inakzeptabel sind. Zunächst rodet Dante das undurchdringliche dornige Gestrüpp: «perplexos frutices atque sentes prius eiciamus de silva» (I xi 1). Aber die Jagd im Wald der Vulgaria Italiens bleibt erfolglos: Keine der Volkssprachen ist der «Panther», auf dessen Fährte sich der Jäger Dante begeben hat. Kein bestimmter geographischer Ort ist Sitz des Vulgare der eloquentia. Da er in der empirischen Welt der Vulgaria das Vulgare der Sprachkunst nicht gefunden hat, muß Dante also wieder «rationalibiliter» an die Sache herangehen, d.h. in diesem Fall: er muß sich die Sache *konstruieren*, er muß, was er sucht, aus Begriffen ableiten. Dante entwirft daher im Kapitel xvi einen *Idealtyp* dieser Sprache.

In jeder Gattung gibt es eine Sache, die die Gattung ideal repräsentiert und an der die anderen Sachen gemessen und abgewogen werden (mensuranter und ponderantur). Der Idealtyp des Vulgare ist das *Vulgare illustre cardinale aulicum curiale*. Er hat keinen präzisen geographischen Sitz, er ist aber überall zu spüren: «in qualibet redolet civitate nec cubat in ulla», «er duftet in jeder Stadt, wohnt aber in keiner» (I xvi 4). Die vier Adjektive bezeichnen die zentralen Qualitäten der gesuchten idealtypischen Sprache.

Illustre ist das wichtigste und am häufigsten verwendete Adjektiv: illustre «leuchtend» ist das Vulgare durch Macht (potestas) und Meisterschaft (magistratus). Mit potestas und magistratus verbindet Dante ganz offensichtlich die Vorstellung einer lichthaften Strahlkraft: potestas und magistratus lassen die Rede strahlen, sie leuchten (illuminant). Dieses Licht ist die Grundlage für den Ruhm, *gloria*.[11] Die Lichtmetapher ist engstens mit der Vorstellung der gloria verbunden. Das Licht des Vulgare illustre beleuchtet und erhöht (sublimat) die Seinen durch gloria: «et suos honore sublimat et gloria» (I xvii 2). Als «neues Licht und «neue Sonne» feierte Dante am Ende des Sprachtraktats des *Convivio* das Vulgare: «luce nuova, sole nuovo» (*Conv.* I xiii 12). Der Ausdruck der gloria bindet diese Sprache deutlich an den Anfang, an den Ursprung der Sprache zurück: Die erste und tiefste Funktion der Sprache war die *glorificatio Dei*: «ut gloriaretur» (I v 2). Die hohe Sprache des Endes kehrt also zur höchsten ursprünglichen Funktion der Sprache zurück. Wie Adams erstes Wort dem Schöpfer gloria gibt, so läßt nun auch das Wort den Dichter im Glanze der gloria erstrahlen. In seiner gloria hat der Dichter Anteil an der gloria Gottes, die der tiefste erste – und letzte – Zweck der Sprache ist.

Cardinale: Das hohe Vulgare soll wie eine Türangel (cardo) Zentrum und Führung sein. Wie ein Hausvater soll es die niedrigeren vulgaria municipalia führen. Dieser Ausdruck bezeichnet den *normativen* Anspruch des gesuchten Vulgare.

Aulicum führt explizit die *politische* Dimension ein: Sprache des königlichen Palastes (aula) soll das Vulgare sein, d. h. Sprache des höchsten und vornehmsten politischen Ortes (den es allerdings in Italien nicht gibt).

Curiale soll schließlich das Vulgare sein, wobei *curia* nicht so sehr auf den Hof als den politisch höchsten Ort verweist als eher auf den Ort der höchsten *kulturellen und ethischen* Maßstäbe: «Höfischkeit ist nichts anderes als die wohlabgewogene Regel des Handelns», «curialitas nil aliud est quam librata regula eorum que peregenda sunt» (I xviii 4). Im Zusammenhang mit der curialitas erscheint wieder der wichtige Ausdruck *regula*. Die regula ist, wie wir gesehen haben, auch die Basis der Gramatica, das, was diese unwandelbar macht in Zeit und Raum. Auch wenn Italien materiell keine curia hat, an der sich die Besten treffen, so sind doch die Besten Italiens durch das Gnadenlicht des Geistes zu einem ideellen Hof vereint: «membra huius gratioso lumine rationis unita sunt» (I xviii 5). Das höchste Licht erstrahlt am Ende der Reise durch den dunklen italienischen Wald: *gratiosum lumen rationis*. Die Sprache ist das neue Licht, sie ist der ideale Souverän, die neue Sonne, ein Sonnenkönig, der die Besten um sich schart.

Dante sucht eine Sprache der Dichtung, ein literarisches Register, und keine «Nationalsprache» im modernen Sinne (eine geschriebene und gesprochene Norm). Dennoch hat seine doctrina vulgaris eloquentiae ganz zweifellos politische Implikationen: Alle vier Adjektive, illustre, cardinale, aulicum, curiale, haben auch politische Bedeutungen. Und ganz zum Schluß des ersten Buches ruft Dante ausdrücklich die *Italianität* des Vulgare illustre cardinale aulicum curiale auf: Das Vulgare illustre cardinale aulicum curiale sei «vulgare *latium*», es gehöre ganz Italien an: «totius Italiae est». Insofern ist es natürlich durchaus berechtigt, Dantes Schrift auch als ein wichtiges Dokument der historischen Entwicklung einer italienischen Nationalsprache zu lesen.

2.6.4. Geistig ausstrahlend, glorios, normgebend, politisch hochstehend und kulturell modellhaft ist das Vulgare illustre cardinale aulicum curiale der Entwurf von Einheit und Unveränderlichkeit der Sprache jenseits der scheußlichen Vielfalt der zahlreichen Vulgaria. So wie die unerträgliche Varietät der Sprache die Römer dazu bewegt hat, die unveränderliche Gramatica zu erfinden (inventores, I ix 11), so findet (reperire) der moderne Dichter Dante «rationabilius» das Vulgare illustre cardinale aulicum curiale: Es ist das Licht, das aus der Dunkelheit des italienischen Waldes herausführt, und es ist das Lied, das die Dissonanzen der Varietäten aufhebt. Das Vulgare illustre cardinale aulicum curiale ist –

wie schon die Gramatica – der erneute Versuch der Wiederherstellung der Sprache des Paradieses.

Es ist daher auch nicht verwunderlich, daß Dante am Ende seiner Geschichte der Sprache dieselben Fragen wieder stellt, die er im Kapitel über den Ursprung der Sprache gestellt hat, nämlich wer, worüber, wie, wo, wann, mit wem die neue Paradiessprache gebraucht:

> [...] quos putamus ipso dignos uti, et propter quid, et quomodo, nec non ubi, et quando, et ad quos ipsum dirigendum sit. (I xix 2)

> [...] wen wir für würdig halten, sie zu gebrauchen, und worüber und wie und schließlich wo und wann und an wen sie zu richten ist.

Dante behandelt nur noch die ersten drei Fragen quis, propter quid, quomodo, wer, worüber, wie. Wir kennen aber im Grunde auch schon die Antworten auf die anderen Fragen: wo, wann, mit wem, nämlich: hier und jetzt und mit den edlen Frauen und Männern, die hohe Lyrik hören. Die ausführlichen Antworten auf die ersten drei Fragen – quis, quomodo, propter quid – besagen kurz gefaßt: Die Besten (excellentissimi doctores) singen das Hohe Lied (cantio) über die höchsten Gegenstände (dignissima): über salus, venus, virtus, über Waffenruhm, Liebe und rechte Tat. Und was die (auch am Ursprung nicht gestellte, wohl aber beantwortete) Frage nach dem letzten Warum angeht, so können wir aus alledem schließen: Wie schon der erste Atem Adams die gloria Gottes aushauchte, so singt auch das Lied des Endes den Ruhm des Schöpfers: ad maiorem Dei gloriam. Auch die neue Sprache des Paradieses sagt nicht anderes als das erste Wort Adams: *El!*

2.7. *Nos autem cui mundus est patria: Welt-Sprache*

2.7.1.   Dantes Lehre von der Sprachkunst in der Volkssprache beginnt mit einer Sprach-Theorie. Über die eloquentia, über das kunstvolle Sprechen selbst, sagt er erst etwas im zweiten Buch, das er nicht vollendet. Er hat aber mit dem ersten Buch schon das eingelöst, was er im ersten Satz seiner Abhandlung versprochen hat, nämlich: «locutioni vulgarium gentium prodesse temptabimus», «wir werden versuchen, dem Sprechen der volkssprachlich Sprechenden zu nützen». Denen hat er nämlich einen Maßstab gesetzt: eine *regula*. Er macht keine Kompromisse. Die verschiedenen Vulgaria werden einer gnadenlosen Kritik unterzogen. Aber es wird den vulgares gentes ein Weg aus dem sprachlichen Elend aufgezeigt, das in der tausendfachen Variation ihres Vulgare liegt (millena loquelae variatio, I x 7), in seiner unerträglichen Dissonanz (multis varietatibus latium dissonans vulgare, I xi 1) und undurchdringlichen Wildheit (silva).

Dante artikuliert mit seiner Vorstellung des Vulgare illustre cardinale aulicum curiale die sprachlichen Forderungen derer, denen «die Welt» Vaterland ist (nos autem cui mundus est patria, I vi 3), die Weite des ganzen Raumes, gegenüber denen, die über den engen Raum nicht hinausschauen und daher am «maternum vulgare» ihres Dorfes hängen. Das Vulgare illustre cardinale aulicum curiale ist also gerade auch *Welt-Sprache* gegenüber der «Muttersprache» des kleinen Dorfes. Dantes Sprachdenken ist ausgesprochen universalistisch und setzt insofern die antike und biblische Tradition fort. Während sich die griechisch-lateinische Tradition aber eher *indifferent* gegenüber den anderen Sprachen verhielt (sie waren ja nur gleichgültige verschiedene Laute), richtet sich Dante nun – Babel radikal dramatisierend – ausgesprochen polemisch *gegen* sprachliche Vielfalt und Variation. Dante erfaßt nämlich die Dramatik der variatio der Sprachen, die seiner Mission als *Welt-Dichter* natürlich absolut hinderlich ist. In dieser Hinsicht erinnert Dante – so merkwürdig das hier zunächst scheinen mag – durchaus an Francis Bacon oder an Gottlob Frege, die – Jahrhunderte später – als universalistisch denkende Wissenschaftler an sprachlicher Partikularität leiden und diese durch reformierte und regulierte philosophisch-wissenschaftliche Welt-Sprachen überwinden wollen.[12]

Dante wollte, so schreibt er am Ende des ersten Buches, nach der Behandlung der Lieder in der Welt-Sprache in die vulgaria inferiora (I xix 3) hinabsteigen bis zu den vulgaria familiaria. Von den geplanten Büchern schreibt er aber nur noch das (unvollendete) Buch über die Canzone, d. h. über die eloquentia im höchsten Vulgare. In der Literatur findet man immer wieder die Vermutung, daß Dante mit der Dichtung der *Divina Commedia* begonnen habe und daher die Abhandlung *De vulgari eloquentia* nicht mehr beendet habe. Das mag schon sein. Nur: die Dynamik des Werkes legt doch auch die Deutung nahe, daß mit dem Buch über die Canzone die Abhandlung ihrem tiefen Sinn nach vollendet ist, d. h. daß sie an ihrem Ende und Ziel angekommen ist. Die Canzone ist nämlich die Textsorte, die im höchsten Vulgare verfaßt wird. Auf dieses zielt Dantes Sprachtheorie im ersten Buch. Die vulgaria inferiora und gar die vulgaria der Familien (also die «Muttersprachen») und die ihnen entsprechenden Gattungen gehören jenem dunklen italienischen Wald an, den Dante am Ende des ersten Buches gerade glücklich hinter sich gelassen hat. Mit dem Erreichen des Gipfels des sprachlichen Purgatorio am Ende des ersten Buches hat Dante das Ziel seiner Wanderung erreicht. Angesichts der erreichten Höhe der Welt-Sprache ist ein Absteigen in die negativ konnotierten niedrigeren Provinz-Sprachen, gar bis zu den «Muttersprachen», systematisch kaum mehr möglich.

2.7.2. Dante träumt den Traum einer poetischen Welt-Sprache jenseits der Vielfalt der dialektalen Zersplitterung Italiens, einer neuen Sprache des Paradieses. Er entfaltet als erster in Europa eine Theorie sprachlicher Variation, eine auf der wesentlichen «Willkürlichkeit» (placitum, beneplacitum) der Sprache basierende Theorie der Historizität der Sprache. Wenn auch «Willkürlichkeit» positiv auf den menschlichen Kern der Sprache verweist, so ist doch die aus ihr sich ergebende Variation und Historizität der Sprachen für Dante eine Strafe, keine Wohltat. Daher beschwört er die Erhöhung und Fixierung des Vulgare, die die Sprache aus dem Strom der Geschichte herausnimmt, in einer unveränderlichen Selbigkeit der Sprache durch Zeiten und Räume, in der «inalterabilis lucutionis ydemptitas diversis temporibus atque locis» (I ix 11). Es ist ein Traum. Zwar nähern sich einige – Cino da Pistoia und sein Freund, d. h. Dante selbst – dem Traum an, aber das Vulgare illustre cardinale aulicum curiale bleibt doch eine Idealvorstellung: So wie die Glieder des Hofes Italiens durch das Gnadenlicht des Geistes vereint sind, «gratioso lumine rationis», so ist auch diese Sprache hauptsächlich ein im Geist vorhandenes Ideal.

2.7.3. Es scheint aber, daß Dantes intellektuelle Wanderschaft ihn in seinem Hauptwerk – und vielleicht durch sein Hauptwerk – abgebracht hat von dieser so bestimmenden Vorstellung der gloriosen Einheitssprache des Anfangs und des Endes und der damit verbundenen Geringschätzung der geschichtlichen Mitte. In der *Divina Commedia* macht Dante nämlich gerade in der Einschätzung sprachlicher Willkürlichkeit und Variation einen radikalen Schwenk: Am Ende des Paradieses sagt niemand Geringerer als Adam, daß die Natur den Menschen zwar eine allgemeine Sprachfähigkeit gegeben habe (Gott schafft also keine *bestimmte* Sprache zusammen mit der ersten Seele), daß sie es aber den Menschen überlasse, es «so oder so» zu machen, «wie es euch gefällt», «come v'abbella» (*Par.* XXVI, 130–132). Ad placitum, a nostro beneplacito, das menschliche «Belieben» oder die Willkür, die in *De vulgari eloquentia* die Quelle für die negativ dargestellte Wandelbarkeit und Vielfalt, für die zu überwindende tausendfache Variation (millena variatio) war, wird nun ganz anders beurteilt. Historizität ist nun ganz offensichtlich nichts Bedrohliches mehr, sondern gerade der Freiraum des Menschen: «come v'abbella». Es ist der Freiraum sprachlicher Kreativität. Hier kündigt sich ein wahrhaft Neues an, das sich erst Jahrhunderte später voll entfalten wird, nämlich wenn Leibniz die wunderbare Vielfalt der menschlichen Sprachen feiert:

> Opera naturale è ch'uom favella;
> ma cosí o cosí, natura lascia
> poi fare a voi secondo v'abbella.

2.8. Zurück zur alten Welt-Sprache

2.8.1. Diese «historistische» Liberalität Adams ist aber nun bestimmt nicht die Sprachauffassung des Humanismus, jener Bewegung zur Erneuerung der lateinischen Sprache, die gerade von den italienischen Nachfahren Dantes, von den großen Vulgare-Dichtern Boccaccio und Petrarca, betrieben wird. Vor allem aber wird von den bestimmenden italienischen Intellektuellen der Versuch Dantes nicht weiterverfolgt, die Volkssprache auf das Niveau des Lateinischen anzuheben, indem er sie einerseits für «hohe» Gegenstände der Gelehrsamkeit einsetzt (*Convivio*) und indem er andererseits ihre «Grammatikalisierung» – ihre Entrückung aus der historischen Wandelbarkeit, ihre zeitlose Fixierung, ihre Loslösung von einem bestimmten Ort, ihre «Mundialisierung», d. h. ihre Erhöhung zur Welt-Sprache, oder ihre Paradiesierung – ins Auge faßt. Es scheint eher so, als sei diese Dantesche Vision der Erhöhung und Regularisierung der *Volks*sprache genau der Schrecken, den die doctores bekämpfen müssen. Sie setzen nämlich ihre gesamte intellektuelle Kraft dafür ein, daß gerade das Gegenteil geschieht: Im 14. und vor allem im 15. Jahrhundert wird der Primat des *Lateinischen* ins geradezu Ungeheure gesteigert. Während bisher das Lateinische ohne Propaganda einfach als Sprache der höheren Diskursuniversen verwendet wurde, wird nun ein Kult des Lateinischen entfaltet, der diese Sprache auf eine uneinholbare Höhe stellt. Zur Erhöhung kommt ihre Heiligsprechung: Lorenzo Valla, der Prototyp des Humanisten, wird vom «Sakrament» der lateinischen Sprache sprechen: *sacramentum linguae latinae* (Valla 1540/1962 I: 4). Sie wird als Tabernakel, als Gefäß des Heiligen, auf einen Sprachaltar gestellt, vor dem jedes andere Idiom nur in die Knie sinken kann.

Und das geschieht auch: Die Volkssprachen, vor allem das italienische Volgare, verlieren dermaßen an Prestige, daß der glänzende Beginn der volkssprachlichen Literatur in Italien – Dante, Boccaccio, Petrarca – nicht auf der gleichen Höhe weitergeführt wird. Die geistige Energie Italiens geht gleichsam in die humanistische Gelehrsamkeit, die besten italienischen Schriftsteller schreiben jetzt Lateinisch. Aber auch in den anderen europäischen Ländern, in denen die volkssprachliche Literatur bis ins 13. Jahrhundert geblüht hatte, sind das 14. und das 15. Jahrhundert Zeiten des literarischen Niedergangs.

Das Griechische wird von den Humanisten als zweites Tabernakel an die Seite des Lateinischen gestellt: 1453 fällt Konstantinopel an die Türken, zahlreiche griechische Intellektuelle emigrieren in den Westen, und die Gelehrten des Westens lernen Griechisch und übersetzen die griechischen Klassiker ins Lateinische für die «normalen», d. h. lateinisch lesenden Gelehrten. Marsilio Ficino übersetzt Platon ins Lateinische. Von Aristoteles, der durch die alten lateinischen Übersetzungen seiner Lehrschriften immer präsent war, ist schon im 13. Jahrhundert durch arabische Vermittlung einiges mehr bekannt geworden und auf lateinisch verbreitet worden. Nun werden die restlichen Texte von Aristoteles gelesen und übersetzt. Sobald gedruckt werden kann, veranstaltet Aldo Manuzio in Venedig die Aristoteles-Gesamtausgabe 1495–98, nach deren Seitenangaben wir immer noch zitieren, so wie wir bei unserer Platon-Lektüre immer noch die Seiten der Ausgabe angeben, die der französische Drukker Henri Etienne (Henricus Stephanus) 1578 realisieren wird. Die Bibel, bisher im christlichen Westen ein völlig lateinischer Text, erhält ihre Originalsprachen zurück: Das Neue Testament wird allmählich wieder ein griechischer Text, und im Gefolge des Griechischen taucht auch das Hebräische des Alten Testaments wieder auf (das eine Spezialität der Gelehrten des Nordens sein wird). Lateinisch, Griechisch und Hebräisch sind ja schließlich die drei heiligen Sprachen, die drei «Kreuzessprachen» (weil die Inschrift auf dem Kreuz Christi – INRI – in diesen drei Sprachen verfaßt war), deren Kenntnis schon der Heilige Augustinus und später z. B. Isidor von Sevilla im 7. Jahrhundert als notwendig betrachtet hatten (*Etym*. IX.1.3.). Das heißt aber nicht, daß nun eine gelehrte Mehrsprachigkeit in größerem Maße entsteht: Griechisch und mehr noch das Hebräische bleiben gelehrte Spezialitäten. Lateinisch ist die unerschütterliche Sprache der doctores.

Die *Philologie* ist im Humanismus das Zentrum der Gelehrsamkeit. Das heißt vor allem, daß jetzt höchste Standards für die eigene lateinische Sprachproduktion gelten. Und das heißt weiterhin, daß die Arbeit mit den antiken Texten – Editionen, Übersetzungen, Kommentare – höchstes Prestige besitzt. Lorenzo Valla ist die charakteristische Gestalt dieser Hoch-Zeit des Lateinischen und der Philologie. Er schreibt nicht nur eine Lobpreisung und Stilistik der lateinischen Sprache *Elegantiae linguae latinae*, (geschrieben 1444), sondern er verfügt auch über so professionelle textkritische Methoden, daß er ein philologisches Gutachten über die sogenannte Konstantinische Schenkung verfaßt. Er kann eindeutig nachweisen, daß dieses Dokument, mit dem Konstantin dem Papst das Patrimonium Petri geschenkt haben soll und auf das der Papst seine territorialen Ansprüche stützt, eine Fälschung ist (was den Papst natürlich nicht gerade entzückt). Valla der Philologe darf sogar die lateinische Übersetzung der Bibel kritisieren, den jahrhundertelang gültigen Heiligen Text der westlichen Christenheit, den doch Gott höchstselbst dem Heiligen Hieronymus gleichsam diktiert hatte.

2.8.2.   Die ungeheure Lobpreisung der lateinischen Sprache geht einher mit einer besonderen Achtsamkeit auf den sprachlichen Ausdruck, einer

Pflege der lateinischen Sprache im Gebrauch, der sich wieder an den klassischen Texten orientiert. Der Kult des Lateinischen polemisiert gegen das alte scholastische Latein und erhebt vor allem Ciceros Stil zur Norm. Diese Sorge um die Sprache bleibt natürlich auch für die Sprachreflexion nicht ohne Folgen: Aristoteles – der in der lateinischen Übersetzung von *De interpretatione* das Sprachdenken des ganzen Mittelalters beherrscht hatte – paßt nicht recht zu dieser poetischen Aufmerksamkeit auf die Sprache. Statt dessen finden sich eher die Hauptgedanken der rhetorischen Sprachreflexion Ciceros im Zentrum der humanistischen Sprachreflexion wieder, etwa bei Valla.[13] Da Platon die große philosophische Neuentdeckung des 15. Jahrhunderts ist, spielen auch platonische Momente eine Rolle, insbesondere die – offensichtlich als die eigentliche Meinung Platons verstandene – «kratylische» *physei*-Auffassung der Sprache.

In Valla haben wir daher auch den ersten Sprachdenker, der der dominanten abendländischen Auffassung von der Sprache als einer die Sachen repräsentierenden Nomenklatur widerspricht. Sprache *repräsentiert* nicht mehr die Realität, sondern sie *konstituiert* eine vom Menschen gemachte Realität. Sprache ist damit gleichsam eine zweite Erschaffung der Welt, ein «ingeniös Erfundenes» (ingeniosum inventum, Valla 1540/1962 I: 504). Valla denkt diese kreative Kraft der Sprache als Überwindung der alten Opposition von «naturgegeben» vs. «vom Menschen gemacht»:

> Wenn auch die Laute von der Natur gegeben sind, so sind doch die Wörter und die Bedeutungen vom Macher: das Ohr vernimmt die Laute, der Geist die Bedeutungen, beide, Ohr und Geist, vernehmen die Wörter.

> Ut soni quidem sint a natura, voces autem & significationes ab artifice: quorum sonos auris, significationes animus, voces ambo percipiunt. (*Dial.* xiv, Valla 1540/1962 I: 676)

Hier werden also einerseits gerade auch die *Bedeutungen* – nicht nur die voces – «artifiziell» oder, wie es an derselben Stelle heißt: «ab institutione» (eine andere Übersetzung des aristotelischen *kata syntheken*), also «vom Menschen gesetzt». Der Anteil des Machers (*artifex*) an der Erkenntnis wird damit erheblich gestärkt. Die Bedeutungen sind nun nämlich nicht mehr nur einfach universelle Abbilder der Sachen, «Erleidnisse der Seele», sondern eben vom Ingenium Erfundenes. Andererseits werden die Wörter (voces) nicht nur als willkürlich-nichtabbildlich angesehen, sondern durchaus auch kratylisch (*physei*) als *Bilder* der Bedeutungen: «voces sunt quasi imagines significationum», «die Wörter sind gleichsam Abbilder der Bedeutungen» (ebd.). Als zugleich körperliche und geistige Größen (sie werden ja von Ohr *und* Geist wahrgenommen) sind die Wörter natürlich *und* künstlich bzw. abbildlich *und* nicht-abbildlich zugleich. Schon Valla denkt also die Vermittlung der *physei-thesei*-Opposition in einer Differenziertheit, die das europäische Sprachdenken aber erst viel später, etwa bei Humboldt, wieder erreichen wird.

2.8.3. Die humanistische Sprach-Kultur und Sprach-Liebe (Philo-logie) generiert nun ein Theorie-Moment, das sich zunächst nur auf die lateinische Sprache bezieht, bald aber mit großem Erfolg auf andere Sprachen übertragen wird. Wenn die Volkssprachen wie in den Schriften Dantes als gleichwertige oder gar «vornehmere» Ausdrucksmittel herausgestellt werden, die die selbstverständliche Herrschaft des Lateinischen bedrohen, so müssen Gründe für den Kult und die Priorität des Lateinischen angegeben werden. Der Hauptgrund für die Vorzüglichkeit einer Sprache ist – dies ist ein gleichsam «ewiges» Motiv – natürlich das Vorhandensein einer hervorragenden *Text*-Tradition. Daß große Autoren modellhafte, bedeutende Werke in einer bestimmten Sprache geschaffen haben, ist der Haupt-Topos bei allen Sprach-Lobpreisungen. Auch in der deutschen Sprachgemeinschaft ist dies bekanntlich der Fall, wenn die Vorzüglichkeit des Deutschen durch die Formel «die Sprache Goethes» «bewiesen» wird. Im Falle des Lateinischen werden Vergil für das Epos, Cicero für die Prosa und Horaz für die Lyrik als höchste und unerreichbare Vorbilder angesehen (sowie parallel dazu dann für das Griechische Homer und Demosthenes). Das zweite, typisch humanistische Argument für die Vorzüglichkeit des Lateinischen ist aber, daß es etwas ganz Besonderes habe, etwas, was die Griechen *idíoma*, «Eigenes», genannt hätten – «proprietas, quod a Graecis *idíoma* dicitur»[14] – und dem eine ganz besondere ästhetische Qualität zukomme, die man nicht begrifflich bestimmen könne: ein *nescio quid*, ein «ich weiß nicht was». Das nescio quid, das auf Cicero zurückgeht und später vor allem in seiner französischen Formulierung als «je ne sais quoi» Karriere machen wird, ist ein zentraler Terminus der humanistischen Ästhetik, in dem sich die große Wertschätzung eines betrachteten individuellen Werks oder Geschehens konzentriert.[15]

Die humanistische Sprachbetrachtung hat hier eine Intuition, deren Bedeutung gar nicht hoch genug eingeschätzt werden kann, nämlich die Intuition von dem besonderen Wert und der kostbaren *Individualität* einer besonderen Sprache. «Eigenthümlichkeit» wird Humboldt das nennen. Natürlich bezieht sich dies hier – in humanistischer Exklusivität – allein auf das Lateinische. Wir werden aber sehen, daß sich diese Vorstellung von der besonderen Kostbarkeit einer Sprache auch auf die Vulgaria, auf die Volkssprachen, übertragen läßt, was schon im sogenannten «Vulgärhumanismus» geschehen wird.

Dieser Gedanke des *idíoma* und des *nescio quid* ist eng mit der – von Cicero geerbten bzw. auch generell rhetorischen – Vorstellung verbunden, daß es nicht gleichgültig ist, *wie* man etwas sagt. Rhetorische Pflege der Sprache kann ja sozusagen prinzipiell nicht glauben, daß der sprachliche Ausdruck «gleichgültig» ist (eine andere Bedeutungsnuance von «ad placitum»), sondern muß annehmen, daß es von Bedeutung ist, ob man etwas so oder so – cosí o cosí – sagt. Cicero sagte es an der im ersten Kapitel zitierten Stelle aus *De oratore*, daß res und verba nicht getrennt werden können. So oder so, «come v'abbella», bezeichnet ja nur dann eine «Gleichgültigkeit», wenn es sich auf eine bloß materielle Verschiedenheit bezieht. Wenn es aber auch ein inhaltliches oder geistiges «So oder so» meint, dann ist es gerade nicht gleichgültig, sondern verweist auf geistige Individualität. Die Humanisten denken aber natürlich nicht daran, die besondere Individualität und Würde des Lateinischen (gegenüber anderen Sprachen) auch wirklich zu zeigen. Dies müßte ja durch einen Vergleich mit anderen Sprachen geschehen. Womit sollte man aber jenes Tabernakel denn vergleichen? Höchstens ja doch mit dem Griechischen. Und das ist genauso gut (oder besser). Es wird daher auch noch Jahrhunderte dauern, bis der Gedanke des *idíoma* zu wissenschaftlicher Neugier führt und schließlich in konkreter linguistischer Deskription seine wissenschaftliche Implementierung erfährt. Daß dieser für uns heute so triviale und selbstverständliche Gedanken im Diskurs des Humanismus auftaucht, der in seinem exklusiven Latein-Kult ansonsten geradezu als das Gegenteil einer fröhlichen Bejahung sprachlicher Vielfalt angesehen werden muß, entbehrt nicht einer gewissen Ironie: Das *idíoma* rächt gleichsam die humanistische Verachtung der Volkssprachen.

2.8.4. Die zunächst fatale Wirkung des humanistischen Kults der lateinischen Sprache für die Volkssprachen ist vielleicht am deutlichsten an der wenig glanzvollen Entwicklung der italienischen Literatur in den beiden humanistischen Jahrhunderten zu sehen. In den anderen Ländern, in Frankreich etwa oder in Deutschland, scheinen mir die parallelen glanzlosen literarischen Zeiten eher soziologischen Veränderungen und politischen Auseinandersetzungen geschuldet zu sein als dem Latein-Kult der doctores. Die ritterliche Welt vergeht, und die aufstrebenden Städte entfalten im Norden nicht jene Höhe der Kultur, die in Italien die volkssprachliche Literatur auf ihren ersten Gipfel trug und dann den Humanismus beförderte. In Frankreich verhindert zudem der Hundertjährige Krieg eine weitere, etwa vom Königtum geförderte literarische Entwicklung. Hier ragt zwischen den großen Dichtungen des Mittelalters und dem 16. Jahrhundert als großes literarisches Ereignis die Dichtung von François Villon heraus, der auf geniale Weise aber gerade die Krise der Kultur im politischen und gesellschaftlichen Chaos sprachlich und literarisch repräsentiert.

Geringere Präsenz in der Literatur heißt aber nicht, daß die Volkssprachen nicht in anderen Diskursdomänen Verwendung finden. Die Diskus-

sion bei Dante und die humanistische Sprachpropaganda beziehen sich
ja allein auf höhere Diskursdomänen: auf die (hohe) Dichtung, auf die
Philosophie und die Gelehrsamkeit, d. h. auch auf das *Schreiben*. Natürlich findet nach wie vor das praktische alltägliche Leben in der Volkssprache statt, und wo es auf Fixierung und Verschriftlichung im praktischen Leben ankommt, also in privaten Verträgen etwa, wird auch
volkssprachlich geurkundet.
Und selbstverständlich wird auch in Italien weiter im Volgare gedichtet. Ab der Mitte des 15. Jahrhunderts gewinnen die volkssprachlichen
Dichter gegenüber den Humanisten wieder an Selbstvertrauen. Und es ist
zu Beginn des 16. Jahrhunderts dann durchaus nicht mehr abgemacht,
daß Lateinisch-Schreiben und -Sprechen besser ist als Volgare-Schreiben und -Sprechen. Die Volkssprache gewinnt unübersehbar wieder an
Prestige. Dies hängt auch mit den politischen Ereignissen zusammen.
Die endlosen Kriege und Auseinandersetzungen zwischen den italienischen Territorialstaaten beruhigen sich um die Mitte des 15. Jahrhunderts. Der Papst kann eine *pax italica* schmieden, die das Gefühl für eine
politische Italianität verstärkt. Das sprachliche Medium dieser Italianität war aber das humanistisch renovierte Lateinische. Valla hatte in den
1444 geschriebenen *Elegantiae* in einer Art von humanistischem Grö-
ßenwahn die Verbreitung der lateinischen Sprache mit einer italie-
nisch-lateinischen politischen Herrschaft gleichgesetzt:

> Nostra est Italia, nostra Gallia, nostra Germania, Pannonia, Dalmatia, Illyri-
> cum, multaeque aliae nationes. Ibi namque Romanum imperium est, ubicum-
> que Romana lingua dominatur. (Valla 1540/1962 I: 4)

> Unser ist Italien, unser ist Gallien, unser ist Germanien, Pannonien, Dalma-
> tien, Illyrien und viele andere Nationen. Dort nämlich ist das Römische Reich,
> wo die Römische Sprache herrscht.

«Unser *ist* Italien, Gallien etc», nicht: «unser *war*»! Doch: Wer ist «wir»,
wer ist das politische Subjekt, dessen Sprache das Lateinische – *romana
lingua* – im Quattrocento ist und dem also das Imperium zukommt?
«Rom» ist nicht das alte Rom, dessen vergangene Macht hier nostalgisch
evoziert wird. Ist es der Papst? Vermutlich meint Valla die Italiener, sofern sie lateinisch sprechen und schreiben, also die Humanisten. Italien
wird nun aber von den Franzosen (1494) und dann von Spanien und Kai-
ser militärisch überrollt. Diese französischen und kaiserlich-spanischen
Invasionen zeigen brutal, daß von einem humanistischen Imperium
«Roms» nicht die Rede sein kann. Sie werden von den italienischen Intellektuellen als Niederlage «Italiens» verstanden, das es als politisch-staat-
liche Größe überhaupt nicht gibt. Bei dieser «italienischen» (und nicht
florentinischen oder lombardischen etc.) Lektüre der historischen Ereignisse spielt offensichtlich die durch den Humanismus und seinen

Latein-Kult wiederbelebte Präsenz des *alten* Rom eine entscheidende Rolle: Der Einfall der Truppen von jenseits der Berge, der Oltramontani, wird gleichsam als Wiederholung des Barbareneinfalls ins Römische Reich erlebt. Und es wird gefragt, wie es denn zu einer solchen Schwäche Italiens kommen konnte, das sich gerade noch in nostalgischer römischer Pracht gesehen hatte. Die wegen ihrer Dynamik teils bewunderten, teils aber auch als «Barbaren» verachteten Gegner haben eine Kraft, die es ihnen möglich machte, Italien zu erobern. Teil dieser von Italien aus deutlich als *nationale* Energie wahrgenommenen Kraft – es ist eben die Rede von «den Franzosen», «den Spaniern» – sind ganz offensichtlich die *Sprachen* dieser Nationen (obgleich deren sprachliche Einheit ja durchaus nicht so etabliert war, wie dies von Italien aus ausgesehen haben mag). Und Italien hat keine diesen entsprechende «italienische» Sprache, das Latein der Humanisten scheint eher eine Schwäche Italiens gewesen zu sein. Vor dem Hintergrund einer langsam errungenen, prekären Italianität, die sich durch den Einmarsch fremder Truppen als gemeinsames Schicksal bestätigt, findet dann eine Diskussion über die Sprache in Italien statt, die nun aber nicht nur für Italien interessant ist, sondern unabsehbare Folgen für die europäische Kultur insgesamt und für die Rolle der Sprache in Europa hat.

Sie hat diese Folgen für die europäische Kultur auch deswegen, weil durch die italienischen Kriege die italienische Kultur – jetzt als *italienische*, nicht als humanistische – gerade für die Oltramontani eine Vorbildfunktion erhält, die sie in diesem Ausmaß bisher nicht hatte. Der Krieg «öffnet» Italien gleichsam für den Rest Europas. Die italienischen Reisen der Drucker, der Gelehrten, der Maler, der Dichter, später der Musiker werden ab jetzt ein für Europa fundamentales Faktum des europäischen Kultur-Transfers und ein Motor der europäischen Kultur-Entwicklung. Die deutsche Reformation verdankt sich beispielsweise nicht zuletzt der Reise eines deutschen Mönchs nach Rom, der in dem Protest gegen die römische Kirche sein italienisches Trauma ausagiert. Vor allem erlebt das siegreiche Frankreich durch die «descente en Italie» (wie dort vor allem der erste Feldzug genannt wird) einen Kultur-Schock, der es zu einer gewaltigen Modernisierungsanstrengung motiviert. Die Franzosen begegnen einer in fast jeder Hinsicht avancierten Kultur, die sie bewundern und von der sie in allen Bereichen begierig lernen. Die französischen Entwicklungen, die dann im 17. und 18. Jahrhundert für Europa bestimmend werden, haben fast alle ihre italienischen Wurzeln. In der Kunst, der Literatur und der Musik ist das evident, aber auch im Bereich der Sprache und der Sprachdiskussion ist das der Fall. So ist z. B. das Modell für die französische Sprach-Akademie – für uns heute geradezu die urfranzösische Institution überhaupt – die *Accademia della Crusca* in Florenz. Und obwohl die *Académie française* einen anderen Weg geht als die Crusca, so ist auch dieser französische Weg einer der Pfade, den die Italiener bei der Diskussion ihrer Sprachenfrage entworfen, aber selber nicht eingeschlagen hatten. Ich werde daher im folgenden diese Diskussion, die *Questione della lingua*, hinsichtlich ihrer europäischen Bedeutung befragen. Sie entfaltet aus meiner Sicht die immer noch aktuellen Grundorientierungen der europäischen Sprachkultur.

3. Bologna
Paradise Lost: Welche Sprache für Europa?

3.1. Die Frage nach der Sprache

3.1.1. Es ist in hohem Maße symbolisch, daß Dantes Buch über die volkssprachliche Dichtung den Lesern gedruckter Bücher zuerst in der Volkssprache bekannt gemacht wird, also nicht auf Lateinisch. 1529 publiziert der Dichter Trissino eine italienische Übersetzung von *De vulgari eloquentia*, das erst 1588 in Paris in der lateinischen Originalversion erscheinen wird. Das Buch, mit dem der doctor Dante das volkssprachliche Dichten auf die Höhe des Lateinischen heben wollte, in der Sprache der doctrina, wird jetzt sozusagen programmatisch gerade *nicht* für die doctores gedruckt. Schon dieses scheinbar kontingente editorische Schicksal des Danteschen Buches zeigt, daß sich die Sprachwelt gewaltig verändert hat. Es gibt jetzt Schreiber, die stolz, ja geradezu kämpferisch in der Volkssprache schreiben, die sich sozusagen bewußt aus dem alten und neuen lateinischen Paradies verabschieden, um sich den Freuden Babels hinzugeben. Und es gibt eine neue Technik der Verbreitung von Texten, den Buchdruck, der diese babelische Buntheit befördert. Das Manuskript des doctor Dante, das nicht in die herrschende Ideologie des Trecento paßte, wird daher nun aus der Versenkung gehoben und in der Volkssprache und im neuen Medium verbreitet. Natürlich ist dieses Vorgehen von Trissino ebenso «ideologisch» wie das Verschwinden des Danteschen Textes in den beiden zurückliegenden Jahrhunderten. Natürlich wird auch diese vulgärsprachliche, gedruckte Version den Intentionen Dantes ebensowenig gerecht wie das Verschweigen des Buches. Dante wird hier als Kronzeuge für etwas aufgerufen, wofür er nur sehr indirekt steht, für eine italienische Gemeinsprache, eine Koinè der gebildeten Laien. Dennoch zeigt dieser ganz bewußte kulturpolitische Schachzug den – ziemlich revolutionären – Wandel der italienischen Sprachkultur an. Die doctores hatten ja einen spektakulären Erfolg mit der Erneuerung des Lateinischen, und zwar gerade die doctores, deren soziologischen Typ auch schon Dante repräsentierte: die nicht-mönchischen, säkularen Gelehrten, wie sie die städtische Kultur Italiens hervorgebracht hatte. Diese Söhne Italiens hatten aber kein Vulgare illustre, keine neue Gramatica geschrieben, sondern die *alte* Gramatica zu neuem Glanz gebracht. Rom war wieder auferstanden, Lateinisch war wieder die Koinè Italiens. Daher wurden

ja sogar die wiederentdeckten klassischen griechischen Texte nicht ins
Italienische übersetzt, sondern ins Lateinische: eine glänzende kulturelle Bilanz der neuen alten Sprache.

Nun aber, zu Beginn des neuen Jahrhunderts, etwas Neues: Vor allem
Dichter und gebildete Laien lassen sich sozusagen nicht mehr unterkrie-
gen, sie schreiben und lesen nicht mehr unbedingt auf Lateinisch, sondern
bestehen geradezu widerspenstig auf dem Gebrauch ihrer eigenen, ihrer
«Volkssprache». Sie stellen daher die «Frage nach der Sprache», die Questione della lingua. Diese ist nun aber nicht nur eine irgendwie merkwürdige, typisch italienische Diskussion über die italienische Sprache, sondern
eine Diskussion von europäischer Dimension, weil sie gar nicht nur das
Italienische betrifft (und weil sie auch gar nicht nur die Sprache betrifft).
An der Oberfläche geht es darum, ob in Italien Lateinisch, die literarische
toskanische Sprache der Klassiker (Bembo), eine moderne italienische Gemeinsprache (Trissino, Castiglione) oder das moderne Toskanisch (Machiavelli) gesprochen und vor allem geschrieben werden sollen. Dies wird
über die genannten Klassiker hinaus in einer Unzahl von Texten – meist in
der zeitgemäßen Dialogform – im Cinquecento diskutiert.[1]

Die italienische Sprachgeschichtsschreibung hat sich liebevoll über
alle Details dieser Diskussion gebeugt, die in der Tat auch von entschei-
dender Bedeutung für die Entwicklung der italienischen Sprache gewesen
ist.[2] So war es z. B. für eine moderne Entwicklung der gemeinsamen
Sprache der Italiener eine ausgesprochen unglückliche kulturelle Entscheidung, daß ausgerechnet die konservativste der diskutierten Positionen «gesiegt» hat, die Vorstellung nämlich, daß die Italienisch-Schrei-
benden sich an der Sprache der Klassiker aus dem 14. Jahrhundert orientieren sollen. Die erste europäische Sprachakademie, die *Accademia
della Crusca* in Florenz, hat die Sprachnorm des Italienischen anhand
dieser alten poetischen Texte fixiert und damit eine modernere, offenere
Entwicklung des Italienischen für Jahrhunderte eher behindert. Andererseits hat diese Entscheidung aber auch eine Kontinuität der italienischen
Sprache vom 14. Jahrhundert bis heute ermöglicht, die in Europa ihresgleichen sucht. Die heutigen Deutschen oder Franzosen können nur mit
Mühe einen Text in ihrer Sprache aus dem 14. Jahrhundert lesen, während die Italiener dies können, weil ihre Sprache in viel größerem Maße
mit derjenigen des Mittelalters identisch geblieben ist. Dies ist, wie gesagt, für die italienische Sprachgeschichte interessant und wichtig. In dieser sprachhistorischen Hinsicht ist die Questione della lingua eine sehr
speziell italienische Frage, die sich angesichts der geschichtlichen Entwicklung erledigt hat.

3.1.2. Die europäische Bedeutung dieser Diskussion liegt aber in etwas
anderem: in der Entfaltung einer Auseinandersetzung zwischen deutlich

verschiedenen *Typen von sprachlich Handelnden*, die aufgrund ihrer verschiedenen Handlungsziele ganz verschiedene Verwendungen von Sprache ins Auge fassen und folglich auch verschiedene Sprachauffassungen entwickeln. Es geht um kulturelle oder anthropologische Modelle und um die Vorherrschaft dieser Modelle nicht nur in Italien, sondern in der europäischen Kultur. Die Frage ist also nicht nur, welche Sprache man (in Italien) braucht, sondern: wozu man Sprache braucht. Und daraus folgt dann erst, welche Sprache favorisiert wird, und schließlich natürlich, wer das Sagen hat.

Verschiedene Typen des sprachlichen Handelns, die in der Diskussion des Cinquecento so besonders klar hervortreten, lagen ja auch schon den verschiedenen Sprachauffassungen der Antike zugrunde: Von Anfang an begründet, wie wir gesehen haben, die Opposition von *Redner* und *Philosoph* (Wissenschaftler) radikal verschiedene Ansichten von der Sprache. Auch bei der Dante-Interpretation habe ich versucht, den anthropologischen Typus des Sprechers herauszuarbeiten, um den es dort ging: den diglossischen *Doctor-Dichter*, der mit seiner Zwei-Sprachen-Welt ringt. Die eine Sprache, die ewige unwandelbare Welt-Sprache der Gelehrsamkeit, setzt die Maßstäbe für die andere Sprache, die Sprache der Dichtung, die aber als geliebte Sprache der Nähe der historischen Variation ausgesetzt ist und damit das, was der Dichter schafft, der Vernichtung preisgibt und ewigen Ruhm, gloria, unmöglich macht. Dante hatte versucht, die Standards der grammatikalisierten Welt-Sprache auch für sein Sprechen, für die Sprachkunst in der Volkssprache, die vulgaris eloquentia, zu etablieren und damit die beiden Sprachen und die beiden sprachlichen Aufgaben, *doctrina* und *eloquentia*, zu versöhnen. Im Cinquecento nun treten die zwei Seelen Dantes auseinander: Der doctor streitet lebhaft mit dem Dichter. Und neben dem Gelehrten und dem Dichter machen sich die anderen Akteure bemerkbar: vor allem der «öffentliche Sprecher» (in seiner Gestalt als Höfling), dann aber auch wieder der Wissenschaftler (oder Philosoph), der Wahrsprecher.

In der Auseinandersetzung zwischen diesen verschiedenen Handlungs- und Sprachhandlungs-Typen werden sich in der europäischen Diskussion deutlich unterschiedliche Sprachkonzeptionen entwickeln. Als Transformation des alten Gegensatzes von Philosophie und Rhetorik zeichnet sich nun jene Grundopposition des europäischen Sprachdenkens immer deutlicher ab, die ich – eine Anregung von Brigitte Schlieben-Lange (1996: 245) aufgreifend – die «Antinomie der sprachlichen Vernunft» nenne und die die europäische Sprachauffassung bis heute zutiefst prägt. Die hier hervortretende Antinomie wird den Streit um die Sprache, ja die linguistischen Kämpfe der nachfolgenden Jahrhunderte bis heute bestimmen. Heute ist dann vielleicht die Zeit gekommen, endlich festzustellen, daß diese Antinomie nicht aufzulösen ist, sondern daß man sie aushalten muß.

Ich werde meine Darstellung an einem Text orientieren, der gar nicht mehr direkt in die Auseinandersetzung der Questione della lingua eingreift, sondern der geschrieben worden ist, als alles schon vorbei ist und die Positionen des Streits von den Hauptakteuren – Trissino, Bembo, Castiglione (Machiavellis einschlägiger Text wird erst Jahrhunderte später bekannt) – öffentlich vorgetragen worden sind. Ich gehe aus von Sperone Speronis *Dialogo delle lingue* aus dem Jahre 1542, der nicht nur deswegen so hervorragend ist, weil er die wichtigsten Positionen des Streits in großer Klarheit resümiert, sondern weil er durch seine literarische Gestaltung auch die angedeuteten anthropologischen Konsequenzen klar herausarbeitet und weil er des weiteren – geradezu visionär – die Diskussion um eine weitere Dimension öffnet, die zunächst keine Rolle gespielt hat, die aber weit in die Zukunft weist: die Wissenschaft.

3.2. *Bologna 1530 oder über Ruhm und Anmut*

Sperone Speroni fingiert in seinem «Dialog über die Sprachen» ein Gespräch zwischen historischen Personen, das 1530 in Bologna stattgefunden haben soll. Dort treffen sich: ein berühmter Humanist, der Professor der klassischen Sprachen, Lazaro Bonamico, der Dichter Pietro Bembo, der über die Sprachenfrage eines der wichtigsten Werke verfaßt hatte, *Prose della volgar lingua* (1525), ein nicht namentlich genannter Höfling, der Cortegiano, und ein Scholar. Sie diskutieren, ob das Lateinische oder die Volkssprache die Sprache ihrer Kultur sein soll. Daß sie das überhaupt diskutieren zeigt, daß eine Selbstverständlichkeit in die Krise geraten war, die Selbstverständlichkeit nämlich, daß die Universalsprache Latein in höheren Diskursuniversen verwendet wird, in der Dichtung, in der Gelehrsamkeit, in der höfischen transregionalen Konversation. Sie diskutieren, ob die Universalsprache Europas aufgegeben werden soll, also sozusagen gerade das Gegenteil dessen, was uns heute bewegt, die wir uns gerade so eilfertig der neuen Universalsprache unterwerfen.

3.2.1. Zunächst streiten der Dichter und der Gelehrte. Der *doctor* preist natürlich das Lateinische. Er verdient ja schließlich sein Geld mit klassischer Gelehrsamkeit. Und zwar nicht zu knapp: 300 Goldscudi, offensichtlich ein Spitzengehalt. Lazaro betrachtet das Lateinische im Grunde als die einzig mögliche Sprache für einen wirklich menschlichen Menschen. Das Lateinische ist seit Valla ein Sakrament, ein Tabernakel, ein heiliges Gefäß, in dem die kostbarsten Erkenntnisse der Menschheit aufbewahrt sind, die besondere, unvergleichliche Sprache, an die keine andere heranreicht. Das Volgare ist demgegenüber nur ein von den Barbaren korrumpiertes Latein und daher einfach scheußlich. Verglichen mit dem Lateinischen ist es ein verachtenswertes Abfallprodukt: «quale la feccia al vino» (289),[3] wie der Bodensatz beim Wein, wobei das italienische Wort für «Bodensatz» *feccia* etymologisch mit lat. *faeces* «Kot» verbunden ist. Das Volgare ist also gewissermaßen eine Fäkalie des Lateinischen.

Gegenüber dem humanistischen Professor, der die lateinische Sprache und Literatur verwaltet und pflegt, ist die sprachliche Aktivität Bembos deutlich als Dichtung typisiert: «poetare e orare», «comporre o canzoni o novelle» (334). Der Dichter besteht nun darauf, gerade in der Volkssprache zu dichten. Volkstümlich allerdings soll sein Vulgare auch nicht gerade sein. Er will nämlich in einer eher wenig «vulgären» Variante der Volkssprache schreiben: in der Sprache der großen Dichter der italienischen Tradition, in der Sprache Petrarcas und Boccaccios (nicht Dantes weil dessen Toskanisch nicht «rein» genug sei!). Diese Dichtung hat für Bembo das Volgare auf das Niveau des Lateinischen angehoben, so daß er in dieser Sprache mit ebensolchem Recht schreiben darf, wie der Humanist in der Sprache eines Cicero, Vergil oder Horaz. Die Sprache seiner Kultur ist also eine Literatursprache, die damals immerhin schon zweihundert Jahre alt ist – also so weit entfernt wie die Sprache Goethes von uns. Volgare-Schreiben hat sich wie das Lateinisch-Schreiben an klassischer Literatur auszurichten; Schreiben ist imitatio.

Wenn sie auch über die Frage uneins sind, welche konkrete Sprache sie für ihre jeweilige sprachliche Betätigung verwenden sollen, so teilen doch Lazaro und Bembo alle Grundüberzeugungen über die Sprache und über ihr sprachliches Tun: Erstens ist für beide die – lateinische bzw. toskanische – *Sprache* das Höchste, was ein Mensch wissen kann, ja sie ist das Kostbarste überhaupt auf der Welt. Gerade in der unglücklichen politischen Situation Italiens zeige sich, daß die Kenntnis der Sprachen mehr wert sei als politische Macht. Die Barbaren hätten zwar die Herrschaft – *signoria* – über Städte und Länder, aber die Italiener hätten «die Liebe und Kenntnis der Sprachen»: *l'amore et la cognizione delle lingue*:

> Ma per certo noi siamo giunti a tempo che pare che il male lungamente da noi sofferto voglia Iddio a qualche modo ricompensarci; peroché in iscambio delle molte possessioni e città della Italia, le quali occupano gli oltramontani, egli ci ha donato l'amore et la cognizione delle lingue (287).

> Aber gewiß befinden wir uns nun in einer Zeit, in der Gott uns anscheinend für das von uns seit langem erduldete Übel irgendwie entschädigen möchte, indem er uns im Austausch für die vielen Besitztümer und Städte Italiens, die die Ultramontanen besetzt halten, die Liebe und die Kenntnis der Sprachen gegeben hat.

Die Kenntnis der Sprachen kompensiert (ricompensa) für beide den Verlust der Macht. Die beiden überbieten sich geradezu in dieser Hinsicht. Die Kenntnis der Sprache sei mehr wert als die Herrschaft über die Markgrafschaft von Mantua, sagt Bembo, «non lo cangierei al Marchesato di Mantova» (291). Und Lazaro stellt die lateinische Sprache eines Cicero sogar über die Weltherrschaft des Kaisers Augustus: «io la prepongo alla signoria del mondo» (292), «ich ziehe sie der Herrschaft über die Welt vor».

3.2.2. Da kann der junge Mann, der Höfling, der den beiden alten Männern zuhört, nur ungläubig staunen: Er findet diese humanistische Wertschätzung der Sprache völlig übertrieben. Er macht sich daher lustig über die Auffassung, daß die Kenntnis der Sprachen etwas Wichtigeres sei als die Macht. Der Besitz der *Welt*, die *signoria del mondo*, ist für ihn und seinesgleichen selbstverständlich besser als der Besitz der Sprache. Seine Mit-Aristokraten würden, so erkennt er messerscharf, jederzeit gänzlich auf die Sprache verzichten, sie würden jederzeit verstummen, wenn sie dafür *signori*, Herren, sein dürften, wenn sie *Macht* bekommen könnten (in dieser Hinsicht besteht sicher nicht der geringste Unterschied zwischen dem 16. und dem 21. Jahrhundert). Die Welt ist für den Hofmann aber nicht nur in *politischer*, sondern auch in *kognitiver* Hinsicht vorrangig: Wichtiger als die Kenntnis der Wörter sind für ihn auch die *Sachen*, über die gesprochen wird: «le cose descritte» (294).

Dieser Vorrang der Welt und der Sachen vor den Wörtern hängt natürlich mit dem Beruf des Höflings zusammen. Das Sein bestimmt das Bewußtsein, wie einmal einer gesagt hat: Der gesellschaftliche Ort, an dem er agiert, ist der Hof, d. h. der Ort der Macht, der politisch-handelnden Elite, nicht die Schule, la Scuola, oder die Studierstube, die Orte der beiden Humanisten. Der Cortegiano ist der gesellschaftliche, der in einem weiten Sinne *politische* Mensch, sein Handeln bezieht sich vorrangig auf die schon erwähnte *Welt*, d. h. auf die Gemeinschaft der anderen Menschen (auf das, was die Franzosen le *monde* nennen). Er will weder gelehrte Bücher schreiben, noch möchte er dichten. Er möchte reden, er ist ein berufsmäßiger Kommunikator. Hier handelt es sich natürlich um aristokratische Kommunikation und Geselligkeit, d. h. der Cortegiano muß reiten, tanzen, fechten, singen, und er muß mit den anderen signori, mit den anderen Aristokraten, gesellschaftlich verkehren, er muß Konversation treiben. Die genannten Aktivitäten zeigen außerdem, daß der Höfling gegenüber dem alten Dichter und dem alten Gelehrten prinzipiell jung ist und folglich auch in sportlich-körperlicher Höchstform.

Die Figur des Cortegiano weist als anthropologischer Typ aber weit über diese zeitgebundene, höfische Form der Sozialität hinaus: Er ist der professionelle Kommunikations-Mensch. Seine sprachliche Betätigung ist ganz auf die Wirkung auf andere ausgerichtet. Sprachtheoretisch dominiert in seiner Sprachtätigkeit die *pragmatische* Dimension, die Beziehung zwischen den Sprechenden. Er ist ein Rhetor, kein Philosoph. Deswegen ist es – trotz der Betonung der Bedeutung der Sachen – dem Höfling auch nicht gleichgültig, *wie* gesprochen wird. Die «signoria del mondo», also die Beherrschung der Anderen, ist ihm wichtiger als die ebenfalls von ihm als wichtig angeführte Darstellung der «Sachen» (le cose descritte). Deswegen muß er auch auf die den anderen gewinnende *Form* der Rede achten. Der Höfling ist natürlich ein Nachfahre des ciceronianischen Orators.

Da am Hof Aristokraten aus allen Gegenden Italiens sich treffen, schwebt dem Cortegiano eine moderne, aus allen Dialekten Italiens sich speisende *gemeinsame* italienische Hof-Sprache vor, eine gesprochene Koinè, die es noch nicht gibt, die «lingua cortigiana». Das von Bembo präferierte literarische Toskanisch des Trecento wäre für das Sprechen in der Gegenwart (sogar für den heutigen Toskaner) ebenso eine erst zu erlernende Fremdsprache wie das Lateinische und das Griechische. Die gesuchte gesprochene höfische Sprache soll daher eine sein, die diachronisch modern, diatopisch nicht markiert und diastratisch klassenübergreifend ist. Der Höfling möchte zum Erwerb dieser Sprache aber keine mühsamen Studien betreiben, sondern seine höfische Sprache möchte er höfisch, d. h. spielerisch und lachend, *leicht*, ohne große Anstrengung im Umgang mit den anderen Höflingen erwerben, «non istudiando ma giuocando e ridendo senza alcuna fatica» (316).

3.2.3.   Der Höfling vertritt gegen die beiden Humanisten die Position, die 1528 Baldassar Castiglione in seinem *Libro del Cortegiano* entwickelt hat. Castigliones Buch vom Hofmann ist eines der einflußreichsten Bücher der gesamten europäischen Kultur, bis heute.[4] Castiglione hat das Modell einer neuen säkularen und aristokratischen Kultur entworfen, das in der höfischen Kultur Frankreichs und in der Figur des englischen gentleman gesellschaftliche Realität werden sollte und das als Theorie einer Kultur des *Performativen* bis heute aktuell ist. Allerdings arbeitet Speroni in der Typisierung bestimmte Züge des Hofmanns deutlicher hervor, als dies bei Castiglione der Fall war. Vor allem betont er gegenüber Castiglione den Zug der *Mündlichkeit*, also der Performativität des Sprachlichen. Bei Castiglione und auch bei dessen Vorgänger Trissino, der die Idee einer *lingua cortigiana* lanciert hatte, ist dies nicht so deutlich: Trissino diskutiert die lingua cortigiana als eine geschriebene Sprache, obwohl er als das zu lösende Kommunikations-Problem das Miteinander-*Sprechen* von Italienern aus verschiedenen Regionen am päpstlichen Hof in Rom nennt. Bei Castiglione diskutiert der Wortführer der höfischen Sprachposition, der Conte, das Problem in Bezug auf Sprechen *und* Schreiben, obwohl es im weiteren Verlauf des Buches eindeutig um das Sprechen geht und nicht um das Schreiben. Im zweiten Buch des *Cortegiano* geht es nämlich um die *Konversation*. Der Conte spielt aber im ersten Buch die Differenz zwischen Sprechen und Schreiben herunter. Der *Dialogo delle lingue* arbeitet dagegen in der Opposition von Humanist vs. Cortegiano gerade diese Opposition deutlich hervor: die Humanisten sind Schreibende, der Höfling ist ein Sprecher, bei den Humanisten geht es um das Bleibende der Schrift, beim Hofmann um das Performative der Konversation.

Der Cortegiano in Speronis Dialog repräsentiert sowohl in der Art und Weise, wie er es sagt, als auch in dem, was er sagt, die zentrale Eigenschaft, die ein Höfling nach Castiglione überhaupt haben muß: nämlich *grazia*, Anmut, bzw. – um den zentralen terminus technicus anzuführen: *sprezzatura*. Sprezzatura ist auch schon bei Castiglione eigentlich nichts völlig Neues, denn schon Cicero hatte dem Redner etwas Ähnliches empfohlen, nämlich: *negligentia diligens*, eine «wohlkalkulierte Nachlässigkeit». Aber das neue Wort zeigt doch, daß auch an der Sache etwas Neues ist. Der moderne Höfling ist in jeder Hinsicht «leichter» als der altrömische Orator, der in der Republik wirkliche politische Verantwortung trägt und für den daher auch *gravitas*, d. h. «Schwere» charakteristisch ist: Würde, nicht Anmut. «Leichter» ist auch das Sprachliche, das der Hofmann hervorbringt, nämlich das Gespräch selbst, die Konversation, reine sprachliche Tätigkeit, *energeia*, die sich in der Performanz selbst erschöpft, während der römische Redner ja durchaus ein Werk (*ergon*) erzeugt, nämlich die Rede, die dann *aufgeschrieben* und der Nachwelt bewahrt wird. Der Höfling ist auch kein «Vater», kein Mitglied eines Rates gewichtiger alter Männer, des Senats, sondern eben ein junger Mann oder eine junge Frau (auch das ist ja ein neues Moment der neuen Leichtigkeit), deren Aufgabe in der Performanz der aristokratischen *Bewegungs*formen – Tanzen, Konversation, Musizieren, Fechten, Reiten etc. – in der ständigen *Aufführung* der höfischen Gesellschaft besteht. Der Hof ist der Ort des Zusammenseins mit Anderen, nicht der Einsamkeit, der Ort des Ereignisses (event), nicht des Werks (work). Grazia ist eine Eigenschaft von Tätigkeiten, nicht von Werken, Anmut ist nach Schiller «Schönheit der Bewegung» (1793: 435). Der Höfling schleppt auch kein schweres geistiges Gepäck mit sich herum wie die alten Bücherschreiber, deren geistiges Zentrum die Memoria ist, die auf Nachahmung, auf *imitatio*, d. h. auf das Weiter-Schleppen hinausläuft. Seine zentrale geistige Operation ist das Ingenium, die kreative Intelligenz, die im «Einfall», im «Geistesblitz» den Ballast des Gedächtnisses und der Tradition gerade hinter sich läßt.

Der Höfling zeichnet sich nach Castiglione in allem, was er tut, dadurch aus, daß sein Verhalten absolut natürlich wirkt, obwohl es sich hartem Training verdankt. Sein Reiten, Tanzen, Fechten, seine Konversation müssen leicht und mühelos erscheinen: *senza fatica*. Man darf die Kunst nicht sehen, die dem Können zugrundeliegt. Die berühmte Stelle über die grazia aus dem *Cortegiano* lautet folgendermaßen:

> Ma avendo io già più volte pensato meco onde nasca questa grazia, lasciando quelli che dalle stelle l'hanno, trovo una regula universalissima, la qual mi par valer circa questo in tutte le cose umane che si facciano o dicano più che alcuna altra, e ciò è fuggir quanto più si po, e come un asperissimo e pericoloso scoglio, la affettazione. (Castiglione 1528: 59)

> Aber, nachdem ich nun schon mehrfach bei mir darüber nachgedacht habe, woher diese Anmut denn kommt – wenn wir einmal diejenigen beiseitelassen, die sie von den Sternen haben –, so finde ich eine sehr allgemeine Regel, die hierbei mehr als irgendeine andere in allen menschlichen Dingen zu gelten scheint, die man macht oder sagt, nämlich daß man so sehr als nur irgend möglich und als eine außerordentlich schroffe und gefährliche Klippe die Affektiertheit vermeiden soll.

Diese grazia des Höflings wird dann näher als *sprezzatura* bestimmt, als eine freche, stilisierte Natürlichkeit, die jede Affektiertheit vermeidet:

> [...] und, um vielleicht ein neues Wort zu sagen, daß man in allen Dingen eine gewisse *sprezzatura* walten lassen soll, die die Kunst verbirgt und die zeigt, daß das, was man macht und sagt, ohne Mühe und gleichsam ohne Nachdenken gemacht wird.

> [...] e per dir forse una nova parola, usar in ogni cosa una certa sprezzatura, che nasconda l'arte e dimostri ciò che si fa e dice venir fatto *senza fatica* e quasi senza pensarvi. (Castiglione 1528: 59 f.)

Sprezzatura. Ein merkwürdiges Wort, das Castiglione ausdrücklich als Neologismus einführt. *Sprezzare* heißt eigentlich «verachten, nicht beachten». Sprezzatura heißt also «Verachtung, «Nicht-beachten». Gemeint ist damit: Nicht-Achten auf die eigene Handlung. Das ist aber natürlich nur dann möglich, wenn die Handlungsweise völlig sicher beherrscht wird. Kleist hat später dieses zentrale Moment der Anmut in seinem Aufsatz über das Marionettentheater wiederentdeckt: das Nicht-Achthaben auf das eigene Verhalten als Grundbedingung der Grazie.

Die Franzosen haben sprezzatura mit *nonchalance* übersetzt, in der deutschen Übersetzung des *Cortegiano* finde ich *Lässigkeit*. Das ist nicht schlecht, aber ich denke, die beste Übersetzung ins heutige Deutsch wäre *coolness*. Coolness ist die grazia, die sprezzatura, die den modernen Höfling ausmacht. Die zentrale Norm alles dessen, was den jungen Höflingen von heute in Lifestyle-Magazinen vorgeschlagen wird, ist nichts anderes als sprezzatura. Es ist dieselbe die Kunst verbergende Anmut, grazia, wie im 16. Jahrhundert. Um modern zu sein und um sprezzatura zu haben, muß diese Eigenschaft natürlich durch ein neues, ein amerikanisches Wort bezeichnet werden: coolness. Die Entlehnung aus fremden Sprachen ist ebenso wie die semantische Innovation nach Castiglione gerade ein charakteristischer Zug höfischer Sprache.

Als Gesellschaftsmensch, als homo politicus, sucht der Cortegiano also eine Sprache der Konversation, eine *Sprech*-Sprache, keine Schreib-Sprache, eine Sprache der Nähe, sofern damit ihre *Mündlichkeit* gemeint ist. Der Höfling will aber keinen lokalen Dialekt, keine Sprache der *geographischen* Nähe, sondern eine Sprache mit größerer Reichweite, eine mündliche Sprache mit *telekommunikativem Potential*: sozusagen eine Sprache der Nähe für Distanzierte, für Leute aus der Ferne. Der geographische Rahmen der höfischen Sprache ist daher nicht irgendeine begrenzte Region Italiens, sondern der größere Raum der Volkssprache, also Italien, die *Nation* in einem modernen Sinn. Wörter aus allen Regionen sollen aufgenommen werden, das Prinzip der *Mischung* ist für diese Sprache grundlegend. Auch coole Wörter aus der Fremde sind willkommen, d. h. die Mischung geht über die Grenzen des Italienischen hinaus. Die siegreichen Franzosen und Spanier haben Wörter, die die Höflinge ohne weiteres übernehmen sollen. Schließlich ist die gesuchte neue Sprache auch *diastratisch* weitausgreifend, d. h. sozial gerade nicht exklusiv auf die eigene Klasse beschränkt: Sie überspringt durchaus die Klassenschranken, während dem ausgesprochen dünkelhaften Gelehrten die Sprache des Volkes ein Greuel ist.

3.2.4. Um nun auf die Gegenspieler des Höflings zurückzukommen und auf deren Übertreibung des Sprachlichen, so verdankt diese sich natürlich ebenfalls den beruflichen Tätigkeiten der Akteure: Sie sind beide professionelle *Schreiber*, der Buch-Gelehrte und der Dichter, Leute, die sich den ganzen Tag lang mit *sprachlichen* Gegenständen beschäftigen. Ihre Aufgabe ist es, das überlieferte Textkorpus zu tradieren und weiterzuschreiben. Sie betreiben *coltura della lingua* (310) – «Kultur der Sprache», hier noch im ganz etymologischen Sinne von Anbau und gärtnerischer Pflege der Sprache. Das Ziel dieser gärtnerischen Bemühungen ist *eleganzia*, das humanistische Schlüsselwort Lorenzo Vallas. Ihre Aufmerksamkeit geht also weder auf die Welt in Gestalt des Kommunikationspartners (il mondo), noch auf die Sachen (le cose). Sprachtheoretisch ist ihr Fokus weder pragmatisch noch referentiell. Ihr Fokus sind *die Texte selbst*, das *Sprachliche* gleichsam losgelöst von der Welt und den Sachen. Roman Jakobson nennt diese Einstellung auf das Sprachliche selbst die *poetische Funktion* der Sprache.

Das Korpus der großen Texte, das sie pflegen und mehren – Cicero, Vergil, Horaz bzw. Petrarca, Boccaccio – ist in der ganzen Welt bekannt und durch die Jahrhunderte sanktioniert, es ist «berühmt». Ruhm, *gloria* oder *fama*, ist zeitliche Permanenz und räumliche Universalität. Durch das Weiterschreiben dieses gloriosen Korpus wird auch der Dichter fama oder gloria erringen. Er möchte «durch die Hände und Münder der Leute von Welt gehen», «andar per le mani e le bocche delle persone del mondo». Das heißt, er möchte sich in ein Buch verwandeln: Unsterblichkeit, Aufhebung der Zeit durch die geschriebenen Werke ist das Ziel, das Sich-Verewigen durch Ruhm: «il farsi eterno per fama», Weiterleben im Gedächtnis der Menschen: «viver nella memoria degli uomini» (316). Das Bemühen um gloria kennen wir schon von Dante, der mit dem Entwurf des enthistorisierten Vulgare illustre gerade die Bedingung für gloria schaffen wollte (vgl. oben 2.3.). Bembo weiß nun, daß man sich, um gloria zu erreichen, in die Studierstube zurückziehen muß, der Welt absterben muß und nicht am Hofe herumspielen darf, «giuocando e ridendo». In dieser Welt, die nur die Schrift als telekommunikatives Medium – und keine Telephonie oder Television – kennt, kann der Hofmann mit seiner gesprochenen modernen Sprache nicht berühmt werden, er kann nur graziös sein, «piuttosto grazioso che glorioso».

Mit diesem Gegensatz von Ruhm und Anmut endet der Dialog der Sprachen: *gloria* vs. *grazia, sprezzatura, coolness.* Die Opposition zwischen dem Permanenten und dem Performativen ist die Hauptachse des Streits der kulturellen Modelle, um die es geht und die sich als Bündel von in Opposition zueinander stehenden Eigenschaften noch einmal folgendermaßen zusammenfassen lassen: Schreiben, Fokus auf die Sprache selbst (coltura della lingua), Schule, alt, memoria vs. Sprechen, Fokus auf den Anderen (pragmatisch, il mondo), Hof, jung, ingenium. Es ist eindeutig, daß die beiden Modelle weit über die hier dargestellten zeitgebundenen Ausprägungen hinausgehen.

In Italien bleibt, wie schon angedeutet, die geringfügig (eben nur bezüglich der Sprache) modernisierte Version des alten Kulturmodells bestimmend. Der schreibende poeta doctus, Bembo, der «Vulgärhumanist», obsiegt gegenüber dem Konversation treibenden, aktiv handelnden Weltmann. In der historischen politisch-sozialen Konjunktur Italiens konnte sich der moderne Typ des Höflings nicht als kulturell dominante Figur durchsetzen: Der Ort, an dem sich die jungen, ingeniösen, coolen italienischen Höflinge eventuell hätten entfalten können, Rom und der päpstliche Hof, wird nämlich im Sacco di Roma bleibend zerstört (viele Cortegiani gehen daher nach Frankreich). Die anti-reformatorischen Aktivitäten des Vatikans in der zweiten Hälfte des Cinquecento begünstigen zudem autonomes geistiges Tun ebensowenig wie freche sprezzatura. Und die ausländischen Mächte, die in Mailand und Neapel das politische Geschehen bestimmen, sind natürlich überhaupt nicht an einem Italiener interessiert, der eine «signoria del mondo» anstrebt, d. h. politischen Einfluß nehmen möchte. Da ist der sich in die klassische Dichtung und in die Kammer zurückziehende, schreibende und die Gelehrsamkeit und die Sprachen für das Höchste haltende doctor und Poet politisch bedeutend genehmer. Der soziokulturelle Typ des Cortegiano, der *honnête homme*, wird erst hundert Jahre später in Frankreich (und in England) stilbildend werden und für die französische Kultur bestimmend sein. Doch der Dialog über die Sprache enthält noch eine weitere Opposition, die für die europäische Sprach-Kultur von vielleicht noch größerer Tragweite ist, nämlich die von Ruhm und Wahrheit, von *gloria* und *verità*.

3.3. Bologna 1522 oder über Ruhm und Wahrheit

Bevor der Streit zwischen dem Höfling und den beiden Humanisten endet, fordert der Höfling den bisher schweigenden Studenten, den Scolare, auf, ihm zur Hilfe zu kommen. Der Scholar sagt, er selber könne nichts beitragen, aber er wolle über einen Disput berichten, den sein Lehrer Pomponazzi mit dem berühmten griechischen Gelehrten Lascari über dieselbe Frage gehabt habe, ebenfalls in Bologna, im Jahr 1522 oder 23. Im allgemeinen wird dieser eingebettete zweite Dialog über die Sprache nur als eine Wiederholung und Bestätigung der im Rahmen-Dialog vorgebrachten Positionen angesehen. Das Gespräch zwischen Pomponazzi und Lascari verschärft und überbietet aber die beiden bisher vertretenen Positionen. Vor allem jedoch bringt es die Opposition zwischen den Humanisten und dem Höfling auf den sprachtheoretischen Punkt, indem es eine völlig neue Diskursdomäne aufruft, die in der klassischen Diskussion der Questione della lingua keine Rolle gespielt hat: die Wissenschaft.

3.3.1. Mit Pomponazzi tritt nämlich ein neuer soziokultureller Typ auf, der Naturphilosoph, bzw. der moderne Wissenschaftler. Pomponazzi repräsentiert die keimende Neue Wissenschaft, die ihr Wissen nicht aus den Büchern, sondern aus der Erforschung der Sachen selbst bezieht. Der Neue Wissenschaftler ist damit natürlich auch die Wiedergeburt des alten griechischen Philosophen-Wissenschaftlers, der seinen *Augen* mehr traut als den Wörtern aus noch so heiligen Büchern. Nach tausend Jahren löst sich damit allmählich der augustinische Bann gegen die Augen als Erkenntnisorgane, gegen die concupiscentia oculorum. In der Opposition zwischen dem humanistischen Gelehrten und dem neuen Gelehrtentyp inszeniert Speroni den Streit der beiden Kulturen Jahrhunderte vor Snow.

Vehement protestiert der Neue Wissenschaftler gegen den Zeitverlust durch das elende Sprachenlernen, mit dem die besten Jugendjahre vergeudet und nur niedrige Verstandeskräfte angesprochen würden; nämlich nur die *memoria*, das Gedächtnis. Statt dessen sollte das *ingegno* gefördert werden, der kreative Geist. Pomponazzi polemisiert gegen eine Gelehrsamkeit, die im Sprachlichen verbleibt. Es sei widernatürlich («contra la naturale inclinazione del nostro umano intelletto»), bei den Wörtern zu verweilen, der menschliche Geist wolle etwas über die Sachen erfahren. Das Argument ist, wie wir gesehen haben, so alt wie die Philosophie: mit ihm endet der erste bedeutende europäische Text über die Sprache, Platons *Kratylos*:

> [...] denn dem Studium der Wörter wenden wir uns entgegen der natürlichen Neigung unseres menschlichen Verstandes zu; dieser möchte nämlich bei der Kenntnis der Sachen verweilen, durch die man vollkommen wird, und er lehnt es daher ab, auf etwas anderes gerichtet zu werden, wo – wie beim Schmuck der Sprache mit Wörtchen und Geschwätz – unser Geist leer bleibt.

> [...] perché allo studio delle parole contra la naturale inclinazione del nostro umano intelletto ci rivolgiamo; il quale, disideroso di fermarsi nella cognizione delle cose onde si diventa perfetto, non contenta d'essere altrove piegato, ove, ornando la lingua di parolette e ciancie, resti vana la nostra mente. (327)

Der Geist bleibt einfach leer, wenn er sich mit den Wörtern beschäftigt, die hier natürlich nur als leere Signifikanten verstanden werden. Diese Sprachkritik steigert sich zu einer Invektive gegen die Sprache, die in der Literatur ihresgleichen sucht. Die Kenntnis der Sprachen, die cognizione delle lingue, dieses Herz-Stück der Humanisten, ist nämlich:

> [...] wert nicht des Neids, sondern des *Hasses*, nicht der Anstrengung, sondern des *Ekels* und wert schließlich, nicht erworben zu werden, sondern getadelt zu werden, so wie eine Sache, die nicht Speise, sondern Traum und Schatten der wahren Speise des Verstandes ist.

> [...] degna veramente non d'invidia ma d'*odio*, non di fatica ma di *fastidio*, e degna finalmente di dovere essere non appresa ma ripresa dalle persone, sì come cosa la quale non è cibo ma sogno e ombra del vero cibo dell'intelletto. (327, H.v.m.)

Vehementer ist kaum jemals der *Sprach-Haß* (odio) gegen die Liebe zu den Sprachen (amore delle lingue), gegen die Philo-Logie, und natürlich auch gegen deren Liebhaber, diese geistigen Phantom-Esser (und Hungerleider), ausgedrückt worden. Als Traum und Schatten der wahren Speise des Geistes sind die Sprachen nicht the real thing, das doch allein den Appetit des Wissenschaftlers stillen kann. Der Neue Wissenschaftler greift auf die Sachen zu, «il vero cibo dell'intelletto», die wahre Speise des Geistes.

Gegenüber dem humanistischen Hören (oder Lesen) des Wortes meldet sich hier also auch die zupackende *Hand* des experimentierenden Neuen Wissenschaftlers theoretisch zu Wort. Sofern die Neue Wissenschaft auf die Sachen zugreift, steht sie den Hand-Werken näher als der alten «Philosophie» aus den Büchern, diesen Mund-Werken. Die Techniken, bei denen die Bücher naturgemäß eine geringere Rolle spielen, waren auch die Domänen, in denen die Volkssprache zuerst verwendet wurde und die das Terrain für die Neue – empirische – Wissenschaft vorbereiteten.[5] Der Fokus der ingeniösen Tätigkeit des Wissenschaftlers sind die *Sachen*. Es geht einzig um die Erkenntnis der Sachen, die *cognizione delle cose*. Die Funktion der Sprache ist allein die Referenz, bzw. das richtige Bezeichnen der Sachen, die *Wahrheit*, und die Mitteilung der Wahrheit. Sprache hat keinen eigenen Erkenntniswert, sie hat sich daher auch nicht durch – notwendig leeren – rhetorischen Schmuck in den Vordergrund zu drängen und damit von dem eigentlich Wichtigen, den Sachen, abzulenken.

3.3.2. Pomponazzi wird nicht müde zu betonen, daß es nur *eine* Welt und nur *ein* Wissen von der Welt gebe, daß die Natur und das Wissen von der Natur überall dasselbe seien:

> le cose dalla natura criate e le scienzie di quelle siano in tutte quattro le parti del mondo una cosa medesma. (324)

> die von der Natur geschaffenen Sachen und die Wissenschaften von diesen Sachen sind in allen vier Teilen der Welt ein und dieselbe Sache.

Oder:

> Natura in ogni età, in ogni provincia e in ogni abito esser sempremai una cosa medesima. (328)

> Die Natur ist in jedem Zeitalter, in jeder Provinz und in jedem Aufzug immer ein und dieselbe Sache.

Angesichts dieser Einheit der Welt und des Wissens von der Welt sei es völlig gleichgültig, in welcher Sprache man die Wahrheit mitteile: «Ein einziger Weg der Vernunft kann zur Erkenntnis der Wahrheit führen, in irgendeiner Sprache», «sola una via di ragione in qualunche linguaggio può condurre alla cognizion della verità» (330). Daher kann man auch in allen Sprachen über Philosophisches und Wissenschaftliches sprechen: «d'ogni cosa per tutto 'l mondo possa parlare ogni lingua» (323). Jede Sprache habe denselben Wert: «le lingue d'ogni paese [...] siano d'un medesmo valore» (323):

> Ich bin fest davon überzeugt, daß die Sprachen aller Länder, die arabische wie die indische, die römische wie die attische, denselben Wert haben und von den Menschen mit ein und derselben Urteilskraft zu ein und demselben Zweck geschaffen worden sind. [...] Wir benutzen sie als Zeugnisse unseres Geistes und zur gegenseitigen Bezeichnung der Begriffe unseres Verstandes.

> Io ho per fermo, che le lingue d'ogni paese, cos l'arabica e l'indiana come la romana e l'ateniese, siano d'un medesmo valore, e da' mortali ad un fine con un

giudicio formate [...]: le quali usiamo sì come testimoni del nostro animo, significando tra noi i concetti dell'intelletto. (323 f.)

3.3.3. Damit liefert Pomponazzi im Namen der Wahrheit nun auch die Theorie, die zu seiner Auffassung paßt, nämlich die urklassische Auffassung von Aristoteles:

> Ich möchte lieber an Aristoteles und an die Wahrheit glauben, daß keine Sprache der Welt, es sei welche man immer will, von sich aus das Privileg haben kann, die Begriffe unseres Geistes zu bezeichnen, sondern daß alles in der Willkür der Menschen liegt. Wer daher über Philosophie mit Mantuanischen oder Mailänder Worten sprechen möchte, dem kann das mit keinem guten Grund verboten werden, wenn man ihm nicht das Philosophieren und das Verstehen der Ursachen der Dinge überhaupt verbieten will.

> Più tosto vo' credere ad Aristotile e alla verità, che lingua alcuna del mondo (sia qual si voglia) non possa aver da sé stessa privilegio di significare i concetti del nostro animo, ma tutto consista nello arbitrio delle persone. Onde chi vorrà parlar di filosofia con parole mantovane o milanesi, non gli può esser disdetto a ragione, più che disdetto gli sia il filosofare e l'intender la cagion delle cose. (325)

Dabei macht es ihm natürlich eine besondere Freude, daß er mit Aristoteles gegen den griechischen Humanisten argumentieren kann, der gerade über seine Unkenntnis des Griechischen das humanistische Näschen gerümpft hatte. Aristoteles und die Wahrheit – Höheres kann man gar nicht anrufen. Und Aristoteles sagt in *De interpretatione*, wie wir gesehen haben und woran wir hier (in der Redeweise der lateinischen Tradition) noch einmal erinnern wollen, daß das Denken abbildliche Vorstellungen (conceptus) von den Sachen (res) bildet und daß die Kognition sprachunabhängig und bei allen Menschen gleich ist. Da die Menschen aber gesellschaftliche Wesen sind, wollen sie das Gedachte den anderen mitteilen. Zur Kommunikation verwenden Menschen Zeichen, bei der Sprache sind das Laute: vox. Die Laute, die Wörter, sind von Gemeinschaft zu Gemeinschaft verschieden. Sie sind materielle Zeichen, die «willkürlich», ad placitum, mit den Gedanken verbunden sind. Sprachen sind Ensembles von Lauten, die dem Denken gegenüber indifferent sind. Man kann mit jeder Sprache die bei allen Menschen gleichen Gedanken bezeichnen und mitteilen, wobei es dem Philosophus in *De interpretatione* einzig und allein um den *logos apophantikos* ging, um das Wahr-Sprechen. Der alte sprachtheoretische Aristotelismus wird also gegen den Humanismus und seine Betonung der Sprache in Stellung gebracht.

3.3.4. Jegliche Rücksicht auf die Sprache ist dem modernen *filosofo* zuwider, sogar die *eleganzia* seines Meisters Aristoteles ist ihm ausdrücklich schnuppe. Er spricht von «meinem Meister Aristoteles, dessen Eleganz der Rede mich wenig kümmert» (al mio maestro Aristotile, della cui eleganzia d'orazione poco mi curarei, 329). Radikal lehnt er im Namen der Wahrheit, die ihn allein interessiert, die Werte der anderen Mitspieler im Dialog um die Sprachen ab, auch denjenigen des Cortegiano, dem er doch am nächsten steht. Es geht Pomponazzi so sehr um die Wahrheit, daß ihm der *Ruhm*, nach dem der Dichter strebt, völlig gleichgültig ist. Es interessiert ihn nicht, ob die Leute von jenseits der Berge, die oltramontani, etwas von ihm lesen. Das universale *räumliche* Ruhmes-Potential der alten Distanz-Sprache Latein, nämlich daß alle Wissenschaftler der Welt sie verstehen, wird ausdrücklich zurückgewiesen. Pomponazzi wünscht sich, daß die besseren und weniger ehrgeizigen Wissenschaftler Lob in ihrem Vaterland suchen statt in Deutschland oder anderen fremden Ländern: «senza curarsi che la Magna o altro strano paese riverisca i lor nomi», «ohne sich darum zu kümmern, daß Deutschland oder sonst ein fremdes Land ihre Namen verehrt» (331). Vom Ruhm in der *Zeit*, von der Permanenz, von der Ewigkeit, ist bei Pomponazzi sowieso nicht die Rede. Das Forschen ist offensichtlich etwas gänzlich Performatives, ein vom Ingenium vorangetriebener kreativer Prozess (und kein durch die Memoria gleichsam festgesetztes steriles Imitieren). Neben der Wahrheit wird daher der *Fortschritt* des Wissens (avanzare) beschworen:

> [...] vielleicht sind wir, was das Maß des Ingeniums angeht, den Alten nicht unterlegen, hinsichtlich des Wissens aber sind wir unterlegen [...], schließlich imitieren wir sie nur beim Philosophieren, wo doch unsere Anstrengung ihnen etwas *hinzufügen* und sie *vorantreiben* soll.

> [...] forse per altezza d'*ingegno* non siamo punto inferiori agli antichi, nondimeno in *dottrina* [...] siamo minori [...], coloro finalmente *imitiamo* filosofando, alli quali alcuna cosa *aggiugnendo* dee *avanzare* la nostra industria (323, H.v.m.).

Bacon, der Vater der Aufklärung, der uns im nächsten Kapitel beschäftigt, wird *advancement* und *augmenta* der Wissenschaften auf seine Fahnen schreiben.

Auch höfische *Anmut,* sprezzatura, coolness also, spielt für den *filosofo* Pomponazzi keine Rolle. Da ihm die Sprache *völlig* gleichgültig ist – das war sie ja beim Cortegiano nicht, «graziös», «schön in der Bewegung» (Schiller) sollte sie ja schon sein –, ist er durchaus auch mit der Sprache des niederen Volkes – la plebe (331) – zufrieden. Wissenschaft und Wahrheit sind demokratisch.

Allerdings: Bei aller Indifferenz der Sprache bedauert es der Neue Wissenschaftler doch, daß es nicht nur eine Sprache gibt. Schön wäre das gewesen, so wie es nur eine Welt und eine Wahrheit gibt, auch nur eine Sprache zu haben – wie im Paradies:

[...] meglio sarebbe stato (se fosse stato possibile) l'avere un sol linguaggio, il quale naturalmente fosse usato dagli uomini. (329)

[...] besser wäre es gewesen (wenn es möglich gewesen wäre), eine einzige Sprache zu haben, die auf natürliche Weise von den Menschen gebraucht würde.

Die Sehnsucht nach dem Garten Eden und der Sprache Adams gehört immer dazu, zur Einheit der Wissenschaft und der Wahrheit. Sie ist die Achillesferse des vermeintlichen sprachlichen Indifferentismus der Wissenschaft.

3.3.5.   Gerade im Kontrast zu dieser radikal aristotelischen Auffassung des Wissenschaftlers von der Sprache als nachgeordnetem Kommunikationsmittel – allerdings erscheint hier der Ausdruck *segno*, «Zeichen», nicht, wohl aber *testimone*, «Zeuge», (324), das uns bei Descartes wiederbegegnet und das dem Boëthiusschen *nota* entspricht, und das Verb *significare*, «bezeichnen», – macht nun Lascari umgekehrt deutlich, warum eigentlich die Humanisten so auf ihren Sprachen insistieren: Die Sprachen sind nämlich nicht nur deswegen so kostbar, weil in ihnen das gloriose und elegante Text-Korpus geschrieben wurde und weil sie den das gloriose Text-Korpus weiterschreibenden doctores ihrerseits ewigen Ruhm – fama e gloria – ermöglichen. Lascari hält Pomponazzi vor allem entgegen, daß die Sprachen deswegen so kostbar sind, weil *das Denken* unauflöslich mit ihnen verwoben ist. «Diverse lingue sono atte a significare *diversi concetti*, «verschiedene Sprachen können *verschiedene Begriffe* bezeichnen» (324), entgegnet Lascari nämlich der aristotelischen Behauptung einer bloß *materiellen* Verschiedenheit der Sprachen und der universellen Gleichheit des Denkens. Da er als griechischer Humanist natürlich sein Griechisch ganz besonders schätzt und lobt, sagt er in Bezug auf die griechische Sprache:

[...] was das Licht für die Farben, das ist sie [diese Sprache] für die Wissenschaften: ohne ihr Licht würde unser menschlicher Verstand nichts sehen, sondern wir würden in einer endlosen Nacht des Unwissens schlafen.

[...] quale è il lume a' colori, tale ella [la lingua] sia alle discipline: senza il cui lume nulla vedrebbe il nostro umano intelletto; ma in continua notte d'ignoranzia si dormirebbe. (325)

Hier leuchtet es wieder auf, Ciceros *lumen*, das die Sachen erhellt. Die Sprache ist das Licht, das auf die Welt fällt.

Was Lascari hier nur in Bezug auf das Griechische formuliert, gilt aber generell für alle Sprachen: Sprache ist konstitutiver Teil des Denkens, und damit umgekehrt: das Denken ist Teil der Sprache, *conceptus* gehört schon zur Sprache. Vox ist also nicht nur zum Zweck der Mitteilung mit dem conceptus locker verknüpft, sondern vox und conceptus bilden eine Einheit, die *zusammengenommen* der Sache – res – gegenübersteht und diese erhellt. Das aristotelische Modell, das wir im ersten Kapitel schematisch dargestellt haben, transformiert sich daher zu folgender Figur:

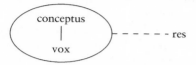

Ohne das Licht der Sprache wäre das Denken blind. Da die Sprache nicht als Sprache überhaupt auftritt, sondern in Form von verschiedenen historischen *Sprachen*, ist dieses Licht von Sprache zu Sprache verschieden: Die Welt – res – wird von verschiedenen Sprachen verschieden beleuchtet. Diese optische Metapher fortführend, wird Humboldt, Jahrhunderte später, das Ensemble der Sprachen mit einem Prisma vergleichen, durch das die Welt in verschiedenen Farben zu sehen ist. Schematisch läßt sich das etwa folgendermaßen wiedergeben:

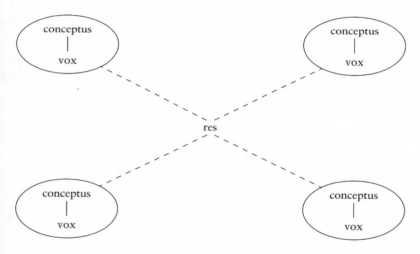

Natürlich meinen die Humanisten, daß nur die kostbaren Sprachen Latein und Griechisch solch wertvolles Denken enthalten, die Volkssprachen sind ja nur Fäkalien dieser edlen Wesen: «quale la feccia al vino». Aber die humanistische Überzeugung, daß die Sprachen das Licht des Denkens sind, wird sich vom Lateinischen und Griechischen lösen und bald auch für andere, später für alle Sprachen gelten. Was hier bei Speroni als alter Hut alter Männer erscheint, wird sich als ziemlich modern erweisen. Es ist in Wirklichkeit auch die modernere Auffassung. Die Humanisten hatten hier nämlich gegenüber dem traditionellen europäischen Aristotelismus (der der sprachphilosophische alte Hut ist) gerade etwas Neues entdeckt, nämlich daß die Sprachen nicht nur lautlich, sondern auch *semantisch*, inhaltlich verschieden sind. Europa wird zunehmend in vielen Zungen schreiben und merken, daß dies durchaus nicht gleichgültig ist. Vor allem wird Europa in der Begegnung mit Amerika wirklicher sprachlicher Alterität begegnen und in den amerikanischen Sprachen dramatisch unterschiedliches Denken entdecken, verschiedene «Weltansichten», wie Humboldt das nennen wird.

3.4. Die Antinomie der sprachlichen Vernunft

3.4.1. Die Opposition dieser beiden Sprachauffassungen, die Speroni in diesem viel zu wenig beachteten zweiten Teil des Dialogs über die Sprache herausarbeitet, ist das, was ich am Anfang dieses Kapitels die «Antinomie der sprachlichen Vernunft» genannt habe. Es ist eine Antinomie, weil beide Auffassungen richtig sind.

Sprache ist einerseits die Art und Weise, wie wir uns die Welt kognitiv aneignen, d. h. eine notwendigerweise historisch partikulare, von unserer *jeweiligen* Sprache gefärbte Weltansicht. Die kognitiven Wissenschaften verhandeln gerade noch, wie groß dabei der einzelsprachliche und wie groß der universelle Anteil ist. Das jeweilige Sosein der Sprache gibt uns Identität, Halt, Heimat, Wärme. Und die Diversität der Sprachen zeigt, daß man die Welt auch anders sehen kann. Deswegen ist es so wichtig, daß jeder Mensch eine andere Sprache lernt: Nicht um sich irgendwo auf dem Globus eine Pizza zu bestellen – das ist auch schön –, sondern um zu erfahren, daß man auch eine andere Ansicht von der Welt haben kann.

Andererseits streben wir zu den Sachen. «Immer in Objecten lebend, webend und handelnd», wie Humboldt in diesem Zusammenhang einmal gesagt hat (VI: 119), lassen wir in unserem Forschen und Handeln die Sprache *hinter* uns. Die Sprache wird dann zum arbiträren Zeichen für sprachunabhängige Vorgänge und Sachen. Die Wissenschaft ist gewissermaßen die extreme Form dieser notwendigen Sprachvergessenheit. Sie will über die Sprache hinaus zu den Sachen. Das wollte schon Platon so, und der wissenschaftliche Geist Europas hat das immer so gesehen: «Ist es nicht besser», fragt Sokrates in Platons *Kratylos*, wenn wir die Dinge direkt betrachten, als wenn wir uns mit den Wörtern, diesen unsicheren Abbildern der Dinge, abgeben?» «Phainetai, o Sokrates», stimmt Kratylos zu.

Der Dialog Speronis macht in seiner literarischen Inszenierung, durch die Bindung dieser sprachtheoretischen Positionen an die auftretenden Typen von Handelnden, deutlich, daß die verschiedenen Handlungsnotwendigkeiten die Nähe zu einer der beiden Sprachauffassungen bestimmen: Der Buch-Gelehrte und der Dichter, die in ihrem Handeln im Sprachlichen verbleiben, richten ihre Aufmerksamkeit auf die *Sprache* und betonen folglich deren besondere Gestalt gegenüber der Welt. Der Kommunikator und der Natur-Forscher fokussieren die *Welt*, entweder pragmatisch, in Gestalt des *Gesprächspartners*, oder referentiell, in Gestalt der *Sachen*. Beide zielen in ihrem sprachlichen Handeln gerade über die Sprache hinaus.

3.4.2. Seit der Renaissance bleiben die beiden Sprach-Modelle weitgehend mit den jeweiligen *Typen von Handelnden* verbunden: Dichter und Gelehrte, d. h. Buchgelehrte, philologische und historische Gelehrte, halten dem humanistischen Sprach-Modell die Treue. Die Männer und Frauen der Tat oder der *action* – Höflinge und Wissenschaftler – achten die Sprache geringer und finden sie prinzipiell eher von sekundärer Wichtigkeit. Dies bedeutet aber nicht, daß im Verlaufe der Geschichte dieselben Konsequenzen bezüglich der konkreten Wahl der jeweiligen Sprache gezogen worden wären wie bei Speroni. Die vier Sprecher-Typen verhalten sich in grober Vereinfachung seit dem 16. Jahrhundert folgendermaßen:

Die *Dichter* haben – bis auf die humanistische Unterbrechung – sowieso in ihren jeweiligen Volkssprachen gedichtet. Sie bleiben dabei.

Die *Gelehrten* wenden sich mit der Reformation, mit der nationalstaatlichen Organisation Europas und mit den Interessen des neuen Mediums, des Buchdrucks, langsam vom Lateinischen ab und entdecken die Nationalsprachen als die geeigneteren Gefäße ihrer Tätigkeit. In Frankreich geschieht dies rascher als im Reich. Allerdings schreiben die Gelehrten auch in ihren nationalen Sprachen das große gloriose Textkorpus Europas weiter, sie sind daher niemals einsprachig.

Die *Höflinge*, die öffentlichen Sprecher (die natürlich auch Pfarrer sein können), werden in der Tat nationale Sprachen entwickeln. Als *politische* Sprachbenutzer sind sie die eigentlichen Agenten der Koinè, der gemeinsamen Sprache der Nation. Es muß aber nicht unbedingt, so wie bei Castiglione und wie dann tatsächlich in Deutschland, eine nationale Ausgleichssprache und Misch-Sprache sein. Es kann sich auch wie in Frankreich eine sozial und regional sehr begrenzte Varietät als *lingua cortigiana* durchsetzen. Die Höflinge vieler europäischer Länder finden dann allerdings den französischen Hof so cool, daß sie das diastratisch, diatopisch und diaphasisch sehr enge Französische als ihre Hofsprache wählen. Dann aber gehen auch sie zur jeweiligen Nationalsprache über. Die Cortegiani, die Gesellschaftsmenschen Europas, sind aber immer zwei- oder mehrsprachig gewesen. Sobald ihnen der Hof der Nation nicht mehr genügt, wechseln sie – die signori del mondo, die Masters of the Universe – zu einer Sprache mit größerer telekommunikativer Tragweite. Sie sprachen lateinisch bis ins 18. Jahrhundert, französisch bis ins 20. Jahrhundert. Bank und Business – der heutige Global Court – sprechen und schreiben Global English. Die Notwendigkeit effizienter Kommunikation befördert eine große sprachliche Beweglichkeit, zumindest bei denen, die das Englische nicht als Muttersprache sprechen. Die muttersprachlich englisch sprechenden Masters of the Universe allerdings verblöden dagegen allmählich in ihrer immer hartnäckiger werdenden Einsprachigkeit.

Die *Natur-Wissenschaftler* sind vielleicht am interessantesten hinsichtlich ihrer Sprachwahl. Obwohl sie – nicht nur bei Speroni – so lebhaft die völlige Indifferenz der Sprache angesichts der Sachen behaupten, sind sie mitnichten den Weg Pomponazzis gegangen: Keiner hat auf Mantuanisch oder Mailändisch Wissenschaft betrieben, in der Sprache dialektaler Nähe. Bei aller Liebe zur Wahrheit, war ihnen doch der Ruhm nicht gleichgültig (oder die Verbreitung der Wahrheit, die Telekommunikation), ja er ist sogar das Hauptmotiv ihrer Sprachwahl gewesen. Daher haben sie zunächst durchaus weiter Lateinisch geschrieben, damit die Leute hinter den Bergen sie auch verstehen konnten. Dann sind sie aber doch zur (nationalen) Volkssprache übergegangen, wohl weil sie sich davon eine größere *soziale* Wirksamkeit versprachen: Das Bündnis mit dem Cortegiano (mit der *politischen* Elite der Nation) war offensichtlich wichtiger als das mit dem Gelehrten hinter dem Berg. Galilei, der erste große Natur-Wissenschaftler, der in der Volkssprache geschrieben hat, ist das klassische Beispiel hierfür. Auch die Berliner Akademie ging gerade unter dem Druck der Naturwissenschaftler um 1800 vom Französischen und Lateinischen zum Deutschen als Wissenschaftssprache über. Schließlich aber haben sie doch wieder eine internationale Sprache verwendet. Da, wie sie meinen, einzig die Kenntnis der Sachen zählt, die *cognizione delle cose*, und da in jeder Sprache über die Wissenschaft gesprochen werden könne – «in qualunque linguaggio» –, kann man ja auch die mit dem höchsten impact factor wählen: Das ist nicht das Mantuanische, wie wir alle wissen, aber auch nicht das Ungarische, und das Deutsche ist es auch nicht mehr.

3.4.3. Am interessantesten für die Geschichte des europäischen Sprachdenkens ist aber der *Streit*, in den die beiden Positionen nun eintreten werden, dort, wo er bei Speroni auch angezettelt wurde, in der Wissenschaft, die dort ja auch «Philosophie» hieß. Ich möchte das hier nur andeuten, weil ich in den folgenden Kapiteln ausführlicher von diesem Streit handeln werde. Das 16. Jahrhundert wird erst einmal – gegen

das Lateinische – die Volkssprachen und damit die sprachliche Diversität
befördern, und zwar mit der aristotelischen Begründung: Da alle Sprachen dasselbe sagen können, muß man es auch nicht auf Lateinisch
sagen. Gerade wegen des Vordringens der Volkssprachen in die Wissenschaften wird aber Bacon im 17. Jahrhundert scharfsinnig erkennen, daß
die Sprachen nicht so harmlos sind, wie in der aristotelischen Position
angenommen. D. h. der Begründer unserer aufgeklärten, wissenschaftlichen Welt wird die humanistische Sprachauffassung als durchaus berechtigt ansehen, sie aber gerade als der universellen Wissenschaft abträglich vehement bekämpfen. Die Aufklärung wird also in ihrem Mainstream – bis zu ihrem politischen Paroxysmus in der Französischen
Revolution – das in den verschiedenen Sprachen sedimentierte «Vorurteil» auszurotten versuchen und eine Sprache des Neuen Paradieses suchen. Leibniz wird dagegen die semantische Partikularität der Sprachen
als Reichtum begrüßen und ein Sprachdenken begründen, das einerseits
im Projekt der Sprachwissenschaft als Erforschung der Vielfalt des
menschlichen Geistes aufgeht, andererseits aber auch im Relativismus
und Nationalismus seine Perversionsformen findet. Die Sprachwissenschaft wird das Leibnizsche Programm im wesentlichen erst im 20. Jahrhundert realisieren und es dann an seinem Ende in einem universalistischen Neo-Aristotelismus aufgeben. Die Philosophie dagegen entdeckt
im 19. Jahrhundert noch einmal, was sie eigentlich schon längst wußte,
nämlich daß Sprachen beim wissenschaflichen Denken stören, und führt
zunächst in großer Schärfe den Baconschen Kampf gegen die jetzt
«natürlich» genannten Volkssprachen weiter, bis sie sich nun mit der
Verschiedenheit der Sprachen (oder nur der Sprachspiele?) zu versöhnen
scheint.

Allerdings geschieht dies in einem historischen Moment, in dem diese
Verschiedenheit weltpolitisch in der Einheit des Neuen Paradieses und
seiner Sprache ohnehin verschwindet. Dies wäre natürlich die Auflösung
der Antinomie im Triumph einer einzigen Sprache. Wenn es nur eine
Sprache gäbe, wären in der Tat die conceptus dieselben für alle Menschen (es gäbe ja keine anderen mehr). Es wäre dann auch völlig gleichgültig, ob der Focus der sprachlichen Aktivität auf den Sachen, auf dem
Gesprächspartner oder auf der Sprache selbst läge. Das schöne Sprechen
wäre auch gleichzeitig das effektive und das wahre Sprechen. Und sicher
würden die gelehrten Humanisten nicht fehlen, die diese wunderbare
Sprache als das Tabernakel feiern würden, in dem alle kostbaren Kenntnisse der Menschheit beschlossen sind (die gibt's ja schon zuhauf).

3.4.4. Wie ich mir statt dessen nicht die (falsche) Auflösung, sondern
das Aushalten der Antinomie vorstelle, soll durch einen Hinweis auf
Humboldt angedeutet sein: Humboldt hat in seiner programmatischen

Rede über das Vergleichende Sprachstudium im Jahr 1820 diese von mir
hier als Antinomie verstandene doppelte Wahrheit über die Sprache als
Unterscheidung zweier Gebrauchsweisen der Sprache gefaßt. Er unterscheidet einen Gebrauch der Sprache *als Zeichen* von einem Gebrauch
der Sprache *als Sprache*. Den ersten nennt er «wissenschaftlichen
Sprachgebrauch» oder «Sprache der Geschäfte», den zweiten «rednerisch» oder die «Sprache des Lebens in seinen natürlichen Verhältnis-
sen». Zum rednerischen Sprachgebrauch, also der Verwendung der
Sprache als Sprache, sagt er dann:

> bei jeder Erkenntniss, welche die *ungetheilten Kräfte des Menschen* fordert,
> tritt der rednerische [Gebrauch] ein. Von dieser Art der Erkenntniss fliesst ge-
> rade auf alle übrigen erst *Licht und Wärme* über; nur auf ihr beruht das Fort-
> schreiten in *allgemeiner geistiger Bildung*, und eine Nation, welche nicht den
> Mittelpunkt der ihrigen in *Poesie, Philosophie und Geschichte*, die dieser Er-
> kenntniss angehören, sucht und findet, entbehrt bald der wohlthätigen Rück-
> wirkung der Sprache, weil sie, durch ihre eigne Schuld, sie nicht mehr mit dem
> Stoffe nährt, der allein ihr *Jugend und Kraft, Glanz und Schönheit* erhalten
> kann. (IV: 30, H.v.m.)

Also: daß Sprache als Zeichen – willkürlich – gebraucht wird, ist unum-
gänglich in der Wissenschaft und bei den Geschäften: in der business
language. Aber gerade weil diese Art von Sprache und diese Auffassung
von der Sprache so dominant sind in unserer Welt, muß die andere besonders gefördert werden, die *coltura della lingua*. Der rednerische
Sprachgebrauch rückt nämlich die Gesamtökonomie des menschlichen
Gemütshaushaltes wieder zurecht, er gibt «Licht und Wärme», wo nur
referentielle Richtigkeit und kommunikative Effizienz herrschen, wo
coolness zur Kälte zu werden droht.

3.5. Verteidigung und Illustration des Französischen

3.5.1.   Zunächst geistert die Antinomie aber noch ziemlich unaufgelöst
in den Texten herum. Der sprachphilosophische Aristotelismus ist in
Speronis Dialog eindeutig der kulturellen Praxis des Naturwissenschaftlers oder *filosofo* zugeordnet und scheint gleichzeitig auch die Position
des Cortegiano sprachtheoretisch zu begründen. Diese theoretische Position paßt jedenfalls zu den in Objekten lebenden und webenden Sprechern, zur Sprache der Wissenschaft und zur Sprache der Geschäfte (deren eventuelle grazia und sprezzatura sie allerdings nicht berücksichtigt).
Um so merkwürdiger ist es daher, daß der französische *Dichter* Joachim
Du Bellay 1549 gerade *diese* Position in seiner *Défense et illustration de
la langue française* aus dem Text von Speroni wortwörtlich übernimmt.
Er übersetzt vornehmlich die aristotelischen Ausführungen von Pompo-

nazzi aus dem *Dialogo delle lingue*. Man hätte von einem volkssprachlichen Dichter eher die Übernahme der Position des Dichters Bembo
erwartet. Aber Bembos *umanesimo volgare*, der die Klassiker der italienischen Tradition nachzuahmen empfiehlt, paßt nicht als Vorbild, weil
Du Bellay die eigene französische poetische Tradition völlig ablehnt. Es
gibt aus seiner Sicht gerade *keine* französischen Klassiker, die man nach-
ahmen könnte. Für Du Bellay und seine Freunde geht es um einen völligen Neuanfang. Sie tun in großer Ungerechtigkeit gegen ihre Vorgänger
so, als müßten sie die französische Dichtung neu erfinden. Nur die Antike (und in gewisser Weise die Tradition der Italiener) soll Vorbildfunktion haben, nicht die eigene, französische Tradition. In *dieser* Hinsicht ist
Du Bellay ein Humanist, und zwar ein echter Humanist à la Bonamico
und Lascari.

Aber sein Humanismus nimmt die *Sprache* gerade aus: Es soll zwar
die Antike nachgeahmt werden, es soll aber gerade nicht auf Lateinisch,
sondern auf Französisch geschrieben werden. Wenn man Bembos Position als «Vulgärhumanismus» (umanesimo volgare) bezeichnet hat, so
könnte man Du Bellays Position einen «humanistischen Vulgarismus»
(volgarismo umanistico) nennen. Um diese Position nun zu rechtfertigen, braucht Du Bellay, bei aller Vorbildhaftigkeit der Antike, Argumente *gegen* das Latein, bzw. besser: Argumente für die Gleichwertigkeit des Französischen (das aus seiner Sicht ja noch keine gloriose
Text-Tradition aufweisen kann). Und die findet er natürlich gerade bei
dem Aristoteliker Pomponazzi in Speronis Dialog, der gegenüber dem
von den Humanisten betonten Vorrang des Lateinischen, des Griechischen oder des Toskanischen (aufgrund des gloriosen Korpus) die
Gleichwertigkeit *aller* Sprachen betont. Keine Sprache kann eine besondere Prärogative beanspruchen, auch nicht das Latein. Weil das so ist,
können wir auch auf Französisch dichten. Für die *défense*, also für die
Abwehr des Vorrangs des Lateinischen, braucht Du Bellay die aristotelische Position.

Allerdings endet nun hier auch wieder die Gemeinsamkeit mit Pomponazzi, der ja nicht nur die *Gleichwertigkeit* (lo medesmo valore) aller Sprachen, sondern auch die *Gleichgültigkeit* von Sprache für die Erkenntnis
der Sachen vehement gegen die humanistischen Sprachliebhaber behauptet hatte, «qualunque linguaggio», weil gegenüber dem universellen Denken die Sprache völlig gleichgültig sei. Indifferent ist dem Dichter Du Bellay sein Französisch nun aber gerade nicht: Zwar sind alle Sprachen gleich
wert, aber ihm ist ja doch die eigene ganz besonders lieb. Daher will er sie
ja auch nicht nur verteidigen, sondern auch zum Leuchten bringen, ihr
Glanz verleihen: *illustration*. Es ist dasselbe Wort, das Dante für die Erhöhung seines Vulgare verwendet: *illustre*. Und wie bei Dante hängt natürlich am Glanz, am *lustrum* der Sprache, wir haben es gesehen, die *gloria*

der Dichtung. Die aristotelische Position nimmt nun aber der Sprache jeden Glanz, d. h. zum Zwecke der Illustration ist die aristotelische Position denkbar ungeeignet, sie gibt gerade keine Handhabe für irgendein Sprach-Privileg oder auch nur ein Sprach-Lob an die Hand. Denn es ist klar: «che lingua alcuna del mondo (sia qual si voglia) non possa aver da sé stessa privilegio di significare i concetti del nostro animo», «daß keine Sprache der Welt, es sei welche man immer will, von sich aus das Privileg haben kann, die Begriffe unseres Geistes zu bezeichnen» (Speroni 1542: 325). Zum Zwecke der Illustration, zum zweiten Zweck seiner Propaganda-Schrift für das Französische, wird daher der Dichter Du Bellay, von der Liebe zu seiner Sprache gleichsam verführt, doch ein – bzw. *das* – humanistisches Argument zu verwenden: Er überträgt die humanistische Idee des kostbaren *idíoma*, der besonderen Individualität, des *nescio quid*, auf sein geliebtes Französisch: «chacune langue a je ne scay quoi propre seulement à elle» (Du Bellay 1549: 87/88), «jede Sprache hat, ich weiß nicht was, was nur ihr eigen ist». Das Französische natürlich gerade auch. Und diese Besonderheit ist – der Radikalhumanist Lascari hat es ja gesagt – ebenfalls ein Licht, *lume*, nämlich das Licht, das die Sprache auf die Welt wirft, damit wir sie überhaupt erkennen können. Dieses ganz besondere Licht zum Leuchten zu bringen ist das Ziel der Illustration.

Die Verbindung der aristotelischen Vorstellung von der Gleichwertigkeit aller Sprachen und der humanistischen Erkenntnis der Individualität der Sprachen ist in der Tat zukunftsweisend. Denn das Falsche am humanistischen Erkennen der besonderen Würde einer Sprache war ja, daß diese Würde nur dem Lateinischen oder dem Griechischen zugestanden wurde, während die anderen Sprache als Fäkalien verachtet wurden. Indem Du Bellay den Gedanken der «idiomatischen» Kostbarkeit auf das «vulgäre» Französische überträgt, hebt er die dünkelhafte humanistische Beschränkung auf. Sofern er aristotelisch *alle* Sprachen für prinzipiell gleichberechtigt hält, vermeidet er es zudem, wie Bembo den humanistischen Dünkel auf sein Vulgare zu übertragen. Du Bellay geht noch nicht weiter auf dem Weg einer tieferen Erfassung der semantischen Individualität der Sprache, wie dies ja Lascari durchaus schon andeutete, als er sagte, daß die *conceptus* von Sprache zu Sprache verschieden seien: «diverse lingue sono atte a significare diversi concetti». Worin diese konzeptuelle Besonderheit der Sprache im einzelnen bestehen könnte, das bewegt Du Bellay noch nicht. Welches besondere Licht hier leuchtet, versucht er noch nicht zu erfassen. Mit dem Aufrufen des «je ne sais quoi propre seulement à elle» markiert er aber eine Intuition von der Individualität und Kostbarkeit der Einzelsprache Französisch.

3.5.2.   In dieser Übertragung liegt die Bedeutung Du Bellays für die europäische Sprachreflexion. Sie ist ein – vielleicht bisher zu wenig beachtetes – Moment in der Geschichte jenes europäischen Übertragungs-Mythems, das gerade im 16. Jahrhundert bei der Etablierung nationalstaatlicher oder national-kultureller Räume wieder eine große Rolle spielt: in der Vorstellung der *translatio imperii* und der *translatio studii.* In Frankreich befördern die italienischen Kriege, der daraus resultierende massive Import italienischer Kultur, die Befestigung des Königtums in der ersten, glücklichen Hälfte des Jahrhunderts und insbesondere die imperiale Gestalt von Franz I. das hier schon früh gepflegte Gefühl, das Imperium und mit ihm das Studium sei nun nach Frankreich transferiert worden. Du Bellays leidenschaftlicher – und für die französische Sprach-Kultur einfach grundlegender – Text ist ja insgesamt ein Aufruf zum Transfer klassischer Kultur – vor allem Roms – nach Frankreich, ein geradezu gewaltsamer Aufruf zur translatio studii: Der Gallische Herkules solle, so Du Bellay am Ende der *Défense,* die Antike an den Ketten seiner Sprache nach Paris führen.[6] Wenn nun das «je ne sais quoi propre seulement à elle», das kostbare *idíoma,* vom Lateinischen auf das Französische transferiert wird, so ist dies ohne Zweifel ein Moment dieser translatio: eine translatio der hohen Würde des Lateinischen auf das Französische. Die nächste Generation der französischen Sprachpropagandisten (z. B. Henri Etienne) wird dann alle Zurückhaltung fahren lassen und – wie die Humanisten beim Latein oder Bembo beim Toskanischen – die «précellence», den Vorrang, des Französischen vor den Sprachen der Welt behaupten. Indem der humanistische Dünkel gleich mittransferiert wird, wäre die translatio studii dann perfekt.

3.6. Der Heilige Geist in Wittenberg

Denn das sollt ihr wissen, Gottes Wort und Gnade ist ein fahrender Platzregen, der nicht wiederkommt, wo er einmal gewesen ist. Er ist bei den Juden gewesen; aber hin ist hin, sie haben nun nichts. Paulus brachte ihn nach Griechenland: hin ist auch hin, nun haben sie den Türken. Rom und lateinisch Land haben ihn auch gehabt: hin ist hin, sie haben nun den Papst. Und ihr Deutschen dürft nicht denken, daß ihr ihn ewig haben werdet; denn der Undank und Verachtung wird ihn nicht lassen bleiben. Darum greif zu und halt zu, wer greifen und halten kann: faule Hände müssen ein böses Jahr haben! (Luther 1524/1983: 204, 1899: 32)[7]

3.6.1.   In Deutschland sind es nicht so sehr die militärischen oder politischen Ereignisse, die die Vorstellung der translatio von Rom in den Norden beflügeln, sondern die Erneuerung des Glaubens. Die dabei erlebte und beschworene translatio studii (es geht in Deutschland nicht um eine

translatio imperii, das Imperium ist ja sowieso bei den Deutschen, sondern eher um eine translatio des *Sacerdotiums*, der priesterlichen Führung, von Rom nach Wittenberg) ist völlig religiös motiviert: Hier hat
nichts weniger als eine translatio des *Heiligen Geistes* stattgefunden, in
deren Gefolge auch das studium transferiert werden muß. Die Reformation des Glaubens wird in Deutschland mit unendlicher Intensität betrieben und als ein großer welthistorischer Moment wahrgenommen. Luther
sieht sich im Zentrum einer Wende, die Gott selbst in Gang gesetzt hat
und deren Sprecher er ist: «Aber weil mir Gott den Mund aufgetan hat
und mich heißen reden», und: «wer mir nicht gehorchet, nicht mich, sondern Christum verachtet» (202, 27 f.). Der Heilige Geist, der von Jerusalem über Griechenland nach Rom gezogen war, ist nun bei den Deutschen.

Daher rät Luther in seinem Sendschreiben an die Ratsherren der
deutschen Städte aus dem Jahre 1524, die Konsequenzen für das Erzie-
hungswesen zu ziehen und ein bürgerliches Schulwesen, ein städtisches
studium, anstelle der Kloster- und Adelsschulen zu etablieren. Dort
müssen die Sprachen eine ganz zentrale Rolle spielen. Der Heilige Geist
spricht nämlich in seinen Heiligen Sprachen: «wiewohl das Evangelium
allein durch den heiligen Geist ist kommen und täglich kommt, so ist's
doch durch Mittel der Sprachen kommen und hat auch dadurch zugenommen, muß auch dadurch behalten werden» (208, 37). In schönster
Humanistenmanier – und mit Luthers unnachahmlicher Sprachkraft –
werden daher die Sprachen als «heilige Lade» (210, 38) und sonstige
kostbare Gefäße gepriesen, in denen die größten Texte aufbewahrt werden, bzw. in denen der eine, der größte aller Texte gefaßt ist: das Evangelium:

> Und laßt uns das gesagt sein, daß wir das Evangelium nicht wohl werden erhal-
> ten ohne die Sprachen. Die Sprachen sind die Scheiden, darin dies Messer des
> Geistes steckt. Sie sind der Schrein, darinnen man dies Kleinod trägt. Sie sind
> das Gefäß, darinnen man diesen Trank fasset. Sie sind die Kemnat, darinnen
> diese Speise liegt. Und wie das Evangelium selbst zeigt, sie sind die Körbe, da-
> rinnen man diese Brot und Fische und Brocken behält. Ja, wo wir's versehen,
> daß wir (da Gott vor sei) die Sprachen fahren lassen, so werden wir nicht allein
> das Evangelium verlieren, sondern wird auch endlich dahin geraten, daß wir
> weder Lateinisch noch Deutsch recht reden oder schreiben könnten. (Luther
> 1524: 209, 38)

Scheide, Schrein, Gefäß, Kemenate, Korb und heilige Lade sind bei Luther die Sprachen im Plural, nicht nur eine, wie das «sacramentum linguae latinae» bei Valla. Scheide, Schrein, Gefäß, Kammer, Korb und heilige Lade sind die drei heiligen Sprachen, deren Kenntnis der Heilige
Augustinus in der *Doctrina christiana* als notwendig erachtet hatte:
Hebräisch, Griechisch, Lateinisch. Zu ihnen gesellt sich, wie aus dem

Zitat klar wird, das Deutsche, in dem nach seinem Umzug nach Witten-
berg der Heilige Geist nun das Wort Gottes spricht. Luther stellt sich ausdrücklich in die Tradition des Humanismus, wenn er sich in der Zeit sieht, in der «die Sprachen hervorgekommen sind» (210, 39). Die Motive des Humanismus sind bei ihm alle versammelt: das große gloriose Textkorpus, die Kenntnis der Sprachen (cognizione delle lingue), die Sorge um die Sprache (coltura della lingua, eleganzia) und der Stolz über die große kulturelle Aufgabe, d. h. über den Glanz, die Gloria, die Illustration:

> Und wiederum: weil jetzt die Sprachen hervorgekommen sind, bringen sie ein
> solch *Licht* mit sich und tun solch große Dinge, daß sich alle Welt verwundert.
> (210, 39, H.v.m.)

Da der Luthersche Humanismus allerdings völlig ins Religiöse gewendet und auf alle heiligen Sprachen unter Einbeziehung des Deutschen bezogen ist, sind nicht Cicero, Vergil und Horaz, nicht Homer und Demosthenes, natürlich auch nicht Boccaccio und Petrarca das große Korpus, das festgehalten werden muß und durch die Sprachen gemehrt wird («hat auch dadurch zugenommen»), sondern einzig und allein die Bibel bzw. das Evangelium. Luthers Humanismus ist ein «evangelischer Humanismus» (umanesimo evangelico), der vom Heiligen Geist selbst welthistorisch eingesetzt worden ist: «weil er sie [die Sprachen] nun selbst wieder auf Erden erweckt» (210, 39). Stolz preist der evangelische Humanist Luther seine Textarbeit, die ihm ganz offensichtlich gloria («Licht») und fama («alle Welt») gebracht hat. Er hat schließlich, die Präsenz des Heiligen Geistes in Wittenberg nutzend, die Heilige Schrift aus dem Hebräischen und Griechischen ins Deutsche übersetzt und damit seine Bibel an die Seite der lateinischen Bibel des Heiligen Hieronymus und seine Sprache an die Seite des Heiligen Latein gestellt. Die gründliche Kenntnis der Sprachen läßt sogar die deutsche Bibel in einer Reinheit erstrahlen, die selbst der Heilige Hieronymus nicht erreicht hat, so daß Luther seine gloriose Leistung folgendermaßen loben kann:

> Und wiederum: weil jetzt die Sprachen hervorgekommen sind, bringen sie ein
> solch *Licht* mit sich und tun solch große Dinge, daß sich *alle* Welt verwundert
> und bekennen muß, daß wir das Evangelium so lauter und *rein* haben, fast als
> die Apostel gehabt haben, und es ganz in seine erste *Reinigkeit* gekommen ist
> und gar viel *reiner*, denn es zur Zeit S. Hieronymi oder Augustini gewesen ist.
> (210, 39, H.v.m.)

Luther ist tatsächlich der zweite Hieronymus. In keiner anderen Sprachgemeinschaft wird die Bibel eine solche Präsenz haben wie durch Luther in der deutschen Sprachgemeinschaft. Der französische Bibelübersetzer Henri Meschonnic hat daher kürzlich zurecht die deutsche Luther-Bibel

– zusammen mit der englischen King James Version – als «Zweit-Original» bezeichnet.[8]

3.6.2.   Die religiöse Erneuerung in Deutschland spielt also bezüglich der «Verteidigung und Illustration» der Volkssprache dieselbe Rolle wie die vom König geförderte humanistische Erneuerung der Dichtung und der weiteren Literatur (Du Bellay spricht auch über gelehrte Literatur) in Frankreich. Beide geistigen Bewegungen transferieren jene besondere Qualität und Wertschätzung auf die Volkssprache, die das Lateinische und das Griechische in der humanistischen Ideologie genossen. Sie vollziehen damit, was der Vulgärhumanismus in Italien schon dem Italienischen gegeben hatte: die Würdigung der Volkssprache als gleichberechtigte Sprache neben dem Latein (und den anderen klassischen oder heiligen Sprachen). Es ist strukturell derselbe Vorgang in den verschiedenen Ländern Europas, aber er bezieht seine Rechtfertigung aus jeweils spezifischen historischen Gründen: Die Italiener beziehen den Mut für die Übertragung der Sprach-Wertschätzung aus der Bewunderung für ihre klassische Literatur, die Deutschen aus der Gewißheit der religiösen Sendung der Reformation des Glaubens, die Franzosen sozusagen aus einer erst noch zu realisierenden Erneuerung und «Illustration» ihrer Literatur im Bewußtsein einer besonderen politischen Berufung: Die Dynamik der Politik des großen französischen Königs, die die erste Hälfte des Jahrhunderts prägt, ergreift die französischen Intellektuellen.

3.7. *François*

3.7.1.   In Frankreich vollzieht sich die nationalsprachliche Abwendung vom Lateinischen am deutlichsten in *politischer* Absicht. Vor den Dichtern waren nämlich der König und die Drucker die Agenten dieses Wandels in Frankreich. Eines der ersten volkssprachigen Fachbücher ist der *Champ Fleury* des Druckers Geoffroy Tory von 1529 (dasselbe Jahr, in dem auch *De vulgari eloquentia* in der Volkssprache erscheint!), ein Buch über die Typographie. Bevor er das eigentliche Thema des Buches behandelt, nämlich die Proportionen der Druck-Buchstaben, macht Tory sich Gedanken über die französische Sprache. Der Drucker Tory, der natürlich auch ein Gelehrter ist und der sich auf italienischen Reisen das avancierte medientechnische Wissen angeeignet hat, fordert am Anfang seines Buches erst einmal, daß die französische Sprache zu ordnen und zu *regulieren* sei: «a mettre & ordõner par Reigle nostre Lãgage francois» (Tory 1529: f. I. r.). Wir erkennen hier Dantes «regula» wieder, d. h. was Tory hier fordert, ist eine französische Grammatik, also ein

Regelwerk, das die (vor allem diastratischen und stilistischen) Abartungen der Sprache (die er auch benennt) tilgt und eine gemeinsame Norm für die französische Sprache festlegt. Diese Koinè soll sich – so seine Vorstellung – an der Sprache des Hofes und des Parlaments, also der *Macht* in ihren beiden Formen von Regierung und Gerichtsbarkeit, bzw. an den tragenden gesellschaftlichen Säulen des Königreichs, an Adel und gehobenem Bürgertum, orientieren. Von vornherein wird die Frage nach der Sprache in Frankreich in einen *politischen* Rahmen gestellt. Wie bei Dante soll auch hier die *Fixierung* einer Norm den raschen diachronischen Wandel der Sprache sistieren. Im Gegensatz zu Dante allerdings und zu dessen Horror-Wanderung durch die sylva italia fürchtet Tory die diatopische Variation des Französischen nicht. Denn als guter Humanist, der er war, gilt ihm nun als weiteres kulturelles Modell auch das alte *Griechenland*, das eine Vielfalt der Dialekte kannte und eben eine «gemeinsame» (*koinè*) Sprache, die über diesen schwebte.[9] Vorbild der «Regulierung» des Französischen ist natürlich – wie bei Dante auch – die lateinische Grammatik: Donat und Priscian. In diesen Forderungen nach der «Grammatikalisierung» des Französischen wird – offensichtlich gegen eine weit verbreitete Meinung, die Volkssprache sei prinzipiell «wild», unzähmbar und ohne Regeln – das römische Beispiel auch insofern herangezogen, als zurecht darauf hingewiesen wird, daß ja auch das Lateinische zunächst eine ungeregelte Sprache gewesen sei, die durch die Arbeit der Grammatiker in die Zucht genommen worden ist.

Torys Forderung nach einer französischen Grammatik – wohlgemerkt nicht nach einem Lehrwerk für Fremdsprachige (das bei der Grammatikalisierung natürlich oft eine Vorreiterrolle spielt, so auch beim Französischen, wo es schon 1530 John Palsgraves französische Grammatik für Engländer geben wird: *Lesclarcissement de la langue francoyse*), sondern einem Regelwerk für die Franzosen selbst – wurde schon zwanzig Jahre später realisiert: 1550 in Louis Meigrets *Traité de la grammaire française*, einem Meilenstein der europäischen Arbeit an der Sprache, bzw. genauer: *Le tretté de la grammere françoeze*, da schon Meigret im 16. Jahrhundert – vergeblich – versucht hat, die gängige latinisierende französische Orthographie entsprechend der tatsächlichen Aussprache zu reformieren. Auch Meigret war natürlich ein Drucker.

Die Drucker setzen sich für die Regulierung der Sprache ein, natürlich auch aus der für ihr Geschäft zentralen Sorge, daß die Bücher in der Volkssprache so weit wie möglich Verbreitung finden sollen. Für das Lateinische war dies kein Problem. Für die noch nicht explizit in einem Referenzwerk regulierten Volkssprachen wäre das typographische Chaos aber natürlich außerordentlich geschäftsschädigend. Ein Drucker schreibt daher die Grammatik des Französischen, und ein Drucker ist es auch, der das erste Wörterbuch verfaßt, sozusagen das zweite Kapitel der

«Gramatica»: Robert Etienne, der 1531 den *Thesaurus linguae latinae* herausgibt (dem sein Sohn Henri 1572 den *Thesaurus linguae graecae* folgen läßt), druckt 1549 ein zunächst französisch-lateinisches Wörterbuch: *Dictionaire Francoislatin, autrement dict, Les mots Francois, avec les manieres dvser diceulx, tournez en Latin*, aus dem allmählich ein einsprachiges Wörterbuch wird, das zu Beginn des 17. Jahrhunderts vorliegt, der *Thresor de la Langue Francoyse, tant Ancienne que Moderne* von Jean Nicot (1606).

3.7.2.   Schon Tory orientiert in seinen Vorschlägen für eine Normierung und «Grammatikalisierung» der französischen Sprache die Norm am *politischen* Zentrum Frankreichs (also nicht wie die Italiener an der klassischen *Literatur*): Hof und Parlament sollen die Regel (regula) geben. Daß Sprache eine eminent politische Angelegenheit ist, ja daß sie bei der Macht angesiedelt ist, hat niemand so deutlich gesehen wie der spanische «Urgrammatiker» Antonio de Nebrija. Schon lange vor den Franzosen, gewissermaßen zum Auftakt des Aufstiegs Spaniens zur ersten Macht der Welt, im Jahr der Landung von Columbus in Amerika, 1492, widmet Nebrija seine kastilische Grammatik der Königin mit dem bekannten Hinweis darauf, daß die Sprache immer Gefährtin der Macht, «compañera del imperio», gewesen sei (Nebrija 1492: 97). In der Tat hat wohl kaum jemals eine Sprache die imperiale Macht so mächtig begleitet wie das Kastilische.

Der französische König hat im 16. Jahrhundert weniger weltausgreifenden Erfolg als die spanische Königin, die ihr Imperium nach Amerika ausdehnt, wohin sie die kastilische Grammatik treu begleitet. François Ier festigt aber sein Imperium durch eine *innere* Reform, eine «Regulierung» seines Königreichs, eine Optimierung seines Zugriffs auf das eigene Land. Erst wieder die französische Revolution wird mit ihrer kompletten Umgestaltung der Verwaltung des Landes (Zerschlagung der Provinzen in etwa gleich große départements, Entsendung von Präfekten, metrisches System etc.) Frankreich administrativ so umfassend regulieren wie dies die Ordonnance von Villers-Cotterêts von 1539 tut. Im Rahmen dieser Verwaltungsreform betrafen die Artikel 110 und 111 die Sprache. Sie hatten für die Ausbreitung der französischen Sprache einen gar nicht zu überschätzenden Erfolg. In diesen Artikeln wird nämlich ein Kommunikationsproblem gelöst, das die königliche Verwaltung auch früher schon beschäftigt hatte: Bei öffentlichen Beurkundungen und Gerichtssachen war den Beteiligten oft die Sache schon deswegen unklar oder unverständlich, weil diese in Lateinisch traktiert wurde. Damit nun, wie der König schreibt, in all diesen Dokumenten keine Zweifel mehr über den Sinn des Geschriebenen bestehen (afin qu'il n'y ait cause de douter sur l'intelligence desdits arrêts), damit

Klarheit (clairement) herrscht, und alle Zweideutigkeit und Unsicherheit (ambiguité ou incertitude) ausgeschlossen werde, ordnet er an, daß diese in «langage maternel françois et non autrement» gehalten sein sollen, in «französischer Muttersprache und nicht anders» (Wolf Hrsg. 1969: 52).

Dies ist – nach Dantes *De vulgari eloquentia* – die zweite prominente Stelle in der romanischen Sprachgeschichte, wo der Ausdruck «Muttersprache» vorkommt, hier allerdings in eindeutig *positiver*, wenn auch nicht besonders sentimentalischer Bedeutung. Man hat lange darüber diskutiert, was mit dieser «französischen Muttersprache» denn gemeint gewesen sei, ob «langage maternel françois» wirklich «Französisch», also *langue d'oïl*, die Sprache des Nordens und des Königs, gar den Dialekt der Ile de France, meinte oder ob der Ausdruck etwa auch irgendeine andere auf dem Territorium Frankreichs gesprochene «Muttersprache» bezeichnet, also etwa einen anderen französischen Dialekt oder etwa auch die Sprache des Südens, die *langue d'oc*, die sich ja erheblich vom Französischen unterscheidet. Die Entwicklung der administrativen Praxis in Südfrankreich, jedenfalls auf dem Gebiet der *langue d'oc*, das zum Königreich Frankreich gehörte, zeigt nun aber deutlich, wie «langage maternel françois» verstanden wurde – und wie es wohl auch gemeint war: Die Verwaltung des Südens stellt sich ziemlich rasch auf das Nordfranzösische um, also durchaus nicht auf das Okzitanische, die «Muttersprache» des Südens.[10] Der «langage maternel français» der königlichen Verfügung war also durchaus nicht die jeweilige «Muttersprache» der Untertanen des Königs von Frankreich, sondern es war die Muttersprache des Königs.

3.7.3. Der König geht noch einen – revolutionären – Schritt weiter. Er etabliert – als ob er Luthers Sendschreiben an die Ratsherren der deutschen Städte gelesen hätte – ein *studium*, das den drei heiligen Sprachen gewidmet ist und aus dem die Volkssprache nicht ausgeschlossen ist. Im *Collège des lecteurs royaux*, das auch *Collège des trois langues* genannt wurde, dem heutigen *Collège de France*, das Franz 1530 gründet, sollen die drei klassischen Sprachen erforscht und unterrichtet werden. François Ier folgt dabei aber natürlich den Ratschlägen seiner eigenen Humanisten, insbesondere denen von Guillaume Budé (Budaeus), der, inspiriert durch die italienischen Zustände, die er durch eigene Anschauung kennengelernt hatte, dem König den Transfer des Studiums nach Paris empfiehlt: *De studio literarum instituendo* (1527). Budés Hauptwerk trägt nicht zufällig den Titel *De philologia* (1530). An dieser neuen humanistischen Hohen Schule wird dann wohl auch zum ersten Mal in Europa in der Volkssprache gelehrt, was in Deutschland – trotz Reformation – erst anderthalb Jahrhunderte später, mit den deutschen Vorlesungen von Thomasius in Leipzig, geschieht. Der Humanismus, das Studium der gelehrten Sprachen, soll nach dem Willen des Königs also durchaus eine Verbindung mit der Volkssprache, mit der «Muttersprache» des Königs, eingehen. Die spezifisch französische Version des Humanismus ist gewiß ein königlicher Humanismus, ein *umanesimo reale*. Beide, der Humanismus der drei Sprachen und die Volkssprache, sind in dieser neuen Institution gegen die alte Universität verbündet, die sich nicht nur in der lateinischen Sprache verschanzt, sondern auch noch in einem anti-humanistischen scholastischen Denken, worüber sich ja an prominenter literarischer Stelle Rabelais lustig macht.

Der Humanismus in Frankreich wird gegen die Sorbonne, den Ort der ganz alten, nicht einmal humanistischen Gelehrsamkeit, eingeführt, von jenem König, der eben auch Leonardo da Vinci nach Frankreich zu locken versteht. Diese *translatio Leonardi* ist ja gleichsam die mythische Überführung des Geistes der Kunst und der Wissenschaft von Italien nach Frankreich. In ihrer symbolischen Kraft ist der Umzug Leonardos nach Frankreich nur noch mit jener anderen, Jahrhunderte späteren translatio zu vergleichen, mit der Auswanderung des Geistes aus Deutschland, die Einsteins Emigration nach Amerika vollzog. Und es gilt, was Luther über die welthistorischen Reisen des (heiligen) Geistes gesagt hat:

> Gottes Wort und Gnade ist ein fahrender Platzregen, der nicht wiederkommt, wo er einmal gewesen ist.

3.8. Mithridates

3.8.1.   Die humanistische Aufmerksamkeit auf die (lateinische) Sprache richtet sich ja schon im 15. Jahrhundert auch auf das Griechische und schließlich auf die dritte heilige Sprache, das Hebräische (für das sich allerdings die *oltramontani*, die Leute im Norden, aus religiösen Gründen besonders interessieren). In den geschilderten Translations-Prozessen wird die humanistische Sprach-Liebe auf einige Volkssprachen übertragen. Durch ihren – poetischen – Fokus auf die Sprache hat die humanistische Sprach-Liebe (Philologie) eine Intuition von der tieferen, der kognitiv-semantischen Verschiedenheit der Sprachen: «diverse lingue sono atte a significare diversi concetti». Die aristotelische Gegenposition ist zwar, wie wir gesehen haben, ausgesprochen sprachfeindlich. Sofern sie aber keine bestimmte Sprache privilegiert, weitet sie eben doch den Blick von den klassischen Sprachen auf die Vielfalt der menschlichen Sprachen, auch wenn diese dann eigentlich keine besonders interessanten Gegenstände mehr sind. Denn prinzipiell sind die vielen Sprachen ja nur verschiedene *Laute*. Der aristotelische Blick auf die Verschiedenheit der

Sprache ist ausgesprochen *flach*, bzw. er bezieht sich nur auf die lautliche *Oberfläche* der Sprachen.

Die Auseinandersetzung um die Sprache befördert aber nicht nur die sprachliche Diversifizierung der literarischen, religiösen, administrativen und schließlich auch wissenschaftlichen Textproduktion in Europa, sondern sie erzeugt auch ein völlig neues, allgemeineres Interesse an Sprachen. Die Europäer wollen jetzt offensichtlich auch hinsichtlich der Sprachen einfach wissen, was es denn überhaupt so alles gibt, in Europa und in der ganzen Welt. Diese Neugierde ist Teil jener großen allgemeinen Neugier, die die europäische Menschheit der Renaissance erfaßt hat – *vana et curiosa cupiditas* hätte der Heilige Augustinus gesagt – und die das Wissen von dem alleinigen Hören auf das Wort Gottes (und seiner Priester) befreit und die Augen und alle Sinne wieder auf die Welt in allen ihren Dimensionen öffnet. Ja sogar dort, wo der augustinische «Ge-horsam» auf das Wort erneuert wird, wird doch das Medium des Wortes gewechselt, vom Ohr aufs Auge, vom Hören aufs *Lesen*: scriptura sola. Die concupiscentia oculorum greift um sich.

3.8.2. Sicher hätte sich diese Neugierde nicht so exponentiell gesteigert, wenn sie nicht einen gewaltigen Helfer in der Buchdruckerkunst gefunden hätte. Die Drucker sind, wie gesagt, nicht nur selber oft große Gelehrte, sondern sie haben natürlich auch Interesse daran, Wissen in Form von Büchern zu verkaufen. Auch der große Schweizer Gelehrte Conrad Gesner gehört zu diesem Milieu der Wissen verbreitenden Drucker. Er gehört zum Umfeld der Zürcher Offizin Froschauer, in der die Schriften der Schweizer Reformatoren gedruckt werden und für die Gesner fleißig sammelt und schreibt. Eines seiner vielen, den Wissensdurst stillenden Werke ist die erste europäische Enzyklopädie über die Sprachen der Welt: *Mithridates sive de differentiis linguarum tum veterum tum quae hodie apud diversas nationes in usu sunt*, Zürich 1555, «Mithridates oder über die Unterschiede der Sprachen, sowohl der alten als auch derer, die heute bei den verschiedenen Nationen in Gebrauch sind».

Gesner greift mit seinem Titel den Namen des Königs von Pontos auf, jenes letzten Gegners des Universalen Imperiums, der wegen seiner umfangreichen Sprachkenntnisse berühmt war. Dies ist natürlich keine gleichgültige Titelwahl, sondern eine programmatische Stellungnahme: «Mithridates» ist gleichsam der allegorische Name für eine Haltung, die man vielleicht nicht ganz falsch «sprachlichen Protestantismus» nennen könnte: Eine Lust an Vielsprachigkeit, die sich gegen die Vorherrschaft der einen «katholischen», d. h. universalen Sprache wendet. Nicht von ungefähr ist ein Viertel des Buches dem (protestantischen) Deutschen und den germanischen Sprachen gewidmet. In der Einleitung seines Buches, in der Gesner allerlei Allgemeines und Fabelhaftes aus seinen

Lektüren – Bibel, Homer, Clemens von Alexandrien, Herodot, Plinius,
Strabo, Platon (die Liste gibt einen schönen Eindruck vom gelehrten Lek-
türe-Kanon) – über die Sprachen zusammenträgt, schreibt er, Plinius
referierend, über Mithridates:

> Mithridatem Ponti regem solum mortalium uiginti duabus linguis locutum
> certum est, nec de subiectis gentibus ullum hominem per interpretem appella-
> tum ab eo annis quinquaginta sex quibus regnauit. (Gesner 1555: 2)

> Daß Mithridates, der König von Pontos, als einziger Sterblicher zweiundzwan-
> zig Sprachen gesprochen hat, ist sicher, und von den unterworfenen Völkern
> ist kein einziger Mensch jemals durch einen Übersetzer von ihm angesprochen
> worden in den sechsundfünfzig Jahren, die er geherrscht hat.

Das schmale Bändchen zeigt, daß das Wissen Europas über die Sprachen
1555 nicht besonders groß war. Wenn 250 Jahre später Adelung und
Vater (1806–1817) diesen Titel wiederaufgreifen und ihre Enzyklopädie
ganz bewußt wieder *Mithridates* nennen, dann hat sich dieses Wissen gewaltig vermehrt: Statt etwas mehr als 150 kleiner Oktavseiten haben wir
zu Beginn des 19. Jahrhunderts vier stattliche Bände mit mehr als 3000
Seiten Wissen über die Sprachen vor uns. Adelung und Vater wiederholen den Titel auch deswegen, weil sie das von Gesner gewählte Verfahren
der Präsentation der Sprachen übernehmen: Gesner führt die verschiedenen Sprachen nämlich anhand des *Vaterunsers* vor, ein sehr beliebtes
Verfahren, das im 18. Jahrhundert z. B. auch der große Sprachgelehrte
Lorenzo Hervás anwenden wird.

Dieses Verfahren ist nun insofern aufschlußreich, als es – wie auch
bei Du Bellay – noch einmal den Widerspruch zwischen dem – humanistischen – Interesse an den Sprachen und der alten – oder neuen –
bzw. trivialen und gleichsam unauslöschlichen aristotelischen Sprachauffassung zeigt. Das Verfahren, mittels dessen die humanistisch inspi-
rierte Neugierde an den verschiedenen Sprachen befriedigt wird, ist
nämlich sozusagen zutiefst aristotelisch. Der Text, an dem die Verschiedenheiten der Sprachen vorgeführt werden sollen, bleibt ja immer
derselbe, d. h. der Inhalt oder der «Geist» des Gesagten ist derselbe in
allen Zungen. Es ist der in alle Sprachen *übersetzte*, ursprünglich griechische (Matth. 6, 9–13), dann im Westen Europas natürlich lateinische heilige Text: «Pater noster qui es in coelis». Wie wir aus unserer eigenen deutschen Version des Vaterunsers wissen, schlägt in den Übersetzungen die Struktur des Lateinischen voll durch. Die Syntax bleibt
stark dem Lateinischen verhaftet. Die Nachstellung des Possessivarti-
kels in «Vater unser» reproduziert z. B. die lateinische Wortstellung:
pater noster. Auch «geheiliget werde dein Namen» folgt mit der Inversion des Subjekts dem lateinischen Satz: sanctificetur nomen tuum.
Übersetzungen heiliger Texte sind ja prinzipiell stark am ursprüngli-

chen Heiligen Text orientiert, sie tendieren gleichsam prinzipiell zur Interlinearversion, so daß bestimmte strukturelle Eigenschaften der Zielsprache nicht oder nicht deutlich erscheinen. Die Vaterunser-Übersetzungen sind also aus unserer heutigen Sicht nur bedingt aussagekräftig hinsichtlich der Verschiedenheit der Sprachen. Aber so verschieden, wie uns die Sprachen heute sind (in allen Bereichen: Phonetik, Lexik, Morphologie, Syntax), waren den Gelehrten im 16. Jahrhundert die Sprachen einfach noch nicht: Nach aristotelischer – und einfach alltäglicher – Aufassung sind Sprachen eben nur verschiedene Laute für dieselben Inhalte: vox vox vox. Daher führt Gesner mit seiner Vaterunser-Sammlung die Verschiedenheit der Sprachen im wesentlichen auch nur als lautlich-materielle Verschiedenheit der Signifikanten vor. Daß verschiedene Inhalte – diversi concetti – in den Blick kommen, verhindert dieses Verfahren gerade, weil der Inhalt von vornherein als identisch angenommen wird. Dasselbe gilt natürlich für die – relativ seltenen – Wörterlisten, in denen Wörter mit «denselben» Bedeutungen vergleichend nebeneinander gestellt werden, wie etwa auf Seite 7v, wo das «Indische» mit dem Chaldäischen verglichen wird (und die identische Bedeutung auf lateinisch angegeben ist):

Indica.	*Chaldaica.*	*Latina.*
Loboi	Libbi	Cor meum.
Zadoc	Zadica	Iustus.
Anta	Ante	Tu.
Modorna	Arana	Terra nostra.

Die verschiedenen morphologischen Verfahren, die allerdings auch bei sehr urtextnahen Übersetzungen durchaus sichtbar werden, analysiert Gesner nicht. Die Verschiedenheit der Sprachen wird nur als materielle Verschiedenheit ausgestellt, sie wird nicht eigentlich dargestellt. Sie erreicht keine wirkliche Tiefe etwa durch grammatische Analyse oder durch semantische Beobachtungen. Im 18. Jahrhundert erst wird der schon erwähnte Lorenzo Hervás einen wichtigen Schritt in diese Richtung tun, wenn er die strukturellen Teile des fremdsprachigen Textes durch eine Interlinear-Version aufzulösen versucht und dann auch mit grammatikalischen Erläuterungen versieht. Bei Gesner sind wir noch nicht so weit: Die Verschiedenheit erscheint bloß als eine «Verschiedenheit von Schällen» (Humboldt). Weitere Informationen liefert Gesner allerdings – wenn er solche Informationen hat – über den Ort, an dem die Sprache gesprochen wird, und über das geschichtliche Schicksal der Sprache. So weiß er beispielsweise, daß das Englische, das zunächst rein germanisch gewesen sei, später mit französischen Wörtern vermischt worden ist. Er weiß allerdings offensichtlich nicht, warum das so ist.

3.8.3. Der *Mithridates* ist also ein Dokument des sich regenden Interesses der Europäer für die Sprachen der Welt, und er ist zugleich auch ein Dokument des noch ziemlich geringen Wissens Europas von den Sprachen der Welt. Gesner geht natürlich noch von der Bibel aus, deren traditionelle Interpreten zweiundsiebzig postbabelische Sprachen annahmen. Allerdings weiß er, daß es mehr als diese Sprachen gibt, seine alphabetische Sprachliste überschreitet diese Zahl bei weitem. Der geographische Raum, in dem Gesner Sprachen findet, ist im wesentlichen derjenige der alten mediterranen und der modernen europäischen Welt. Asien taucht in der Ferne auf, Afrika ist völlig unbekannt. Auch von *Amerika* weiß Gesner noch kaum etwas. Aber immerhin schreibt er schon zwei Seiten über die Sprachen in der neuen Welt: «De linguis in Orbe noue». Und von den zehn Männern, die Columbus aus Hispaniola mit nach Spanien gebracht hat, berichtet er, daß man deren Sprache mit unserer lateinischen Schrift schreiben kann, und er kennt auch einige Wörter. Die Auswahl dieser Wörter enthält gleichsam im Telegrammstil die Erzählung der Vorgänge bei der sogenannten «Entdeckung» Amerikas: Himmel, Haus, Gold, guter Mann, schlechter Mann:

> Vocant enim coelum turéi, domum bóa, aurum cáuni, uirum bonum tayni, nihili mayáni. (155: 71r).

> Sie nennen nämlich den Himmel *turéi*, das Haus *bóa*, das Gold *cáuni*, den guten Mann *tayni*, den Schuft *mayáni*.

Amerika wird am Ende des *Mithridates* als Horizont der Öffnung Europas auf die – nicht nur linguistische – Alterität sichtbar. Amerika ist – in einem langen Reflexionsprozeß – die Erfahrung, durch die Europa wirkliche kulturelle Andersheit entdecken wird, sowie schließlich die tiefe, also semantisch-kognitive Differenz der Sprachen, von der es hier im 16. Jahrhundert nur eine vage Intuition hat. Locke, der die semantische Tiefe sprachlicher Verschiedenheit als erster mit aller Klarheit erkennt, wird nicht von ungefähr genau in diesem Zusammenhang, also wo es um die verschiedene Semantik der Wörter in verschiedenen Sprachen (diversi concetti) geht, eine amerikanische Sprache erwähnen (und dann auch genau erkennen, daß schon die Semantik von englischen und lateinischen Wörtern verschieden ist).

3.8.4. Die Gelehrten Europas werden fleißig Informationen über die gleichsam immer verschiedener werdenden Sprachen der Menschheit sammeln. Zunächst werden sie im Gefolge der nationalstaatlichen Organisation Europas und der Reformation, die das Schreiben und Beten in der eigenen Sprache vorantreibt, ihre eigenen Sprachen kennenlernen, studieren und in Grammatiken und Wörterbüchern fixieren. Die koloniale Ausbreitung Europas wird dann zwar einerseits die treue «compañera del imperio», ebenso wie die Sprachen der anderen europäischen Kolonialmächte, nach Amerika, nach Afrika und nach Asien transportieren. Andererseits aber befördert im Gefolge des «imperio» (und bis heute durchaus auch in spannungsreichem Konflikt mit der Macht) die christliche Missionierung umgekehrt auch das pfingstliche Sprachenlernen europäischer Apostel.[11] Vor allem die Jesuiten lassen sich auf die Sprachen der außereuropäischen Völker ein und verfassen Wörterbücher und Grammatiken für die Missionsarbeit. Die Missionare werden dadurch zu den großen linguistischen Informanten Europas. Der von Gesner wiederentdeckte Mithridates arbeitet gleichsam subversiv im Namen des Heiligen Geistes – pfingstlich: «und fingen an, zu predigen mit andern Zungen, nach dem der Geist ihnen gab auszusprechen» (Apostelgeschichte 2,4). Wie anders diese Zungen sind, mit denen Mithridates oder der menschliche Geist spricht, das wird den europäischen Geist zunehmend beschäftigen, nachdem – wie Luther gesagt hat – «die Sprachen hervorgekommen sind».

4. London – Paris
Neue Paradiese oder die Reinigung des Wissens und der Sprache

Mache dich, mein Herze, rein.

4.1. Das englische Lamento beginnt: my wonderful launderette

Die Volkssprache ist zunehmend nicht nur die (gesprochene) Sprache des täglichen Lebens und die (geschriebene) Sprache der Dichtung und der Verwaltung. Überall in Europa wird auch mehr und mehr Wissenschaftliches und Gelehrtes in der Volkssprache publiziert. In Frankreich kann man diesen Prozeß geradezu bilderbuchartig verfolgen. Hier ist die Ablösung vom Lateinischen vermutlich auch am schnellsten und radikalsten vor sich gegangen. Symbolisch ist in dieser Hinsicht die Übersetzung des Hauptwerks protestantischer Theologie ins Französische: Calvin publiziert 1541 seine vorher lateinisch erschienene *Institutio* auf Französisch. Die Königin der Wissenschaften, die Theologie, spricht – wie ja auch in Deutschland schon – die Sprache des Volkes! Das andere symbolische Ereignis für den Übergang in die Volkssprache ist Montaigne: Montaignes Erstsprache war Lateinisch (er ist von einem lateinischsprechenden Deutschen aufgezogen worden), doch seine *Essais* (zuerst 1580) schreibt er auf Französisch. Die *Essais* begründen eine ganz besondere, neue Art von Diskurs zwischen Dichtung, Geschichte und Philosophie, eine neue Art des Schreibens und Philosophierens. Des weiteren: Der große Arzt des Königs, Ambroise Paré, konnte vermutlich gar kein Latein und schreibt auf Französisch. Natürlich galt die Chirurgie noch als niederes, mehr handwerkliches Können, ähnlich wie die Pharmazie, eine andere volkssprachlich publizierende Disziplin. Die Volkssprachen arbeiten sich sozusagen von «unten», also von mehr technischen, handwerklichen Disziplinen, nach oben vor, zu reiner Wissenschaft und Philosophie. Leonardo Olschki (1919–27) hat das in seiner Darstellung der Geschichte der wissenschaftlichen Prosa eindrucksvoll nachgewiesen: Zuerst schreiben die «Macher», d. h. die Künstler – Maler, Bildhauer, Architekten – in der Volkssssprache. Am Ende dieses Prozesses steht dann aber eben der große Galilei, der den *Dialogo* (1632) und die *Discorsi* (1638) auf Italienisch schreibt. Galileis Zeitgenosse Descartes benutzt beide Sprachen, aber sein berühmtestes Werk, der *Discours de la méthode*

(1637), ist ein volkssprachlicher Text. Auch der Engländer Bacon schreibt durchaus schon in der Volkssprache, aber er läßt seine englisch verfaßten Werke noch ins Lateinische übersetzen, das für ihn die universale Sprache der Gelehrsamkeit bleibt.

4.1.1. Francis Bacon weiß also genau, wovon er spricht, wenn er die Volkssprache als die schlimmste Feindin der Wissenschaft dingfest macht und fordert, sich von ihr zu befreien. In Speronis Dialog protestierte Pomponazzi gegen die Sprachen, weil das Sprachwissen einfach nichts war, wertloses, leeres Zeug, das Haß und Ekel verdient (odio und fastidio). Sprachen-können war für ihn einfach nur ein Wissen leerer Signifikanten, die unnötigerweise das Gedächtnis belasten und daher den Geist von seiner wichtigsten Betätigung abhält, der Forschung, dem kreativen Einsatz des Ingeniums. Das war auf der Basis seiner aristotelischen Sprachauffassung völlig konsequent gedacht: Die Sprachen waren ja nur verschiedene Schälle, die dem Mitteilen der Gedanken dienen, welche ihrerseits nichts mit diesen materiell verschiedenen Lauten zu tun haben. Verglichen mit der Gefahr, die nun der Vater der Neuen Wissenschaft entdeckt, waren das aber harmlose und leicht zu eliminierende Feinde der Wahrheit. Bacon weiß nämlich, daß der alte Lascari recht hatte, daß die verschiedenen Sprachen verschiedene Konzepte bedeuten (diverse lingue sono atte a significare diversi concetti), daß die verschiedenen Sprachen verschiedenes Licht auf die Sachen werfen und das heißt, daß das Denken selbst (conceptus) sprachlich verfaßt ist. Und genau das findet er natürlich unerträglich.

In seinem *Novum organum* von 1620 geht es darum, den Weg frei zu machen für eine Neue Wissenschaft, die mit klarem Kopf und neuem, unverstelltem Blick an die Sachen herangeht. Das Vorbild des alten Sokrates, des Urwissenschaftlers, ist evident: «Wäre es nicht besser, lieber Kratylos, wenn wir die Sachen ohne die Wörter, diese unvollkommenen Bilder, erkennen würden?» Im Sinne dieser Ur-Intention der Philosophie benennt daher auch Bacon zunächst einmal die Hindernisse, die Stolpersteine auf dem Weg zur wahren Erkenntnis: Dies sind die *idola*, die Trugbilder, die *Vorurteile*, die irrigen Annahmen in den Köpfen der Menschen. Nicht von ungefähr wird hier ein Ausdruck aus dem religiösen Kampf verwendet: *idola*. Die *Idole*, also die vielen alten Götter, waren immer die Feinde der eifernden monotheistischen Religionen, «Götzen», die weggeräumt werden mußten für den einen eifersüchtigen neuen Gott.[1] Auch die neue, die moderne Religion, die Wissenschaft, erträgt keine anderen Götter neben sich. Weg mit den Idola!

Die schlimmsten Götzen nun sind die *idola fori*, die «Trugbilder des Marktes», die im gesellschaftlichen Verkehr entstehen, «propter hominum commercium et consortium», «wegen des Verkehrs und der Gemeinschaft der Menschen», d. h. die im Geschwätz der Menschen miteinander geschaffenen Vorurteile. «Die Menschen gesellen sich nämlich mittels der Rede», «homines enim per sermones sociantur» (43).[2] Diese schrecklichsten Idole befinden sich in den Sprachen, wohlgemerkt: *in* den Sprachen. Bacon sieht nämlich in aller Deutlichkeit, daß die Sprachen des Volkes die Dinge anders einteilen als der wissenschaftliche Geist:

> Verba autem plerunque ex captu vulgi induntur, atque per lineas vulgari intellectui maxime conspicuas res secant.(59)

> Die Wörter werden aber meistens gemäß der Auffassung des Volkes gebildet, und sie schneiden die Dinge entsprechend den Linien ein, die dem volkstümlichen Verstand am meisten einleuchten.

Die Wörter tun also generell das, was sie schon bei Platon taten: Sie unterscheiden das Sein (usian diakritikon), was Bacon hier schön als ein «Einschneiden der Sachen» bezeichnet: *res secant*. Aber die Wörter machen es nicht richtig, weil sie dem captus *vulgi*, dem intellectus *vulgaris*, also dem – beschränkten – Verstand des Volkes folgen. Diese volkstümlichen und falschen Einteilungen behindern den wissenschaftlichen Geist, den «intellectus acutior aut observatio diligentior», «den scharfsinnigeren Verstand oder die sorgfältigere Beobachtung». Wenn der wissenschaftliche Geist der «homines docti», der «gelehrten Männer», diese falschen, vom Volks-Verstand (intellectus vulgaris) gesetzten Grenzlinien versetzen will (eas lineas transferre), damit sie der Sache besser entsprechen, dann schreien die Wörter dagegen auf: «verba obstrepunt».

«Ut illae sint magis *secundum naturam*», daß die Einteilungslinien der Objektivität mehr entsprechen, eine richtige Abbildung der Welt geben, das strebt der Wissenschaftler an. Secundum naturam – *physei* –, ein naturgetreues Bild sollen sie zeichnen. Die Volkswörter aber machen einen solchen Krach, daß der gescheite Wissenschaftler sein kluges Wort nicht sagen kann, gewissermaßen sein eigenes Wort nicht mehr versteht. Die volkstümlichen Wörter mit ihren falschen Einteilungen der Sachen tun dem Verstand Gewalt an (verba plane vim faciunt intellectui, 43), sie haben eine solche Macht, daß sie ihre Kraft gegen den Verstand kehren: «verba vim suam super intellectum retorqueant et reflectant», «die Wörter wenden ihre Kraft auf den Verstand zurück». Sie machen damit die Philosophie und die Wissenschaften «sophistisch» – auch dies wieder ein platonisches Kampfesmotiv, der Kampf gegen die Sophisterei.

Die «Kraft der Wörter», «vis verborum», bezieht sich eindeutig nicht nur auf die materiellen Signifikanten, sondern meint gerade diese falschen Einteilungen der Sachen, meint also die (falschen) *Gedanken*, die an den Wörtern hängen. Die Gedanken «kleben» an den Wörtern, wird Herder sagen. Wenn Bacon daher von *verba* spricht, die sich der Wahrheit widersetzen, so meint er gerade schon die *Einheit von vox und conceptus*, und nicht nur die voces allein. Daß diese enge Verbindung besteht, schafft ja gerade das Problem: Der Mensch kann sich nicht von den an den Wörtern «klebenden» falschen Vorstellungen befreien. Zwar meinen die Menschen, daß ihr Verstand über die Wörter gebiete, es ist jedoch gerade umgekehrt. Die Götzen des Marktes schleichen sich in den Verstand ein (se insinuarunt in intellectum) oder – was dasselbe ist – die Wörter brüllen gegen das richtige Denken an: «verba obstrepunt».

Hier noch einmal im Zusammenhang den herrlichen sprachkritischen Aphorismus 59, die Geburtsurkunde der analytischen Sprachphilosophie, die Kriegserklärung der Philosophie an die «vulgären» (später «natürlich» genannten) Sprachen, die – das darf man nicht übersehen – die schlimmsten – molestissima – der zu vertreibenden alten Götzen sind.

At Idola Fori omnium molestissima sunt; quae ex foedere verborum et nominum se insinuarunt in intellectum. Credunt enim homines rationem suam verbis imperare; sed fit etiam ut verba vim suam super intellectum retorqueant et reflectant; quod philosophiam et scientias reddidit sophisticas et inactivas. Verba autem plerunque ex captu vulgi induntur, atque per lineas vulgari intellectui maxime conspicuas res secant. Quum autem intellectus acutior aut observatio diligentior eas lineas transferre velit, ut illae sint magis secundum naturam, verba obstrepunt.

Aber die Idole des Marktes sind die lästigsten von allen; sie haben sich durch die Verbindung von Verben und Nomina in den Verstand eingeschlichen. Die Menschen glauben nämlich, daß ihr Denken den Wörtern befiehlt; es kommt aber auch vor, daß die Wörter ihre Kraft gegen den Verstand kehren; dies hat die Philosophie und die Wissenschaften sophistisch und unfruchtbar gemacht. Die Wörter aber werden größtenteils nach den Auffassungen des Volkes gebildet, und sie schneiden die Dinge entlang solcher Linien ein, die dem volkstümlichen Verstand am meisten einleuchten. Wenn dann aber ein schärferer Verstand oder eine sorgfältigere Beobachtung diese Linien verändern will, damit sie der Natur besser entsprechen, dann lärmen die Wörter dagegen an.

Von diesem Bannfluch werden sich die Sprachen im Hauptstrom der europäischen Philosophie nie wieder erholen. Sie werden genau in dem Moment als die Hauptfeinde von Philosophie und Wissenschaften dingfest gemacht, in dem sie sich der Philosophie und der Wissenschaften bemächtigen, d. h. in dem Philosophie und Wissenschaft in den verschiedenen Volkssprachen zu sprechen beginnen. Die Rückkehr zur Sprache des lateinischen Paradieses ist nicht mehr möglich – offensichtlich ja auch nicht für Bacon. Gerade deswegen geht es der (analytischen) Philosophie von nun an bis heute darum, wie man diese Sprach-Götzen aus der Neuen Religion ausschaltet.

Bacon ist der Vater des modernen wissenschaftlichen Denkens, dessen Wirkung man nicht hoch genug einschätzen kann. Kant hat nicht von

ungefähr die *Kritik der reinen Vernunft* dem großen Engländer gewidmet. Er winkt gleichsam seinem Bruder im Geiste zu, dem Erfinder der
Neuen Wissenschaft, die mit dem Experiment in der einen Hand und den
Begriffen in der anderen Hand der Natur ihre Geheimnisse abnötigt,
aber natürlich *secundum naturam*. Kant polemisiert aber nicht gegen die
Sprachen wie der große Lord Verulam. Er scheint aristotelisch gelassen
zu sein:

> Alle Sprache ist Bezeichnung der Gedanken und umgekehrt die vorzüglichste
> Art der Gedankenbezeichnung ist die durch Sprache, diesem größten Mittel,
> sich selbst und andere zu verstehen. (*Anthr.*: BA 109, *Werke* XII: 500)

Allerdings hat man auf der Suche nach dem – gleichsam inexistenten –
Sprach-Thema bei Kant durchaus den Eindruck, daß er eigentlich genau
weiß, was die Sprache über die hier wiederholte kommunikative Funktion hinaus tut, daß sie nämlich die Sachen volkstümlich «einschneidet»,
daß er dies aber gleichsam als ein Pudendum der Vernunft verschweigt.

4.1.2.   Was schlägt nun Bacon vor? Zunächst präzisiert er, was er
meint, wenn er von den Sprach-Götzen spricht: Einerseits meint er Wörter, denen gar keine Sachen entsprechen, «nomina quae carent rebus
(60)», und zweitens solche, die die existenten Sachen schlecht einge-
schnitten haben: «nomina confusa et male terminata, et temere et inae-
qualiter a rebus abstracta», «verworrene und schlecht abgegrenzte und
voreilig und unangemessen von den Sachen abstrahierte Namen». Hier
hilft nur eines: Vertreibung der alten Götzen und Reform(ation).
   Was die ersten Idole angeht, also die von der Phantasie geschaffenen
(per suppositionem phantasticam) Hirngespinste, so ist das leicht. Sie
werden einfach durch konstante Verneinung und Zurückweisung der
ihnen zugrundeliegenden falschen Theorien (per constantem abnega-
tionem et antiquationem theoriarum) ausgerottet (*exterminari*). Dies
ist ein bekanntes Mittel des religiösen Kampfes: Die alten Götter werden durch ständige Beschimpfung vernichtet: durch Exorzismus. Die
Beispiele für Phantasiegebilde, denen keine Sachen entsprechen, sind
interessant: *fortuna, primum mobile, planetarum orbes, elementum
ignis*, «Glück», «erster Beweger», «Sphären der Planeten» und «Element des Feuers». In der Tat haben die Wissenschaften erfolgreich zeigen können, daß das Feuer kein Element ist und daß die Planeten nicht
in orbes, in kreisförmigen Bewegungen, über der Erde wandeln. Aber
die Frage nach dem primum mobile, dem ersten Beweger, bewegt die
Menschheit noch immer, die Physik ebenso wie die (alten) Religionen.
Und fortuna, das Glück, ist mehr denn je der zentrale Bezugspunkt des
menschlichen Handelns, geradezu sein primum mobile, auch wenn dieser Begriff den Menschen noch so sehr von ihrer Phantasie durch einen

Betrug an der Vernunft, «per suppositionem phantasticam», unterge-
schoben worden sein sollte.

Was nun die zweite Art von Marktgötzen angeht, so muß natürlich
das, was schlecht abgegrenzt und unangemessen von den Sachen abgezo-
gen ist, eben den Sachen gemäß – secundum naturam – gezeichnet werden. Eine wissenschaftliche Reform der Sprache durch die gelehrten
Männer, die homines docti, ist vonnöten, um diese irrigen Vorstellungen
zu beseitigen, um die falschen, vulgären Grenzlinien zu verlegen. Oder:
was verworren war, was konfus war, muß geklärt und *gereinigt* werden.
Der philosophische Waschsalon, my wonderful launderette, ist eröffnet.

4.1.3. Bacons sprachkritische Vorstellungen werden interessanterweise nicht an modernen volksprachlichen Beispielen exemplifiziert,
sondern an lateinischen Wörtern. Bacon polemisiert also nicht gegen
eine spezifische Volkssprache, etwa gegen seine eigene, das Englische,
oder gegen das Französische. Es geht also nicht zuvörderst um Latein
vs. Vulgare, sondern erneut um die Opposition von doctores und vulgus,
Sprache der Wissenschaft vs. Sprache des Volkes. Bacon sieht dabei, daß
auch das Lateinische eine ganz normale Sprache unter anderen ist, die
von ganz normalen Menschen auf dem Forum, auf dem Markplatz in
ihrem commercium und consortium verwendet wird. Er sieht also, daß
auch das Lateinische die Sprache eines Volkes, ein Vulgare, ist. Die
Opposition, um die es ihm geht, liegt daher eher *innerhalb* einer Sprache,
oder besser: innerhalb *jeder* Sprache, die Götzen lauern überall. Dennoch ist es natürlich das Vordringen der Volkssprachen in die Wissenschaften, das den captus vulgi, den intellectus vulgaris überhaupt auf die
Tagesordnung der Gelehrten gebracht hat. Als die doctores nur die eine
Sprache sprachen, eben die alte Sprache der doctrina, da tauchte das Problem ja gar nicht auf. Insofern geht es doch gerade um die *modernen*
Volkssprachen.

Da sich Bacon um die Begründung der Wissenschaften – philosophia
et scientiae – bemüht, ist die Opposition zwischen den doctores und dem
vulgus bedeutend schärfer als bei Dante. Der Dichter-Doctor Dante hat –
bei aller Kritik an dem dunklen volksprachlichen Wald, der ytalia silva,
deren dorniges Gestrüpp er herausreißt (*eiciamus* I xi 1) und hinter sich
läßt – viel mehr Sympathie für die Sprache des Volkes: Das Vulgare war
ja trotz aller Wildheit auch die Sprache seines Herzens. Der Doktor
Bacon – wie vor ihm nur noch die alten Humanisten, Lazaro und Bonamico in Speronis Dialog – empfindet eher Verachtung fürs Volk (auch
wenn es Latein redet). Die Neue Wissenschaft, die sich bei Speroni in Gestalt von Pomponazzi noch extrem volkstümlich gegeben hatte, setzt bei
Bacon den volksverachtenden Habitus des Humanisten fort. Dante
schlug für die ihn interessierende Diskursdomäne eine Anhebung des

Vulgare im Kultursystem und seine Entrückung ins Unzeitliche vor. Bacon rückt dagegen dem Volkstümlichen in den Sprachen, das er als ein Ensemble von Götzen extrem negativ auflädt, mit exorzistischem, missionarischem und reformatorischem Eifer auf den Leib: *ejicere* (dasselbe Wort wie bei Dante), *exterminare* und *transferre lineas*, «ausreißen», «ausrotten» und «Grenzlinien verschieben». Nicht die Glorifizierung und Illustration des Vulgare ist die Lösung des Baconschen Problems, sondern umgekehrt: Nur die ziemlich gewaltsame *Vernichtung* und *Reformation* des Volkstümlichen der Sprache bewirkt die Befreiung von der Macht der Volkssprache, von der «vis verborum super intellectum». Die Machtverhältnisse sind revolutionär umzukehren – aber *von oben* – zur Macht des Verstandes über die Wörter, vis intellectus super verba (im Sinne dieser Reform von oben kann sich Wissenschaft auch nicht mit dem Volk, la plebe, verbünden, wie es Pomponazzi radikal-demokratisch gesehen hatte, sondern mit den Aristokraten). Was die Menschen nur irrtümlicherweise glauben, nämlich daß sie den Wörtern befehlen (credunt enim homines rationem suam verbis imperare), das soll schließlich doch Wirklichkeit werden.

Wie sehr diese Sprach-Analyse die Bewegung der Psychoanalyse auch in ihrem exorzistischen Eifer vorwegnimmt, liegt auf der Hand: Wo Es war, soll Ich werden, bzw: Wo das (dumme) Volk war, soll die kluge scientia werden. Hier ist ein gleichsam konfessionell aufgeladener und deutlich verzweifelterer Platon zugange. Sokrates hatte noch gefragt: «wäre es nicht besser, lieber Kratylos, wenn wir die Wörter hinter uns lassen?», offensichtlich in der Meinung, daß das auch möglich sei. Hier fürchtet einer, daß er die Wörter nicht hinter sich lassen kann, daß sie unauflöslich mit seinem Denken verbunden sind. Deswegen rückt er ihnen nun mit dem kaum säkularisierten Arsenal der Religion zuleibe, um die phantastischen Gedanken auszurotten und die falschen Gedanken zurechtzurücken.

Bacons Beispiel für das konfuse, schlecht abgegrenzte Wort (dem durchaus eine Sache entspricht) ist *humidus*, «feucht». Er gibt im Aphorismus 60 eine ausgezeichnete semantische Analyse des Wortes, indem er acht verschiedene Bezeichnungsnuancen aufzählt: «Significat enim et quod circa aliud corpus facile se confundit»,»es bedeutet nämlich das, was leicht um einen anderen Körper herumfließt», und es folgen sieben weitere Bezeichnungsangaben, die meisten beginnend mit: «et quod facile ...», «und was leicht ...» (entweicht, fließt, sich zerteilt etc.). Bacon kritisiert also, daß das Wort, wie er schreibt, «nota confusa diversarum actionum», «ein verworrenes Merkzeichen verschiedener Handlungen» sei. Daß es die «unbestimmte» oder konfuse Semantik der Wörter gerade erlaubt, auf verschiedene Sachen zu referieren, ist Bacon (wie nach ihm der gesamten philosophischen Sprachkritik) unerträglich. Auch unei-

gentliche, «metaphorische» Verwendungsweisen eines Wortes sind auszuschließen. Das Wort soll sich *eindeutig* nur auf Wasser und andere
Flüssigkeiten beziehen. Eindeutige Referenz ist das semantische Ideal.
Daher sind natürlich ganz generell die auf materielle Dinge sich beziehenden Substantive (Substanzen) noch am wenigsten fehlerhaft («Krei-
de», «Lehm»). Es wird immer schlimmer bei Handlungen («erzeugen»,
«verderben», «verändern») und Qualitäten («schwer», «leicht»). Die
ideale Semantik der Wörter ist diejenige, die man an den *Sachen* selbst
zeigen kann und die nicht von den «eigentlichen» Sachen abschweift.
«Geistige», nicht an Sachen aufzeigbare Bedeutungen sind das Problem
(wie ja auch schon das Wort «Glück» gezeigt hat), und «Übertragungen»
der Bedeutungen auf andere als die «eigentlichen» Sachen sind von Übel.
Um nicht von den Wörtern beherrscht zu werden, werden sich daher
der «intellectus acutior» und die «observatio diligentior», der schärfere
Verstand und die sorgfältigere Beobachtung, den beobachtbaren *Sachen*
zuwenden und über diese mit den «richtigen» Wörtern unmetaphorisch
sprechen. Der uralte Reflex der Philosophen gegen das sogenannte
«übertragene», uneigentliche Sprechen, gegen rhetorisches und poetisches Sprechen, gegen die «Sophisten», ja letztlich gegen Sprache überhaupt schnappt ein beim Begründer der Neuen Wissenschaft.

4.1.4. Denn Bacon hat natürlich genauestens erkannt, wie Sprache
funktioniert: Er hat den *kognitiven* Gehalt von Sprache genau gesehen.
In der Tat schneiden die Wörter die Sachen ein (res secant). Damit hat er
auch erfaßt, daß die Art und Weise dieses Einschneidens zum Wort dazu-
gehört, also an dem Wort hängt, daß der conceptus mit der vox eine Einheit bildet. Und er hat genau gesehen, daß die Wörter dies in der Tat ganz
unwissenschaftlich – eben volkstümlich – tun und, auch wenn dies hier
im *Neuen Organum* keine Rolle spielt, daß sie es von Sprache zu Sprache
auch verschieden tun. Bacon hat sich ja sehr für die verschiedenen Sprachen interessiert und ist ein großer Anreger der Beschreibung unterschiedlicher Sprachen gewesen. Er will sozusagen den Feind genau kennen, gegen den er kämpft. Er hat gesehen, daß die *Phantasie*, also eine
sich von den Sachen lösende kreative geistige Kraft, bei der Erschaffung
der Bedeutungen eine große Rolle spielt, so daß es nicht immer möglich
ist, die von den Sprachen erschaffenen *conceptus* auch in der Welt «objektiv» zu zeigen. Das macht die Wörter natürlich «konfus». Er hat des
weiteren gesehen – was mit dieser Freiheit der Phantasie zu tun hat –, daß
die Wörter nicht an die Sachen, die sie eventuell ursprünglich bezeichnen, gebunden sind, sondern daß sie wandern können, um andere Sachen
zu bezeichnen und zu beleuchten. Seine schöne semantische Analyse von
humidus zeigt ja gerade, daß sich dieses Adjektiv nicht nur auf Wasser
und Flüssigkeiten beziehen läßt, sondern auch auf andere Sachen wie

Luft, Sand und Glas. Er hat schließlich gesehen, daß diese sprachlichen Erschließungen der Welt in der Tat dem Verstand Gewalt antun, sofern der Verstand beim Denken zunächst einmal diese Wörter einer Sprache zu seiner Verfügung hat. Deswegen hat er beim Verhältnis von Wissenschaft und Sprache genauestens gesehen, daß Wissenschaft in der Tat die Aktivität des Geistes ist, mit der dieser die von den natürlichen Sprachen gesetzten Grenzlinien verschiebt (transferre lineas) bzw. über diese Linien hinausgeht.

Aber er kann alles dies nur als *Katastrophe* wahrnehmen, als Hindernis des Geistes, und nicht als Bedingung der Möglichkeit von Wissenschaft, als kreative Basis des Denkens. Die «vis verborum super intellectum» ist nämlich nicht so stark, wie Bacon uns für seine semantische Reinigungskampagne glauben machen möchte. Der Geist kann sich nämlich von der Sprache befreien, und er tut das auch im Sprechen ständig. Aber so weit ist Bacon noch nicht. Denn im Hintergrund steht der Verlust, gegen den er ankämpfen muß: der Verlust der Sprache des Paradieses (oder des universellen Lateinischen) und der Verlust des aristotelischen Modells, demgemäß alles viel leichter war. Im Paradies haben sowieso alle dasselbe gesagt und gedacht. Und bei Aristoteles war – trotz der materiellen Verschiedenheit – wenigstens das Denken noch dasselbe bei allen Menschen, und die Wörter dienten – in verschiedener materieller Form zwar – treu der Mitteilung dieses universell Identischen. Die Sprachen waren einfach Nomenklaturen. Gerade das kann Bacon nicht mehr glauben. Kein sprachunabhängiges universelles Denken geht mehr dem Sprechen voran, das dieses Denken bezeichnet und verlautbart, sondern die natürlichen, vulgären Sprachen ziehen dem Denken willkürliche Grenzlinien. Die natürlichen Sprachen sind wie fremde Götter in den universalistischen monotheistischen Himmel eingefallen. Dieser aber bleibt der Denk-Raum auch der Neuen Religion, der säkularisierten europäischen Wissenschafts-Religion, das Paradies, das es wiederherzustellen gilt.

Daher das Lamento und das vehemente und – ziemlich intolerante – Geschrei gegen die niederen Götter, die den einen Gott zu stören wagen. Bacon ist ja auch ein Religionsgründer, der ein neues Himmelreich stiftet, in das man nur eintreten kann, wenn man den alten Götzen entsagt. Das «Reich des Menschen, das auf den Wissenschaften gründet», *regnum hominis quod fundatur in scientiis*, kann nur durch das Abschwören der alten Götter betreten werden. Die religiösen Parallelen sind wunderbar explizit im Aphorismus 68, der die Revue der zu bekämpfenden Götzenbilder beendet und gleichsam ein Taufgelöbnis für die Neue Religion entwirft:

> So viel also war über die einzelnen Arten der Idole samt ihrem Zubehör zu sagen. Ihnen allen hat man mit festem und feierlichem Entschluß zu entsagen und sie zu verwerfen. Der Geist muß von ihnen gänzlich befreit und *gereinigt*

werden, so daß kein anderer Zugang zum *Reich des Menschen besteht, welches auf den Wissenschaften gegründet* ist, als zum *Himmelreich*, in welches man auch nur *in Gestalt eines Kindes* eintreten kann. (H.v.m.)

Auf Lateinisch ist der ekklesiastische Gestus natürlich noch erheblich deutlicher:

Atque de Idolorum singulis generibus, eorumque apparatu jam diximus; quae omnia constanti et solenni decreto sunt abneganda et renuncianda, et intellectus ab iis omnino liberandus est et *expurgandus*; ut non alius fere sit aditus ad *regnum hominis, quod fundatur in scientiis*, quam ad *regnum coelorum*, in quod, nisi *sub persona infantis*, intrare non datur.

Die intertextuellen Beziehungen zu den Worten Jesu im letzten Satz sind evident und gewollt: «Wahrlich ich sage euch: Wer nicht das Reich Gottes annimmt *wie ein Kind*, der wird nicht hineinkommen» (Lukas 18, 17). Auch in Bacons menschliches Himmelreich tritt man nur *sub persona infantis*, in Gestalt des von allen Götzen und Vorurteilen noch freien Kindes, und das heißt vor allem: in der Gestalt dessen, der nicht sprechen kann. Das lateinische Wort *infans* heißt ja der «Nicht-Sprechende». Der alte platonische Wunsch nach *Sprachlosigkeit* ist der Wissenschaft ganz offensichtlich angeboren. Sie kann die Sprache nicht anders denn als ihre Widersacherin denken. «Nisi sub persona infantis», nur in Gestalt des Nicht-Sprechenden, betritt der Neue Wissenschaftler sein Neues Himmelreich, stumm und rein. Daher, wie bei Bach: «Mache dich, mein Herze, rein».

4.2. Reines Denken in Frankreich

4.2.1. Natürlich ist auch das Reich der Wahrheit, das Descartes am Ende seines Denkweges gefunden hat, sprachlos. Das *Cogito* ist leer, es ist die Innerlichkeit des reinen Denkens. Die eine gewisse Wahrheit «je pense, donc je suis» (65),[3] «ich denke, also bin ich», hat mit Sprache nichts zu tun. Und um zu der «festen und sicheren» Wahrheit zu gelangen – «que cette vérité: je pense, donc je suis, était si ferme et si assurée» (65) – muß auch Descartes zunächst seine Irrtümer aus dem Weg räumen, damit er *sub persona infantis*, mit völlig reinem Kopf, in Gestalt des «Nicht-Sprechenden», ins Reich der Wahrheit eintreten kann. Auch der *Discours de la méthode* (1637) benennt wie das *Neue Organon* zunächst die Hindernisse auf dem Weg der wahren Erkenntnis. Aber das Beiseiteräumen des unvollkommenen, unsicheren Wissens ist bei Descartes doch weniger religiös aufgeladen als in Bacons Kampf gegen die Götzen, obgleich es in Form eines autobiographischen Berichts, und das heißt in der Christenheit immer: nahe an den *Confessiones* des sich selbst anklagenden Augustinus, dargeboten wird. Vielleicht mildert aber gerade die autobiographische Form auch den missionarischen Eifer. Descartes zeigt ja weniger auf die anderen als die Quellen der irreführenden Idole – auf die Menschengattung überhaupt (idola tribus), auf das Volk (idola fori), auf die anderen Philosophen (idola theatri) – als auf *sich selbst*. Es geht nach der Baconschen Idola-Typologie sozusagen nur um die «Götzen der Höhle», die *idola specus*, d. h. um die Vorurteile in jedem *einzelnen* Menschen. Descartes will ja zunächst auch weniger die anderen dazu auffordern, den Götzen abzuschwören, als seinen eigenen Weg zur Wahrheit dokumentieren (der dann natürlich auch für die anderen maßgeblich sein soll, das versteht sich von selbst).

Descartes ist nicht nur generell weniger missionarisch – «schwöret feierlich ab!» (solenni decreto abneganda et renuncianda sunt) – er ist auch hinsichtlich der Sprache bedeutend weniger aufgeregt. Das hängt sicher damit zusammen, daß er die humanistisch inspirierten, tieferen Einsichten Bacons in die Sprache nicht teilt, sondern der gewöhnlichen aristotelischen Meinung anhängt, daß Sprache zum Kommunizieren des Gedachten dient und mit dem Denken eigentlich nichts zu tun hat. Descartes hat es daher sehr viel leichter, die mit der Sprache zusammenhängenden unsicheren Kenntnisse beiseite zu räumen: Es geht bei Descartes' Aufräumarbeit nämlich gar nicht um die Wörter, sondern vielmehr um *Texte* bzw. um das in Büchern aufgehobene Wissen: die von Descartes kritisierte «Sprache» sind *les lettres*.

Bei der Darstellung seiner Suche nach dem klaren und gesicherten Wissen, «connaissance claire et assurée» (35), berichtet Descartes zunächst, was er in der Schule gelernt hat. Er läßt alle Disziplinen der Gelehrsamkeit – die *lettres* – Revue passieren, die er in seinem Collège, vermutlich dem besten in ganz Frankreich, studiert hat: die Literatur und Geschichte, die Mathematik, die Ethik, die Philosophie, und er kritisiert sie alle der Reihe nach. Nichts von dem, was in den Büchern stand, nichts von dem sprachlich verfaßten Wissen also, gewährt ihm das gesuchte klare und sichere Wissen. Descartes räumt daher die *lettres*, die Bücher, beiseite und wendet sich den Sachen, der *Welt*, zu. Bekanntlich ist allerdings auch die Welt bei Descartes ein Buch: «le livre du monde» (40), «das Buch der Welt». Die Buchform der Welt macht die Sache allerdings auch nicht besser. Sicheres Wissen findet er auch im Weltbuch nicht.

Im Zusammenhang mit seiner Kritik an dem Buch-Wissen klingt bei Descartes die Klage an, die wir schon von Pomponazzi kennen, daß nämlich Sprachenlernen Zeitverlust ist: «Mais je croyais avoir déjà donné assez de temps aux langues, et même aussi à la lecture des livres anciens, et à leurs histoires et à leurs fables» (37), «Aber ich glaubte, daß ich den Sprachen schon genügend Zeit gewidmet hatte, wie auch der Lektüre der alten Bücher und ihren Geschichten und Fabeln». Er bezieht sich natürlich auf die alten Sprachen, die den Zugang zu den «alten Büchern», den livres anciens, erschließen und zu dem Gespräch mit den Menschen der Vergangenheit («converser avec ceux des autres siècles»). Das Sprachwissen ist also nicht ganz überflüssig, es ist aber rein instrumentell zum Lesen der alten Bücher, es hat keinen Zweck an sich selbst. Vor allem aber darf es nicht das humanistische Ausmaß annehmen, dem wir schon begegnet sind, bei dem die «Kenntnis und Liebe zu den Sprachen» (amore e cognizione delle lingue) die ganze Lebenszeit einnimmt und an die Stelle der Kenntnis der Sachen (cognizione delle cose) und der Beherrschung der Welt (signoria del mondo) tritt. Nun, die humanistische Zeitfalle vermeidet Descartes («ich habe den Sprachen schon genügend Zeit gewidmet») und wendet sich der Welt zu, dem *monde* in Gestalt der anderen Menschen vor allem (les autres hommes, 40) und in Gestalt der Sachen (les choses, 40). Descartes strebt bei seinen Reisen in der Welt nun allerdings keine politische «signoria del mondo», keine Herrschaft über die Welt an, sondern Kenntnisse. Die Welt ist ja ein Buch, das man liest, und keine Sache, die man besitzt. Nun aber – und das ist das Überraschende und eben völlig Andere als in der Neuen Wissenschaft, die den Wissensuchenden ja in diese Welt *hinaus*schickt und primär auf die *Sachen* verweist – wendet sich Descartes wie der Heilige Augustinus von der Welt ab und *in sich selbst* zurück: «je pris un jour la résolution d'étudier aussi en moi-même» (41), «ich faßte eines Tages den Entschluß, auch in mir selbst zu forschen». Und dort findet er die klare und sichere Wahrheit, die zu suchen er sich aufgemacht hatte: «Ich denke, also bin ich». Hegel hat in den Vorlesungen über die Geschichte der Philosophie diese Wende der Philosophie so wunderbar folgendermaßen charakterisiert:

> Hier, können wir sagen, sind wir zu Hause und können wie der Schiffer nach langer Umherfahrt auf der ungestümen See «Land» rufen; Cartesius ist einer von den Menschen, die wieder mit allem von vorn angefangen haben; und mit ihm hebt die Bildung, das Denken der neueren Zeit an. (Hegel 1969–71 Bd. 20: 120)

Die Vertreibung der alten Götzen aus den Köpfen der Menschen eröffnet bei Bacon den freien, letztlich auch sprachlosen Blick auf die Sachen und erschließt damit das Neue Wissenschaftliche Reich des Menschen, «regnum hominis quod fundatur in scientiis». Descartes wendet sich nicht nur vom unsicheren Wissen aus den Büchern ab, er kann sicheres Wissen auch in der Welt nicht finden. Sein auf sicherem Wissen gegründetes regnum hominis findet er nicht in der Welt da draußen, sondern *im Menschen* selbst, in der reinen cogitatio.

Was hat das nun mit Sprache zu tun? Bisher relativ wenig. Verglichen mit Bacons vehementer Sprachkritik, richtet sich Descartes nicht gegen die Sprache, dazu ist sie offensichtlich viel zu unwichtig. Wir haben bisher die Sprache als ein etwas zeitaufwendiges Verfahren zum Lesen von alten Büchern (langues) und als das Ensemble von Büchern (lettres) kennengelernt, das als unsicheres Wissen offensichtlich leicht beiseitezuräumen war. Im Inneren des reinen Denkens ist von Sprache nicht die Rede. Sie taucht bei Descartes aber an einer äußerst wichtigen – und in der linguistischen Literatur äußerst umstrittenen – Stelle im *Discours de la méthode* noch einmal auf.

Nachdem Descartes im vierten Teil des *Discours* die Subjektivität als den Ort der wissenden Gewißheit präsentiert hat, stellt er im fünften Teil ein Buch vor, das er nicht veröffentlicht hat, sein Buch von der *Welt*, den *Traité du Monde et de la Lumière*. Descartes möchte sich und dieses Buch nicht dem Schicksal aussetzen, das Galilei mit seinem *Dialogo* erlitten hat: der Verurteilung durch die Kirche und dem erzwungenen Widerruf. Aber er resümiert nun einigermaßen listig das Buch im *Discours de la méthode*, der ja das Vorwort zu einem Buch über optische Probleme ist, das 1637 anonym in Leiden erscheint. Das Buch von der Welt und dem Licht, das er nach der Darstellung seiner revolutionären philosophischen Entdeckung der Subjektivität referiert, ist nichts anderes als Descartes' Buch über die *Körper*, also über die Objektivität in ihrer physikalischsten Auffassung, über die Welt als «chose», als Sache, als *res extensa*. Das Buch von der Welt steigt von den Sternen herab – deswegen ist es auch gefährlich in Zeiten, in denen die Kirche noch den Geozentrismus verteidigt – zur Erde und zu ihrem Bewohner, dem Menschen. Der Mensch tritt hier als radikal physikalisches System auf, als Körper. Einen solchen völlig physikalischen Körper könnte man ja nun, so glaubt Descartes, auch als einen Automaten herstellen. Wenn das aber geschieht, dann stellt sich die Frage, woran man dann erkennt, daß ein Körper kein Automat, sondern ein wirklicher Mensch ist. Die Zombie-Phantasien, die einer Unzahl von Hollywood-Filmen zugrundeliegen, stellen ja auch später immer diese Frage: Woran erkenne ich, daß der Körper da vor mir wirklich ein Mensch ist. Nach Descartes gibt es zwei Kriterien, an denen wir das erkennen: einerseits die Lernfähigkeit des Menschen und die daraus folgende Möglichkeit, in völlig unvorhersehbaren, neuen Situationen zu *handeln*, und andererseits – und das interessiert uns hier – die *Sprache*:

> [...] jamais elles [les machines] ne pourraient user de paroles ni d'autres signes en les composant, comme nous faisons pour déclarer aux autres nos pensées: car on peut bien concevoir qu'une machine soit tellement faite qu'elle profère des paroles, et même qu'elle en profère quelques-unes à propos des actions corporelles qui causeront quelques changements en ses organes, comme si on la touche en quelque endroit, qu'elle demande ce qu'on veut lui dire; si en un autre, qu'elle crie qu'on lui fait mal, et choses semblables; mais non pas qu'elle les arrange diversement pour répondre au sens de tout ce qui se dira en sa présence, ainsi que les hommes les plus hébétés peuvent faire. (95 f.)

[...] niemals könnten sie [die Maschinen] Wörter oder andere Zeichen verwenden, indem sie sie zusammenstellen, so wie wir es tun, um den anderen unsere Gedanken mitzuteilen: denn man kann sich sehr wohl vorstellen, daß eine Maschine so gemacht wäre, daß sie Wörter äußert und sogar daß sie einige Wörter äußert auf körperliche Handlungen hin, die einige Veränderungen in ihren Organen bewirken, wie wenn man sie an einer Stelle berührt, und sie fragt, was man ihr sagen will, oder wenn man sie an einer anderen Stelle berührt, und sie schreit, daß man ihr wehtut, und ähnliche Dinge; aber nicht daß sie die Wörter verschieden arrangiert, um auf den Sinn von allem zu antworten, was man in ihrer Gegenwart sagt, so wie es die einfältigsten Menschen tun können.

Eine entsprechend konstruierte Maschine könnte also durchaus – schon als bloßer Körper – auf bestimmte Stimuli so reagieren, daß sie Wörter äußert. Der Mensch aber kann Wörter oder andere Zeichen *frei* zusammenfügen, so daß er auf *alles* antwortet, was man ihm sagen wird. Es handelt sich bei beiden Kriterien um dasselbe, nämlich um die Spuren der Aktivitäten eines *freien Denkens* im Körperlichen. Descartes sieht, daß auch geistig Zurückgebliebene (hébétés) Wörter zu einer Rede zusammenfügen können:

qu'il n'y a point d'hommes si hébétés et si stupides [...], qu'ils ne soient capables d'arranger ensemble diverses paroles, et d'en composer un discours par lequel ils fassent entendre leurs pensées. (96)

daß es keine noch so stumpfsinnigen und blöden Menschen gibt, die nicht fähig wären, verschiedene Wörter zusammen zu arrangieren und daraus eine Rede zusammenzustellen, durch die sie ihre Gedanken zu verstehen geben.

Des weiteren haben auch Taubstumme Zeichen, eine *langue*, mit denen sie ihre Gedanken mitteilen: «quelques signes par lesquels ils se font entendre à ceux qui étant ordinairement avec eux ont loisir d'apprendre leur langue» (97), «einige Zeichen, mit denen sie sich denen verständlich machen, die gewöhnlich mit ihnen zusammen sind und daher ihre Sprache lernen konnten». Die geistig Behinderten und die Taubstummen haben nämlich ebenso wie alle anderen Menschen Denken und Vernunft, *pensée* und *raison*. Wenn Tiere – Elstern oder Papageien – sprechen, so ist dies dagegen nur scheinbar Sprache. Sie äußern zwar Wörter (proférer des paroles), aber sie *sprechen nicht*. Denn Sprechen ist: «*bezeugen, daß man denkt, was man sagt*» (témoigner qu'ils pensent ce qu'ils disent):

[die Tiere] toutefois ne peuvent parler ainsi que nous, c'est-à-dire en *témoignant* qu'ils *pensent* ce qu'ils disent. (96, H.v.m.)

die Tiere aber können nicht sprechen wir wir, d. h. indem sie *bezeugen*, daß sie *denken*, was sie sagen.

Die Tiere haben nämlich gar keine «pensée», kein Denken, ihre Seele ist, wie Descartes sagt, von völlig anderer Natur als die unsere. Sie können daher auch kein Denken bezeugen. Dagegen hat auch der noch so unintelligente Mensch nach Descartes «raison» und «pensée». Jede menschliche Seele ist «Denk-Sache», *res cogitans*. Und Sprechen ist *Zeugnis* der *cogitatio*, Zeugnis des Denkens: «témoigner qu'ils *pensent* ce qu'ils disent». Es ist Mitteilung unserer *Gedanken* an die anderen: «déclarer aux autres nos *pensées*» (95). Die Tiere haben höchstens Bewegungen ihrer (körperlichen) *passions*, ihr Seelenleben verbleibt ganz im Körperlichen, sie gehören ausschließlich der res extensa an. Der Mensch ist, wie gerade das Buch von der Welt gezeigt hat, natürlich auch Körper, aber sein Menschsein, die Differenz zu den Tieren, besteht in seiner völlig anderen Seele: als Mensch hat er eben auch Vernunft, raison, Denken, res cogitans.

Die Sprache ist nun – zusammen mit der freien Handlungsfähigkeit (das sollte man nicht vergessen: nicht nur die Sprache, sondern auch die *action* bezeugt die Anwesenheit der cogitatio) – *Zeugin* des Denkens in der res extensa. Sie bezeugt die Sonderstellung des Menschen in der Schöpfung, seine Teilhabe an der res cogitans und das heißt: die Menschlichkeit des Menschen. Sie hat damit in Descartes' Philosophie eine wirklich herausragende Position: als einer der beiden körperlichen Orte, an denen sich die Existenz der vom Körper völlig getrennten Denk-Sache zeigt.

Dennoch ist die Sprachauffassung Descartes' völlig traditionell, d. h. aristotelisch: Die Sprache ist Zeugin oder Ausdruck des Denkens, und sie dient zur Mitteilung des Denkens an andere, sie ist *symbolon* oder *semeion* (Aristoteles), *nota* (Boëthius), *testimone* (der Aristoteliker Pomponazzi): *témoin*. Das heißt: sie ist bloß etwas Materielles, sie ist nicht selber Denken. Zwischen dem materiellen Wort und dem Denken liegt der *Abgrund* zwischen den beiden Welten, der auch von der Sprache nicht überwunden wird, der Abgrund zwischen res extensa und der res cogitans. Durch diesen Abgrund lockert Descartes die sowieso schon lockere Zeichen-Relation zwischen vox und conceptus noch einmal erheblich, die bei Aristoteles durch die *syntheke*, die «historische Übereinkunft», vermittelt war. Nun gehören sie zwei nicht vermittelbaren Welten an, die nur durch die «Zeugenschaft» des materiellen Worts miteinander verbunden sind.

4.2.2. Chomsky, der einflußreichste Sprachwissenschaftler des 20. Jahrhunderts, der in Descartes den entscheidenden Vorgänger seiner eigenen Bemühungen sieht, hat sich von der Anwesenheit eines zentralen Arguments gegen den Behaviorismus dazu hinreißen lassen, Descartes einen weiteren Gedanken zu unterlegen, den dieser aber nicht gedacht hat. Zurecht weist Chomsky darauf hin, daß Descartes im freien – d. h.

stimulusfreien – Handeln und im freien Arrangement der Wörter das Wesen des Menschen gesehen hat und daher auch – schon im 17. Jahrhundert – die behavioristische Sicht zurückgewiesen hat, die das Handeln und Sprechen des Menschen bloß als Reaktionen auf stimuli – also letztlich als total determiniert – versteht. Chomsky hat aber in dieser Freiheit des Arrangements der Wörter – «arranger les paroles diversement», «arranger ensemble diverses paroles» – schon den Grundgedanken seiner generativen Grammatik, den «creative aspect of ordinary language use», sehen wollen (Chomsky 1966: 4 f.). Der schöpferische Sprachgebrauch manifestiert sich nach Chomsky im wesentlichen darin, daß Sprecher aufgrund ihrer – weitgehend angeborenen – Sprachkompetenz Äußerungen (Sätze) völlig neu konstruieren können, da sie über das entsprechende sprachliche Regelwerk verfügen und nicht weil sie fertige Sätze aufgrund von stimuli sozusagen nur wiedergeben (so wie Descartes' imaginierte Maschinen). Was Chomsky bei seiner Descartes-Interpretation aber nicht in aller Deutlichkeit gesehen hat, ist, daß es bei Descartes eigentlich nicht die Sprache ist, die kreativ ist, sondern das *Denken*. Die Descartessche Argumentation verläuft eindeutig so: Weil der Mensch das Denken hat und weil das Denken unabhängig ist von körperlichen Stimuli, arrangiert er die Wörter frei. Die Wörter (die bloß als Signifikanten gedacht sind) «bezeugen» die Anwesenheit des Denkens. Descartes spricht an der angegebenen Stelle von *paroles* und *signes*, also von lautlichen und visuellen «Zeugen» des Denkens, deren Funktion die Mitteilung an andere ist. Seine Vorstellung von «Sprache» ist eine ganz traditionelle: voces als signa des Gedachten, die der Mitteilung an andere dienen. Das hat mit Chomskys *kognitiver* Auffassung von «Sprache» nichts zu tun.

Allerdings tritt in der Weiterentwicklung der Chomskyschen Sprachauffassung doch die tiefe Berechtigung zutage, mit der Chomsky Descartes als seinen monumentalischen Vorgänger requiriert: Sein Buch heißt ja *Cartesian Linguistics*, womit er natürlich seine eigene Linguistik meinte. Eugenio Coseriu (1972: 43) hat gegen diesen Titel polemisch eingewandt, daß sich die cartesische Linguistik dadurch auszeichne, daß es sie nicht gebe. Und in der Tat ist immer deutlicher geworden, daß es auch bei Chomsky primär um das *Denken* geht und nicht um das, was traditionellerweise «Sprache» genannt wird. Die Entäußerung der kognitiven Vorgänge im Körperlichen, im Lautlichen, in voces, ta en te phone, oder in anderen Zeichen (signes) ist Chomsky völlig gleichgültig. Er nennt sie ja nicht von ungefähr «äußere Sprache», «external language». Auch was Menschen sonst für «Sprache» halten, nämlich das «déclarer aux autres», die Kommunikation, hält Chomsky für völlig sekundär und der «Sprache» äußerlich. Richtige «Sprache», *language*, ist nämlich nur «internal language», ein angeborener mentaler Mechanismus. «Sprache» ist reines Denken, cartesische angeborene Ideen, *ideae innatae*. Language hat, wie Chomsky deutlich sagt, gar keinen «Zweck», vor allem keinen kommunikativen. Language ist ein «kognitives System», das allerdings nicht den *alten* kognitiven Zweck der Erschließung der *Welt* hat, der Bildung von conceptus der Sachen. Language hat überhaupt *keine* Beziehung zur Welt, weder zu den Sachen (res) noch zu den anderen Menschen. Sie ist weltlos. Ihr Zweck ist ihre völlig immaterielle (mathematische) Eleganz oder Schönheit, d. h. ihre Zweckmäßigkeit ohne Zweck. Language ist ein (immaterieller) ästhetischer Gegenstand:

> [...] language is designed as a system that is «beautiful» but in general unusable. It is designed for elegance, not for use, though with features that enable it to be used for the purposes of normal life. (Chomsky 1991b: 49)

Wie bei Descartes sind also die «außen» erscheinenden materiellen Phänomene (paroles, signes) bestenfalls «Zeugen» der Existenz dieser schönen mentalen Fähigkeiten und Prozesse, mehr aber auch nicht. Sie sind dem Inneren völlig kontingent. Innen und Außen sind durch einen Abgrund voneinander getrennt. Im Gegensatz zu Descartes hat aber nun der Ausdruck «Sprache» (bzw. die vielen Ausdrücke, die Descartes gebraucht: *parole, signe, parler, langue, langage*) seinen Ort gewechselt: «Sprache», *language*, bezeichnet nicht mehr die materiellen kommunikativen Vorgänge, sondern gerade das, was Descartes «pensée» oder «raison» nennt. Chomskys Wissenschaft ist also keine «Cartesian linguistics», sondern «linguistic Cartesianism», eine Wissenschaft von der cogitatio, die den Namen «Sprache» für das Denken requiriert.

4.2.3.   Wenn wir nun von Descartes noch einmal auf Bacon zurückblicken, so wirft Descartes einen deutlich freundlicheren Blick auf die Sprache. Während Bacon an der Sprache verzweifelt, weil das an ihr klebende Denken das richtige Denken stört, so ist sie bei Descartes die willkommene und als solche durchaus gefeierte Zeugin der cogitatio, jenes inneren Reiches, in dem Descartes die klare und sichere Wahrheit gefunden hat. Sprachkritik auf der empiristischen Seite, durchaus freundliche Gefühle auf der anderen, rationalistischen Seite. Dies festzuhalten ist deswegen wichtig, weil der erneute (teilweise) «Stimmungsumschwung» zugunsten der Sprachen im 18. Jahrhundert in der Tat eher von «rationalistischer» Seite kommt, von Leibniz vor allem, während die Empiristen eigentlich immer Sprachkritiker bleiben. Diese Differenz hängt an den verschiedenen zugrundeliegenden Sprachmodellen, aber auch an der Differenz der Blickrichtung und an einer Differenz der in Betracht kommenden Sprach-Ebene. Bacons *scientia* ist nach außen, auf die Objektivität, gerichtet, und dabei erkennt sie, daß die konkreten Sprachen (*langues*) diese Objektivität schon vorformen bzw. eben «vulgär» verformen (verba

res secant). Und dagegen muß man etwas tun. Descartes' Blick wendet
sich gerade von der Objektivität ab nach innen, ins reine Ich, auf die res
cogitans, dort stören keine konkreten Sprachen (die sind sowieso nur
Signifikanten und schon längst als nicht besonders wichtig beiseitegeräumt).

Und wenn er dann seinen Blick wieder auf die Objektivität, auf
die res extensa zurückwendet, so entdeckt er in der Materialität der Körper das Sprechen und die Zeichen, modern ausgedrückt – mit dem Terminus von Saussure – *langage*, Sprache überhaupt, als Zeugen des Denkens überhaupt, also der universellen cogitatio. Und das ist natürlich
überhaupt nicht zu kritisieren, sondern geradezu zu feiern. Die empirischen Vorstellungen konkreter Menschen und die konkreten historischen Sprachen kommen hier erst gar nicht in den Blick. Deswegen zürnt
der Rationalismus auch nicht mit der Sprache, wie dies der Empirismus
tut. Das rationalistische Denken bewegt sich daher eher auf die Sprache
zu, da sie gar nichts Bedrohliches ist, sie ist gar keine Gefahr für die
Wahrheit oder die Einheit des Geistes.

Durch den Abgrund zwischen Körper und Geist hat Descartes' Denken, wie gesagt, erst einmal die Trennung von vox und conceptus vertieft. Sie gehören nun zwei wirklich getrennten Welten an. Aber das Verhältnis von vox und conceptus bleibt natürlich ein Problem: Ist vox nicht
doch «vergeistigt», wenn sie das Denken «bezeugt»? Hat sie als «Zeugin» des Denkens das Denken gleichsam nur gesehen oder gehört, und
berichtet davon? Oder hat das Denken seine «Spur» in der vox hinterlas-
sen, so daß in ihr doch ein Abdruck des Denkens ist? Ist sie die andere
Hälfte des *symbolon*, die genau auf die Denk-Hälfte paßt? Wie sieht die
Brücke aus über jenen Zwischen-Raum, den bei Aristoteles die *syntheke*
einnahm, und in dem sich nun der Abgrund zwischen den beiden Substanzen auftut? Genau an dieser Frage wird sich das philosophische
Sprachdenken Europas abarbeiten, bei Leibniz, bei Vico, bis es bei Humboldt die *Synthese* der beiden Substanzen denkt. Dazu braucht es aber
zunächst die Baconsche Verzweiflung an der volkstümlichen Semantik,
am Einschneiden der Sachen durch den «Verstand des Volkes», den vulgaris intellectus, und vor allem daran, daß diese (falschen) Vorstellungen
an den Wörtern «kleben».

4.3. Die Reinigung der Volkssprache

4.3.1. Wie Bacon schreibt auch Descartes auf Lateinisch *und* in der
Volkssprache. Die Wahl der einen oder anderen Sprache wird nach den
ins Auge gefaßten Lesern getroffen. Ausdrücklich äußert sich Descartes
folgendermaßen zur Wahl des Französischen für den *Discours de la méthode* fast ganz am Ende der Schrift:

Et si j'écris en français, qui est *la langue de mon pays*, plutôt qu'en *latin*, qui est celle de mes *précepteurs*, c'est à cause que j'espère que ceux qui ne se servent que de leur *raison naturelle toute pure* jugeront mieux de mes opinions que ceux qui ne croient qu'aux *livres anciens* (118. H.v.m.).

Und wenn ich auf Französisch schreibe, in der Sprache meines *Landes*, statt auf Lateinisch, d. h. in der Sprache meiner *Lehrer*, so deswegen weil ich hoffe, daß diejenigen, die sich nur ihrer *völlig reinen natürlichen Vernunft* bedienen, meine Meinungen besser beurteilen werden als diejenigen, die nur an die *alten Bücher* glauben.

Die im Zitat hervorgehobenen Oppositionen sprechen für sich: *Latein, Lehrer, Schule, alte Bücher* vs. *Sprache meines Landes, Vernunft, Natürlichkeit.* Der zweite, positive Pol der Opposition kulminiert in der Vorstellung der *Reinheit:* «leur raison naturelle *toute pure*». Die *Buch-Gelehrten*, die an den lateinischen oder griechischen Büchern hängen, kennen wir ja schon als Gegner sowohl des Hofmannes als auch des Neuen Wissenschaftlers. «Ceux qui ne se servent que de leur raison naturelle toute pure», die Menschen, die sich nur der völlig *reinen natürlichen* Vernunft bedienen, die also nicht unbedingt ein lateinisches Curriculum durchlaufen haben, sind ja durch den vorliegenden Text auch noch insofern besonders für die Lektüre des *Discours* geeignet, als ihr Denken gar nicht erst durch die «alten Bücher» belastet wurde, die Descartes mühsam aus seinem Geist entfernen mußte, um zur «raison naturelle toute pure» vorzustoßen. Indem er seinen Text also einem Publikum von Lateinunkundigen anbietet, trägt er die Philosophie in einen gesellschaftlichen Bereich *jenseits der Schule* und der précepteurs hinein, der für den wissenschaftlichen Fortschritt entscheidend sein wird.[4] Genau an der Stelle, wo Speronis Dialog sich auf diese Opposition zwischen Schule und Hof zuspitzte, rief der Cortegiano den Scolare zu Hilfe, ihm doch gegen die humanistischen Buchgelehrten zur Seite zu stehen, d. h. da bahnte sich diese Allianz ja schon an, die Descartes hier noch einmal ausdrücklich bekräftigt, die Allianz der Natur-Wissenschaft mit dem *monde,* d. h. mit dem eleganten höfischen Publikum.

«Le bon sens est la chose du monde la mieux partagée», «der gesunde Menschenverstand ist die am besten verteilte Sache der Welt», mit diesem berühmten Satz beginnt der *Discours de la méthode*, einem Satz, den Descartes dann auch gleich noch einmal bestätigt und erläutert: «le bon sens ou la raison est *naturellement* égale en tous les hommes», «der gute Menschenverstand oder die Vernunft ist *von Natur aus* in allen Menschen gleich». Indem er die natürliche Vernunft oder den bon sens, den gesunden Menschenverstand, nun am Ende seines Textes erneut anruft, schließt er nicht nur den Kreis seines Textes, sondern er schließt auch den Besitz der natürlichen Vernunft mit denen kurz, die die *Volkssprache* sprechen.

Allerdings will er es sich doch mit den Lateinkundigen und den Leuten des studiums (étude) nicht ganz verderben, jedenfalls nicht mit denen, die das Studium mit bon sens verbinden. Diese sind seine pairs und sollen natürlich seine Richter sein. Diese bittet er um Nachsicht für den Gebrauch des Vulgare (langue vulgaire):

> et pour ceux qui joignent le bon sens avec l'étude, lesquels seuls je souhaite pour mes juges, ils ne seront point, je m'assure, si partiaux pour le latin, qu'ils refusent d'entendre mes raisons pour ce que je les explique en langue vulgaire. (118)

> und was diejenigen angeht, die den gesunden Menschenverstand mit dem Studium verbinden und die allein ich mir zu meinen Richtern wünsche, sie werden bestimmt nicht, da bin ich sicher, so parteiisch für das Lateinische sein, daß sie es ablehnen, meine Gründe anzuhören, weil ich sie in der Volkssprache vorbringe.

Diese Philosophie stellt sich also ganz bewußt in einen *neuen gesellschaftlichen* Raum, dessen sprachliche Ausformung wir nun betrachten wollen. Descartes ist auch damit – nicht nur mit der Entdeckung des reinen Denkens als des neuen Innen-Raums des sicheren Wissens – revolutionärer, moderner als Bacon, der zwar das *neue* «regnum hominum quod fundatur in scientiis» begründen möchte, der dies aber in der *alten* Sprache tut und der ausdrücklich den captus *vulgi*, die *Volks*-Intelligenz, vehement kritisiert und bekämpft und damit die Uralt-Opposition zwischen den doctores und dem vulgus aufrechterhält, die schon Dante zu *überwinden* versuchte. Während Bacon ganz im gesellschaftlichen und sprachlichen Raum der homines docti bleibt, versucht Descartes gerade, diesen Raum auch durch die Wahl der Sprache auf den Teil der Gesellschaft hin zu öffnen, die sich der langue vulgaire und des gesunden Menschenverstandes (statt des Lateinischen und der Autorität der alten Bücher) bedient, das heißt auf das höfische Lesepublikum seiner Zeit.

4.3.2. Schon Franz I. hatte, wie wir im vorigen Kapitel gezeigt haben, gegen die lateinische Universität ein auch für die Volkssprache offenes *Studium*, das Collège des Trois Langues, das spätere Collège de France, eröffnet, so daß in Frankreich schon seit langem ein Bündnis zwischen den Wissenschaften und der Sprache des Volkes bestand. Die furchtbaren Religionskriege in der zweiten Hälfte des 16. Jahrhunderts ändern nichts am dynamischen Vordringen der Volkssprache gegen das Lateinische. Die seit der Beendigung der Religionskriege wieder sich festigende königliche Macht wird im Laufe des 17. Jahrhunderts die gefährlichen zentrifugalen politischen Kräfte im goldenen Käfig des Hofes von Paris und Versailles gefangensetzen. Neben den – nunmehr allerdings vorzugsweise außerhalb Frankreichs stattfindenden – Kriegs-Spielen wird der am Hof konzentrierte Adel sich mit der Stilisierung seiner Lebensformen beschäftigen. Der *Cortegiano*, der große Entwurf höfischen Lebens, spielt dabei eine maßgebliche Rolle. Das Miteinander-Sprechen, die Konversation, ist ein wichtiger Bereich dieser aristokratischen Lebensformen, und diese findet nun einmal in der Vulgärsprache statt, die aber natürlich gerade nicht «vulgär» sein soll. Deren «Regularisierung», die im 16. Jahrhundert nicht nur gefordert, sondern auch schon tatkräftig durch Grammatiken und Wörterbuchprojekte in Angriff genommen worden war, gerät nunmehr aus der Hand der Drucker in die Obhut der königlichen Zentralgewalt.

«La rendre *pure*, éloquente et capable de traiter les arts et sciences», die französische Sprache «*rein* und eloquent machen und zur Behandlung der Techniken und Wissenschaften befähigen» ist die Aufgabe der 1635 von Kardinal Richelieu, also dem eigentlichen Herrscher Frankreichs, gegründeten *Académie française* (Wolf Hrsg. 1972: 15). Dabei ist die Sorge um die *Reinheit* nicht nur das erstgenannte, sondern, wie sich herausstellen wird, auch das *vorrangige* Ziel. Bacon hatte zur Reinigung des Geistes von den Götzen aufgerufen: «intellectus ab omnino est *expurgandus*». Descartes bewegt sich im Reich des reinen Geistes («intellection *pure*» nennt das die *Logik* von Port-Royal) und der Klarheit (*clarté*) und ruft die *Reinheit* der natürlichen Vernunft, «la raison naturelle toute pure», gerade seiner volkssprachlichen Leser an. Diese, also die mit der *reinen* natürlichen Vernunft begabten Höflinge, wollen nun sozusagen auch hinsichtlich der Sprache nicht zurückstehen. Sie machen sich an die Reinigungsarbeit. Das Jahrhundert scheint (nach dem schmutzigen 16. Jahrhundert) geradezu einem Reinheitswahn verfallen zu sein. Nach dem Exorzismus der alten Götzen und der Zurücklassung des schmutzigen Körpers und der staubigen alten Bücher seitens der Wissenschaftler und Philosophen gibt es nun also die Aktion der Höflinge gegen den sprachlichen Dreck: gegen das Alte, gegen das Niedere, gegen das Marginale und das Ferne und Fremde. «Nettoyer la Langue des ordures», «die Sprache vom Unrat säubern», nennt das klipp und klar Nicolas Faret,[5] der Theoretiker des französischen Hofmannes, des *honnête homme*, und Mitinitiator der Akademie. Die Reinheit ist da, wo wir, die vornehmen Reiniger sind, d. h. im Jetzt, gesellschaftlich ganz oben (bei Hofe) und im Zentrum (Paris).

Neben der Reinheit (die gleichsam das politische Ziel repräsentiert: die Freiheit nämlich von unerwünschten fremden, regionalen und sozialen Einflüssen) begegnet uns bei der Aufgabenbestimmung der Académie française auch die Förderung der *Eloquenz*, die uns auf die Sprach-Kunst verweist, und die technisch-wissenschaftliche *Effizienz* (capable de traiter les arts et sciences). In der italienischen Sprachakademie, der Accademia della Crusca, die als institutionelles Vorbild diente, war die Eloquentia, nämlich die Dichtung der toskanischen Klassiker des 14. Jahrhunderts, das vorrangige Richtmaß der sprachlichen Normierungsarbeit. Die Crusca folgte in dieser Hinsicht den konservativen Vorstellungen Pietro Bembos, dem *umanesimo volgare*. Auch die Reinheit spielt in Italien eine zentrale Rolle. Die mangelnde toskanische Reinheit hatte Bembo noch dazu veranlaßt, Dante als Vorbild für die Norm der italienischen Literatursprache auszuschließen und nur Petrarca und Boccaccio zu empfehlen. Die Crusca folgt hierin Bembo aber nicht und nimmt Dante in das Textkorpus auf, aus dem sie ihr Wörterbuch schöpft, das 1612 erscheint. Keine Rolle spielen für die toskanische Akademie die Effizienz, also Wissenschafen und Technik, arts et sciences, obwohl gerade auf diesem Feld die Italiener Vorreiter gewesen sind. Ausgesprochen modern ist daher die französische Einbeziehung der «arts et sciences» in den Bereich der von der Akademie zu fördernden Diskursbereiche der Volkssprache, zumal diese doch, vor allem die «Wissenschaften» – immer noch, trotz der zahlreichen französischen Bücher auf diesem Gebiet – die traditionellen Domänen des Lateinischen sind. Die absolutistische Zentralgewalt, die ja schon hundert Jahre vorher die Verwaltung in ihren Sprachbereich herübergezogen hatte (en langage maternel français et non autrement), zieht eben auch diese Diskursdomäne endgültig aus der universalistischen lateinischen Welt des alten Europa an sich und damit ins Französische.

Entschieden moderner als bei der Crusca ist auch das, was hier *éloquence* heißt: Die Sprachkunst, an der sich die Académie ausrichtet, sind nicht die klassischen Autoren der Vergangenheit, sondern die «meilleurs auteurs», womit die besten Autoren der *Gegenwart* gemeint sind, bzw. die Mitglieder der Académie selbst. Richtschnur der Norm ist auch im Sprachlichen der bon sens statt der livres anciens, der alten Bücher. Was immer man heute über die Akademie sagt, sie war in ihrem Gründungsmoment eine ausgesprochen moderne und «unakademische» Einrichtung, wenn man mit Akademismus «Konservativismus» und Orientierung an klassischen Vorbildern meint.

Während die Gründungsstatuten der französischen Akademie mit der Erwähnung der «meilleurs auteurs» als der Quelle der Norm gleichsam nur auf die schriftliche Sprache schauen, rückt im Verlaufe der Diskussion die *mündliche* Sprache nicht nur ins Blickfeld der Akademie, sondern ins Zentrum. Der wichtigste Theoretiker der Sprachnorm, Vaugelas, wird nämlich den *Hof* als den maßgeblichen gesellschaftlichen Ort der Sprachnorm, des *bon usage*, des guten Gebrauchs, herausstellen und ihn auch tatsächlich bei seinen «Bemerkungen über die französische Sprache» (*Remarques sur la langue française*, 1647) als die Quelle seiner Vorschläge heranziehen. Genauer ist der gesellschaftliche Referenz-Ort für den bon usage: «la plus saine partie de la Cour», «der bessere Teil des Hofes», die sanior pars des Hofes, d. h. die Leute, die außer mit dem gesellschaftlichen Prestige auch noch mit dem ausgestattet sind, was Descartes die am meisten verbreitete Sache der Welt genannt hatte, mit «bon sens» oder der ganz reinen natürlichen Vernunft. Der Ausdruck «Hof», la Cour, umfaßt ausdrücklich Männer und *Frauen* und auch die Menschen aus der *Stadt* (la Ville), die an der «politesse», dem höfischen Schliff, teilhaben:

> Quand je dis la *cour*, j'y comprends les femmes comme les hommes, et plusieurs personnes de la ville où le prince réside, qui par la communication qu'elles ont avec les gens de la cour participent à sa politesse. (Vaugelas 1647/1996: 10)

> Wenn ich sage «der Hof», dann verstehe ich darunter die Frauen wie die Männer und mehrere Personen aus der Stadt, wo der Fürst wohnt, die durch die Verbindung, die sie mit den Leuten des Hofes haben, an seiner Politesse teilhaben.

La Cour, der Hof, das ist natürlich ein Ort der Konversation, der *Mündlichkeit*. Auch Kirche und Gericht, also die Institutionen der *Stadt*, die mit dem Hof als dem Ort der Macht (empire) «kommunizieren», sind Domänen öffentlicher Mündlichkeit. Die höfische Sprachlichkeit gibt auch der Kanzel und dem Gericht, also den beiden anderen prestigereichen Formen des öffentlichen Sprechens, der Rede des Predigers und des Juristen, die notwendige Anmut, *grâces*. An der zentralen Stelle, die das sprachliche Modell der französischen Kultur für das nächste Jahrhundert bestimmt, erscheint also nach «politesse» als Schlüsselwort für höfische Sprachlichkeit der Ausdruck, der die zentrale Qualität des Cortegiano bezeichnet: *grazia*:

> Il est certain que [...] l'éloquence de la chaire, ni du barreau n'aurait pas les *grâces* qu'elle demande, si elles ne les empruntait toutes de la cour. (10)

> Es ist sicher, daß [...] die Beredsamkeit der Kanzel und des Gerichts nicht die erforderliche *Anmut* hätte, wenn sie sie nicht völlig vom Hof entleihen würde.

Die *auteurs* – und damit die schriftlichen Sprachproduktionen – sind bei Vaugelas zwar nicht ausgeschlossen, sie sind so etwas wie die schreibenden Brüder der Konversation treibenden Höflinge, der *honnêtes gens*. Die wirklich bestimmende Quelle der Sprachnorm ist aber das *Sprechen* bei Hofe: «denn das gesprochene Wort ist das erste in Reihenfolge und in Würde» (car la parole qui se prononce est la première en ordre et en dignité, 10). Die Zustimmung der Schriftsteller ist nur, wie Vaugelas sagt, das Siegel, das den mündlichen Gebrauch des Hofes autorisiert. Der bon usage festigt sich und stabilisiert sich durch die Übereinstimmung (conformité) zwischen dem Hof und den guten Schriftstellern:

> Toutefois, quelque avantage que nous donnions à la cour, elle n'est pas suffisante toute seule de servir de règle, il faut que la cour et les bons auteurs y con-

courent, et ce n'est que de cette conformité qui se trouve entre les deux, que l'usage s'établit. (10).

Dennoch: welchen Vorrang wir auch immer dem Hof geben, der Hof ganz allein reicht doch nicht ganz hin, um als Regel zu dienen, sondern der Hof und die guten Autoren müssen dabei zusammenwirken, und erst aus dieser zwischen den beiden zu findenden Übereinstimmung etabliert sich der Gebrauch.

Mündliche und schriftliche Sprache berücksichtigte auch Castigliones *Cortegiano*, der bei dem Entwurf des *bon usage* natürlich Pate stand. Vaugelas' Grundprinzip, daß der Gebrauch der Herr der Sprache sei, «l'usage, que chacun reconnaît pour le maître et le souverain des langues vivantes» (9), greift Castigliones «la consuetudine è la maestra» (Castiglione 1528: 80) auf, welches seinerseits auf die *Ars poetica* von Horaz zurückgeht. Und natürlich ist die Figur, die neben dem guten Autor dem guten Gebrauch die Regel gibt, niemand anders als der graziöse Hofmann selbst. Wenn er einen Ort angeben könnte, an dem man die Norm finden kann, sagt der Theoretiker der höfischen Sprache, der Graf Ludovico im *Cortegiano* (an einer allerdings in der Endredaktion getilgten Stelle), so wären das: Wir und Hier, also die höfische Gesellschaft selbst:

> Io non sono qui – rispose el conte – per insegnarvi né a parlare né a scrivere; pur se a me si desse fede, direi che parlare e scrivere si devesse, *come facciam or noi*.[6]

> Ich bin nicht hier, antwortete der Graf, um euch sprechen und schreiben zu lehren; wenn ihr mir aber Glauben schenken würdet, so würde ich sagen, daß man so sprechen und schreiben sollte, *wie wir es hier tun*.

Indem er den eigentlichen Kern dieses anthropologischen Typs deutlicher herausarbeitet, hatte Speroni die Figur des Cortegiano deutlich als einen jungen Mann der Mündlichkeit und der *Performanz* modelliert und damit auch die lingua cortigiana als eine mündliche Sprache, die auf Effizienz und Anmut in der Gesellschaft aus ist. Das *Sprechen* (parler) des honnête homme «im gewöhnlichen zivilen Kommerz» ist bei Vaugelas nun eindeutig die letzte Instanz, die die Norm setzt. Nicht die Schule (und die Bücher), sondern der Hof (und seine Praktiken: die Konversation und der gesellschaftliche Umgang) ist die entscheidende und letzte Schule: eine *Schule der Performanz*. Die Opposition von Schule und Hof hebt sich auf im Hof als Schule, im *Schul-Hof*:

> [...] à cause que la cour est la seule école d'une infinité de termes qui entrent à toute heure dans la conversation et dans la pratique du monde et rarement dans les livres. (11)

> [...] weil der Hof die einzige Schule unendlich vieler Ausdrücke ist, die jederzeit in die Konversation und in den gesellschaftlichen Umgang eingehen und selten in die Bücher.

In dieser Option für den honnête homme, für den *sprechenden* Höfling, liegt die für Frankreich charakteristische Lösung der Questione della lingua. Vaugelas gibt den Ton an in dieser ersten und bedeutendsten Phase der Akademie-Geschichte, und damit entscheidet sich Frankreich – anders als Italien, das mit Bembo für den schreibenden Dichter votiert – für den Cortegiano als den modellgebenden anthropologischen Typ. Es entscheidet sich für grazia, für coolness, statt für gloria. Dies – nicht nur die politische französische Vormacht auf dem Kontinent – ist sicher auch ein Grund für die Attraktivität des französischen Kulturmodells in den folgenden Jahrhunderten gewesen.

In zwei Momenten unterscheidet sich der französische Höfling – und seine Sprache – freilich vom italienischen Cortegiano, wie wir ihn bei Speroni kennengelernt haben: Er ist *puristisch*, und er ist eindeutig *elitär-aristokratisch*. Beide Momente hängen mit der politisch-gesellschaftlichen Entwicklung im 17. Jahrhundert zusammen. Was das erste angeht, so schwebte dem italienischen Cortegiano ja noch eine Sprache vor, in die Wörter aus allen Teilen Italiens und Wörter aus dem Ausland Eingang finden sollten. Die Akademiebewegung und Vaugelas lehnen sowohl Wörter aus der Provinz als auch Wörter aus fremden Sprachen ab. Frankreich und die französische Sprache haben ihren Sitz im Zentrum in Paris. «La contagion des provinces» (12), die Ansteckung durch Provinzialismen, ist daher wie eine Krankheit zu meiden. Offensichtlich sind die Wörter aus den anderen Teilen des Landes Momente jener inneren zentrifugalen politischen Kräfte, die das Königtum bedrohen, sozusagen sprachliche Frondeure. Die Abwehr der fremden Wörter entspricht dagegen der außen-politischen Bedrohung: abgewehrt werden müssen vor allem die «habsburgischen» Sprachen Lateinisch, Italienisch und Spanisch (und in geringerem Maße das Englische, andere Sprachen kommen gar nicht in den Blick).

Zweitens ist der französische höfische bon usage explizit aristokratisch, anti-populär. Das niedere Volk (le peuple, la plebe) wird ausdrücklich als der Sitz des schlechten Sprachgebrauchs, des *mauvais usage*, gebrandmarkt. Der *bon usage* entstammt nicht der verachteten Mehrheit, sondern der «élite des voix», der Elite der Stimmen:

> Le mauvais se forme du plus grand nombre de personnes qui presque en toutes choses n'est pas le meilleur, et le bon au contraire est composé non pas de la pluralité, mais de l'*élite* des voix, et c'est véritablement celui que l'on nomme le maître des langues. (10)

> Der schlechte Gebrauch bildet sich aus der größten Zahl der Menschen, die fast in allen Sachen nicht die beste ist, und der gute Gebrauch dagegen wird nicht aus der Mehrheit, sondern aus der *Elite* der Stimmen gebildet, und dieser ist es wahrlich, den man den Meister der Sprachen nennt.

Der italienische Cortegiano hatte – zumindest bei Speroni – kein Problem mit dem Volk, das die Humanisten dünkelhaft mit Verachtung straften. Und er verbündete sich ja auch noch mit dem Scolare bzw. mit Pomponazzi, dem Vertreter der Neuen Wissenschaft, der sich sogar ausdrücklich den lokalen Dialekt und die Sprache des niederen Volkes (la plebe) als mögliches Ausdrucksmittel der Wissenschaft wünscht.

4.3.3. Der Purismus und der Elitismus sind dann auch der Grund dafür, daß die fortschrittliche Allianz des honnête homme mit den arts et sciences, die die Statuten der Académie française vorsehen, in der Akademie jedenfalls erst einmal mißlingt. «Reinheit» der Sprache und aristokratische Vornehmheit kollidieren nämlich mit den Anforderungen der technischen und wissenschaftlichen Arbeit. Denn natürlich müssen Fachvokabulare der arts et sciences, der Techniken und der Wissenschaften, sich aus allen möglichen dialektalen, volkstümlichen und fremdsprachigen Quellen speisen, und natürlich sind die arts et sciences nicht so vornehme Orte wie der Hof (und die mit ihm kommunizierende Kirche und das Gericht). Vor allem bei den arts, den Künsten und Techniken, muß man sich schon einmal die Hände (und folglich auch den Mund) schmutzig machen. Und die experimentellen sciences, die Natur-Wissenschaften, stehen den Techniken nicht fern. Da der französische honnête homme und Träger des bon usage aber als jemand stilisiert wird, der außer sich selbst und den anderen Höflingen, außer den neuesten guten Autoren (das sind natürlich die Académiciens) und den klassischen (lateinischen) Schriftstellern nichts kennt, wird die von der Akademie propagierte französische Sprachnorm dann schließlich doch extrem «akademisch», d. h. eng. Sie ist zwar nicht wie die italienische Norm der Crusca literarisch archaisierend, sondern höfisch modern (alte Wörter werden explizit ausgeschlossen), aber sie wird eben auf eine geradezu winzige Varietät des Französischen eingeengt: diatopisch auf das Pariser Zentrum, diastratisch auf die höchste Aristokratie und diaphasisch auf einen alles Fachwissen ausschließenden und formalen höfischen Diskurs.

Allerdings muß man sagen, daß das von den Statuten (und Richelieu) anvisierte Bündnis des Höflings mit den Wissenschaften (rendre la langue française capable de traiter les arts et sciences) erst nach großen inneren Auseinandersetzungen in die Brüche geht und daß die Trennung sich auch gesellschaftlich nicht hält. Der Höfling möchte nämlich gar nicht von den Techniken und Wissenschaften ferngehalten werden. Dennoch driften die beiden Bereiche – Hof und Neue Wissenschaften – in der Akademie erst einmal auseinander. Das läßt sich an dem Wörterbuch-Projekt der Akademie belegen: Die Akademie hatte nach ihren Statuten die Aufgabe, ein Wörterbuch, eine Grammatik, eine Rhetorik und eine Poetik zu verfassen. Die Grammatik der Académie française wird erst im 20. Jahrhundert, also gewissermaßen niemals, erscheinen. Rhetorik und Poetik werden nicht realisiert. Das eigentliche Werk der Académie française ist daher das *Wörterbuch*, das am Ende des Jahrhunderts, 1694, zum ersten Mal erscheint. Auf dem Wege dorthin werden einzelne Wörterbuch-Autoren der Akademie – Richelet (1680) und Furetière (1687) – Wörterbücher erstellen, die die arts et sciences ausdrücklich mitberücksichtigen. Furetière (bzw. sein Herausgeber) macht das provokant, indem er auf der Titelseite des *Dictionnaire Universel* sämtliche Disziplinen aufzählt, die er bei der Aufnahme von Wörtern berücksichtigt. Genau das aber will die Akademie nicht. Sie wird daher 1694 *zwei* Wörterbücher herausgeben: das eigentliche Wörterbuch der Akademie, *Le Dictionnaire de l'Académie françoise*, und das Wörterbuch der Techniken und Wissenschaften, das Thomas Corneille erstellt, *Le Dictionnaire des Arts et des Sciences*. Das Wörterbuch der Akademie versteht sich ausdrücklich als Wörterbuch des modernen honnête homme, es schließt daher ausdrücklich Archaismen und die Fachwörter für die arts et sciences aus:

> C'est dans cet estat où la Langue Françoise se trouve *aujourd'huy* qu'a esté composé ce Dictionnaire: et pour la representer dans ce mesme estat, l'Académie a jugé qu'elle ne devoit pas y mettre les vieux mots qui sont entierement hors d'usage, ni les termes des Arts et des Sciences qui entrent rarement dans le Discours; Elle s'est retranchée à la *Langue commune*, telle qu'elle est dans le commerce ordinaire des *honnestes gens*, et telle que les Orateurs et les Poëtes l'employent; Ce qui comprend tout ce qui peut servir à *la noblesse* et à *l'Elegance* du discours. (Wolf Hrsg. 1972: 74, H.v.m.)

> In dem Zustand, in dem sich die französische Sprache *heute* befindet, ist dieses Wörterbuch zusammengestellt worden, und, um sie in diesem Zustand darzustellen, hat die Akademie befunden, daß sie weder die alten Wörter, die völlig aus dem Gebrauch sind, aufnehmen sollte noch die Ausdrücke der Techniken und Wissenschaften, die selten in der Rede vorkommen. Sie hat sich daher auf die *gemeinsame Sprache* beschränkt, wie sie im gewöhnlichen Verkehr der *Edelleute* vorkommt und wie sie die Redner und Dichter gebrauchen. Das umfaßt alles, was der *Vornehmheit* und der *Eleganz* der Rede dienen kann.

Die Isolierung der Noblesse und der Eleganz – d.h. der Reinheit – der «allgemeinen Sprache» (langue commune) des Hofmannes von der Sprache des Wissens verdankt sich zwar einem durchaus einsichtigen Akt diskurspolitischer Hygiene: Hier der «politische» Sprecher, der ja gleichsam das öffentliche Allgemeine repräsentiert, das allen ohne fachliche Ausbildung zugänglich ist. Da der Fachmann, dessen Sprache nur von wenigen verstanden wird und daher auch nicht in die allgemeine Sprache aufgenommen wird. Diese Trennung ist aber am Ende des 17. Jahrhunderts schon überwunden, bzw. der Typ des Höflings, der gleichsam nur das Allgemeine – also nichts – weiß, ist schon von Anfang an überholt. Schon in Richelets und Furetières Wörterbüchern kündigt sich die neue maßgebliche Art des Sprechens an, das Noblesse und Eleganz, *grâces*, mit der Kenntnis der Sachen zu verbinden gedenkt. Es ist kein Zufall, daß ausgerechnet Pierre Bayle Furetières *Dictionnaire Universel* postum in Amsterdam herausgibt: Bayle, der Philosoph der Frühaufklärung, ist nämlich der Herausgeber der ersten Enzyklopädie, des *Dictionnaire historique et critique* (1697), das eben diese neue Wissenskonstellation repräsentiert: die Verbindung von Sprachwissen und Sachwissen. Die kulturell bestimmende Figur des 18. Jahrhunderts ist dann auch nicht mehr der *honnête homme*, sondern der *philosophe*. Dieser ist durchaus kein uneleganter roher Techniker oder Stubengelehrter, sondern einer, der die «arts et sciences» in die höfische Gesellschaft hineinträgt. Die große *Encyclopédie* ist das Buch dieses anthropologischen Typs. Die Wissensgesellschaft beginnt nicht erst im 20. Jahrhundert. Sie ist im 18. Jahrhundert aber eben auch noch *Gesellschaft*, nicht nur Wissen.

Allerdings bleibt diese Transformation soziologisch nicht neutral: Das Wissen ist durchaus ein Weg auch für die niedrigeren Schichten, an den gesellschaftlich bedeutenden Aktivitäten teilzunehmen. Die demokratische Entwicklung Europas kündigt sich in den enzyklopädischen Projekten an. Die Träger der arts et sciences sind nicht unbedingt Mitglieder der hohen Aristokratie. Wie tief diese sich allerdings ihrerseits mit dem Wissen und der Technik einläßt, das ihr schließlich den Garaus machen wird, die Vermählung der noblesse mit den arts et sciences, zeigt vielleicht – neben all den gekrönten «philosophes» des 18. Jahrhunderts: Sophie-Charlotte, Friedrich der Große, Katharina etc. – der letzte französische König am rührendsten: Ludwig XVI. war ein hervorragender und leidenschaftlicher Handwerker.

4.4. Linguistische Purifikation: Klarheit, Universalität und Harmonie

4.4.1. Kehren wir noch einmal zur Académie française und zur Etablierung einer staatlich geförderten Sprachlenkung zurück. Diese greift in Frankreich, anders als in Italien, auf den Typ des Cortegiano zurück und ist damit vorrangig einer Kultur des Performativen, des Mündlichen und des «Politischen» (natürlich in der Begrenzung, die der Absolutismus den politischen Akteuren setzt) verpflichtet und nicht so sehr der auf ewige gloria ausgerichteten schriftlichen Sprach-Kultur des humanistischen Dichters. Dennoch bewegt die Begründer der Académie française nicht nur die performative Effizienz und die elitäre Reinheit der Sprache, sondern durchaus auch ein humanistischer «amore della lingua», eine Liebe zur Sprache, der wir bei allen Dichtern und Schriftstellern begegnen, gleich in welcher Sprache sie schreiben. Die Liebe zur Sprache war seit den Humanisten an den jeweiligen besonderen Qualitäten der geliebten Sprache festgemacht, an ihrem *idíoma*. Du Bellay hatte das «je ne sais quoi propre seulement à elle» auch in seinem geliebten Französisch entdeckt. Und im Umfeld der Akademie erscheint nun im Gründungsjahr 1635 eine Gestalt, die für die europäische Sprachreflexion von größter Bedeutsamkeit sein wird: das «génie des langues», der Geist oder Genius der Sprachen. Dieser kleine Geist wird in der Zukunft das Individuelle, das Besondere, das *idíoma* der einzelnen Sprachen, bezeichnen.

Zunächst geht es vor allem um den Geist der *französischen* Sprache, das génie de la langue française, der in apologetischen Diskursen gegen andere Sprachen – und andere génies – in Stellung gebracht wird. Das génie de la langue française dient vor allem dazu, die Weltgeltung des Französischen propagandistisch abzusichern. Klassisch geschieht dies in den *Entretiens d'Ariste et d'Eugène* (1681) des Père Bouhours, eines Propagandisten der Herrschaft Ludwigs XIV. Das Französische hatte ja in der Tat in einigen wichtigen Diskursdomänen seit dem 17. Jahrhundert auch international die Erbschaft des Lateinischen angetreten. Das Genie nun des Französischen – so der Mythos, der sich hier etabliert und bis heute hält – sei seine *Klarheit* (*clarté*). Diese, so wird dann im Verlaufe der diskursiven Entfaltung des génie de la langue française deutlich, zeige sich insbesondere an der sogenannten *natürlichen* Wortstellung, dem «ordre naturel»: Subjekt-Verb-Objekt. Die Stellung der Glieder im französischen Satz, Subjekt-Verb-Objekt, entspreche dem «natürlichen», also *universellen* Verlauf des Denkens. Im Mythos der clarté konzentriert sich erneut der Wert, der uns in der Diskussion der Reinigung des Denkens und der Sprache schon begegnet ist: *Klarheit* ist eine besondere Art der *Reinheit* und *Natürlichkeit*. Das Französische hat sozusagen allen störenden Schmutz des Besonderen abgestoßen und kann folglich – da es der universellen Vernunft entspreche – auch Anspruch auf die Rolle der universellen Sprache erheben.

Dieses für die französische Nationalideologie bedeutsame Mythem wird uns hier nicht beschäftigen,[7] wohl aber das für das europäische Sprechen über die Sprache wichtige Diskurselement des *génie des langues*. Im Anschluß an Bouhours und in Auseinandersetzung mit dem génie de la langue française wird der Genius der Sprachen nämlich überall in Europa diskutiert werden. In den Überlegungen zu den verschiedenen Sprachgenies kristallisiert sich – zunächst immer in ähnlich vagen Redeweisen, wie wir es eben beim génie des Französischen gesehen haben – der Diskurs über die Individualität der Sprachen. Bacon hatte seine Entdeckung (und Kritik an) der vulgären Semantik der natürlichen Sprache noch nicht auf die vielen verschiedenen Sprachen bezogen. Er hatte in seiner Kritik an den idola fori noch nicht die für das Projekt der Neuen

Wissenschaft ja zusätzlich problematische Tatsache mitgedacht, daß der captus vulgi, der vulgaris intellectus auch noch in horrender Vielzahl auftritt, daß also das Volk es nicht nur falsch, sondern daß jedes Volk es auch noch jeweils anders macht. In den apologetischen Diskursen über die – natürlich herrlichen – Eigenschaften der eigenen Sprache sind die Darstellungen des jeweiligen génie de la langue natürlich nicht als Kritik, sondern gerade als *Lob* der betreffenden Individualität formuliert – oder höchstens als Kritik der Individualität der *anderen* historischen Einzelsprachen. Bouhours verbindet sein Lob des Französischen mit einer Kritik des Spanischen und des Italienischen.

Auffällig ist allerdings, daß bei diesen Versuchen der Sprachcharakterisierung doch das *Universelle* massiv präsent bleibt, sofern es den *Maßstab* für die besondere Exzellenz darstellt. Es wird also nicht die Individualität als Individualität gefeiert, sondern die Übereinstimmung des Individuellen mit dem Universellen. Erst dann hat diese Sprache natürlich die Prärogative. Denn wenn die besondere Sprache es so macht, wie es die universellen Denkgesetze (deren Existenz man annimmt) wollen, dann sind ja – baconisch gesprochen – die Gespenster des Marktes schon vertrieben. Dann ist das Gespenst des Marktes ja ein Genius, der mit dem Geist der Menschheit übereinstimmt (und die ganze Menschheit sollte dann gefälligst auch diese Sprache sprechen). Diese Denkfigur wird sogar noch bei dem Sprachenranking wirksam sein, das der Theoretiker der Vielfalt, der Apologet der Individualität, Wilhelm von Humboldt, vornimmt. Auch bei Humboldt ist diejenige Sprache die beste, die mit den universellen Denkgesetzen am meisten übereinstimmt. Bei Humboldt ist das allerdings nicht mehr direkt politisch: Die besondere Auszeichnung, die das Griechische bei ihm erhält, beruft diese Sprache nicht gleichzeitig auch noch zur Weltsprache.

Daß die Sprachen es jeweils verschieden machen, ist nun eigentlich gar keine Frage mehr. Insofern hat in der Figur des Sprachgeistes die humanistische Einsicht in das *idíoma* oder *je ne sais quoi* schon ihre Früchte getragen. Da hinter dieser Diskussion um das Genie allerdings zumeist die Frage steht, welche der Sprachen es am besten macht, ist das génie des langues kein deskriptiver Begriff, sondern ein Kampfbegriff im Wettbewerb um die Nachfolge des Lateinischen als Universalsprache. Das génie des langues wird erst am Ende des 18. Jahrhunderts in die ruhigere Bahn der linguistischen Deskription der einzelnen Sprachen einmünden. Diese deskriptive Auffassung vom Sprach-Genie kündigt sich gleichsam schon in Büchern an, die den Titel «Genius der Sprache X» führen und nichts anderes enthalten als Beschreibungen dieser Sprache: So heißt zum Beispiel 1685 ein Buch *Génie de la langue française*, das nichts anderes ist als eine Grammatik des Französischen, also eine Beschreibung dieses sprachlichen Individuums Französisch (D'Aisy 1685).

4.4.2. Der Begriff «Genie der Sprache» ist das zentrale Element des Diskurses über die Verschiedenheit der Sprachen, die gegen Ende des 17. Jahrhunderts immer deutlicher ins europäische Bewußsein tritt. Als ob es sich aber doch vor der Verschiedenheit fürchte, wird Europa gleichzeitig massiv mit verschiedenen universalistischen Sprach-Projekten gegen diese Zumutung vorgehen. In gewisser Weise ist wohl die Bewußtwerdung der Verschiedenheit der Sprachen eine weitere Kränkung des europäischen Geistes, die nur schwer zu verwinden ist. Denn auch die Erfahrung tiefer sprachlicher Verschiedenheit ist ja wie die Einsicht, daß die Erde nicht die Mitte des Kosmos und daß Europa nicht die Mitte der Erde ist, die Erfahrung eines Verlustes, des Verlustes nämlich der alten lateinischen Einheit Europas, einer ja von den Gelehrten Europas tatsächlich gelebten sprachlichen Katholizität. Die universalistischen Projekte versuchen, das Trauma dieses Verlusts zu heilen.

Diese Absicht lag schon Bacons Vorschlag zu einer wissenschaftlichen Reform der Sprache zugrunde, selbst wenn er die zu vertreibenden Geister am Lateinischen vorführt und nicht an einem Vulgare. In Bacons Tradition stehen die Vorschläge für eine wissenschaftliche Universalsprache. Von Bacon bis heute ist die Philosophie voll von diesen Vorschlägen, von Dalgarno und Wilkins im 17. Jahrhundert über die formale Logik bis hin zur Orthosprache der Erlanger Schule, die alle mehr oder minder dasselbe tun: Sie unterbreiten Vorschläge für eine Reform der natürlichen Sprache oder für die Einführung einer Wissenschaftssprache, die die *idola fori* vertreiben soll, um den Zugang zum wissenschaftlichen Himmel, zum «regnum hominis quod fundatur in scientiis» zu eröffnen. Das Problem und die Problemlösung sind bei Bacon, dem Vater der europäischen Aufklärung, vorgezeichnet. Angriffsziel dieser Vorschläge ist die «volkstümliche» Semantik, ihre «Unklarheit» bzw. ihre völlig haltlose Phantastik. Es ist das «Volkstümliche», also das Unwissenschaftliche, das an den natürlichen Sprachen kritisiert wird, nicht in erster Linie ihre Verschiedenheit. Ein wissenschaftlich reformierter, universeller Wortschatz räumt aber natürlich auch mit der Verschiedenheit auf.

Eine andere Möglichkeit, mit der Verschiedenheit der Sprachen zurande zu kommen, liegt in dem Versuch, die Verschiedenheit der Sprachen gleichsam zu *negieren*, wie er in dem im 17. Jahrhundert wieder belebten Versuch einer *Universalgrammatik* vorliegt (die die sogenannte spekulative Grammatik des Mittelalters erneuert). Ihr Prototyp ist die *Grammaire Générale* von Port-Royal (1660). Während die Vorschläge zur Reform der Sprache sich im wesentlichen auf den *Wortschatz* beziehen und Versuche sind, die Krankheit der natürlichen Sprache zu heilen, ist diese sich auf die Grammatik beziehende Aktivität eher ein Versuch, von der Krankheit überhaupt abzusehen bzw. die Krankheit gesundzubeten.

Beide Projekte – vollkommene Sprache und Universalgrammatik –

schließen durchaus an Bemühungen um die Einzelsprachen an. Es scheint, als generiere das Sich-Beugen über die Einzelsprachen einen Schreck über deren Verschiedenheit und den Versuch, sie in universellen Projekten zu bannen. So waren auch die Messieurs von Port-Royal, des geistigen Zentrums der Jansenisten bei Paris, fleißige Sprachlehrer. Sie haben Grammatiken einzelner Sprachen verfaßt, des Griechischen, des Lateinischen, des Spanischen, des Italienischen. Allerdings sind dies keine besonders weit auseinanderliegenden Sprachen. Vielleicht war es daher auch einfach die Einsicht, daß bei diesen Sprachen grammatisch doch mehr oder minder dasselbe vorliegt, die sie zu ihrer *Grammaire Générale* anregte. Diese Allgemeine Grammatik beschreibt – wie der Titel sagt – die Gründe dessen, was allen Sprachen gemeinsam ist: «les raisons de ce qui est commun à toutes les langues». Sie will, jedenfalls dem Titel nach, auch die Gründe nennen «der hauptsächlichen Unterschiede, die man in ihnen findet», «des principales différences qui s'y rencontrent». Allerdings liegen einer *Allgemeinen* Grammatik naturgemäß die *Gemeinsamkeiten* mehr am Herzen als die Differenzen.

Dies ist natürlich ein kühner Anspruch, denn so viele Sprachen kennen die Herrn aus Port-Royal nicht. Ihre sprachliche Basis sind die klassischen Sprachen und die drei großen romanischen Volkssprachen, Französisch, Italienisch, Spanisch. Sie kennen nicht einmal eine germanische Sprache. Die Beispiele sind hauptsächlich lateinisch und französisch, ganz wenige griechisch, italienisch und hebräisch. Ihre Grammatik basiert also, wie alle europäischen Grammatiken, auf der griechisch-römischen Grammatik. Und sie geht auch nicht anders vor als die bisherigen «Donate»: Nach dem ersten Teil über die «Buchstaben», die Elemente (*stoicheia*), die *grámmata*, werden im zweiten Teil die Wortarten, die *partes orationis*, abgehandelt, die hier nach dem Vorbild der mittelalterlichen speculativen Grammatik *modi significandi*, «Arten des Bedeutens», genannt werden: «*manière* dont les hommes s'en servent pour *signifier* leurs pensées» (Port-Royal 1660: 8): die Nomina, die Artikel, die Pronomina, die Präpositionen, die Adverben, die Verben, die Konjunktionen und Interjektionen. Die Grammatik endet mit einem Kapitel über Syntax. Die Herren von Port-Royal kennen keine wirklich tief anders strukturierten Sprachen. Amerika ist noch nicht in Paris angekommen. Das Exotischste, das sie kennen, ist das Hebräische. Und das spielt hier eigentlich auch nur am Rande eine Rolle.

«Ce qui est commun à toutes les langues», «was allen Sprachen gemeinsam ist», ist natürlich ein aus heutiger Sicht völlig unhaltbarer Anspruch, der aber doch erhoben wird, um schon das bißchen Diversität zu bannen, das sich im Lateinischen und seinen Töchtern, bzw. im wesentlichen zwischen dem Lateinischen und dem Französischen auftut. Was immer das Motiv für diese einigermaßen frivole Behauptung der strukturellen Identität aller Sprachen war, bedeutsam ist, daß Europa, das sich immer deutlicher der Einsicht in profunde kulturelle und sprachliche Differenzen nähert und das also das Auseinanderdriften der alten sprachlichen Universalität erlebt, sich der «Allgemeinheit» der Grammatik, also der zugrundeliegenden Identität aller Sprachen versichert. Es ist ein Versuch, die verlorene Universalität des Lateinischen *jenseits* der Verschiedenheit der Wörter, also in der *grammatischen Tiefe,* doch noch zu retten. Auch wenn die Wörter selbst verschieden sein mögen, die modi significandi, die «*formes* de la signification des mots» (ebd.: 22), sind doch dieselben. Was die «signification des mots», die Bedeutung der Wörter selbst, angeht, so versucht an der philosophischen Front ja das Baconsche Projekt diese von ihrer Volkstümlichkeit zu befreien. Auf der Basis einer gemeinsamen allgemeinen Grammatik und geheilt von der Krankheit der Volkstümlichkeit könnte dann die Sprache zur «richtigen» Sprache der Wissenschaft voranschreiten und damit auch zur alten – ja zu einer viel schöneren – Universalität der Sprache der Gelehrsamkeit zurückkehren.

4.4.3.   Natürlich finden wir in diesen Projekten die alte Sehnsucht nach der einen Sprache des Paradieses wieder, nach jener vorbabelischen «einerlei Sprache», die in der neuzeitlichen sprachlichen Spaltung Europas (die mit der religiösen einhergeht) noch einmal verloren gegangen ist. Das erneuerte Trauma reißt gleichsam die alten Wunden wieder auf und verstärkt die Sehnsucht nach dem Paradies. Dantes Klage über den Fluch von Babel – «Welche Scham, ach, nun an die Schande des Menschengeschlechts zu erinnern» (dispudet, heu, nunc humani generis ignominiam renovare! I vii 1) – ist nun in Europa keine bloß literarische Klage mehr über eine Geschichte aus der Bibel, sondern eine Klage über einen wirklich gelebten Verlust bzw. über wirklich erfahrene Verschiedenheit der Sprachen. Schon das Interesse an den Sprachen, wie es sich im 16. Jahrhundert in Gesners *Mithridates* dokumentiert, und das im 16. Jahrhundert beginnende Studium verschiedenster, vor allem orientalischer Sprachen hatte ja – gleichsam als unmittelbare Reaktion, als unwiderstehlichen europäischen Reflex – den Versuch generiert, das Gemeinsame in dieser Vielfalt zu rekonstruieren. Die *historische Rekonstruktion der Einheit* ist – neben der Konstruktion eines Universellen Wissenschaftlichen Wortschatzes und der Unterstellung einer Allgemeinen Grammatik – der dritte und älteste Weg zur verlorenen Einheit.

Angesichts der durch das Studium der verschiedenen Sprachen sich bedrohlich häufenden Vielzahl der Wörter versuchte das gelehrte Europa nämlich – zunächst auf ziemlich abenteuerliche Weise – die verlorene Einheit wenigstens als *vergangene* wiederherzustellen. Die naheliegende Hypothese dabei war die von der biblischen Geschichte ausgehende traditionelle Annahme, daß die Ursprache Hebräisch gewesen sei. Das Hebräische war nun seit dem 16. Jahrhundert eine tatsächlich studierte und bei den Gelehrten bekannte Sprache, so daß hinter den Schrecken der babelischen Vielfalt das hebräische Etymon gesucht werden konnte. Die Rekonstruktion der Sprache des Paradieses beginnt in einer gelehrten Suche, der man den Namen der *harmonia linguarum* gegeben hatte. «Sprachharmonie» war im wesentlichen der Versuch, durch die verschiedenen Signifikanten der verschiedenen Sprachen hindurch das mit allen «harmonierende», vorzugsweise hebräische, Wort zu erblicken. Die harmonia linguarum löst die Verschiedenheiten, die «differentiae linguarum», die im Titel des *Mithridates* den Babelischen Fluch repräsentieren, in Wohlgefallen bzw. in *Wohlklang* und *Übereinstimmung* auf. Die Sprachharmonie ist natürlich eine außerordentlich tröstliche Botschaft, die Dantes Klage über den babelischen Fluch als völlig übertrieben widerlegt: Sie besagt ja, daß, wenn man ein bißchen näher hinschaut, alles dasselbe ist. Die Freunde des Paradieses singen die Frohe Botschaft eines gleichsam Universellen Gleichklangs.[8]

Diese schöne Botschaft wird in dieser Form allerdings nicht der Überprüfung wirklicher historischer Abstammungsverhältnisse der Sprachen standhalten. Die historischen Beziehungen zwischen den Sprachen erweisen sich als viel komplizierter, als man dies hier in der frühen Neuzeit annahm. Aber die Absicht der Sprachharmonie, die Reduktion der Vielfalt auf eine Sprache, die Rekonstruktion der Ursprache, auch der dahinterliegende Affekt gegen die Verschiedenheit, das wird sich in allen sprachrekonstruktiven Bemühungen bis heute halten. Die moderne historische Sprachwissenschaft, die im 19. Jahrhundert blüht und denkt, sie sei etwas völlig Neues, wird in struktureller Hinsicht nichts anderes tun: Sie rekonstruiert die Sprache des Paradieses. Ausdrücklich ist dies ja noch bei demjenigen der Fall, den sie als ihren Ahnherrn bemüht, bei Leibniz.

Fazit Die Verabschiedung des Lateinischen aus den «höheren» Diskurswelten, aus der Verwaltung und aus den Wissenschaften, teilweise sogar aus der Kirche, die Etablierung nationaler Sprachnormen, seien sie politisch (in Frankreich) oder religiös (in Deutschland) oder literarisch (in Italien) instrumentiert, und die gelehrte Akkumulation von Informationen über die Sprachen der Welt (*Mithridates*) setzen die im 16. Jahrhundert beginnende sprachliche Diversifizierung Europas fort. Die mit dem humanistischen Theorie-Moment des *idíoma* gemeinte positive Einschätzung der Individualität von Sprachen wird mit dem Begriff des *génie des langues* eine kämpferische Dynamik erhalten und sich verstärken. Gleichzeitig generiert aber diese stärker werdende sprachliche Diversifizierung Europas, die auch eine Stärkung der Position der Volkssprachen ist, geradezu massive Abwehrreaktionen, die für das purifizierende 17. Jahrhundert charakteristisch sind und die sich unter dem Eindruck eines immer heilloser nicht nur staatlich, sondern auch konfessionell zerfallenden Europas verstärken. Früh versuchen die Gelehrten, die all diesen Differenzen zugrundeliegende gemeinsame Ursprache zu rekonstruieren, dann wird vor allem das Projekt eines neuen, von den alten volkssprachlichen Geistern gereinigten wissenschaftlichen Universal-Wörterbuchs ins Auge gefaßt und schließlich allen Sprachen der Welt eine Gemeinsame Grammatik unterlegt. *Paradise strikes back.*

5. London – Paris – Neapel
Das Reich des Menschen und die Sprache

5.1. *Locke oder der Nebel vor unseren Augen*

Pünktlich zum Beginn des neuen Jahrhunderts, im Jahr 1700, erscheint das Buch, das das europäische Sprachdenken für die nächsten hundert Jahre entscheidend bestimmen wird, die französische Übersetzung von John Lockes *Essay Concerning Human Understanding*. Niemand kann um 1700 in Europa Englisch, Französisch ist die moderne Universalsprache. Deswegen ist das Erscheinen der von Pierre Coste besorgten französischen Übersetzung des 1690 auf englisch erschienenen Werks das für die europäische Rezeption entscheidende Datum: *Essai philosophique concernant l'entendement humain, traduit de l'anglois de Mr. Locke, par Pierre Coste*, begleitet von einem schönen Portrait von Jean Locke. Lockes *Essay* wird als die wichtigste moderne Antwort auf Descartes intensiv rezipiert. Diesem Werk widerfährt die Ehre, die keinem anderen Werk der Philosophiegeschichte je widerfahren ist, nämlich von dem größten zeitgenössischen Denker Europas gleichsam Wort für Wort kommentiert zu werden: Leibniz diskutiert den *Essay* in seinen *Nouveaux Essais* Aussage für Aussage, in einem Dialog zwischen dem «Freund der Wahrheit», Philalète (Locke), und «Gottlieb», Théophile (Leibniz), in der Hoffnung, diesen Dialog mit Locke auch wirklich führen zu können. Als Locke 1704 stirbt, stellt Leibniz die Veröffentlichung der *Nouveaux Essais* zurück. Sie erscheinen erst 1765, lange nach seinem Tod. Dieses Datum liegt auch weit nach dem Erscheinen der zweiten buchlangen Antwort auf Locke, diesmal von dem entscheidenden kontinentalen Philosophen der jüngeren Generation, des *Essai sur l'origine des connaissances humaines* von Condillac (1746). Da Leibnizens Locke-Kritik zu spät kommt, wird Condillacs Weiterführung der Lockeschen Philosophie das Denken Europas bestimmen, zumindest soweit es dem von französischer Sprache und Kultur bestimmten Einflußbereich angehört. Was Frankreich selbst angeht, so kann die Wirkung der Condillacschen Philosophie jedenfalls kaum übertrieben werden. Sie bestimmte in Erkenntnistheorie und Sprachtheorie die zweite Hälfte des 18. Jahrhunderts. Sie war so etwas wie der geistige Normalhorizont jener aufgeklärten Menschen, die die französische Revolution trugen. Die wichtigsten französischen Intellektuellen, die sog. «Idéologues», waren noch zu Beginn des 19. Jahrhunderts Anhänger Condillacs.

Neben dieser Trias von *Essay*, *Essai* und *Nouveaux Essais* steht – als weitere und völlig andere Antwort auf Descartes – das große Werk des bedeutendsten italienischen Denkers, die *Scienza Nuova* von Giambattista Vico (1744), die gewissermaßen als eine Art exzentrische und verspätete Schwester von Lockes *Essay* betrachtet werden kann: Vico stellt sich wie Locke in die Tradition der englischen Autoren der älteren Generation, Bacon und Hobbes, gegen Descartes. Er findet aber völlig andere Lösungen der Fragen, die diese Philosophen stellen. Vicos Werk wiederholt in seinem Titel noch einmal, worum es allen geht: um die «Neue Wissenschaft», die das *Neue Organon* zu begründen versuchte. Vicos Denken hat zwar außerhalb Italiens im 18. Jahrhundert überhaupt keine Wirkung gehabt, er ist auch später immer wieder nur als «Vorgänger» in philosophische und wissenschaftliche Projekte hineingerufen worden, die nichts mit seiner philosophischen Intention der Begründung einer Neuen Wissenschaft zu tun haben. Er soll hier aber neben dem wirkungsmächtigen Lockeschen *Essay* auch deswegen Erwähnung finden, weil er auf eine tiefere und radikalere Art und Weise die Sprache (bzw. die Zeichen) in das europäische Projekt der Neuen Wissenschaft einführt. Vicos Philosophie ist der erste *linguistic turn* der europäischen – d. h. in diesem Fall der cartesischen – Philosophie.

5.1.1. arbitrarily Als erster als wahrer Philosoph, «en vrai philosophe», über die Sprache geschrieben zu haben, ist – nach dem sicher etwas übertriebenen Urteil Condillacs – die Leistung Lockes, neben seinem hauptsächlichen philosophischen Anliegen natürlich, dem Nachweis, daß alle unsere Erkenntnisse aus den Sinnen stammen, «que toutes nos connoissances viennent des sens» (Condillac 1746: 102), also neben der Widerlegung der cartesischen angeborenen Ideen. Allerdings habe Locke die systematische Stelle der Sprache verpaßt. Er stelle die Wörter erst im dritten Buch seines *Essay* dar, wo sie doch schon im zweiten Buch hätten abgehandelt werden müssen. In der Tat gesteht Locke selber diesen Fehler zu. Er schreibt, daß er das (zweite) Buch seines Werkes, das Buch *Of ideas*, schon geschrieben hatte, als er gemerkt habe, daß die Ideen eng mit den Wörtern verbunden seien. Ich habe diese Selbstinterpretation immer einigermaßen merkwürdig gefunden: Bacon klagt doch schon über diese enge Verbindung von Wörtern und Ideen. Ja sogar die *Logik* von Port-Royal, die cartesisch den Körper striktest vom Denken trennt, hatte ausdrücklich festgestellt, daß die Seele sich daran gewöhnt habe, den Ton gleichzeitig mit dem Denken zu konzipieren (concevoir): «l'âme s'étant accoutumée, quand elle conçoit ce son, de concevoir aussi la pensée» (Port-Royal 1683: 72). Wahrscheinlich war es Hobbes' extrem aristotelistische Auffassung von den Wörtern als «wise mens counters» (Hobbes 1651: 106), also den Wörtern als Rechensteinen (calculi), die

Locke zunächst das Denken unabhängig von den Wörtern abhandeln ließ. Wie dem auch sei, Locke erkennt schließlich die enge Verbindung von Wort und Idee und liefert im dritten Buch des *Essay* die Überlegungen über die Wörter nach.

Nachdem er die eingeborenen Ideen des Rationalismus einer scharfen Kritik unterzogen hat, entwickelt Locke seine empiristische Ideenlehre nach dem alten scholastischen Grundsatz, daß nichts im Verstand ist, was vorher nicht in den Sinnen gewesen ist, wogegen die Rationalisten ja annahmen, im Verstand seien schon einige von Gott hineingegebene Ideen, die allein Wahrheit beanspruchen können. Auch hier wieder das typische Verscheuchen der alten Geister im ersten Buch. Hier sind es nach der Baconschen Götzen-Typologie *idola theatri*, Meinungen der Philosophen, die vertrieben werden (noch jede Dissertation betreibt ja diese Geisterbeschwörung und -vertreibung im Überblick über die Forschung, von der sich der Autor dann innovativ und orginell absetzt). Der Geist ist für den Empiristen ein leerer Raum, der sich durch die Erfahrung mit Vorstellungen bevölkert, bzw. mit Lockes schöner Schreibe-Metapher: ein unbeschriebenes Blatt, «white paper void of all characters» (II i 2), auf das die Erfahrung dann ihre Schriftzeichen schreibt. Neben den Sinnen (*sensation*) kennt Locke allerdings noch eine geistige Quelle der Ideen: die *reflection*. Sinnesempfindungen und Reflexion generieren verschiedene Sorten von Ideen: einfache und komplexe, Substanzen und «gemischte Modi» (*mixed modes*). Vor allem die letzteren werden uns später beschäftigen. Das dritte Buch *Of Words* trägt nun die Intuition nach, daß alle diese verschiedenen Ideen mit Wörtern verknüpft sind und daß dies einerseits zwar unerläßlich und schön, andererseits aber auch nicht ganz unproblematisch ist.

Was Locke über den Grund dieser Verknüpfung, also über die Funktionsbestimmung der Sprache sagt, ist zunächst alles recht traditionell. Locke ist hier sehr nahe an Hobbes' Ausführungen über die Sprache im *Leviathan* von 1651 (die auch nicht gerade vor Originalität sprühen). Sprache dient dazu, das Gedachte zu bezeichnen (und damit für unser Gedächtnis zu bewahren) oder es anderen mitzuteilen. Für das erste, die Merkzeichen für das eigene Denken, führt Hobbes den Ausdruck *marks* ein, und für den kommunikativen Zweck benutzt er den klassischen Ausdruck *sign*, eine geschickte Differenzierung der traditionellen Boëthiusschen *notae*, die bei Locke allerdings schon wieder ein bißchen durcheinandergerät, wenn ich die folgende berühmte Passage richtig verstehe: Der Mensch artikuliere Laute, schreibt Locke, die er dann benutzen könne «as *signs* of internal conceptions, and to make them stand as *marks* for the ideas whithin his own mind, whereby they might be made known to others, and the thoughts of men's minds be conveyed from one to another» (III i 2). Das letztere, die Kommunikation, ist auf jeden Fall die

Hauptfunktion der Wörter, denn die Natur des Menschen sei gesellig, weswegen Gott ihn mit der Sprache als dem «great instrument and common tie of society» ausgestattet habe. Mit dieser traditionellen aristotelischen Feststellung beginnt das dritte Buch über die Wörter. Auch die Beziehungen zwischen den Zeichen oder Marken und den inneren Vorstellungen oder Ideen, das «Stehen-für» des einen für das andere, ist traditionell aristotelisch beschrieben: Nicht «natürlich» (das alte *physei*) sei diese Verbindung (denn sonst gäbe es nur eine Sprache), sondern «by a voluntary imposition», durch eine willentliche Einrichtung, oder «arbitrarily» sei das Wort Merkzeichen (mark) einer Idee.

> Not by any natural connexion that there is between particular articulate sounds and certain ideas [...] but by a *voluntary imposition* whereby such a word is made *arbitrarily* the mark of such an idea. (III ii 1, H.v.m.)

Dies ist eine weitere jener Formulierung, in denen in Europa das aristotelische *kata syntheken* erscheint. Und Locke versteht dies, wie schon Dante nach Boëthius' lateinischer Formel «secundum placitum», wirklich als eine Freiheit, einen «Gefallen» (please) jedes einzelnen: «and every man has so inviolably a *liberty* to make words stand for what ideas he *pleases*» (III ii 8, H.v.m.).

Mit dieser konsequent *individualistischen* Auffassung handelt Locke sich natürlich das Problem ein, wie es denn dann überhaupt kommt, daß die Menschen sich gegenseitig verstehen, wie also die geselligen Menschen ihrem Kommunikationsauftrag überhaupt gerecht werden können, wenn es doch jeder so machen kann, wie er will, «cosí o cosí», wie Dantes Adam sagt. Denn nicht nur dieses Verhältnis zwischen Wort und Idee ist in die Freiheit jedes einzelnen gestellt, die *ideas* selbst sind völlig individuell. Locke exemplifiziert die individuelle Freiheit der mit den Wörtern verbundenen Vorstellungen am Wort *Gold*: Je nach den verschiedenen Erfahrungen mit der Sache verbinden vier verschiedene Sprecher vier verschiedene Ideen oder Mischungen von Ideen (denn es handelt sich um eine komplexe Idee) mit dem Wort *Gold*.

Das ist dann doch – bei allem strukturellen Aristotelismus: hier die Wörter und die Kommunikation, da die Ideen und die Kognition – gerade völlig anders als bei Aristoteles. Bei Aristoteles waren die conceptus dieselben für alle Menschen, so daß von dieser Seite überhaupt keine Gefährdung der Kommunikation drohte, und die Beziehung zwischen conceptus und vox war eben auch nicht in die individuelle Freiheit des einzelnen gegeben, sondern von der Gemeinschaft hergestellt: Die *syntheke* war nämlich nach Coserius überzeugender Interpretation die *historische Tradition einer Gemeinschaft* und nicht das individuelle Belieben.

Nun, damit Kommunikation trotz dieser Abgründe der Individualität (individuelle Bedeutung, individuelle Zuordnungen von Wort und Bedeutung) funktioniert, muß Locke hier gleichsam die aristotelischen Sicherheiten vorsichtig restituieren: Als Korrektiv tritt daher die gesellschaftliche Natur des Menschen auf. Das dritte Buch begann ja folgendermaßen: «God, having designed man for a *sociable* creature, made him not only with an inclination and under a necessity to have *fellowship* with those of his own kind» (III i 1). Die Soziabilität bewirkt nämlich, daß die Menschen *unterstellen* (suppose), daß die Idee, die sie mit ihrem Wort bezeichnen wollen, die von den verständigen Menschen, den «understanding men of that country», gemeinte ist: «they suppose that the idea they make it a sign of is precisely the same to which the understanding men of that country apply that name» (III ii 4). Denn es gibt eben die *stillschweigende Übereinkunft* (tacit consent) des «common use» (III ii 8), die eine völlig individuelle Zuordnung von Wort und Idee normalerweise ausschließt. Nun, das ist erst einmal die Rettung. Aber das Interessante an Locke ist gerade, daß diese unterstellten Gemeinsamkeiten prekär sind, daß sie eigentlich prinzipiell und ständig gefährdet sind, denn, wie gesagt: «every man has so inviolable a *liberty* to make words stand for what ideas he *pleases*».

Und genau um diese Gefährdungen geht es Locke. Denn die Frage ist doch: Wie ist auf diesem schwankenden Boden individueller Ideen und individueller Zuordnungen der Wörter zu den Ideen denn *Wissenschaft* möglich, wie also eine Rede von «klarem und sicherem Wissen» (Descartes' «connaissance claire et assurée») – das Ziel ist bei Cartesianern und ihren Gegner selbstverständlich dasselbe. Wie ist also Wahrheit möglich, wenn schon bei einem so alltäglichen Wort wie *Gold* keiner notwendigerweise dasselbe versteht wie der andere. Das Buch *Of Words* ist daher – das muß man deutlich sehen – im wesentlichen ein Buch über die *Gefahr* der Wörter. Was Bacon als Gefahr für die Neue Wissenschaft gesehen hatte, die Gespenster des Marktplatzes, sind nämlich in Wirklichkeit vielfältiger und heimtückischer, als es Bacons noch einfache Geisterbeschwörung vermuten ließ. Die idola sind gar nicht nur solche des Forums, also des commercium zwischen den Menschen, des captus vulgi. Das commercium, der common use, ist im Gegenteil, wie wir gerade gesehen haben, schon eher ein Korrektiv einer viel tieferen Krankheit: der *individuellen* Ideenproduktion.

Es gibt nun aber doch eine Reihe von Sachverhalten, die Locke nicht in einen totalen semantischen Skeptizismus abgleiten lassen: Zum Glück sind nämlich die Ideen nicht so individuell, daß sie überhaupt nicht vergleichbar wären. Die durch sinnliche Erfahrung erworbenen Grundideen der Menschen, die *simple ideas*, sind doch wesentlich dieselben bei allen Menschen. Sodann lassen sich, wie das Beispiel *Gold* andeutet, im Bereich der Wörter für konkret aufzeigbare Gegenstände, der sogenannten

Substanzen, durchaus die einfachen Ideen angeben, aus denen diese zusammengesetzt sind. Selbst wenn die verschiedenen Menschen (noch) verschiedene Erfahrungen und Ideen vom Gold haben, so ist das Wissen über diese Gegenstände prinzipiell demonstrabel. Die *Sachen* selber komponieren gleichsam die richtige Semantik dieser Wörter. Und was wir noch nicht von ihnen wissen, kann die Wissenschaft in Erfahrung bringen.

Das Problem sind die sogenannten *mixed modes*. Das sind, grob gesagt, Ausdrücke für gesellschaftliche Eigenschaften, Zustände, Handlungen. Nach Locke haben diese kein Fundament in den Sachen, sondern sind freie Zusammensetzungen von Ideen:»a voluntary collection of ideas put together in the mind, independent from any original patterns in nature» (III v 5). Deren «Arbitrarität» zeigt sich eben auch daran, daß manche Ideenkombinationen in den Sprachen mit Wörtern belegt sind, andere nicht: So bemerkt Locke, daß es zwar ein Wort für die Kombination «Vater» + «Töten» gebe: *parricide*, aber keines für die Kombination «Sohn» + «Töten» oder «Nachbar» + «Töten», daß es einen Ausdruck gebe für die Ideenkombination: «Mensch» + «Töten», nämlich *murder*, aber nichts für «Schaf» + «Töten».

Die Ausdrücke, die Locke für die Semantik der mixed modes verwendet – *free choice, voluntary, arbitrarily* – sind ja dieselben, die er für die alte *kata syntheken*-Verbindung zwischen Wort und Bedeutung verwendete. Hier geht es aber um die *Semantik*. Und das ist nun wirklich eine große, bedeutende Entdeckung Lockes. Er entdeckt nämlich, daß *Bedeutungen* arbiträr sind. Er sagt noch nicht, was in der modernen Sprachwissenschaft z. B. Saussure sagen wird, daß *alle* Bedeutungen arbiträr sind. Aber er sieht doch, daß ein großer Teil des Wortschatzes eben solche «arbiträren Ideensammlungen» sind, die von den Sachen unabhängig sind und in denen der Geist seine eigenen Zwecke verfolgt: «by the free choice of the mind pursuing its own ends» (III v 6). Und er formuliert diesen Gedanken, der sich bei Bacon in der Vorstellung des volkstümlichen Einschneidens der Sachen andeutete, präziser, radikaler und moderner. Bezüglich der Wörter für die Sachen ist Locke eigentlich ganz optimistisch, sie folgen einigermaßen der Natur, aber die mixed modes hält er eben für prinzipiell arbiträr, und er beschreibt diese Arbitrarität wie die moderne komponentielle Semantik als eine Komposition von «Semen», also von «Bedeutungs-Komponenten», wie wir bei den soeben zitierten Beispielen gesehen haben.

Nach dieser scharfsinnigen Einsicht in die Arbitrarität der Bedeutung (zumindest der Wörter für mixed modes) konnte es Locke auch nicht entgehen, daß die *verschiedenen Sprachen* es nach ihrer freien Wahl jeweils verschieden machen, daß sie also verschiedene Semantiken haben. Es ist hier wohl zum ersten Mal nicht nur vage von besonderen Qualitäten verschiedener Sprachen, vom *idíoma* oder von verschiedenen *Genies der Sprachen* die Rede, etwa davon, daß die eine «energisch», die andere «elegant» oder «klar» oder ähnliches sei. Zum ersten Mal wird die Differenz zwischen den Sprachen genau bezeichnet: die verschiedenen Sprachen komponieren bei den mixed modes die Ideen jeweils auf verschiedenene Art und Weise:

> A moderate skill *in different languages* will easily satisfy one of the truth of this, it being so obvious to observe great store of *words in one* language *which have not any that answer them in another.* Which plainly shows that those of one country, by their customs and manner of life, have found occasion to make several complex *ideas* and give names to them, which others never collected into specific *ideas.* (III v 8)

> Eine auch nur mäßige Vertrautheit mit verschiedenen Sprachen wird einen leicht von der Wahrheit überzeugen, die so offensichtlich zu beobachten ist, daß es eine große Zahl von Wörtern in einer Sprache gibt, denen keine Wörter in einer anderen Sprache entsprechen. Das zeigt klar, daß die Leute aus einem Land durch ihre Sitten und Lebensart Gelegenheit gefunden haben, mehrere komplexe Ideen zu machen und ihnen Namen zu geben, die andere niemals zu spezifischen Ideen zusammengebracht haben.

Es gibt also Wörter in einer Sprache, denen keine Wörter in einer anderen Sprache entsprechen, weil in der einen Sprache die «Ideensammlungen» anders sind als in der anderen. So habe das Spanische oder Italienische keine Ausdrücke für bestimmte juristische Wörter des Englischen. Das lateinische Rechtsinstitut der *versura* (Austausch eines Gläubigers durch einen anderen) habe keinen Ausdruck in anderen Sprachen. Ja Locke bemerkt sogar, daß Wörter, die in verschiedenen Sprachen völlig gleich zu sein scheinen, wie lat. *hora, pes, libra* und engl. *hour, foot, pound,* doch in den verschiedenen Sprache verschiedene Bedeutungen haben: «that the ideas a Roman annexed to these Latin names were very far different from those which an Englishman expresses by those English ones» (III v 8). Das heißt, hier nähert sich Locke durchaus dem modernen Gedanken der *prinzipiellen* Arbitrarität der Bedeutungen an.

Es ist kein Zufall, daß gerade an dieser Stelle, dort also, wo Locke die tiefen semantischen Differenzen zwischen Sprachen aufdeckt, *Amerika* auf der linguistischen oder sprachphilosophischen Bühne erscheint: Die genannten juristischen Ausdrücke des Englischen könnten bestimmt nicht, so sagt Locke, in die «Caribbee or Westoe tongues» übersetzt werden. Bedeutsam an dieser Erwähnung ist die Tatsache, daß einem führenden europäischen Denker da, wo er über die Verschiedenheit der Sprachen nachdenkt, die amerikanischen Sprachen als grundverschiedene semantische Universen in den Sinn kommen. Die Alterität des amerikanischen Teils der Menschheit erscheint an dieser außerordentlich

bedeutsamen Stelle des europäischen Denkens, zweihundert Jahre nach
Kolumbus, einhundertfünzig Jahre nach Gesners kurzer Erwähnung der
Neuen Welt im *Mithridates*. Es braucht ganz offensichtlich seine Zeit, bis
die Tiefe der Alterität Amerikas gedacht werden kann. Und offensicht-
lich war es die Einsicht in die Alterität Amerikas, die Europa die Tiefe der
Alterität *aller* Sprachen erkennen ließ.

Locke hat also eine ziemlich präzise Vorstellung von den semantischen
Differenzen zwischen Sprachen. Er ist jedenfalls der erste, der diese Differenzen so «tief», nämlich in den «Ideen» ansiedelt. Natürlich betreffen
die aufgezeigten Differenzen, wie üblich, nur den Wortschatz, ja nur
einen Teil des Wortschatzes, die Ausdrücke für «Geistiges» und Gesellschaftliches (aber es ist ja auch durchaus etwas Wahres daran, daß
Wörter für konkrete Sachen durchaus eher zwischen verschiedenen Sprachen koinzidieren als Wörter für die mixed modes, die Locke hier behandelt). Aber diese Einsichten genügen, die Vorstellung zu zerstören, daß
Sprachen nur *Nomenklaturen* für universell identische Konzepte seien.
Die Wortschätze sind gerade *semantisch* unterschiedlich strukturiert:
«words in one language which have not any that answer them in another».

Locke, der erst einmal geradezu uraristotelisch – oder wie wir heute
sagen: logozentrisch – bei der Behandlung der Ideen die Wörter vergessen hatte, der also Denken und Kommunizieren traditionell getrennt
hielt und der dann sein Buch über die Wörter harmlos aristotelisch begann (Zeichen, Kommunikation, willkürlich), hat in Wirklichkeit den
nächsten bedeutenden Schritt zur Kritik an diesem Modell getan. Er hat
genau gesagt, was es heißt, daß die verschiedenen Sprachen verschiedene
Konzepte bezeichnen können, wie Lascari mutmaßt: «diverse lingue
sono atte a significare diversi concetti.» Er hat die *diversi concetti* wirklich gezeigt und nicht nur behauptet. Er hat also die humanistische Intuition mit Beispielen demonstriert.

5.1.2. *imperfections*

Aber wie auch für Bacon ist diese Einsicht für
Locke natürlich keine Quelle der Befriedigung oder gar der Freude, sondern eine Quelle des Schreckens. Er ist ja – wie Bacon – ein Philosoph,
der für die Wissenschaften entweder aristotelisch universelle Konzepte
restituieren möchte oder, besser noch: platonisch die Sprache überhaupt
zum Verschwinden bringen möchte. Die genannten semantischen Ver-
hältnisse sind der Grund für die «doubtfulness and uncertainty of their
signification» (III ix 4), für Zweifelhaftigkeit und Unsicherheit der Wort-
bedeutung: Daß sogar bei den «Substanzen» der eine etwas anderes versteht als der andere, daß bei den mixed modes der Geist tut, was er will,
daß die eine Sprache es so und die andere so (cosí o cosí) macht, daß man
angesichts der Freiheit des Individuums eigentlich sowieso nicht wissen
kann, was der andere meint, alle diese semantischen Unsicherheiten sind

der Grund für die tiefe «imperfection», die *Unvollkommenheit* der Sprache. Das Kapitel IX «Of the imperfection of words» ist daher das Zentrum, der motivationale Kern, des dritten Buches des *Essay*. Hier findet sich die schon erwähnte Stelle, an der Locke erläutert, warum er sich doch noch mit den Wörtern beschäftigt, nachdem er schon über die Idee geschrieben hatte: eben weil er bemerkt, daß die Wörter an den Ideen kleben, «it [knowledge] had so near a connexion with words» (III ix 21), und – vor allem – weil sie bei der Gewinnung sicherer Kenntnisse stören. Um zur Wahrheit vorzudringen, muß Philosophie daher sprach-analytisch, d. h. sprach-auflösend arbeiten. Das kommt nicht zuletzt in jener berühmten Metapher Lockes zum Ausdruck, in der die Wörter als ein *«Nebel vor unseren Augen»*, *a mist before our eyes* (III ix 21), bezeichnet werden. Die Wörter liegen, so Locke, wie ein Nebel zwischen unserem Erkennen und der Wahrheit:

> At least they [die Wörter] interpose themselves so much between our understandings and the truth which it would contemplate and apprehend that, like the *medium* through which visible objects pass, their *obscurity* and *disorder* does not seldom cast *a mist before our eyes* and impose upon our understandings. (III ix 21. H.v.m.)

> Zumindest stellen sie sich so sehr zwischen unser Verständnis und die Wahrheit, die unsere Erkenntnis betrachten und erfassen möchte, daß – wie das Medium, durch welches sichtbare Gegenstände hindurchgehen – ihre *Dunkelheit* und ihre *Unordnung* nicht selten einen *Nebel vor unsere Augen* werfen und unserem Verständnis auferlegen.

Philosophie muß diesen Nebel vor unseren Augen auflösen, wenn sie Wahrheit – *truth* – erreichen will. Die Nebelauflösungsaktion hat nicht nur wissenschaftliche Konsequenzen, sondern auch *politische*: nicht nur das Wissen, auch der *Frieden* hängt von der Sonne ab, die dann scheinen wird. Das Programm und der Anspruch der analytischen Philosophie wird hier zum ersten Mal in aller Deutlichkeit formuliert. Durch die Sprachanalyse werden die «Unvollkommenheiten» der Sprache «gründlicher gewichtet», das heißt natürlich, daß sie beiseitegeräumt werden:

> But I am apt to imagine that, were the imperfections of language as the instrument of knowledge more thoroughly weighed, a great many of the controversies that make such a *noise* in the world would of themselves cease, and the way to knowledge and perhaps peace, too, lie a great deal opener than it does. (III ix 21, H.v.m.)

> Aber ich stehe nicht an mir vorzustellen, daß, wenn die Unvollkommenheiten der Sprache als Instrument der Erkenntnis gründlicher gewichtet würden, sehr viele Kontroversen, die einen solchen *Lärm* in der Welt machen, von selbst aufhören würden und daß der Weg zum Wissen und vielleicht zum Frieden offener daliegen würde, als er es derzeit tut.

Verba obstrepunt! Parallel zum «Nebel» erscheint die akustische Metapher des «Lärms», *noise*, der ebenfalls ja nichts anderes ist als «disorder», akustische Unordnung nämlich, hinter der man keinen Sinn entdecken kann. Wie der Nebel zur Gewinnung einer hellen Ansicht auf die Sachen aufzulösen ist, so ist natürlich auch der Lärm in schöne Klänge oder besser noch: in jene Stille zu verwandeln, in der Wahrheit und Frieden gedeihen. Natürlich ist auch hier Paradise ahead. Das diesseitige Himmelreich (regnum coelorum), das bei Bacon durch eine Befreiungs- und Reinigungsaktion (liberandus et expurgandus) zu erreichen war, wird nun durch Maßnahmen zur Beseitigung von Sichtbehinderung und Lärmbelästigung zugänglich.

Ich spitze das hier natürlich bewußt zu, um die zunehmende Dramatik und Tiefe der philosophischen Sprachkritik – bzw. des philosophischen Sprachhasses (Pomponazzis *odio*) – deutlich zu machen. Solange es aristotelisch zuging, war Sprache kein Problem: gedacht wurde ohne Sprache, und die Kommunikation des Gedachten war cura posterior, sie war jedenfalls kein philosophisches Problem. In der Neuzeit wird aber der platonische Verdacht, daß Sprache bei der wahren Erkenntnis stört, zur Sicherheit: Durch die zunehmende Einsicht in die Semantik der natürlichen Sprachen und in die Verschiedenheit der Semantik der natürlichen Sprachen wird Sprache als Gewalt (vis), als Schmutz, als Unordnung, Nebel und Lärm zum hauptsächlichen Feind der Wahrheit (und des Friedens). Philosophie muß also als Befreiungsarmee, als Müllabfuhr, als Polizei befriedend, säubernd, aufklärend, beruhigend in Aktion treten. Man muß Kant geradezu dankbar sein, daß er sich nicht an der Aktion beteiligt hat (die Rationalisten waren einfach immer cooler, weil sie Aristoteliker geblieben sind).

Auch wenn es harsch und übertrieben scheint, wie ich es formuliere, so tue ich doch nichts anderes bei meiner Interpretation der fundamentalen Texte, als entsprechend den Vorgaben dieser analytischen Philosophie vorzugehen und mir die verwendete Sprache genau anzuschauen. Die Tiefe und Leidenschaft dieser antisprachlichen Haltung durch die Pointierung der zentralen Metaphern deutlich zu machen ist auch deswegen wichtig, damit man die Kühnheit der Wende versteht, die Leibniz gerade in diesem Punkt vornimmt. Er macht sozusagen das ganze Reinigungsritual nicht mit. Er verwandelt – wie wir im übernächsten Abschnitt sehen werden – den Nebel bzw. das trübe Medium, über das Locke klagt, in einen Spiegel.

5.1.3. abuses   Auch der Fortgang der Argumentation des dritten Buches bestätigt die Dramatik der Sprach-Kritik, zu der die Philosophie hier im wesentlichen wird. Mit der Unvollkommenheit, also der semantischen Unsicherheit der Wörter, ist ja der sprachliche Greuel noch nicht am

Ende. Die *imperfection* der Wörter ist aus heutiger linguistischer Sicht im wesentlichen schon in den *langues*, also in den einzelsprachlichen Sprachsystemen, angesiedelt. Der einzelne Sprecher kann gewissermaßen nichts dafür, wenn in seiner Sprache absurde Ideen-Kombinationen vorkommen. Auch ist es keine schuldhafte sprachliche Verfehlung, wenn das Wissen des einzelnen Sprechers eben noch so unvollkommen ist, daß z. B. das Wort *Gold* für ihn nur das Sem «gelb» enthält und noch nicht das gesamte Wissen der Wissenschaft über die Eigenschaften des Goldes. Nun kommen aber zu den Unvollkommenheiten noch absichtliche *Mißbräuche*, gleichsam semantische *Verbrechen* hinzu.

Locke greift dabei auf Hobbes zurück, bei dem die Sprache ja ansonsten problemlos funktioniert: Wörter sind «wise mens counters». Hobbes stellt aber doch vier allgemein verbreitete, von den Individuen zu verantwortende Mißbräuche – *abuses* – fest, die den vier *uses*, den vier Grundfunktionen des Sprechens (Lernen, Lehren, Einander-Helfen, Vergnügen-Bereiten) entsprechen (Hobbes 1651: 101 f.), nämlich: Sich-Selbst-Täuschen, Andere-Täuschen, Lügen, Andere-Grämen. Locke entfaltet nun diese Mißbräuche – wilful faults and neglects – in einem langen Kapitel «Of the abuse of words»: Unklarheit oder Fehlen von Ideen, Unbeständigkeit im Gebrauch, bewußte Dunkelheit, Wörter für Sachen halten (das sind die phantastischen Kreationen, die wir schon von Bacon kennen), Wörter an die Stelle von Sachen stellen, Bedeutung für selbstverständlich unterstellen.

Interessanterweise fehlen bei Locke die den beiden *praktischen* Verwendungsweisen der Sprache entsprechenden Mißbräuche, die Hobbes aufzählt, nämlich das dem gegenseitigen *Helfen* entsprechende Irreführen des anderen und das dem gegenseitigen *Vergnügen-Bereiten* entsprechende Quälen des anderen, to grieve one another. Der schönste Gebrauch, den sich Hobbes vorstellen konnte, war nämlich: «to please and delight our selves, and others, by playing with words, for pleasure and ornament, innocently» (Hobbes 1651: 101). Dieser *Cortegiano*-Gebrauch der Sprache fehlt bei Locke schon deswegen, weil dieses Vergnügen (ridendo e giuocando) für den puritanischen Locke ein Mißbrauch wäre: mit Wörtern spielen, wo kämen wir da hin. Obwohl Locke die Mißbräuche sehr viel ausführlicher behandelt, reduziert er seine Perspektive ganz aufs Theoretische, auf die semantische Perspektive des Sprechens. Natürlich markiert diese Differenz auch die Differenz zwischen dem *politischen* Ansatz Hobbes' und dem im *Essay* dominant theoretischen Blick Lockes.

5.1.4. remedies Die sich steigernde Dramatik der Sprachkritik zeigt sich in Lockes Metaphorik daran, daß Unvollkommenheiten und Mißbräuche schließlich als *Krankheiten* betrachtet werden. Das letzte Kapitel handelt nämlich von den *remedies*, den Heilmitteln, den Arzneien gegen Unvollkommenheit und Mißbrauch: Kapitel XI: «Of the remedies of the foregoing imperfections and abuses». Waren Nebel und Lärm noch Bedrohungen von außen, so sind nun die Sprachübel im Inneren des (Körpers des) Geistes angekommen. Welche Arzneien verschreibt der Doktor Locke?

Zunächst schränkt er einmal die Zielgruppe seiner Heilungsbemühungen ein: Nicht die Sprachen der ganzen Welt kann sich der Arzt zu heilen anheischig machen. «The perfect reforming the languages of the world» (III xi 2) wäre ein lächerliches Unterfangen. Er will auch nicht den Gebrauch der Sprache in allen Diskursfeldern behandeln. Im normalen Leben – so der sehr vernünftige Doktor Locke – funktioniert die Sprache schon einigermaßen: «the market and exchange [Bacons forum und commercium] must be left to their own ways of talking and gossipings not be robbed of their ancient privilege» (III xi 3). Diese beiden Einschränkungen zeugen von wohltuendem englischem common sense. Die Zielgruppe sind also nur die Wahrheitssucher, die Wissenschaftler und Philosophen, «those who pretend seriously to search after or maintain truth». Angesichts der scharfen Sprachkritik ist man nun aber verwundert, wie wohldosiert und geradezu homöopathisch die Medizin ist. Man hätte sich nach der so ausführlichen Kritik ja durchaus vorstellen können, daß eine Amputation des verderbten Sprach-Organs und die Einsetzung einer Prothese indiziert sind (wie es die Universalsprachen-Leute vorschlagen). Statt dessen eine eher sanfte Therapie. Die verabreichten Pillen entsprechen den einzelnen Krankheitssymptomen: keine Wörter ohne Bedeutung benutzen (also von wegen herumspielen); die mit den Wörtern verbundenen Ideen müssen klar und distinkt oder bestimmt (determinate) sein; die Wörter müssen dem common use entsprechend (und nicht nach individuellem Gutdünken) verwendet werden (Einschränkung der individuellen Freiheit); die Bedeutung muß notfalls explizit gemacht werden können; die Wörter müssen konstant mit derselben Bedeutung benutzt werden.

Von diesen Medizinen ist sicher die vierte die wichtigste: das Explizit-machen der Bedeutung: «it is sometimes necessary, for the ascertaining the signification of words, to *declare their meaning*» (III xi 12): Einfache Ideen sollen gezeigt werden, die Bedeutungen von «Substanzen» werden in einer Mischung aus Monstration und Definition letztlich von den Naturwissenschaften geklärt, und bei der Bedeutung von mixed modes muß der Sprecher dem Gesprächspartner – modern gesagt – in einer Definition die semantischen Züge offenlegen, die das Wort für ihn hat.

Dies sind natürlich überhaupt keine unbilligen Vorschläge für ein wissenschaftliches Sprechen sowohl im Bereich der gesellschaftlichen Dinge (mixed modes) als auch im Bereich der naturwissenschaftlichen Gegenstände. Der konstruktive Teil der Lockeschen Theorie der (wissenschaftlichen) Sprache ist bedeutend harmloser, als es der kritische Teil erwarten ließ. Dennoch hat der Wahrheitssucher sozusagen prinzipiell keine Sympathie für die natürliche Sprache oder gar für verschiedene natürliche Sprachen. Sie sind Nebel, Lärm und Krankheit des Geistes, auch wenn diese offensichtlich nicht so schwer in den Griff zu bekommen sind, wie es nach der verheerenden Diagnose zunächst aussah.

Halten wir fest: Niemand vor Locke (nemo ante nos) hat mit solcher Klarheit die Semantik der natürlichen Sprache durchschaut. Indem er seine Ideenlehre den Wörtern zugrundegelegt hat, hat er erst einmal aufgrund der prinzipiell individuellen Ideenproduktion das Problem der Kommunikation in aller Schärfe formuliert; er hat die verschiedenen Arten von Ideen (einfache Ideen, Substanzen, mixed modes) als verschiedene Arten von Bedeutungen gefaßt, wobei er insbesondere die «Arbitrarität» der auf gesellschaftlich-geistige Größen sich beziehenden Semantik entdeckt hat. Locke gibt also der humanistischen Intuition von den «concetti diversi» der verschiedenen Sprachen eine verständliche und klare Ausformulierung.

Und doch bleibt Locke insofern ein Aristoteliker, als er die *ideas*, die Vorstellungen, letztlich nicht *als* Sprache versteht, sondern als *Denk*-Größen, die eigentlich nach wie vor *unabhängig* von den Wörtern gefaßt werden, die diese dann nur zusammenfassen. Locke ist hier, wie wir gesehen haben, zwar schon sehr nah an den Vorstellungen einer strukturellen komponentiellen Semantik, die sich ja auch die Bedeutungen von Wörtern als – von Sprache zu Sprache differierende – Bündel von «Semen» vorstellt. Im Unterschied zu den Semen der modernen strukturellen Semantik sind die ideas, die zu Bedeutung von Wörtern zusammengestellt sind, aber eben nicht «Sprache», sondern «Denken», welches die (bloß materiellen) Wörter als «Marken» registrieren oder als «Zeichen» anderen mitteilen. Zwar ist, wie Locke sagt, «so close a connection» zwischen Wörtern und Ideen, daß er ein Buch über die Wörter nachschieben muß. Aber Ideen sind nicht Sprache. Der Einsicht, daß auch die Ideen, die concetti, schon Sprache sind, wird sich das europäische Denken nur schwer und mühsam und langsam nähern. So richtig wird das erst in der synthetischen Sprachauffassung Humboldts gedacht werden, wenn die Sprache das «bildende Organ des Gedankens» sein wird, wenn die Sprache «Arbeit des Geistes» ist und nicht nur Bezeichnung des ohne Sprache generierten Denkens.

5.1.5. charity Abschließend – und en passant und gleichsam in eigener Sache – sei noch ein bedenkenswerter Ratschlag Lockes hervorgehoben: Am Ende des Kapitels über die Unvollkommenheit der Wörter (Kap. IX),

die in der Unsicherheit ihrer Semantik liegt, geht Locke auf die Auslegung alter Bücher und von Büchern in fremden Sprachen ein. Schon zwischen den Sprechern ein und derselben Sprache in ein und demselben
Land seien die Bedeutungen der Wörter von großer Unsicherheit. Diese
Unsicherheit erhöhe sich durch die Veränderbarkeit der Bedeutungen in
der Zeit, durch die individuellen Verwendungen der Sprache seitens der
verschiedenen Autoren und durch die semantischen Differenzen zwischen den verschiedenen Sprachen. Angesichts dieser Abgründe von
«doubtfulness and uncertainty» plädiert Locke für *charity*, für Nach-
sichtigkeit in der Gemeinschaft der Verstehenden und Auslegenden. Diese humane, nicht nur humanistische Maxime sei hier abschließend
zitiert:

> *it would become us to be charitable one to another in our interpretations or*
> *misunderstandings of those ancient writings.* (III ix 22)

5.2. *Condillac oder Ursprung und Genie*

Condillacs Antwort auf Locke greift den Titel des Lockeschen Werkes
auf, aber eben mit der entscheidenden Ergänzung durch das Wort *origine*, «Ursprung»: *Essai sur l'origine des connoissances humaines* (1746),
«Versuch über den Ursprung der menschlichen Erkenntnisse». Die Suche
nach dem Ursprung, also eine *genetische* Perspektive, ist zweifellos eine
der wichtigen Neuerungen gegenüber dem englischen Vorbild. Condillac
entwirft nämlich eine *konjekturale Geschichte* des menschlichen Geistes,
eine diachronische Konstruktion, die man zögert, «historisch» – im Sinne des Historismus – zu nennen. Was Condillac aber vor allem gegenüber Locke bewegt, ist die *Radikalisierung* des empiristischen Ansatzes
und – was uns hier interessiert – die *systematische Integration der Sprache* in diese Geschichte des Geistes, also gleichsam die Zusammenfüh-
rung des Lockeschen Buchs über die Ideen und des Buchs über die Wörter. Condillac kennt nur noch *eine* Quelle der menschlichen Erkenntnis,
die *sensations*, die Sinnesempfindungen, aus denen alle höheren «Operationen der Seele», opérations de l'âme, entstehen. Die Erkenntnis ist insgesamt *sensation transformée*, «transformierte Sinnesempfindung». Die
Transformation der Sinnesempfindung ist ein Vergeistigungsprozeß, an
dessen Ende als Krönung die *raison*, die Vernunft, steht. Interessant ist
übrigens, wie sich in den heutigen «Kognitionswissenschaften» die Konstellationen des 18. Jahrhunderts wiederholen: z. B. in der Opposition
zwischen Chomskys cartesianischem Innativismus und den «Kognitivi-
sten der zweiten Generation», deren Bücher schon im Titel das sensua-
listische Programm dagegenhalten: *The Body in the Mind* oder: *Philosophy in the Flesh*.[1]

5.2.1. les signes Das eigentliche Thema Condillacs ist aber ohne Zweifel die Rolle der Sprache in dieser Geschichte der Vernunft. Systematisch verortet er die Sprache – oder eigentlich genauer: die *Zeichen* – bei der *mémoire*, dem Gedächtnis. Das Gedächtnis ist die Bedingung für die Erzeugung der Sprache, die ihrerseits dann die Bedingung für den Aufstieg zu den höheren Operationen des Geistes ist. Das Gedächtnis ermöglicht es nämlich, die Ideen mit den Zeichen zu verknüpfen, so daß das Denken Festigkeit erhält und weiterschreiten kann. Wie man schon an dieser systematischen Stellung der Sprache sehen kann, ist die Funktion der Sprache hier eine *primär kognitive*. Sie dient dazu, das Denken festzuhalten, die Wörter sind primär «marks», wie es die Engländer nannten («Markes, or Notes of remembrance», Hobbes 1651: 101). Die Kommunikation an andere spielt erst einmal keine Rolle. Durch diese Stellung der Sprache in der Diachronie des Geistes und durch ihre kognitive Funktion wird die Sprache das Fundament, auf dem sich die gesamte höhere *menschliche* Geistestätigkeit gründet. Bis hierher teilt der Mensch nämlich das Denken mit den Tieren, von denen er nicht – wie bei den Cartesianern – durch einen Abgrund getrennt ist, sondern die durchaus die niedrigeren Seelenoperationen mit ihm gemeinsam haben. Nachdem Condillac also zunächst den Ort der Sprache in der Geschichte des Geistes markiert hat (I ii 4), widmet er den vierten Abschnitt des ersten Teils des *Essai* dem Verhältnis von Sprache und den verschiedenen Lockeschen Ideen (einfachen Ideen, Substanzen und mixed modes, die er *archétypes* nennt), vor allem um zu zeigen, daß ohne die Zeichen eine höhere Entfaltung des Denkens nicht möglich ist, daß das Denken ohne die Zeichen auf der Ebene des tierischen Denkens verbleiben würde. «So near a connexion» (Locke) haben Denken und Zeichen.

Der für das europäische Sprachdenken wichtigste Teil des *Essai* ist aber der zweite Teil des *Essai*, «Du langage et de la méthode», «Über die Sprache und die Methode». Darin geht es noch einmal um den Aufstieg des menschlichen Geistes, nunmehr aber als eine Geschichte der Sprache bzw. der menschlichen Semiosen. Die Geschichte gewinnt ihren Sinn von ihrem Ende her, und das Ende der Geschichte der menschlichen Semiose ist die Methode, *méthode*. Dieser cartesische Ausdruck verweist auf das gemeinsame Projekt aller Philosophen der Neuzeit: auf die Begründung der Neuen Wissenschaft. Am Ende steht die Frage, wie wissenschaftliches Sprechen möglich ist angesichts der Tatsache, daß die raison auf menschlichen Zeichen aufbaut. Condillac entwickelt also aus der *Geschichte* der Zeichen die Schwierigkeiten, die ein wissenschaftliches Denken zu überwinden hat, während Locke die Schwierigkeiten wissenschaftlichen Sprechens, die imperfections of words, einfach *strukturell* an seiner Ideenlehre, an den Defiziten des Wissens von der Welt und an der Arbitrarität der Ideenkombinationen festmachte.

Aber der fundamentale Unterschied zwischen Locke und Condillac scheint mir in Folgendem zu liegen: Lockes Buch über die Wörter war ja eine laute Klage, eine Fortsetzung des Baconschen *Lamentos* über die idola fori, ein weit ausgespannter Raum der Negativität (auch wenn die Medizin gegen die Sprach-Krankheit dann eher harmlos ausfiel). Die genetische Darstellung und Perspektive gibt Condillac dagegen die Gelegenheit, menschliche Sprache und Zeichen als eine *Errungenschaft*, als eine *Positivität* darzustellen: Die Geschichte der Semiose verläuft ja parallel zur Geschichte des Aufstiegs des menschlichen Geistes von der Sinnenempfindung zur Vernunft, von der sensation zur raison! Wenn daher die menschliche Semiose von ihrem wilden Ursprung bis zum génie des langues aufgespannt wird, so ist dies bei Condillac gerade eine *Geschichte des Fortschritts* der menschlichen Kultur bis zur Neuen Wissenschaft, die an ihrem Ende steht und die auf der Semiose aufbaut. Natürlich macht auch Condillac kritische Bemerkungen über die Sprache, und er macht Vorschläge zum wissenschaftlichen Sprechen, die denen Lockes sehr ähnlich sind und uns hier nicht weiter beschäftigen sollen. Aus der Geschichte ergeben sich sozusagen die Grenzen der Sprache, die die méthode dann überschreitet. Aber Condillac hat eben die Laute und die Gebärden (bei Locke spielen die visuellen Zeichen überhaupt keine Rolle, er spricht ja nur über die artikulierten Töne), also die akustische und die optische Semiose und ihre historischen Entfaltungen, dem wissenschaftlichen Ende als eine *Grundlage* unterlegt, ohne die Wissenschaft nicht möglich wäre und die in sich selber einen *Reichtum* entfaltet, den Condillac feiert: Aus Geschrei (cri) und Gebärde (action) entfalten sich Prosodie, Gesang, Pantomime, Tanz, Musik, Deklamation, Poesie, Wörter, Malerei, Schrift, einfache Formen des Erzählens, Figuren und Metaphern und die historischen Einzelsprachen mit ihrem jeweiligen «génie».

Es herrscht also bei aller Gemeinsamkeit des «Projekts der Aufklärung» bei Condillac eine grundsätzlich andere Stimmung bezüglich der Sprache bzw. der Zeichen. Das analytische Zähneknirschen über die Sprache ist durchaus einer anthropologischen Freude an der Entfaltung menschlicher Ausdrucksfähigkeiten gewichen. Es ist sicher nicht falsch zu sagen, daß die Aufklärung hier eben doch katholisch geworden ist: Dem protestantischen Idoloklasmus der englischen Philosophie steht hier eine katholische Sinnenfreude gegenüber, die den alten Götzen einen Platz in der Kirche beläßt, solange sie nur hinführen zum Hauptaltar.

Dort sollen natürlich – wie in der protestantischen Kirche auch – nur «klare und distinkte» und «bestimmte» Ideen herrschen, die Wahrheit in ihrem Glanze strahlen und die Wissenschaft ihre «connaissances claires et assurées» darbieten. Und damit dies möglich ist, muß auch hier die «Unbestimmtheit» der Bedeutungen der Wörter beseitigt werden, deren

Genese die Geschichte der Semiose in ihren wilden Ursprüngen dargelegt hat. Aber gerade diese Geschichte ihrer Genese, diese Ätiologie, erzeugt Verständnis für die «Unbestimmtheit» der Bedeutungen. Die Krankheiten des Geistes, die in England der medizinischen Behandlung (remedies) bedurften, werden verständnisvoller als «Schwächen» (foiblesses) bezeichnet, von Medikamenten, remèdes, lese ich nichts bei Condillac. Allerdings ist auch hier die «Quelle der Schwächen des Geistes trockenzulegen» (Condillac 1746: 269). Die Wörter sind aber bei Condillac kein «mist before our eyes», die entsprechende Formulierung der französischen Locke-Übersetzung «nuage sur nos yeux» (III ix 21) kommt im *Essai* nicht vor! Die verschiedenen Sprachen sind keine Exzesse von völlig «arbiträren» und unvergleichlichen Ideenkombinationen, sondern verschiedene «manières de voir et de sentir», Arten des Sehens und Fühlens, die die wissenschaftliche Reform der Sprache zwar hinter sich läßt, die das wissenschaftliche Denken aber deswegen auch nicht zu beschimpfen braucht. Die Klage über die Mißbräuche der Sprache hat Condillac einfach fallen lassen.

Es ist äußerst wichtig, diesen «Stimmungsumschwung» ein halbes Jahrhundert nach Locke festzuhalten. Man verdächtigt in der Mitte des Jahrhunderts ganz offensichtlich die Sprachen nicht mehr generell eines *negativen* Einflusses auf das Denken. Man scheint sich eher neugierig für die Beziehung zwischen den verschiedenen Sprachen und dem Denken überhaupt zu interessieren. Man will offensichtlich überhaupt erst einmal richtig wissen, was es damit auf sich hat. Deswegen schreibt auch die Berliner Akademie, sicher im Anschluß an Condillac, einen Wettbewerb aus, der der Frage nachgehen soll, welchen Einfluß das Denken auf die Sprache und umgekehrt hat. Den Wettbewerb gewinnt der Orientalist Michaelis, der einen beiderseitigen Einfluß ohne große Aufregung konstatiert: *De l'influence des opinions sur le langage et du langage sur les opinions* (Michaelis 1762), ohne deswegen zu fordern, die verderblichen Einzelsprachen abzuschaffen.

5.2.2. *origine et génie* Condillacs Geschichte der menschlichen Semiose – «Über den Ursprung und die Fortschritte der Sprache», «De l'origine et des progrès du langage» – erstreckt sich von den Anfängen menschlicher Kultur bis zum Stand der Kultur in seinem Zeitalter, vom Ursprung der Sprache bis zum *génie des langues* (so der Titel des letzten, des fünfzehnten Kapitels dieses Abschnitts). Beide Eckpunkte der Condillacschen Theorie haben ungeheure Konsequenzen für das europäische Sprachdenken gehabt. Bei Condillac ist die gesamte Spanne vom Ursprung bis zum Genie im wesentlichen Vorgeschichte der Neuen Wissenschaft und der für ihre Zwecke reformierten Sprache. Ursprung und Genie der Sprache sind hineingedacht in das erkenntnistheoretische Projekt des *regnum* *hominis quod fundatur in scientiis*, so wie es Bacon begründet und Descartes und Locke weitergeführt haben. Diese Perspektive gilt auch noch für Leibniz und Vico.

Condillacs semiotischer Anfang und sprachliches Ende sind aber auch die Ausgangspunkte von Reflexionen über die Sprache, die sich von dieser systematischen Einbettung in das philosophische Projekt befreien und sich gleichsam auf den Weg zu einer autonomen wissenschaftlichen Betrachtung der Sprache begeben. Bei Condillac gehören Ursprung und Genie als Anfangs- und Endpunkte der Geschichte der Semiose auch insofern zusammen, als sie bei aller Sympathie für die menschliche Semiose doch die hauptsächlichen *Probleme* der Neuen Wissenschaft mit der Sprache bezeichnen: *Wildheit* und einzelsprachliche *Partikularität* der Sprache sind in der Zähmung und Universalität der Wissenschaft aufzuheben. Aber wir werden sehen, wie sich in Herders genialer Abhandlung über den Ursprung der Sprache der Anfang der Condillacschen Geschichte aus dem philosophischen Projekt löst und eine *Anthropologie* der Sprache initiiert, die Sprache als solche zum Thema macht. Und wir werden sehen, wie Condillacs Versuch, das *génie des langues* zu beschreiben, d. h. die Individualität der Sprachen im Anschluß an Locke – und mit größerer Sympathie als Locke – deskriptiv in den Griff zu bekommen, in den Projekten der beschreibenden *Sprachwissenschaft* als autonomes Ziel weitergetrieben wird. Zu beiden hier nur so viel:

Zum Ursprung: Condillac muß in seinem katholischen Frankreich ungeheuer vorsichtig vorgehen, wenn er über den Ursprung der Sprache schreibt. Denn alles ist über den Ursprung bereits gesagt, in der Bibel nämlich. Wir haben zwar bei Dante gesehen, welche interpretatorischen Spielräume die Bibel sogar einem Deuter ließ, für den die Worte der Bibel unverrückbare Autorität waren. Diese ist im 18. Jahrhundert nicht mehr der alleinige Stand des Wissens. Jedem aufgeklärten Europäer, auch einem Geistlichen, wie Condillac einer war, war der fiktive und mythische Charakter der Bibel bewußt, man durfte es nur nicht öffentlich sagen. Daher müssen ausweichende diskursive Strategien eingesetzt werden: Condillac läßt die Bibel Bibel sein und entwirft in einem ausdrücklich als fiktiv, als «Roman» nämlich, deklarierten Szenario eine Alternative zur biblischen Narration, deren intertextuelle Beziehungen zur biblischen Geschichte immer noch evident genug sind: Der Ursprung findet in einem «Paradies» statt («dans un désert»), Adam und Eva sind ebenso da («deux enfants, de l'un et de l'autre sexe», 193) wie der Baum der Erkenntnis mit seinen Früchten. Condillac erzählt nun – gut sensualistisch, alles geht vom Körper, von den *sensations* aus –, wie aus körperlichen Bedürfnissen (besoin), Hunger und Durst vorzugsweise, ein Verlangen nach einen Gegenstand (der Frucht des Baumes) entsteht, welches nicht befriedigt werden kann. Das Verlangen (passion) entlädt sich in einem

«Schrei der Leidenschaften» (cri des passions) und einer Körperbewegung (action), die die Aufmerksamkeit und vor allem das Mitleid des anderen (Evas oder Adams) erregen. Der/die andere kommt zu Hilfe bei der Befriedigung des Bedürfnisses. Diese durch einen Schrei oder eine Gebärde vermittelte Befriedigung des Bedürfnisses, dieser kommunikative Erfolg, wird durch Wiederholung und Gewöhnung von beiden Partnern im Gedächtnis festgehalten und schließlich «willkürlich» (à leur gré) wiederholt. Bei Condillac ist deutlich, daß das aristotelische *kata syntheken* sich hier am Ursprung gar nicht nur auf die Beziehung zwischen Signifikat und Idee bezieht, sondern auf die *gesamte* semiotische Handlung: Es ist das Verfügen über (disposer de) diesen Schrei oder diese Gebärde, welche «secundum placitum», nach Belieben, à leur gré, sich vollziehen. Der Ursprung ist also körperlich, er ist in der gegenseitigen Hilfeleistung begründet, die ihrerseits in einem sozialen Instinkt basiert, dem Mit-Leid (pitié), das dem Menschen angeboren ist.

Das Hauptproblem, das diese Geschichte in der Folge ausgelöst hat, ist, wie denn das rein körperlich-passionale Geschehen (ich habe Hunger, ich leide, ich sehe, daß du leidest, ich leide mit, ich helfe dir), Passion und Kom-Passion, wie diese reine *Interaktion* zum Zeichen einer Vorstellung, eines *conceptus* eines Stücks Welt, einer *res*, außerhalb von Ich und Du werden konnte oder: wie aus dem rein kommunikativ-interaktiven Geschehen ein kognitives werden kann, das Condillac ja eigentlich auch ausschließlich interessiert (wir haben gesehen, daß Condillac in seiner Geschichte des menschlichen Geistes die Zeichen gerade nur als kognitive Dispositive, als marks, einführt). Dieses ungelöste Problem wird Herder scharfsinnig bezeichnen und in einem anderen Szenario auflösen.

Zum Genie: Das zweite der zukunftsträchtigen Condillacschen Themen, das sich außerhalb des philosophischen Zusammenhangs selbständig machen wird, ist das Thema des *génie des langues*. Condillacs semiotische Menschheitsgeschichte endet mit dem Kapitel über das génie des langues (III xv). Das Kapitel steht damit unmittelbar vor dem Abschnitt über die méthode, also über die Wissenschaft und ihr Sprechen. Diese kompositorische Position ist natürlich kein Zufall, weder in der einen noch in der anderen Richtung. Die Einzelsprachen sind einerseits die höchsten semiotischen Produkte, die die Menschheit bisher hervorgebracht hat. Sie sind damit die Zeichen, mit denen das Allerhöchste, die Wissenschaft und die Wahrheit, gedacht und gesagt werden muß. Aber sie sind – gerade durch ihre Genese – andererseits eben auch problematische Zeichen. Und das Genie der Sprachen, also ihre jeweilige *Individualität* – der konkurrierende Ausdruck, der hier erscheint, ist «Charakter» – steht natürlich dem notwendigerweise *universellen* Anspruch der Wissenschaft entgegen.

Das Kapitel über das génie des langues ist aus zwei Gründen bedeutend: erstens weil Condillac den Ausdruck *génie des langues* seiner propagandistischen sprach-apologetischen Konnotationen entkleidet, die er in den Diskursen hatte, aus denen er stammt (z. B. Bouhours) und die er dort auch behalten wird (z. B. bei Voltaire oder Rivarol). Es geht Condillac nicht um eine Verteidigung des Französischen, sondern um die Feststellung, daß verschiedene Sprachen verschiedene génies haben. Das génie des langues wird in diesem philosophisch-wissenschaftlichen Diskurs sozusagen *deskriptiv*. Die Gründe für die Verschiedenheit der Sprachgeister werden übrigens in den natürlichen (Klima) und in den historisch-sozialen Umständen (gouvernement) gesucht, die den «Charakter eines Volkes» prägen, der sich dann seinerseits im génie seiner Sprache manifestiere. Die Verbindung zwischen der «Mentalität» eines Volkes und seiner Sprache wird hier etabliert: «Tout confirme donc que chaque langue exprime le caractère du peuple qui la parle» (Condillac 1746: 269), «Alles bestätigt also, daß jede Sprache den Charakter des Volkes ausdrückt, das sie spricht.»

Zweitens ist das Kapitel deswegen so bedeutsam, weil Condillac versucht, das génie des langues nun auch tatsächlich deskriptiv in den Griff zu bekommen. Er versucht zu sagen, wo er denn nun steckt, der geheimnisvolle kleine Geist, der sich seit mehr als hundert Jahren in der Literatur über die Sprachen tummelt. Hier kann Condillac auf Locke und dessen scharfsinnige semantische Analysen zurückgreifen: Das génie des langues steckt linguistisch vor allem in den verschiedenen Kombinationen der Ideen und in den «Nebenideen», die die verschiedenen Völker mit scheinbar identischen Bedeutungen verbinden. Das erstere hatte Locke ja schon mit seinen Beispielen von mixed modes, z. B. der verschiedenen Rechtsinstitute (*versura*), exemplifiziert, das zweite dort, wo er sagt, daß die Römer und die Engländer verschiedene Ideen mit den lateinischen und englischen Wörtern für *Stunde, Fuß* und *Pfund* verbinden (annex). Condillacs berühmtes Beispiel für solche verschiedenen «Nebenideen», idées accessoires, ist der Hinweis darauf, daß die Römer als Bauernvolk die Wörter für die Landwirtschaft positiv konnotieren, während das Kriegervolk der Franken mit Landwirtschaftlichem die Nebenidee «niedrig und unedel» verbindet. Das dritte Moment der Beschreibung des génie des langues ist das in der französischen Diskussion so wichtige Thema der Wortstellung bzw. ihrer «Inversion», das in der Propaganda für das Französische als neue Universalsprache eine so herausragende Rolle gespielt hatte und weiterhin spielen sollte. Auch in dieser – ziemlich geistlosen – Diskussion, ob die Subjekt-Verb-Objekt-Stellung oder die Subjekt-Objekt-Verb-Stellung dem Gang des menschlichen Geistes mehr entspricht oder nicht (und ob folglich das Französische oder das Lateinische Anspruch auf die Rolle der Universalsprache erheben kann), hat Condillac schon die Gemüter im vorangehenden Kapitel «Des inversions» beruhigt: Alle Stellungen sind gleichermaßen natürlich, und jede Sprache macht es ihrem Genie entsprechend. Ganz offensichtlich machen für Condillac die Lockeschen semantischen Besonderheiten, die verschiedenen Ideenkombinationen und die «Nebenideen», das deskriptive Zentrum des *génie des langues* aus:

> [...] mais je demande s'il n'est pas naturel à chaque nation de combiner ses idées selon le génie qui lui est propre, et de joindre à un certain fonds d'idées principales différentes idées accessoires, selon qu'elle est différemment affectée. Or ces combinaisons, autorisées par un long usage, sont proprement ce qui constitue le génie d'une langue. (Condillac 1746/1973: 266)

> [...] ich frage aber, ob es nicht für jede Nation natürlich ist, ihre Ideen gemäß dem ihr eigenen Genie zu kombinieren und einem gewissen Grundstock von Hauptideen verschiedene Nebenideen hinzuzufügen gemäß ihren verschiedenen Erfahrungen. Nun, diese von einem langen Gebrauch beglaubigten Kombinationen sind gerade das, was das Genie einer Sprache ausmacht.

Es war gerade an diesem kleinen, aber für die Entwicklung der Sprachreflexion so wichtigen Diskurselement des *génie des langues* zu zeigen, wie die englische und die französische Sprachreflexion zusammenfließen: Locke hat eigentlich keinen Begriff für das, was er entdeckt, die tiefe, nämlich semantische Partikularität der einzelnen Sprachen. Der französische Ausdruck *génie de la langue* füllt diese Lücke. Umgekehrt geben Lockes semantische Analyse dem *génie des langues*, von dem in Frankreich noch niemand so recht wußte, wo es eigentlich seinen Sitz hat, endlich einen linguistischen Kern: in der Semantik.

Fazit Worin Condillac das europäische Sprachdenken wirklich vorantreibt und verändert, ist also, daß er das bunte Treiben der Sprachen, das Locke als willkürliche Unordnung, als Lärm und als «mist before our eyes» so grämt, optimistisch als einen historischen Raum des *Fortschritts* zwischen Ursprung und *génie des langues* durchschreitet. Und daß am Ende die Wissenschaft nicht so sehr als die Feindin der Sprachen erscheint, sondern gleichsam als ihre schönste *Tochter*: Eine Wissenschaft ist nämlich nach Condillac eine «langue bien faite», eine gut gemachte Sprache. Deswegen handelt das Buch Condillacs über die menschlichen Erkenntnisse auch von seinen Ursprüngen, den *origines*: Es zeigt, woher die Wissenschaft kommt, welches ihre *roots* sind. Sie stammt aus demselben Haus wie die Sprachen und braucht sich – als letztes sublimes Kind der Transformation der Sinnesempfindungen, der auch die Sprache und die Zeichen entstammen – ihrer Herkunft nicht zu schämen.

5.3. Leibniz oder die wunderbare Vielfalt der Operationen unseres Geistes

Die bei Condillac 1746 – allerdings doch noch eher vorsichtig – vorgetragene Sympathie für die Zeichen und für die Sprachen in ihrer Verschiedenheit wird in den *Nouveaux Essais* von Leibniz geradezu zu einem Lobpreis der Sprache und zu einer Feier der Verschiedenheit der Sprachen. Die *Nouveaux Essais* sind, wie gesagt, noch zu Lockes Lebzeiten geschrieben, aber eben erst lange nach Leibnizens Tod, 1765, erschienen. Ihre Wirkungsgeschichte beginnt daher auch eben – merkwürdig verkehrt – erst *nach* Condillac. Aber für die Sprachthematik hat diese verkehrte Chronologie den willkommenen Effekt, daß Leibniz nun geradezu als Steigerung und Fortführung von Condillac gelesen werden kann.

Die *Nouveaux Essais* sind, ich finde das immer wieder erstaunlich, das große Buch, das einem anderen umfänglichen großen Buch Wort für Wort antwortet. Auch Condillacs *Essai* antwortet Locke, aber eben doch frei in der Komposition und in der Auswahl der behandelten Themen. Leibniz aber läßt sich völlig auf Locke ein und diskutiert eine philosophische Aussage nach der anderen in der von Locke vorgegebenen Reihenfolge der Bücher und Kapitel. Ich werde im folgenden natürlich vor allem auf die bisher angesprochenen Themen, also insbesondere das dritte Buch *Of words* bzw. *Des mots* eingehen, um die angedeutete positive Wende in der Sprachkritik herauszuarbeiten.

5.3.1. akroamatisch   Zunächst seien aber einige Beobachtungen vorangeschickt, die die Leibnizsche Sprachreflexion in seinem Denken situieren und damit ihre Spezifizität und Originalität andeuten helfen.

Die Grunddifferenz zu Locke und zu Condillac ist die bekannte Opposition Leibnizens zum Empirismus. Den Grundsatz, daß nichts im Verstand sei, was nicht vorher in den Sinnen gewesen sei (nihil est in intellectu quod prius non fuerit in sensibus), ergänzt Leibniz bekanntlich mit seinem: «nisi intellectus ipse», außer dem Verstand selbst. Und dieser ist ebenso bekanntlich kein leeres weißes Blatt Papier wie bei Locke, sondern in ihm ist das zu Erkennende schon präfiguriert wie ein Marmorblock, der schon in seiner Äderung die Figur des Herkules in sich trägt, den dann das Denken noch herausarbeiten und polieren muß:

> [...] et Hercule y serait comme inné en quelque façon, quoiqu'il faudrait du travail pour découvrir ces veines, et pour les nettoyer par la polissure, en retranchant ce qui les empêche de paraître. Et c'est ainsi que les idées et les vérités sont innées, comme des inclinations, des dispositions, des habitudes ou des virtualités naturelles. (1765: 37)

[…] und Herkules wäre gleichsam wie in den Stein hineingeboren, wenn man auch noch daran arbeiten muß, um diese Äderungen zu entdecken und durch das Polieren zu säubern durch die Entfernung dessen, was sie am Erscheinen hindert. So sind die Ideen und Wahrheiten angeboren, als Neigungen, Dispositionen, Gewohnheiten und natürliche Virtualitäten.

Auf der ersten Seite der *Nouveaux Essais* fällt aber das aus meiner Sicht entscheidende Wort, das die Differenz Leibnizens nicht nur zu Locke, sondern vielleicht zur ganzen Philosophie vor ihm markiert: Seine Philosophie, sagt Leibniz, sei «akroamatischer», *plus acroamatique*, als diejenige von Locke, die populärer, «plus populaire», sei. Leibniz meint das hier in dem Sinn, den der Terminus *akroamatisch* traditionellerweise in der Philosophie hat, d. h. im Sinne von «esoterisch». Seine, Leibnizens, Philosophie sei also nur wenigen Leuten zugänglich. Der Ausdruck bezieht sich in der europäischen philosophischen Tradition ja auf den Teil der aristotelischen Lehre, der nur den Hörern, den *akroatai*, also den happy few, zugänglich gewesen ist, die den Meister persönlich im Gespräch erleben durften. Alexander der Große beschwert sich in einem berühmten Brief darüber, daß das Privileg der wenigen Hörer, die dem Meister lauschen durften, durch die Verschriftlichung und Veröffentlichung der akroamatischen Lehre wertlos geworden sei. Aber Leibnizens Denken ist auch in einem anderen, wörtlicheren Sinne des Wortes «akroamatisch». Es ist ein fundamental auf dem *Hören* aufbauendes Denken. Die akroamatische, das Hören zugrundelegende Natur des Denkens ist natürlich auch für das Sprachdenken nicht ohne Bedeutung.

Es ist ja eher selten, daß das Ohr die phänomenale Basis des Denkens in Europa ausmacht. Die Griechen sind als Erkennende Sehende, und die *philosophische* Sprachtheorie der Griechen basiert zusätzlich auch noch auf visueller Sprache, auf dem *Schreiben*; denn der andere, der Gesprächspartner, wird ja in der Theorie des Wahr-Sprechens ausgeblendet, gleichsam als ob er nicht da wäre. Es geht nur darum, die *Welt* richtig zu bezeichnen, eigentlich: richtig zu be-*schreiben*. Philosophische Sprachreflexion ist semantisch, nicht pragmatisch, sie berücksichtigt die *Gegen*-Stände, nicht die *Um*-Stände des Sprechens. Wegen der geradezu exklusiven Visualität des griechischen Denkens stürzt sich ja Augustinus auch so rabiat auf die Augen als seine wissenschaftlichen und phänomenologischen Hauptfeinde: Wissenschaft ist nichts anderes als concupiscentia oculorum (Conf. X 35).

Die Metaphorik des Erkennens ist in den europäischen Sprachen generell eher eine des Sehens und Ergreifens, nicht eine des Zuhörens (theoretische Ohr-Metaphern wie *entendement* sind selten, Ohren-Metaphern gehören zumeist zur praktischen Vernunft, wie *Gehorsam, obaudire, obéir*). Auge und Hand sind die entscheidenden Sinne: *Idee* (das «Gesehene»), *con-ceptus, re-praesentatio, An-Schauung, Be-Griff, Vor-Stellung, er-fas-*

sen, ver-stehen, das ist alles ein Sehen und Fassen. Klassisch ist das ja in Kants berühmter Zusammenfassung dessen formuliert, was Erkennen ist: ein Sehen und Greifen bzw. ein Ergreifen des Erblickten und ein Blick auf die Hand, die das Ergriffene hält: «Gedanken ohne Inhalt [d. h. Begriffe ohne Anschauungen] sind leer, Anschauungen ohne Begriffe sind blind» (KrV: A 51). Die Visualität des Erkennens gliedert auch den Raum des Erkennens auf ihre Weise: Das zu Erkennende liegt mir gegenüber: Gegenstand, Ob-jekt, es gibt ein Vorne und Hinten, etwas «folgt» auf das andere, ich kann die Augen schließen und das Gesehene damit ausschließen, d. h. das Denken ist diskret, nicht kontinuierlich.

Natürlich gilt das auch für Leibniz, er steigt nicht aus dem Sehen und Greifen aus, er strebt wie die ganze europäische Tradition nach Licht und Ausblick: die *klaren* und *deutlichen* Ideen sind nicht von ungefähr das Ziel von Leibnizens Erkenntnisstreben. Aber diese Welt des Lichts basiert bei Leibniz auf einer «Akroamatik» des Erkennens: Die «petites perceptions», die kleinen Wahrnehmungen, die das Erkennen insgesamt grundieren, sind nämlich im wesentlichen *auditive* Impressionen: das Klappern der Mühle, das Rauschen der Welle. Das Erkennen beginnt bei Leibniz nicht erst bei den *Ideen*, dem «Gesehenen», sondern beim Klang, der den Menschen immer begleitet (die Ohren können nicht geschlossen werden) und den wir oft gar nicht bewußt wahrnehmen:

> C'est ainsi que l'accoutumance fait que nous ne prenons pas garde au mouvement d'un moulin ou à une chute d'eau, quand nous avons habité tout auprès depuis quelque temps. (Leibniz 1765: 38)

> Die Gewöhnung macht also, daß wir gar nicht auf die Bewegung einer Mühle oder auf einen Wasserfall achten, wenn wir einige Zeit ganz in deren Nähe gewohnt haben.

Und:

> On ne dort jamais si profondément qu'on n'ait quelque sentiment faible et confus. (ebd.: 39)

> Man schläft niemals so tief, daß man nicht ein schwaches und verworrenes Gefühl hätte.

Der Raum des Hörens ist nicht wie derjenige der Augen durch das Gegenüberliegende geprägt, Klang ist um mich herum, die wahrgenommene Welt ist daher phänomenal nicht von vornherein ein Gegen-Stand (Objekt), sondern vor allem etwas Umgebendes (corps environnants), ein Um-Stand, ein *Zirkumjekt*. Klang ist sphärisch, Leibnizens Welt ist sphärisch und kontinuierlich. Die petites perceptions bilden nämlich «ces impressions que des corps *environnants* font sur nous, qui *enveloppent* l'infini, cette liaison que chaque être a avec tout le reste de l'univers» (ebd.: 39), «diese Eindrücke, die die *uns umgebenden*

Körper auf uns machen, die das Unendliche *umhüllen*, diese Verbindung, die jedes Wesen mit dem Rest des Universums hat.» Die Welt klingt, weil sie atmet. *Sympnoia panta*, sagt Leibniz mit Hippokrates auf griechisch: «alles atmet zusammen» oder: «tout est conspirant», die ganze Welt ist eine Kon-Spiration, Welt-Atem. Es ist daher kein terminologischer Tick, wenn Leibniz seine Lehre vom Geist eine «Atem-Lehre» nennt: *Pneumatik* (40). Der Geist ist als *pneuma* ein Atmender, und das heißt natürlich auch ein Klangerzeugender und Hörender. In der Tradition, die Locke vertritt, ist der Geist dagegen ein Sehender und ein Zugreifender, ein Auge, das «Gesehenes», «Ideen», erzeugt oder eine Hand, die be-greift (con-ceptus), und die Lehre vom Denken ist dort eine «Ideo-logie», eine «Seh-Schule».

Diese verschiedenen phänomenologischen Grundlagen des Denkens prägen natürlich auch die Sprachauffassung von vornherein: Sprache, die vor allem in die Visualität eingelassen ist, fixiert (marks) das gegenüberliegende Gesehene (Idee) und Ergriffene (conceptus). Sie ist – auch wenn noch soviel von *phone, vox*, Stimme die Rede ist – als *symbolon* und *semeion* ein Visuelles, d. h. sie ist also im Grunde hauptsächlich *Schrift*, und sie hat auch einen gleichsam vorrangigen Fokus auf das Semantische. Die Umstehenden und die Umstände – was wir modern das Pragmatische nennen und was präferentiell die «Sphäre» (wieder etwas Rundes) des Akroamatischen ist – kommen in der visuellen philosophischen Sprachtheorie praktisch nicht vor (oder höchstens als das Auszuschließende, das Rhetorische), obwohl die Funktion der Sprache gerade diejenige der Kommunikation sein soll. *Rhetorische* Sprachtheorie ist dagegen von vornherein «rund» und akroamatisch: «der Zweck der Rede ist nur auf ihn, den *Zuhörer [akroates]*, ausgerichtet», schreibt Aristoteles in der *Rhetorik* (1358b).

Bei Leibniz hat die Sprache teil an der allgemeinen Kon-Spiration, sie ist ja selber wesentlich Atem, Klingen, Hören, damit auch Um-mich-Herumtönendes, Mit-den-Anderen-Mit-Atmendes; tout est con-spirant.[2] Leibniz thematisiert dieses Akroamatische nicht ausdrücklich im Zusammenhang mit der Sprache. Es wird allerdings bei den Leibnizianischen Sprachdenkern, bei Herder und bei Humboldt, eine zentrale Rolle spielen. Dennoch gibt seine «akroamatische» und pneumatische Grundhaltung der Diskussion der Sprache von vornherein eine völlig andere «Stimmung». Wenn alles «konspiriert», wenn alles ins Unendliche verwickelt ist, dann konspiriert natürlich auch die Sprache. Leibniz wird daher den Produkten des Atmens, des Geistes, des Pneumas, den Sprachen, mit der allergrößten Sympathie begegnen. Wo Locke vor allem eine Sichtbehinderung – a mist before our eyes – beklagt und Lärm (noise) wahrnimmt, wird Leibniz harmonische Zusammenklänge – sozusagen eine harmonia linguarum – vernehmen.

5.3.2. Natürlichkeit   Leibniz versucht nicht wie Condillac, Locke schon
in der Komposition seines Buches eine gänzlich andere Systematik
entgegenzustellen, sondern er folgt dem Lockeschen *Essay* Buch für
Buch, Kapitel für Kapitel, Aussage für Aussage. Natürlich stimmt Leibniz der Bestimmung der Grundfunktion der Sprache als Kommunikation
zu: «sans le désir de nous faire entendre nous n'aurions jamais formé de
langage» (236), «ohne den Wunsch, uns verständlich zu machen, hätten
wir niemals die Sprache gebildet». Wenn ich aber die darauffolgende
Stelle richtig verstehe, so entwickelt Leibniz den anderen Gedanken, die
Funktion des Festhaltens des Denkens «marks for the ideas within his
own mind», zu der dynamischeren Funktion des inneren Sprechens-
Denkens weiter: «il sert encore l'homme à raisonner à part soi» (ebd.),
«sie [die Sprache] dient dem Menschen noch dazu, in sich zu denken»,
genauer: zu schlußfolgern, zu räsonnieren. Das Schließen, «raisonner»
ist ja, nach dem Begreifen und dem Urteilen, die dritte der klassischen
Operationen des Geistes (*concevoir, juger* und *raisonner* artikulieren die
Logik von Port-Royal).

Der «akroamatische», konspirierende Grundansatz seiner Philosophie muß aber natürlich Leibnizens Widerspruch auslösen, wenn Locke
die radikale Arbitrarität der Wörter behauptet. Da alles mit allem
zusammenhängt, kon-spirieren bei Leibniz auch die Wörter mit den
Ideen und diese mit den Sachen, und es muß eine Übereinstimmung
zwischen den Wörtern und den Ideen geben. Es sei zwar eine allgemeine
Schulmeinung, so beginnt Theophil-Leibniz seine Ausführungen zum
Kapitel III ii «De la signification des mots», daß die Signifikation, also
die Beziehung zwischen den Wörtern und den Ideen, arbiträr sei und
nicht von einer natürlichen Notwendigkeit bestimmt. Aber völlig
willkürlich in diesem Sinne seien doch höchstens die künstlichen Sprachen, wie diejenigen von Dalgarno und Wilkins, die diese ja gerade als
«universelle Schrift», als *characteristica universalis*, entworfen hatten.
Die anderen Sprachen aber seien determiniert «par des raisons tantôt
naturelles, où le hasard a quelque part, tantôt morales, où il y entre du
choix» (ebd.: 239), «sowohl durch natürliche Gründe, wo auch der
Zufall teilhat, als auch durch moralische Gründe, wo die Wahl
mitspielt». *Choix*, «Wahl» entspricht etymologisch präzise der Bedeutung von *Willkür*: *Kur* – wie in *Kurfürst* – ist die «Wahl». «De choix,
mêlé avec ce qu'il y a de nature et du hasard», also: «nach Willkür,
gemischt mit Natürlichem und Zufälligem» (wie die natürlichen Sprachen) seien sogar schon die Hilfssprachen wie das Rotwelsch der Gau-
ner, die lingua franca oder sonstige aposteriorischen Hilfssprachen. Die
Natürlichkeit der Sprachen ist allerdings durch die historische
Entwicklung kaum mehr spürbar, die Sprachen sind heutzutage alle
«extrem verändert», extrêmement altérée (ebd.: 240), der natürliche

Ursprung ist verschüttet. Daher macht sich Leibniz an dieser Stelle auf, die ursprüngliche Natürlichkeit der Sprachen zu rekonstruieren. Dies ist – und das ist für die Entwicklung der Sprachwissenschaft festzuhalten – die Grundidee des einen Leibnizschen Projekts der Sprachforschung (es gibt aber noch ein anderes). Leibniz behauptet natürlich nicht die *völlige* Natürlichkeit der Sprachen (*physei*). Das würde der evidenten Vielzahl der Sprachen ja eklatant widersprechen. Die Verschiedenheit ist aber ein Einbruch der Willkürlichkeit in die *ursprüngliche* Natürlichkeit und Einheit der Sprache. Diese «Veränderung» der Sprachen hat ihren gemeinsamen natürlichen Anfang, die onomatopoetische Nachahmung der Welt, nicht ganz verschüttet:

> Neque vero *ex instituto* profectae, et quasi lege conditae sunt linguae, sed naturali quodam impetu natae hominum, sonos ad affectus motusque animi attemperantium. (Leibniz 1710: 2)

> Die Sprachen sind auch nicht aus einer Setzung hervorgegangen und gleichsam durch ein Gesetz gegründet, sondern entstanden aus einem gewissen natürlichen Trieb der Menschen, die Töne den Affekten und den Bewegungen der Seele anzugleichen.

Die Elemente des aristotelischen *De interpretatione* – ex instituto, lege (kata syntheken), sonus (phone), affectus et motus animi (pathemata tes psyches) – werden, wie man sieht, kritisiert und in einen anderen Zusammenhang gebracht. Noch in den Wörtern der modernen Sprachen findet man die Reste dieser ursprünglichen Angleichung (attemperare) zwischen Lauten und Bewegungen der Seele. Beispiele aus den *Nouveaux Essais* sind *kwa* (Tierlaut), das gute alte platonische [r] aus dem Kratylos «pour signifier un mouvement violent» (ebd.: 242), z. B. *rhein* «fließen» (ein Klassiker!), oder [l] für eine sanftere Bewegung. So wie Leibniz das platonische Beispiel der *littera canina*, des «Hundsbuchstabens» r (weil r wie das Knurren eines Hundes klingt), weiterträgt, so wird sein Beispiel für das onomatopoetische [w] Schule machen (bei Humboldt): «*wehen, wind*, vent, marquent le mouvement de l'air, et *waten, vadum, water* le mouvement de l'eau ou dans l'eau (ebd.: 244). Alle diese Beispiele beweisen, «daß es etwas Natürliches am Ursprung der Wörter gibt, das eine Beziehung zwischen den Sachen und den Lauten und den Bewegungen der Stimmorgane markiert», «qu'il y a quelque chose de naturel dans l'origine des mots, qui marque un rapport entre les choses et les sons et mouvements des organes de la voix» (ebd.: 243). Da es etwas Natürliches ist, ist es auch etwas, das allen gemeinsam gewesen ist. Leibniz nimmt also eine onomatopoetische *lingua adamica* als gemeinsame Ursprache der Menschheit an. Die von ihm aufgezeigten Zusammenhänge legen «das Gefühl eines gemeinsamen Ursprungs aller Nationen und einer ursprünglichen Wurzel-Sprache» nahe:

> De sorte qu'il n'y a rien en cela qui combatte et qui ne favorise plutôt le sentiment de *l'origine commune de toutes les nations, et d'une langue radicale et primitive.* (ebd.: 241, H.v.m.)

Die ausführlichen Überlegungen zum historischen Zusammenhang aller Sprachen und zur ursprünglichen Natürlichkeit dienen dazu, die von Locke absolut gesetzte Willkürlichkeit der Sprache zu widerlegen. Kratylos gegen Hermogenes, aber Kratylos schon mit Hermogenes vermittelt: Das Willkürliche hat das ursprünglich Natürliche verändert und verschüttet, aber das Natürliche ist noch da (de choix, mêlé avec ce qu'il y a de la nature et du hasard), und es stellt eine Verbindung zwischen allen Sprachen her. Alle stammen von einer Ursprache ab, alle sind miteinander verwandt, und deswegen gibt es auch immer noch eine Familien-Ähnlichkeit zwischen ihnen: «tout est conspirant», alles hängt mit allem zusammen.

Es zeichnet sich im Lichte der Kritik der Willkürlichkeit also eine *historische Sprachwissenschaft* ab, deren ausdrückliches Ziel der Nachweis dieses Zusammenhanges aller Sprachen über die Rekonstruktion der langue radicale et primitive, der Ursprache, ist, ein Nachweis, der prinzipiell erst mit der Rekonstruktion der Ursprache der Menschheit an seinem Ende wäre: *Proto-World* nennt das die aktuelle Forschung, die sich ohne Zögern bei ihren Bemühungen auf Leibniz beziehen könnte. Auch die methodisch vorsichtigere, seriöse historisch-vergleichende Sprachwissenschaft des 19. Jahrhunderts hat den Nachweis der *Einheit* unter der offensichtlichen und oberflächlichen Verschiedenheit zum Ziel. Historische Sprachwissenschaft ist sprachtheoretisch Widerlegung der Arbitrarität der Sprachen, genauer: der Signifikanten. Es ist daher auch nicht besonders verwunderlich, wenn – wie Foucault feststellt – die Sprache in der historischen Sprachwissenschaft zuvörderst lautlich ist. Es geht um die ursprüngliche Einheit der *Signifikanten* (da diese Laute Abbilder sind, sind die Signifikate sowieso identisch).

5.3.3. Individualität   «Arbitrarität» ist für Locke aber nicht nur ein deskriptiver Begriff zur Bezeichung der «voluntary imposition», der willentlichen Einsetzung der Wörter, und damit der Nichtabbildlichkeit der materiellen Wörter, der Signifikanten, sondern auch ein Ausdruck, mit dem er die *semantische* Partikularität der Sprachen – seine große Entdeckung – kritisch bezeichnet. «Arbitrarität» bedeutete in diesem Zusammenhang ebenfalls eine Unabhängigkeit von den Sachen, bezeichnet hier aber eine Unabhängigkeit der *Ideen* (conceptus) von den Sachen. Während sich die erste Diskussion der Arbitrarität – modern gesagt – auf die Signifikanten bezog, verwies der Ausdruck im Zusammenhang mit den Bedeutungen der mixed modes kritisch auf die *Signifikate* oder zumindest auf die Ideen-Kombinationen, die die – sowieso arbiträren – Wörter (Laute) zusammenfassen. Damit radikalisierte und vertiefte Locke die Verschiedenheit der Sprachen, indem er sie in den Ideen selbst entdeckte. An dieser Stelle setzte seine griesgrämige Kritik der Sprache ein, seine Klage über ihre *imperfection*, die durch die Mißbräuche noch verschärft wird. Die Vorschläge zur Verbesserung der «willkürlichen» Semantik – zumindest für das wissenschaftliche Sprechen – betrafen daher im wesentlichen eine bessere Anpassung der Ideen an die Sachen. Anders ausgedrückt: das Verhältnis der Ideen zu den Sachen sollte gerade «natürlich» gemacht werden.

Wenn sich Leibniz hier nun gegen Locke *für* die «Arbitrarität» ausspricht, d. h. für die *Verschiedenheit* der Ideen in den Sprachen plädiert, so ist dies kein Widerspruch zum Nachweis der «Natürlichkeit» der Signifikanten, sondern es liegt wieder in der Konsequenz der Vorstellung von der konspirierenden Welt. Daß alles miteinander zusammenhängt oder mit dem Unendlichen verwickelt ist, heißt nämlich gerade nicht, daß alles gleich sein muß. Jedes Wesen ist verschieden, individuell, aber es ist natürlich in seiner Verschiedenheit auch harmonierender Teil des großen Ganzen. Verschiedenheit ist für Leibniz nicht die Katastrophe wie für den nach der *einen* richtigen Welt-Sicht Ausschau haltenden Engländer. Sie ist die notwendige Konsequenz aus der universellen Konspiration der kleinen Wahrnehmungen. In der Passage der Einleitung über die petites perceptions, in der Leibniz seine philosophischen Grundüberzeugungen formuliert, heißt es daher:

> J'ai remarqué aussi qu'en vertu des variations insensibles, deux choses *individuelles* ne sauraient être parfaitement semblables, et qu'elles doivent toujours différer plus que *numero*. (ebd.: 40 f., H.v.m.)

> Ich habe auch bemerkt, daß kraft dieser nichtspürbaren Variationen zwei *individuelle* Sachen nicht vollkommen gleich sein können und daß sie sich immer mehr als durch die bloße Zahl unterscheiden müssen.

Oder:

> Cette connaissance des perceptions insensibles sert aussi à expliquer pourquoi et comment deux âmes humaines ou autrement d'une même espèce ne sortent jamais parfaitement semblables des mains du Créateur. (ebd.: 41)

> Dieses Wissen von den nichtspürbaren Wahrnehmungen dient auch dazu zu erklären, warum und wie zwei Seelen von Menschen oder sonst einer selben Art niemals vollkommen gleich aus den Händen des Schöpfers hervorgehen.

Individualität ist der zentrale Begriff der Leibnizschen Philosophie. Aber – und das ist das Entscheidende und auch die entscheidende Differenz zu

Locke, der ja an der arbiträren Freiheit des Individuums eher verzweifelt – sofern jedes mit dem Ganzen zusammenhängt, steht jedes Individuum auch in Zusammenhang mit jedem anderen und ist dadurch vor dem Schicksal einer nichtkommunikativen Einsamkeit von vornherein gefeit. Vor diesem Hintergrund ist es daher nur folgerichtig, daß Leibniz die vermeintliche «imperfection», also die je individuelle Semantik des Einzelnen wie auch die partikulare Semantik der verschiedenen Sprachen, *nicht* beklagt.

Theophil setzt an Lockes Klage über die unverständlichen alten Bücher (III ix 9) an, welche die ohnehin schon bestehende Unsicherheit der Bedeutungen – vor allem der mixed modes – ins Unendliche treiben. Theophil, der sich schon bei der ersten Arbitraritäts-Kritik als ein Freund der Geschichte und der alten Texte erwiesen hatte (er erwähnte bei seinen Rekonstruktionsversuchen allerlei Uralt-Texte von Notker über die Straßburger Eide bis zum Codex argenteus), bricht nun eine weitere Lanze für die alten Bücher, «les anciens livres». Nach wie vor müßten die Heilige Schrift und das Römische Recht gelesen werden, aber nicht nur die alten Griechen und Römer, sondern auch die Juden, die Araber und sogar die Chinesen und Inder seien nützlicherweise zu konsultieren. Und wenn diese Quellen des Wissens erschöpft seien, dann müsse man die *Sprachen* selbst befragen:

> Et quand il n'y aurait plus de livre ancien à examiner, *les langues* tiendront lieu de livres et ce sont les plus anciens monuments du genre humain. On enregistrera avec le temps et mettra en dictionnaires et grammaires toutes les langues de l'univers, et on les comparera entre elles; ce qui aura des usages très grands tant pour *la connaissance des choses,* puisque les noms souvent répondent à leurs propriétés (comme l'on voit par les dénominations des plantes chez les différents peuples), que pour *la connaissance de notre esprit et de la merveilleuse variété de ses opérations.* (ebd.: 293, H.v.m.)

> Und wenn es kein altes Buch mehr zu untersuchen gäbe, dann werden die *Sprachen* die Stelle der Bücher einnehmen, denn sie sind die ältesten Denkmäler des Menschengeschlechts. Man wird mit der Zeit alle Sprachen des Universums aufzeichnen und in Wörterbücher und Grammatiken fassen, und man wird sie untereinander vergleichen, was sehr großen Nutzen sowohl für die *Kenntnis der Sachen*, da die Namen oft den Eigenschaften der Sachen entsprechen (wie man bei den Benennungen der Pflanzen bei verschiedenen Völkern sehen kann), als auch für *die Kenntnis unseres Geistes und der wunderbaren Vielfalt seiner Operationen* haben wird.

Dem Ekel und Lamento Lockes setzt Leibniz also ein geradezu überschwengliches Lob der alten Bücher und der Sprachen entgegen. Alles andere als mühseliger und überflüssiger Bedeutungs-Qualm, sind die Sprachen Dokumente für das Wissen von den Sachen einerseits und vom menschlichen Geist andererseits. In den Wörtern der Sprachen steckt ein

Wissen von den Sachen, das wertvoll ist. An der die Kenntnis der Sachen betreffenden Stelle heißt es ja: «da die Namen oft den Eigenschaften der Sachen entsprechen (wie man bei den Benennungen der Pflanzen bei verschiedenen Völkern sehen kann)». Das Lob des in den Sprachen sedimentierten Wissens ist natürlich eine bedeutsame *Rehabilitation* des *captus vulgi*. Die Völker, les peuples, sind nämlich durchaus nicht dumm, wie Bacon meinte, ebensowenig wie es die Menschen der Vergangenheit waren, deren alte Bücher Leibniz gerade gelobt hatte.

Noch bedeutsamer als die Kenntnis der Sachen, die connaissance des choses, ist natürlich die *connaissance de notre esprit*, «die Kenntnis unseres Geistes», die das Studium der Sprachen verspricht. Alle Sprachen der Welt sind zu beschreiben, um unseren – wohlgemerkt: unseren! – Geist und die wunderbare Vielfalt seiner Operationen kennenzulernen: *la merveilleuse variété de ses opérations*. Höheres kann von dem Studium der Sprachen nicht erwartet werden, ein höheres Ziel kann der Sprachwissenschaft nicht gesetzt werden. Sie ist die Wissenschaft vom menschlichen Geist. Sie ist ein zentraler Teil der Pneumatik, der Wissenschaft vom wehenden Geist: «Tout est conspirant, sympnoia panta». Leibniz hatte diese hohe Wertschätzung der Sprachen schon am Ende des Kapitels VII angedeutet in seiner berühmten Formel von den Sprachen als dem besten Spiegel des menschlichen Geistes:

> [...] quoique je croie véritablement, que les langues sont *le meilleur miroir de l'esprit humain*, et qu'une analyse exacte de la signification des mots ferait mieux connaître que toute autre chose les opérations de l'entendement. (ebd.: 290, H.v.m.)

> [...] obwohl ich tatsächlich glaube, daß die Sprachen *der beste Spiegel des menschlichen Geistes* sind und daß eine genaue Analyse der Bedeutung der Wörter besser als alles andere die Operationen des Verstandes verständlich machen würde.

Besser als alles andere, «mieux que toute autre chose», würde eine Sprachanalyse Zugang zum menschlichen Geist gewähren. Besser als alles andere würde eine Wissenschaft von den Sprachen die Kenntnis unseres Geistes befördern. Was sich bei Condillac noch eher vorsichtig und zaghaft in einer Sympathie für die Sprachen und ihre verschiedenen génies, in einer wohlwollenden Toleranz gegenüber ihren verschiedenen «manières de voir et de sentir» ausdrückte, wird hier zu einer begeisterten Feier ihrer kognitiven Leistung und Funktion. Die Sprachen, und zwar «alle Sprachen der Welt»,»toutes les langues de l'univers», sind daher gerade nicht zu eliminieren, sondern in Wörterbüchern und Grammatiken zu beschreiben. Diese Passage aus dem neunten Kapitel ist wirklich die Geburtsurkunde der *Sprachwissenschaft*: An dieser Stelle entwirft Leibniz – modern gesagt – das Projekt einer *deskriptiven* verglei-

chenden Sprachwissenschaft: Alle Sprachen sind zu dokumentieren
(enregistrer) und miteinander zu vergleichen, «et on les comparera entre
elles».

Dieses Projekt ist deutlich von dem im Kapitel II anläßlich der Arbitraritäts-Kritik entwickelten *historischen* Projekt unterschieden, das Leibniz hier auch noch einmal als einen *zweiten* Zweck des Sprachstudiums
erwähnt: Nachdem er die Nützlichkeit des deskriptiven vergleichenden
Sprachstudiums für die Erforschung des menschlichen Geistes festgestellt hat, fährt er nämlich fort:

> Sans parler de l'origine des peuples, qu'on connaîtra par le moyen des étymo-
> logies solides que la comparaison des langues fournira le mieux. Mais c'est de
> quoi j'ai déjà parlé. (ebd.: 293)

> Ohne von dem Ursprung der Völker zu sprechen, den man mittels solider Ety-
> mologien erkennen wird, die der Vergleich der Sprachen am besten liefern
> wird. Aber davon habe ich schon gesprochen [im zweiten Kapitel nämlich, wo
> er eine Wissenschaft von der Rekonstruktion des Lauts entwarf].

Gegenüber der Klage Lockes über die extreme «Arbitrarität» der Bedeutungen entdeckt Leibniz also gerade den *Sinn* dieser Arbitrarität. Anders
als im zweiten Kapitel weist Leibniz hier nicht die Arbitrarität zurück,
sondern er stimmt der Analyse Lockes zu – nicht deren Bewertung als
«unvollkommen» – und weist deren tiefe Berechtigung nach: Die Menschen haben verschiedene Ansichten von den Sachen, und der menschliche Geist entfaltet sich in einer *wunderbaren Vielfalt* seiner Operationen. Diese gründet in der fundamentalen Individualität der menschlichen
Seele und der individuellen, «originären» Ansichten, die jede Seele von
der Welt hat.

Das *historische* Projekt dient also der *Reduktion* der Arbitrarität und
der Vielfalt des Lauts: Es ist im wesentlichen eine *historische Phonetik*,
die zu den natürlichen Urlauten zurückführt, welche onomatopoetische
Abbilder der Dinge sind. Die historische Sprachwissenschaft führt zum
Paradies zurück, zur ursprünglichen *Einheit* der *lingua adamica*, wie die
lingua antiquissima in der «Brevis designatio» ausdrücklich heißt. In den
verwandtschaftlichen Beziehungen aller Sprachen beweist sie die Identität aller Sprachen.

Auf der Basis dieser genetischen, natürlichen und primär *materiellen*
Einheit aller Sprachen kann dann das *deskriptive* Projekt umgekehrt gerade die *Vielfalt* feiern, die sich vor allem in den Bedeutungen, in der
Semantik der Sprachen manifestiert. Die ursprüngliche Einheit gibt gewissermaßen die Sicherheit für dieses Fest der wunderbaren Verschie-
denartigkeit der Operationen des menschlichen Geistes. Die – erst noch
zu leistende – sprachwissenschaftliche Arbeit – enregistrer toutes les

langues de l'univers – ist dabei ein zentrales Stück der Wissenschaft des menschlichen Geistes, der Pneumatik.

Dies ist – wie schon angedeutet – natürlich eine radikale Umkehrung des aristotelischen Modells: Verschieden sind nicht die Wörter, die *voces*, diese sind im Gegenteil letztlich *identisch* in allen Sprachen, auch wenn die Geschichte sie verändert hat. *Verschieden* sind aber die *conceptus*, die pathemata tes psyches, die Erleidnisse der Seele, die doch nach Aristoteles gerade bei allen Menschen dieselben sein sollen. Nichts ist für Leibniz falscher als diese Vorstellung einer bei allen Menschen gleichen Psyche: «zwei Menschenseelen gehen niemals vollkommen gleich aus der Hand des Schöpfers hervor», «deux âmes humaines ne sortent jamais parfaitement semblables des mains du Créateur» (41). Deswegen sind natürlich auch die Vorstellungen prinzipiell individuell, und deswegen dokumentieren die verschiedenen Bedeutungen in den verschiedenen Sprachen auch die wunderbare Vielfalt der Operationen des menschlichen Geistes. Damit sind schließlich auch die Beziehungen zwischen den Wörtern, den Bedeutungen und den Sachen anders als bei Aristoteles: «Natürlichkeit» der Wörter heißt, daß eine Abbildlichkeitsbeziehung besteht zwischen den Lauten und den Sachen: «un rapport entre les choses et les sons et mouvements des organes de la voix» (243). Es scheint, als sei hier – wie in Platons *Kratylos* – gar kein conceptus zwischen Wort und Sache zwischengeschaltet (wenn es das wäre, so wäre das Wort aber sowieso auch ein Abbild der Sache). Dennoch liegt zwischen den Wörtern und den Sachen natürlich der Raum des Erkennens, in dem sich ja gerade die Vielfalt der Blicke auf die Sache und die Vielfalt der Geistesoperationen entfaltet. Die mit den Wörtern verbundenen Kenntnisse von den Sachen sind aber, wenn wir an das Beispiel denken, keinesfalls irgendwelche «willkürlichen», d. h. «beliebigen» und wertlosen Vorstellungen, sondern «connaissances», Kenntnisse, zwar verschiedene, aber eben doch Abbilder, die etwas von den Sachen sagen. Denn sie «entsprechen oft den Eigenschaften der Sachen», «souvent répondent à leurs propriétés» (293). «Den Eigenschaften der Sachen entsprechen» ist natürlich ein Ausdruck für Abbildlichkeit, für Ikonizität. Und das muß auch so sein, weil bei Leibniz die Gedanken und die Sachen einander entsprechen. *Répondre*, «antworten», ist das schöne französische Wort, das Leibniz hier verwendet. Wo alles aufeinander antwortet, bzw. «ent-spricht», wo alles ins Unendliche verwickelt ist, gibt es daher auch gar keine radikale Arbitrarität. Wo alles zusammenatmet, besteht auch keine scharfe Trennung von innen und außen, zwischen dem Erkennen und den Sachen, so wie Leibniz ja auch die scharfe Trennung zwischen Körper und Seele ablehnt, die bei aller Kritik an Descartes, Locke doch durchaus beibehalten hat:

[...] je crois avec la plupart des anciens que tous les génies, toutes les âmes, toutes les substances simples créées sont toujours joints à un corps, et qu'il n'y a jamais des âmes entièrement séparées. (ebd.: 42)

[...] ich glaube mit den meisten der Alten, daß alle Geister, alle Seelen, alle geschaffenen einfachen Substanzen immer mit einem Körper verbunden sind und daß es niemals völlig getrennte Seelen gibt.

5.3.4. Linguistik Nachdem Condillac die Lockesche Sprach-Kritik schon entschärft hatte, wird nun Leibnizens verspätete Antwort auf Locke gänzlich den Boden bereiten für eine Erforschung der Sprachen der Welt. Die sich auf Leibniz berufende und von diesem auch oft ausdrücklich angeregte immer weiter greifende Dokumentation und Vergleichung der Sprachen hat deutlich zwei verschiedene Aufgaben und Zielrichtungen: einmal die Rekonstruktion der ursprünglichen *Einheit* der Sprache und zum anderen die Erkundung der wunderbaren *Vielfalt* des menschlichen Geistes. Die erstere hat wohl aus mehreren Gründen zunächst mehr Erfolg: Sie kann an die Tradition der harmonia linguarum anschließen, sie ist von Leibniz schon 1710 in der «Brevis designatio» ausführlich skizziert und vorgeführt worden, und – vor allem – sie dient auch nicht nur dem sprachphilosophischen Ziel der Widerlegung der Willkürlichkeit, sondern sie verfolgt auch noch das heteronome *historische* Ziel, die Abstammung der Völker oder die Verwandtschaft und Wanderungen der *Völker* zu dokumentieren. Die «Brevis designatio» sagt das im Titel: «Kurze Bezeichnung der Überlegungen über die Abstammung der Völker, wie man sie aus dem Zeugnis der Sprachen ableiten kann», «Brevis designatio meditationum de originibus gentium ductis potissimum ex indicio linguarum». Die Sprachen können eben auch als ein *Indiz* für historische Untersuchungen herangezogen werden. Auch in den *Nouveaux Essais* stellt Leibniz die historisch-genetische Untersuchung unter dieses Ziel:

Et les langues en général étant les plus anciens monuments des peuples, avant l'écriture et les arts, en marquent le mieux l'origine des cognations et migrations. (1765: 245)

Und da die Sprachen im allgemeinen die ältesten Denkmäler der Völker sind, vor der Schrift und den Künsten, bezeichnen sie am besten den Ursprung ihrer Verwandtschaften und Wanderungen.

Die auf Leibniz sich beziehenden Sammlungen von Sprachmaterial und Versuche des Sprachvergleichs wie etwa diejenigen von Pallas und Hervás, aber auch noch der *Mithridates* von Adelung und Vater, verfolgen zunächst dieses Ziel. Und, wie gesagt, die historisch vergleichende Sprachwissenschaft, deren Neuheit eine sich aufspreizende Historiographie der Linguistik propagandistisch hervorgetrieben hat, ist nur eine methodisch verfeinerte Bemühung um dieses Ziel.

Die Untersuchung der *wunderbaren Vielfalt* des menschlichen Geistes in den Sprachen der Welt wird sich dagegen viel langsamer entfalten, schon einfach deswegen, weil ihr sozusagen das gesamte Denken Europas im Wege steht: Die Vielfalt der menschlichen Sprachen ist für Europa nichts Wunderbares. Dies ist ein so kühner Gedanke in diesem Europa, das die Einheit denkt und herbeisehnt, daß es größerer Zeiträume und größerer Anstrengungen zu seiner Durchsetzung bedarf. Und er wird sich auch niemals wirklich gegen das Einheitsdenken durchsetzen, das immer dominant bleiben wird. Aber seit Leibniz ist dieser Gedanke in der Welt, und daher – wenn auch nur als schlechtes Gewissen, als im Untergrund rumpelndes altes Gespenst, als Störenfried im Neuen Paradies – auch nicht mehr aus ihr zu tilgen.

5.3.5. Universalsprache Daß Leibniz ein Vertreter, ja geradezu der Erfinder einer Sprachauffassung gewesen ist, die die Verschiedenheit der Sprachen enthusiastisch begrüßt, daß er als solcher der geistige Vater sowohl der historisch-genetischen als auch der deskriptiven vergleichenden Sprachwissenschaft gewesen ist, daß er gerade die letztere als eine Wissenschaft vom Geist konzipiert und damit Sprachwissenschaft von vornherein als kognitive Wissenschaft begründet, mag einigermaßen überraschen, da Leibniz im allgemeinen als der Mann bekannt ist, der nach einer universalen Sprache gesucht hat. Die Philosophen haben geradezu exklusiv diesen Leibniz hervorgehoben, natürlich, denn das ist der Leibniz, der zum Hauptweg der Philosophie paßt. Humboldt, der Leibnizsche Denker der Verschiedenheit der menschlichen Sprachen, für den die Vorstellung einer Universalsprache ein Irrweg des Denkens ist, hat dagegen sozusagen kopfschüttelnd festgestellt, daß sogar der große Leibniz dieser Vorstellung angehangen habe: «Der grosse Leibnitz selbst fasste die Idee einer zu erfindenden Universalsprache» (VI: 189). Die beiden Wege scheinen also völlig widersprüchlich zu sein. In Wirklichkeit aber sind sie durchaus miteinander vereinbar. Die beiden Projekte sind auf verschiedenen systematischen Ebenen des Leibnizschen Denkens angesiedelt. Das linguistische Projekt liegt auf einer anderen Ebene des Wissens als das Universalsprachen-Projekt. Und außerdem muß Leibniz als ein Denker des universellen Zusammenhangs natürlich auch darüber nachdenken, wie denn jenseits der wunderbaren Vielfalt des menschlichen Geistes Menschen miteinander kommunizieren können, vor allem, wenn es darum geht, die universellen Wahrheiten der Wissenschaften zu verhandeln.

Was die verschiedenen Niveaus des Wissens angeht, so hat insbesondere Eugenio Coseriu (1972 und 1988) immer wieder auf die Hierarchie der Ideen hingewiesen, die Leibniz schon in seinen frühen «Meditationes de cognitione, veritate et ideis» entwickelt hat, einer außerordentlich einflußreichen kleinen Schrift von 1684. Auf seine irenische, verbindende, versöhnende Art baut Leibniz hier ein Brücke über einen Abgrund, den Descartes, der große Grabengräber, vertieft hatte. Descartes hatte auf seiner Suche nach den «connaissances claires et assurées», den klaren und gesicherten Kenntnissen, alles als unklar und unsicher verworfen – das aus den Büchern Gelernte, das im Buch des Lebens Gelesene, die Sinnesempfindungen –, bis er schließlich als einzige klare und sichere Erkenntnis das Cogito, die Gewißheit des reinen Denkens und die eingeborenen Ideen gefunden hatte. Natürlich ist auch Leibniz wie alle Wahrheitssucher auf der Suche nach den klaren und gesicherten Erkenntnissen, aber er wirft deswegen doch nicht die weniger sicheren Erkenntnisse in den metaphysischen Mülleimer. Wir haben gesehen, daß seine Geisteswelt auf den petites perceptions, diesen akroamatischen Proto-Gedanken, basiert. Diese Ausführungen der späteren *Nouveaux Essais* entsprechen immer noch seiner frühen Ideenlehre. In «De cognitione, veritate et ideis» skizziert Leibniz eine Systematik des Erkennens, die auch gleichzeitig ein Aufstieg des Erkennens aus zunächst dunklen Vorstellungen bis zu den klaren Begriffen der Wissenschaft ist. Das folgende Schema (aus Coseriu 1988: 206) faßt diese Abfolge der notiones von den dunklen zu den klarsten, den adäquaten deutlichen klaren Ideen zusammen:

Das Wichtige an diesem Schema ist – neben der Systematik selbst –, daß eben auch die niederen oder dunkleren Vorstellungen ihren Platz in der Erkenntnistätigkeit haben, daß sie nicht einfach Abfall sind, den man hinter sich lassen muß, sondern daß sie die Basis der hohen und hellen letzten Ideen sind.

Die natürlichen Sprachen sind in dieser Wissenshierarchie auf der Ebene der klar-konfusen Ideen angesiedelt. Dies ist wichtig, um genauer einzuschätzen, wovon Leibniz spricht, wenn er die wunderbare Vielfalt der Operationen des menschlichen Geistes feiert. Es ist eine Vielfalt, die nicht auf dem höchsten und hellsten Niveau angesiedelt ist, dessen der menschliche Geist fähig ist. Der Geist steigt als ein erkennender weiter, in

Sphären höheren und helleren und vollkommeneren Erkennens, er läßt
also die Sprachen und ihre Ideen durchaus *hinter* sich. Und *hier* – auf der
Ebene der höchsten Ideen – wird das Problem der Universalsprache verhandelt. In dieser Ideenhierarchie ist das Projekt der Universalsprache
mit dem Projekt der Vergleichenden Wissenschaft aller Sprachen der
Welt durchaus verträglich, ja das eine basiert auf dem anderen: Die vergleichende Sprachforschung grundiert eigentlich die Suche nach der Universalsprache, so wie auch die petites perceptions – die dunklen Vorstellungen – das Denken insgesamt grundieren. Und weil dies so ist, d. h.
weil die Sprachen schon ein Wissen sind – connaissances –, wenn auch
nur ein klar-konfuses, braucht man sie auch nicht insgesamt zu verdam-
men, wie es die Engländer tun, sondern kann *auf dieser Basis* nach dem
klaren und adäquaten Wissen der Wissenschaft streben, d. h. man kann
für diesen Bereich eine universelle Sprache, oder besser: eine universelle
Schrift zu entwickeln versuchen.

Die *Schrift* selbst ist schon ein Mittel, das Schwankende und Unsichere der gesprochenen Sprache zu bannen, «depuis que l'écriture est
inventée» (293), «seitdem die Schrift erfunden ist». Mittels der Schrift
können die Bedeutungen fixiert und daher der «Turm zu Babel» zerstört werden:

> Car il dépend de nous de fixer les significations, au moins dans quelque langue
> savante, et d'en convenir pour détruire cette tour de Babel (294).

> Denn es hängt von uns ab, die Bedeutungen, zumindest in einer gelehrten Spra-
> che, zu fixieren und zu vereinbaren, um diesen Turm von Babel zu zerstören.[3]

Es mag auf den ersten Blick einigermaßen überraschen, daß Leibniz nun
mit seiner *langue savante* herniederfahren und die Vielsprachigkeit (den
Turm) zerstören – détruire – will, die er doch gerade an derselben Stelle
gepriesen hatte. Die verschiedenen Ebenen des Wissens erlauben aber die
Versöhnung von Babel (und Mithridates) und dem Neuen Himmelreich
der Wissenschaft, dem Paradies des regnum hominis. Auf Lockes Klage
über die «nuages sur nos yeux» (296) – wie der «mist before our eyes»
auf Französisch heißt – antwortet Leibniz noch einmal mit dem Verweis
auf die *Schrift* im wissenschaftlichen Sprachgebrauch: «Je crois qu'on
pourrait venir à bout dès à présent dans les discussions *par écrit*, si les
hommes voulaient convenir de certains règlements et les exécuter avec
soin» (ebd.: 296), «Ich glaube, man könnte in den *schriftlichen* Diskussionen sofort damit fertig werden, wenn die Menschen über bestimmte
Regelungen übereinkommen und sich sorgfältig daran halten würden».
Die Fixierung durch die Schrift behebt schon die meisten der von Locke
beklagten Unvollkommenheiten der Sprache. Leibniz verweist, was den
mündlichen wissenschaftlichen Gebrauch angeht, diskret auf einen Vorschlag, den er früher einmal gemacht habe (ebd.: 296).

Ansonsten aber fällt auf, daß in den *Nouveaux Essais* von einer Universalsprache nicht die Rede ist, wo die systematische Stelle dafür gewesen wäre, nämlich im elften Kapitel des Buches über die Sprache, bei den Heilmitteln, den *remèdes* für die Sprachkrankheit. Aber wo keine Krankheit mehr ist, hat ja auch der Arzt nichts mehr zu tun. Mild stimmt Leibniz dem Lockeschen Vorschlag einer wissenschaftlichen Enzyklopädie zu, in der bestimmte sichtbare Gegenstände durch *Abbildungen* die Sachen klar darstellen: «Un tel dictionnaire universel figuré serait à souhaiter» (ebd.: 310), «ein solches universelles Bilder-Lexikon wäre wünschenswert». Es scheint sich dabei aber eher um ein Stärkungsmittel als um eine Arznei zu handeln.

Offensichtlich ist für den Leibniz der *Nouveaux Essais* auch weniger das Fehlen einer universellen *langue savante* das Haupthindernis bei dem «avancement des connaissances solides» (es ist kein Zufall, daß Leibniz hier am Ende des Buches über die Wörter Bacons Titel *Advancement of learning* evoziert) als vielmehr das Desinteresse der Herrschenden an der Wissenschaft. Die Cortegiani und signori del mondo sind nämlich «gewöhnlich viel zu sehr abgelenkt von den Vergnügungen des Friedens oder von den Sorgen des Krieges», «ils sont ordinairement trop dérangés par les plaisirs de la paix ou par les soins de la guerre». Vor allem letzteres, das ständige Kriegführen, behindert den Fortschritt:

Sans les guerres [...] on serait allé loin. (ebd.: 310)

Ohne die Kriege [...] wären wir schon weit gekommen.

Dem ist auch aus heutiger Sicht nichts hinzuzufügen.

Fazit   Lockes *Essay*, der, Bacons Geisteraustreibung fortführend, das große englische Lamento über die Sprachen anstimmt, wird intensiv von den beiden großen Denkern Frankreichs und Deutschlands rezipiert. Condillacs Beitrag ist abgesehen von der sensualistischen Radikalisierung des empiristischen Ansatzes vor allem in der Verbindung einer *Sprach*-Philosophie mit der Lockeschen *Erkenntnis*-Philosophie («On Human Understanding») zu sehen. Condillac stellt die Sprache, ihren Ursprung, ihre Geschichte, ihre Analyse und ihre Reform ins Zentrum der erkenntnistheoretischen Problematik (aber es bleibt letztlich doch eine *erkenntnis*-theoretische Problematik): Die Ursprünge der menschlichen *Erkenntnisse*, die origines des connaissances humaines, sind neben den sensations, den Sinnesempfindungen, eben gerade die Zeichen (Schrei und Gebärde) und die aus ihnen hervorgehenden Sprachen. Daher wertet Condillac die Sprache anders als Locke nicht als das *Hindernis* des menschlichen Verstehens, sondern als seine *Basis*. Die *Kritik* der Sprache wandelt sich in eine *Geschichte* der Sprache (vom Ursprung zu den génies des langues) und in eine *positive* Evaluation der Leistung der Semiose überhaupt und der Sprache insbesondere (die dann in der Wissenschaft verbessert werden muß).

Leibniz, der an sich lange vor Condillac seine Antwort auf Locke geschrieben hatte, die aber erst postum erscheint, kann insofern als eine Steigerung Condillacs angesehen werden, als er – vor dem Hintergrund einer gänzlich anderen Metaphysik oder, wie wir heute sagen würden, aufgrund gänzlich anderer erkenntnistheoretischer Grundannahmen – systematisch an derselben Stelle ein gewaltiges Projekt der Erforschung der Sprachen entwirft: An der Stelle der Klage über die Sprachen steht die *Wissenschaft von den Sprachen*, diesem Spiegel des Geistes, die als eine Urgeschichte der Wörter zur Kenntnis der Geschichte der Menschheit beiträgt und als eine Enzyklopädie des Wissens der Völker Teil der Pneumatik ist, der Wissenschaft vom Geist, dessen wunderbar vielfältige Operationen sie dokumentiert: *la merveilleuse variété de ses opérations.* Höher kann Linguistik nicht steigen. Und besser und anders ist Linguistik auch nicht zu rechtfertigen. Nur als Erforschung der in den Sprachen sedimentierten Operationen des Geistes ist Sprachwissenschaft legitimierbar. Dies ist ihre Aufgabe bis heute.

5.4. *Vico oder die Neue Wissenschaft von der Alten Sprache*

Als eine etwas exzentrische Antwort auf Descartes, als exzentrische Schwester des Lockeschen *Essay*, habe ich eingangs Vicos *Scienza Nuova* bezeichnet, die nun noch in diese Serie der philosophischen Entdeckungen der Sprache einzureihen ist. Coseriu (1972) hat – im Anschluß an Pagliaro (1959) – Vicos Philosophie als die erste wirkliche Sprachphilosophie Europas bezeichnet, bzw. als ein Denken von der Sprache her. Dies ist auch insofern zutreffend, als Vico sozusagen direkt gegen Descartes, gegen eine Philosophie des reinen Denkens, eine Philosophie der Sprache bzw. besser: der *Zeichen* (es geht eigentlich nicht nur um die Sprache) setzt.[4] Locke kritisiert Descartes ja zunächst, ohne daß die Sprache dabei eine Rolle spielt. Die Sprache kommt erst *nach* der Descartes-Kritik, und sie ist gleichsam ein zweiter Gegner, den Locke bekämpft, sie ist nicht etwa eine Verbündete gegen Descartes. Sein Buch «Of Words» ist, parallel zum ersten Buch «Of Innate Ideas», das gegen die eingeborenen Ideen argumentiert, eigentlich ein Buch «Against Words». Condillac und Leibniz wenden diese Negativität zwar ins Positive, aber sie denken die Sprache und das Erkennen doch im Fahrwasser Lockes. Vico geht wie Locke noch einmal *direkt* gegen Descartes vor, der sein philosophischer Hauptgegner ist. Wie Locke die Ideen der *Erfahrung* auf die weiße Tafel des Geistes schreibt, so schreibt Vico aber gerade die *Sprache* in die philosophische Problematik der Neuen Wissenschaft hinein: *Die Zeichen und die Sprache* sind die «Erfahrungen», die der Geist macht, und ihre Erforschung ist die Neue Wissenschaft, die die Philosophen suchen. Dieser Gedanke ist von einer Radikalität, die auch Leibniz und Condillac nicht kennen, weil Vico sich gänzlich von der Wissenschaft der Natur abwendet und seine Neue Wissenschaft auf die Welt der *Kultur*, den *mondo civile*, abstellt. Und diese Welt der Kultur ist nun einmal eine Welt aus Zeichen.

Wichtig ist es, zunächst noch einmal die gemeinsame Suche der hier behandelten Philosophen zu betonen: die Suche nach einer Neuen Wissenschaft oder, wie Descartes es gesagt hat, nach «connaissance claire et assurée», nach klarem und sicherem Wissen. Descartes hatte im reinem Denken diese Gewißheit des Wissens gefunden, die Bücher als Quellen des Wissens hat er ebenso eliminiert wie die Erfahrungen der Welt. Auch Locke hatte noch einmal gegen die alten Bücher geklagt (die Leibniz allerdings durchaus als eine Quelle des Wissens ansehen wollte) und die sinnliche Erfahrung und deren wissenschaftliche Extension, die Erforschung der Natur, als den privilegierten Ort wahren Erkennens betrachtet. Vico hält nun gerade die Natur für prinzipiell nicht erkennbar wegen seines erkenntnistheoretischen Grundsatzes, daß man nur das erkennen könne, was man selber gemacht habe. Die Natur hat der Mensch nicht gemacht, wohl aber die Kultur, die gesellschaftliche Welt, den mondo civile, von dem man deswegen auch sicheres Wissen haben könne.

Vico inszeniert diese zentrale philosophische Einsicht tatsächlich völlig parallel zu Descartes' dramatischer Gewinnung der einzigen Wahrheit des «je pense donc je suis». So wie Descartes am Ende seiner Reise durch die Dunkelheiten des unsicheren Wissens bei der strahlenden Wahrheit des Cogito ergo sum ankommt, so leuchtet auch Vico am Ende des finsteren Waldes – die Dantesche *selva oscura* läßt hier grüßen – dieses Licht der Wahrheit, «che questo mondo civile egli certamente è stato fatto dagli uomini», «daß diese gesellschaftliche Welt ganz gewiß von den Menschen gemacht worden ist»:

> (331) Ma in tal densa notte di tenebre ond'è coverta la prima da noi lontanissima antichità, apparisce questo lume eterno, che non tramonta, di questa verità, la quale non si può a patto alcuno chiamar in dubbio; che questo mondo civile egli certamente è stato fatto dagli uomini.

> Aber in solch dichter Nacht voller Dunkelheiten, mit der die erste, von uns weit entfernte Vergangenheit bedeckt ist, erscheint das niemals untergehende ewige Licht jener Wahrheit, die sich keinesfalls in Zweifel ziehen läßt, nämlich daß diese gesellschaftliche Welt ganz gewiß von den Menschen gemacht worden ist.

5.4.1. *Poetische Charaktere* Der *mondo civile*, die gesellschaftliche Welt, ist nun aber tatsächlich zugänglich durch die Bücher, durch die Ge-

samtheit der Schriften und Zeugnisse über die Geschichte und die Kultur der Menschheit. Die Texte sammelt und dokumentiert die *Philologie*, wie Vico das Ensemble der historischen und literarischen Gelehrsamkeit nennt. Das Ensemble der Texte ist das empirische Material, das der Neuen Wissenschaft Vicos zur Verfügung steht und in dem er nun – nach der Methode Bacons, wie er ausdrücklich festhält – die *universellen* Gesetzmäßigkeiten sucht, die die «Wissenschaft» sind: «scientia debet esse de universalibus et aeternis», «Wissenschaft gibt es nur von universellen und ewigen Dingen» (1744: 163). Es geht also, das muß man immer wieder gegen die hermeneutischen Freunde Vicos betonen, nicht um das Verstehen individueller historischer Gestalten, sondern um «Wissenschaft», d. h. um das Universelle und Ewige. Den mondo civile erkennt man durch die Aufdeckung der «Ewigen Idealen Geschichte», modern würden wir sagen, durch Strukturgesetze der gesellschaftlichen und kulturellen Organisation.

Und um hierher zu gelangen, hat Vico – wie er sagt – nach jahrzehntelanger Anstrengung den Schlüssel, den Hauptschlüssel, «la chiave maestra», in der Einsicht gefunden, daß die ersten Völker *Poeten* gewesen seien, die in *poetischen Charakteren* (caratteri poetici) gesprochen haben. Dies nennt Vico in philosophiegeschichtlich absolut richtiger Selbsteinschätzung seine «discoverta», seine «Entdeckung». Der Grundsatz, daß das Selbstgemachte die Basis sicheren Wissen bietet, ist schon traditionell, und daß die gesellschaftliche Welt in dieser Hinsicht sichereres Wissen als die Natur biete, hatte schon Hobbes gedacht.[5] Aber daß der mondo civile sich geistig über die Zeichen organisiert, daß also die gesellschaftliche Welt über die Zeichen zugänglich ist, daß folglich die Neue Wissenschaft zuvörderst eine Philosophie der Sprache ist, vor allem aber, daß diese «Sprache» zunächst aus «poetischen Charakteren» besteht, das hat Vico entdeckt:

(34) Principio di tal'origini e di lingue e di lettere si truova essere stato ch'i primi popoli della gentilità, per una dimostrata necessità di natura, furon *poeti*, i quali parlarono per *caratteri poetici;* la qual discoverta, ch'è la chiave maestra di questa Scienza, ci ha costo la ricerca ostinata di quasi tutta la nostra vita letteraria.

Als Prinzip dieser Ursprünge der Sprachen und Schriften hat sich herausgestellt, daß die ersten Völker des Heidentums gemäß einer erwiesenen natürlichen Notwendigkeit *Poeten* waren, die in *poetischen Charakteren* sprachen; diese Entdeckung, die der Meisterschlüssel dieser Wissenschaft ist, hat uns die angestrengte Suche fast unseres ganzen Gelehrtenlebens gekostet.

Dies ist deswegen in der Tat etwas Neues, als Vico damit die ganze Neue Wissenschaft, also das sichere Wissen vom mondo civile, *sprach*-philosophisch – oder vielleicht besser: *zeichen*-philosophisch, semiotisch – fundiert: auf die poetischen Charaktere. Die Neue Wissenschaft ist nämlich gleichzeitig eine Wissenschaft vom menschlichen Geist, der sich in Sprache manifestiert. Vico greift ausdrücklich auf die Doppeldeutigkeit des griechischen Wortes *logos* zurück, das ja Denken und Sprache zugleich bezeichnet: «*lógos* bedeutet sowohl ‹Idee' als auch ‹Wort›» (401). Insofern gibt es gar kein «reines» – also sprachloses – Denken. Denken ist für Vico *gleichzeitig* Sprechen, und dieses ist zunächst ein «Sprechen in poetischen Charakteren» – ein Ursprung, den das Denken auch niemals ganz abstreifen wird, auch wenn es in seiner historischen Entwicklung durchaus zu einer reineren Geistigkeit strebt. Aber der Mensch ist am Anfang ein tierhafter Wilder, ein *bestione*, der sich erst allmählich seine Rationalität erarbeitet, in politischer Hinsicht genauso wie in geistiger Hinsicht.

Vico schreibt – Condillac nicht unähnlich – eine Geschichte der menschlichen Semiose, deren Anfänge wild, d. h. phantastisch, poetisch und wesentlich *visuell* waren: «poetische Charaktere». Aber, anders als bei Condillac oder Leibniz, ist die Geschichte der menschlichen Semiose *identisch* mit der Geschichte des menschlichen Geistes, sie ist nicht nur ein – wenn auch zentrales – Teilstück. Insofern ist Vicos Philosophie tatsächlich die erste europäische Sprach-Philosophie. Und diese Denk- und Sprach-Geschichte ist vollkommen verwoben in die *politische* Geschichte. Den verschiedenen politischen Organisationsformen der Menschheitsgeschichte entsprechen verschiedene Sprachen.

Dem *göttlichen* Zeitalter und seiner theokratischen Clan-Organisation entspricht die göttliche Sprache: Gegenstände der Welt oder Gebärden, die völlig ikonisch mit ihren Bedeutungen verbunden sind: «eine stumme Sprache aus Gebärden und Körpern, die natürliche Beziehungen zu den Ideen haben sollten, die sie bezeichnen wollten» (32). Das *heroische* Zeitalter mit seiner aristokratischen Klassenstruktur sprach «in heroischen Devisen oder in Ähnlichkeiten, Vergleichen, Bildern, Metaphern und natürlichen Beschreibungen» (32). Prototyp des heroischen Zeichens ist das heraldische Zeichen auf Waffen, das Macht und Besitz anzeigt. Erst im dritten, im *menschlichen* Zeitalter, dessen politisches Merkmal die Rechtsgleichheit der Menschen in Monarchien und Republiken ist, sprechen die Menschen in lautlichen Wörtern: in «von den Völkern vereinbarten Wörtern [*voci*], deren absolute Herren die Völker sind» (32).

Erst hier wird die Stufe der «Willkürlichkeit» erreicht: «von den Völkern vereinbart», «convenute da' popoli», «absoluter Herr sein von», «essere assoluti signori», sind die Vicoschen Formulierungen für das traditionelle *kata syntheken*. Und erst hier handelt es sich um lautliche Sprache, um *vox: voci*. Die Sprachen des göttlichen und des heroischen Zeitalters bestanden dominant (nicht nur, es gab auch schon lautliche Zeichen) aus visuellen Zeichen, die aber gerade abbildlich waren, ausdrücklich «natürlich» oder «ähnlich», d. h. in dieser Hinsicht gerade nicht willkürlich. Vico erzählt die Geschichte der drei Sprachen (und der drei Formen des Denkens), um zu zeigen, was den so willkürlich (ad placitum) scheinenden Wörtern der menschlichen Laut-Sprache zugrundeliegt: «Natürlichkeit», Visualität, Phantasie, Körperlichkeit – *Wildheit*.

Vicos Geschichte des menschlichen Geistes und der menschlichen politischen Organisationsformen hat nämlich eine ausdrücklich kritische Absicht, ist *Kritik der Moderne* oder besser: Kritik der Arroganz der Moderne in ihren beiden Erscheinungsformen, der ethnozentrischen und der logozentrischen Anmaßung, die Vico *boria dei popoli*, «Anmaßung der Völker», und *boria dei dotti*, «Anmaßung der Gelehrten», nennt. Die letztere bringt die Gelehrten dazu, ihr modernes, rationales Denken als Maßstab für alles zu setzen. Vico sagt dieser rationalistischen Moderne: «Achtung, unter all unserer modernen rationalen Welt, die eine wunderbare Errungenschaft der menschlichen Geschichte ist (Vico ist kein Nostalgiker der grauen und wilden Vorzeiten), liegt eine gerade überwundene wilde phantastische Welt, die noch spürbar ist und die auch jederzeit wieder aufbrechen kann. Bedenkt also eure wilden Wurzeln und treibt eure moderne Rationalität nicht so weit, daß sie in eine moderne Barbarei ausartet. Haltet ein Gleichgewicht in der Ökonomie eurer geistigen Kräfte zwischen dem Phantasievoll-Poetischen und dem Rationalen.»

Hinsichtlich der Sprache ist nun das zentrale Moment der logozentrischen Anmaßung, das Vico immer wieder attackiert, gerade die aristotelische Annahme, daß die Wörter *ad placitum*, «willkürlich», seien: d. h. ohne abbildliche Beziehungen zu den Inhalten, für die sie stehen, und völlig rational. Gerade das stellt Vico mit seiner Geschichte des Denkens und der Zeichen in Abrede: unter den scheinbar willkürlichen Wörtern liegen die ursprünglichen phantasiegeschaffenen Bilder. Auch die Völker, die die «absoluten Herren» über die Wörter sind (insofern sind die Wörter willkürlich), sind nicht so frei, daß sie die ursprünglichen natürlichen Beziehungen zwischen vox und Idee aufheben könnten. Auch die Verschiedenheit der Sprachen, die ja immer als der in die Augen springende Beweis für die Nichtabbildlichkeit angeführt wird, ist kein solcher Beweis. «Natürlichkeit» heißt nämlich mitnichten, daß nur *ein* Bild möglich wäre. Die verschiedenen «Poeten» machen es von vornherein jeweils verschieden, sie machen aber trotzdem *Bilder*.

Vicos Geschichte der Sprache ist also – wie die von Leibniz anvisierte Geschichte der Sprache – ein großangelegter Versuch zur Widerlegung der «Willkürlichkeit» der Sprache. Zwei Differenzen springen aber in die Augen: Erstens geht es bei Vico um eine Geschichte menschlicher *Zei*-*chen*gebung, um Semiose, gerade nicht nur um die Laut-Sprache, die Leibniz ausschließlich betrachtet. Zweitens will Leibniz wirklich zu der *einen* onomatopoetischen Sprache des Paradieses zurückkehren. Vico,

der die Bibel und die *lingua adamica* als geoffenbarte Wahrheit völlig
unangetastet läßt und als einen außerhalb seiner Überlegungen stehenden Bereich nicht berührt, läßt dagegen *von vornherein verschiedene* Blicke – diversi aspetti – und verschiedene Bilder zu. Das Ur-Wort, das er
durch die verschiedenen Sprachen hindurch dekonstruiert, ist nicht das
eine onomatopoetische Wort, sondern ein *Ensemble* der *verschiedenen*
Bilder. Diese bilden zusammen dennoch ein Wort, weil sie alle dasselbe
bezeichnen: das gemeinsame geistige Wort (la voce mentale comune).
Die Sache – res – konstituiert dessen Einheit, auch wenn die Wörter verschiedene Bilder der Sache entwerfen. So sind z. B. die Wörter *pater,
heros, vir, el, aristoi* etc. verschiedene Ansichten desselben, nämlich des
«Vaters des Volkes, des Stammvaters», und zusammengenommen bilden
sie das gemeinsame geistige Wort für diese Ur-Institution des mondo
civile.

5.4.2. Neue Wissenschaft   Gerade in diesem letzten Moment der Konstruktion eines Ur-Wortes durch die Dekonstruktion verschiedener Wörter liegt, so merkwürdig das klingen mag, nun auch das *Wissenschaftliche* der *Scienza Nuova*. Das aus den verschiedenen Wörtern zu einem
gemeinsamen versammelte geistige Wort ist das Resultat einer nach der
Baconschen Methode vorgenommenen Induktion eines Universale aus
dem empirisch vorkommenden Verschiedenen: scientia debet esse de
universalibus et aeternis. Das gemeinsame geistige Wort ist also selber
ein Moment der *scientia*. Das Ensemble dieser Wörter nennt Vico das
Dizionario Mentale Comune, das Gemeinsame Geistige Wörterbuch. Es
ist, wie Vico sagt, «la lingua di questa Scienza», die Sprache dieser Wissenschaft oder auch: das Vokabular der Ewigen Idealen Geschichte. Es
versammelt die Wörter für die zentralen *politischen* Ideen. Das Gemeinsame Geistige Wörterbuch enthält die Signifikanten der Ewigen Idealen
Geschichte, deren Institutionen die Signifikate sind, die Grundinstitutio-
nen des Rechts nämlich, *ius*. Die Neue Wissenschaft vom mondo civile
ist eine Semiotik und eine Jurisprudenz zugleich.

Dies ist natürlich eine überraschende und originelle Lösung des Großen Englischen Lamentos über die *idola fori* und über den Wörter-Nebel
vor unseren Augen. Condillac versuchte vorsichtig, Verständnis für die
semantische Unbestimmtheit der Wörter und für die historisch gegebene
semantische Verschiedenheit der Sprachen – die génies des langues – zu
schaffen. Leibniz kehrte das englische Lamento in eine Feier der wunderbaren Vielfalt des menschlichen Geistes um. Auch Vico, der seinen Bacon
kennt, stimmt Bacons Einsicht durchaus zu: Ja, die Wörter der Volkssprachen enthalten volkstümliche Ansichten (intellectus vulgaris) der
Sachen, und, schlimmer noch, diese sind sogar von Volk zu Volk verschieden. Er entschärft Bacons Klage aber dadurch, daß er die verschie-

denen Ansichten als *Ansichten desselben* betrachtet. Vicos Lösung ist nicht die Vertreibung der alten Geister, sondern die *Versammlung* der alten Götzen zu *einem* Götterbild: Die verschiedenen idola fori (das Wort *eidolon* heißt ja «Abbild») sind Bilder desselben. Das gemeinsame geistige Wort versöhnt also Partikularität (der jeweiligen Sprache und Nation) und Universalität (der Menschheit).

Im Gegensatz zur harmonia linguarum, zur Sprachharmonie, an die sein Verfahren ja durchaus noch erinnert und der Leibniz tatsächlich viel näher steht, rekonstruiert Vico aber gerade *keine bestimmte* historische Sprache als Ursprache, sondern eben gerade eine Gemeinsame *Geistige* Sprache: Dizionario *Mentale* Comune. Daß keine bestimmte historische Sprache die Ursprache ist, ist deswegen so wichtig, weil es Vico auch gerade darauf ankommt zu zeigen, daß kein bestimmtes historisches Volk sich als das eine Urvolk aufwerfen kann. Daß sich ein Volk zum Ursprung aller Völker erklärt, ist nämlich jene oben erwähnte andere Arroganz, gegen die Vico immer leidenschaftlich ankämpft, die ethnozentrische Anmaßung, die *boria dei popoli*. Vicos universalistische Überzeugung ist es gerade, daß alle Völker in verschiedenen Zeiten und Ländern ihren mondo civile nach denselben Gesetzmäßigkeiten organisieren, so daß sie auch für ihre zentralen politischen Ideen Wörter haben, die nur verschiedene Blicke auf das letztlich Gemeinsame werfen. Der Nachweis universeller Gesetzmäßigkeiten im so verschieden scheinenden historischen, «philologischen» Material macht das Wissenschaftliche seiner Neuen Wissenschaft aus. Deswegen interessieren ihn auch die *diversi aspetti*, die «verschiedenen Ansichten» der Sprachen, nicht als solche, sondern nur als Ansichten des Universellen, des Gemeinsamen.

Fazit   Bacons Entdeckung der volkstümlichen Semantik als Problem für die Neue Wissenschaft und sein platonischer Exorzismus der bösen Sprachgeister werden von Locke vertieft und fortgeführt. Auf dem Kontinent findet – «continental philosophy» schon damals! – die Sprache dagegen mehr Verständnis, ihre Rolle bei der Entfaltung menschlicher Rationalität wird als fundamental erkannt, und auch ihre Verschiedenheit wird durchaus geschätzt und sogar als wunderbarer Reichtum des menschlichen Geistes gefeiert, der das Projekt der Wissenschaft nicht eigentlich stört. Es wird im Gegenteil das Projekt einer Wissenschaft von den Sprachen als einer (Teil)Wissenschaft des menschlichen Geistes entworfen. Das – exzentrische und außerhalb Italiens kaum rezipierte – Projekt Vicos transformiert sogar die Neue Wissenschaft selbst in eine Wissenschaft von der Sprache bzw. den Zeichen.

5.5. Newspeak: Neue Wissenschaft und Terror

5.5.1. Der Cortegiano als philosophe   Abschließend sei wie im vorangegangenen Kapitel der Blick noch einmal von den Texten bedeutender
Sprachdenker auf die gesellschaftliche und kulturelle Wirklichkeit ge-
lenkt. Schon bei Speroni hatte sich der Cortegiano mit dem Scolare verbündet, der den neuen Typ des Naturwissenschaftlers repräsentierte,
welcher nichts mehr mit den Sprachen zu tun haben will und sich ganz
den Sachen, der *cognizione delle cose,* zuwenden möchte. Auch dem
Höfling war ja die Realität wichtiger als die Wörter, es ging ihm um die
signoria del mondo, die Beherrschung der *Welt* – in pragmatischer und
semantischer Hinsicht. Das Bündnis war bei Speroni gegen die übertriebene humanistische Liebe zu den Sprachen geschlossen. Der ja nicht ganz
unerhebliche Unterschied zwischen Höfling und Wissenschaftler, der
sich durchaus auch schon bei Speroni zeigt, wird in der Eile nicht thematisiert. Der Cortegiano dankt dem Scolare erst einmal für das Wasser auf
seine eigenen Mühlen.

Es ist die aristotelische sprach-*theoretische* Position, die den Höfling
und den Neuen Wissenschaftler verbinden: Sprache soll klar bezeichnen
und effizient kommunizieren (sogar telekommunizieren). Ihre jeweiligen
sprach-*praktischen* Ziele aber sind trotz dieser gemeinsamen Basis nicht
ganz dieselben. Das zeigt sich spätestens in aller Deutlichkeit bei den beiden Wörterbüchern der Académie française: hier die Sprache der coolen,
eleganten Welt, dort die Sprache der Wissenden (denen coolness gleichgültig ist, sie schöpfen ja aus total uncoolen Varietäten des Französischen: aus Dialekten, niederen Handwerkersprachen, Berufssprachen).
Der Fokus der sprachlichen Aktivität des Hofmannes und des Wissenschaftlers ist nämlich jeweils ein anderer (und Speroni hatte das ja wunderbar dargestellt): Dem Cortegiano geht es vor allem um das Kommunizieren, um das Zusammensein mit den anderen Höflingen, der Fokus seiner sprachlichen Aktivität liegt auf der pragmatischen Dimension, er ist
der «politische» Mensch, der Gemeinschaftsmensch, signoria del mondo
meinte ja auch vor allem Beherrschung der anderen, der *Mit-Welt.* Diese
Mitwelt nun verlangt Anmut in der Performanz, *sprezzatura,* elegante
Coolness, d. h. die sprachliche *Form* des Gesagten ist dem Höfling doch
nicht ganz so gleichgültig, wie es das aristotelische Modell nahelegt. Das
Sprechen muß durchaus bestimmten gesellschaftlichen Normen folgen;
die consuetudine, der usage der Gruppe ist zu befolgen. Der Wissenschaftler dagegen ist – in der Speronischen Inszenierung jedenfalls – völlig auf die Sachen fixiert, auf die semantische Dimension, genauer auf die
Referenz. Sprache dient im wesentlichen zur Bezeichnung der Sachen, die
er erforscht, die Kommunikation in der Gesellschaft ist ihm cura posteri-

or. Wenn wir die beiden Ausdrücke von Hobbes hier verwenden wollen, können wir sagen: der Wissenschaftler verwendet die Wörter vor allem als *marks* (to register our thoughts), der Höfling dagegen als *signs*, als kommunikative Mittel, die Sach-haltigkeit ist nicht sein primäres Interesse, es geht ja auch viel ums Spielen (giuocando e ridendo). Weil das so ist, hat dann auch die französische Akademie die Wörter aus ihrem allgemeinen Wörterbuch für den honnête homme verbannt, die auf die Kenntnis der Sachen ausgerichtet sind. Natürlich muß der Hofmann auch bestimmte Sachen kennen, vor allem aber muß er die eleganten Wörter kennen, die in seiner Gruppe im Gebrauch sind.

Wir haben im vorigen Kapitel gesagt, daß die Trennung der beiden Wortschätze das Ergebnis langer Auseinandersetzungen in der französischen Akademie gewesen ist, und zwar gerade, weil manche der in der Akademie versammelten Cortegiani das Bündnis mit den Sach-Wissenden nicht aufgeben wollten. Deswegen hatten Richelet und Furetière «universelle» Wörterbücher herausgegeben. Und das universelle *Dictionnaire historique et critique* von Pierre Bayle (1697), das Leibniz lobt, ist schließlich der Vorgänger jenes großen Unternehmens, das wie kaum ein anderes charakteristisch ist für das 18. Jahrhundert: die *Encyclopédie*. Sie ist das Buch, das die gesamte *cognizione delle cose* der Zeit dokumentiert und das natürlich nur deswegen einen so großen Erfolg haben kann, weil sich die Cortegiani, die honnêtes gens, die gentlemen für die Wissenschaft interessieren. Der europäische Adel kauft dieses teure Buch der Wissenschaft, das in jeder denkbaren Hinsicht *le livre du monde* ist, «das Buch der Welt». Der Erfolg der *Encyclopédie* dokumentiert die Verwissenschaftlichung der höfischen Gesellschaft. Das heißt: die Leute, die die *signoria del mondo* haben, erwerben massiv die *cognizione delle cose*, Macht verbindet sich mit Wissen. Es wird in der höfischen Gesellschaft durchaus cool, etwas zu wissen. Es wird ausgesprochen schick, in Salons wissenschaftliche Experimente vorzuführen, d. h. natürlich auch, daß die wissenschaftlichen Wörter mit ihrem ganzen Sachgehalt in der Gesellschaft, in *le monde*, zu hören sind. Das 18. Jahrhundert ist das Zeitalter, in dem sich Gesellschaftlichkeit und Wissenschaftlichkeit, Eleganz und Wahrheit, der Cortegiano und der Wissenschaftler (oder *philosophe*, wie er jetzt ausdrücklich heißt), intensiv miteinander verbinden. Der «philosophisch», d. h. wissenschaftlich gebildete Hofmann ist geradezu die Leitfigur der Kultur des 18. Jahrhunderts.

Die Verbindung von Höfischkeit und Wissenschaft wirkt in beide Richtungen, d. h. nicht nur weiß der Höfling etwas, die «courtoisie» adelt auch die Wissenschaft: Es ist vielleicht nicht nur eine kuriose Anekdote, daß der Graf Buffon, der ein weiteres Jahrhundertwerk geschrieben hat, die *Histoire naturelle*, beim wissenschaftlichen Arbeiten, beim Diktieren seines Buches, seine Gala-Kleidung anlegte. Wissenschaft ist ele-

gant, selbst wenn gar keine Gesellschaft dabei ist, in deren Raum sich
Eleganz normalerweise entfaltet. Im 19. Jahrhundert wird sich die Wissenschaft – jedenfalls in Deutschland – wieder aus der Gesellschaft zurückziehen in dafür etablierte Institutionen, die «Einsamkeit und Freiheit» gewähren sollen. Daß aber Herrschende und Handelnde etwas wissen sollen (z. B. durch eine solide wissenschaftliche Ausbildung), diese
von der *Encyclopédie* symbolisierte Verbindung wird sich dennoch nicht
wieder auflösen.

Eine (politische) Konsequenz der von den Cortegiani betriebenen Vermählung von Macht und Wissen, von signoria del mondo und cognizione delle cose, war umgekehrt allerdings auch, daß diese Verbindung bei
den Wissenden einen Anspruch auf gesellschaftliches Ansehen, ja auf
Macht generiert. Das Ancien Régime löst dieses Problem zunächst einmal durch die Aufnahme der *philosophes* in die Gesellschaft und in den
Umkreis der Macht, falls sie nicht sowieso schon dazu gehörten. Aber:
Wenn der König (wie Ludwig XVI.) ein Mechaniker ist, warum soll da
nicht der Mechaniker König sein? In der Französischen Revolution verkehrt sich daher jenes Verhältnis radikal, sofern nun die Wissenden die
Herrschenden werden. Die aufgeklärten Wissenden machen nun die
signoria del mondo ganz abhängig von der richtigen Kenntnis der
Sachen. Die Wahrheit, das richtige Wissen von den Sachen, geht voran,
die Welt wird danach eingerichtet. Eine für die politische Welt nicht ganz
unproblematische Abfolge der Dinge.

Aus ihr ergibt sich folgendes hinsichtlich der Sprache: Während im
Ancien Régime die Cortegiano-Sprache die wissenschaftliche Nomenklatur in sich aufnimmt (elegant, cool ist alles, was *wir* Cortegiani tun),
während also die gesellschaftlich bestimmende Sprache wissenschaftlich
wird, wird durch die politischen Umwälzungen nun die wissenschaftliche Sprache gesellschaftlich bestimmend. Das heißt, die Wörter der
politischen Welt müssen nun vor allem richtig sein, das politische Sprechen muß nicht mehr vorrangig graziös sein, sondern es muß vor allem
wahr sein. Die Neue Sprache der auf der Neuen Wissenschaft gründen-
den Neuen Herrschaft – *Newspeak* – soll wie eine wissenschaftliche
Nomenklatur funktionieren. Das regnum hominis quod fundatur in
scientiis, das die Französische Revolution in der politischen Wirklichkeit
etabliert, ist damit auch in sprachlicher Hinsicht notwendigerweise eine
ziemlich terroristische Veranstaltung. Hatte Locke dem «zivilen» Gebrauch der Sprache auf dem Marktplatz (wo die idola fori herumgeis-
tern) noch die Verwendung der nicht-reformierten natürlichen Sprache
zugestanden und nur in der philosophisch-wissenschaftlichen Diskussion die gereinigte eindeutige Sprache gefordert, wird nun die wissenschaftliche Reinheit auch auf dem Marktplatz zur geforderten Norm.
Da fällt dann auch schon einmal rasch ein Kopf, aus dem die alten

Markt-Götzen nicht zu vertreiben sind. Hopla! ruft da die aufgeklärte revolutionäre Jenny.

5.5.2. Sprache der Revolution Bezeichnenderweise wird sich in dem wichtigsten politischen Projekt der europäischen Menschheit im 18. Jahrhundert, in der Französischen Revolution, zwar die Condillac-Lockesche Sprachauffassung durchsetzen, daß Sprache und Denken eng miteinander verbunden sind, daß sie «so near a connexion» haben. Unter dem politischen Druck wird sich aber Condillacs Verständnis, ja Sympathie gegenüber den Sprachen und ihren génies nicht halten. Die aufgeklärten Intellektuellen, die eine neue politische Ordnung nach den Prinzipien der Wissenschaft zu errichten versuchen, behalten letztlich nur die Sprach-*Kritik* und die *Reform*-Vorschläge für wissenschaftliches, d. h. «richtiges», vernünftiges Sprechen bei. Beides wird unter dem politischen Stress hochgradig dramatisiert und beides ins Intolerante, ja ins Terroristische gewendet, *gegen* die Sprachen und *gegen* die (eigene) Sprache.

Immer war den Revolutionären, die ihren Condillac oder ihren Locke gelesen hatten, bewußt, welche fundamentale Rolle die Sprache beim Denken und bei der Gewinnung vernünftiger (wissenschaftlicher) Einsichten spielt. Sie wußten, daß man Sprache zum Denken braucht, daß die Sprache mit den Ideen verknüpft ist, daß die Sprachen nicht immer ganz vernünftige und «unbestimmte» Ideen transportieren und daß man die natürliche Sprache reformieren muß – durch die Erforschung der Natur selbst oder durch eine Übereinkunft über die Semantik der Wörter –, wenn man vernünftig wissenschaftlich sprechen will. «Une langue bien faite», eine gut gemachte Sprache, war das Ideal.

Das schöne politische Projekt einer gesellschaftlichen Neuordnung nach den Prinzipien der Wissenschaft befand sich nun aber in der fatalen Situation, daß das Subjekt der neuen politischen Ordnung, das französische Volk, le peuple, nur zu einem sehr geringen Teil verstand, was vor sich ging, und somit seine Rolle als mithandelndes Subjekt gar nicht spielen konnte. Das Volk – vor allem die Bauern – verstand nämlich zu einem großen Teil die Sprache nicht, die die Pariser Intellektuellen sprachen und schrieben. Es sprach nur zu einem geringen Teil französisch, lesen und schreiben konnte es auch nur teilweise, und die Prinzipien der Wissenschaft waren ihm gar völlig fremd. Zu Beginn der Revolution versuchte man daher zunächst, das Volk in seinen verschiedenen Sprachen zu informieren. Dieses löbliche Unternehmen scheiterte nicht nur angesichts der Vielzahl der Dialekte und Sprachen in Frankreich, angesichts der Schwierigkeit, eine Scripta für bisher nicht geschriebene Dialekte zu erfinden, und durch den Betrug der beauftragten Firma, sondern es scheiterte vor allem an der um ihre (Condillacsche) Sympathie für die verschiedenen Sprachen gekürzten aufklärerischen Sprachauffassung.

Das Projekt der Aufklärung hebt an, wie wir gesehen haben, mit der Klage über die idola, über die bösen alten Geister, die das vernünftige Denken behindern und die erst einmal verscheucht werden müssen. Auf Französisch heißen die Baconschen idola: *le préjugé*, das Vorurteil. Das Vorurteil ist altes Denken, das dem neuen, vernünftigen im Wege steht. Angesichts der schier unüberwindlichen Schwierigkeit, in die Köpfe und Herzen der so viele verschiedene Sprachen sprechenden Menschen zu gelangen, besinnen sich nun die revolutionären Aufklärer doch gern der Tatsache, daß in den Volkssprachen ja die alten Vorurteile enthalten sind, die idola fori. Wenn dann auch noch – wie es an einem bestimmten historischen Zeitpunkt der politischen Entwicklung schien – gerade die Anderssprachigen sich den Segnungen der aufgeklärten politischen Ordnung verweigern, so muß es eben an dem *alten Denken* liegen, das in ihren Sprachen sedimentiert ist. Die aufgeklärten Männer – homines docti – aus Paris beschließen daher, den falsches Denken erzeugenden Volks-Verstand (captus vulgi) dadurch auszuschalten, daß man die Volks-Sprachen eliminiert. «Vernichten wir diese Instrumente des Aberglaubens, des Fanatismus, des Unwissens, des Vorurteils!», fordern die Jakobiner Domergue, Barère und Grégoire ganz in der Tradition Bacons und dessen Exorzismus der alten Geister des Aberglaubens. Und natürlich wird auch der alte abendländische Horror bemüht: die Babelische Strafe. Das Ancien Régime war der «Turm zu Babel». Die Revolution kassiert nun den Fluch und restauriert die vorbabelischen Zustände, in denen die Menschen mit «einerlei Zunge und Sprache» redeten. Die Französische Republik, dieser Versuch, das irdische Paradies – regnum hominis – zu errichten, soll auch eine Paradieses-Sprache, eine lingua adamica, sprechen, eben das Französische.

Der aus der Wissenschaft schon bekannte Kampf gegen die Volkssprachen wird nun aber als ein *politischer* Kampf geführt, und das heißt natürlich: mit richtigen staatlichen Gewaltmitteln. Der «Propagandaminister» der Republik, Barère, läßt den Konvent beschließen, französischsprachige «instituteurs» in die anderssprachigen Gebiete Frankreichs zu entsenden, Apostel, die das Evangelium des neuen Himmelreiches predigen sollen (regnum hominis quod fundatur in scientiis). Im Unterschied zu den pfingstlichen Aposteln sollen die Abgesandten der Revolution dies aber gerade *nicht* in den Sprachen der anderen Völker tun, sie sollen nicht wie Mithridates die Sprachen der Völker des Reiches sprechen, sondern gerade in der Sprache der Revolution oder, wie sie in den propagandistischen Reden heißt, in der «Sprache der Freiheit» oder – römisch – in der Sprache des Imperiums. Hier entstehen die Schulprojekte der Französischen Republik, die allen Franzosen das Französische bringen sollen. Die

Französierung Frankreichs gelingt natürlich nicht in den wenigen Jahren der Revolution. Sie wird erst durch die Dritte Republik richtig effizient durchgeführt, also seit den achtziger Jahren des 19. Jahrhunderts, seitdem aber mit durchschlagendem Erfolg. Allerdings hat es doch anderthalb Jahrhunderte seit der Französischen Revolution gedauert, bis alle Franzosen Französisch sprechen, lesen und schreiben konnten.

5.5.3. Revolution der Sprache Aber die Revolutionäre haben ja nicht nur mit dem in den anderen Volkssprachen versteckten *préjugé* zu kämpfen. Das Französische selbst ist ja auch eine Volkssprache, die voller falscher Gedanken steckt (wie bei Bacon das Lateinische), vor allem natürlich im Bereich der Wörter für die mixed modes, die komplexen Ideen für die gesellschaftlichen Realitäten. Das hatte Locke ja gerade so eindringlich gezeigt, daß hier die Ideen «willkürlich» (im schlechten Sinne, d. h. unvernünftig) verknüpft werden – die von *versura* verknüpften Ideen gibt es so eben nur im Lateinischen – und daß gerade hier die *imperfection* der Sprache liegt und der Irrtum nistet. Will man hier zu einem richtigen, «vernünftigen» wissenschaftlichen Sprechen kommen, muß die Semantik der Wörter gemeinsam abgesprochen und festgelegt werden. Nun geht es aber in der Französischen Revolution gerade um die Veränderung der gesellschaftlichen Dinge. Dabei sind natürlich die alten Wörter hinderlich: *oldspeak*. Neue Wörter müssen her für die neuen gesellschaftlichen Realitäten: *newspeak*. Die französische Sprache selbst ist also zu reformieren, zu «revolutionieren», wie man damals sagte. Das in ihr sedimentierte alte Denken ist zu eliminieren, z. B. indem man das alte Wort für den König *roi* (mit seinen falschen, alten Ideenverknüpfungen und Konnotationen) durch ein neues ersetzt: *tyran* (mit den richtigen Ideenverknüpfungen und Konnotationen).

Die Revolution der französischen Sprache ist nicht besonders weit gediehen. Oldspeak hat in diesem Diskursbereich die Oberhand behalten, es läßt sich hier auch nur schwer wissenschaftlich, «vernünftig» zähmen. Jede «politisch korrekte» Korrektur des Wortschatzes hat genau diese Absicht: unwillkommene, «vorurteilsvolle» Ideenverknüpfungen durch «richtige», vernünftigere zu ersetzen. Und in dieser Intention hat sie ja durchaus auch ihre Berechtigung. Nur: sie enthält eben auch immer das Moment des *semantischen Terrors*, der Nötigung durch eine Gedankenpolizei. Die Perversionsform dieses Vorgangs, die man in der Französischen Revolution durchaus schon beobachten kann, hat George Orwell in seiner Beschreibung des Newspeak in der Diktatur von *1984* klassisch erzählt. Die Reform oder Revolution der Sprache, die wir dort so unerträglich finden, folgt aber natürlich durchaus dem von uns allen positiv eingeschätzten Modell der wissenschaftlichen Sprache, die ihre Termini festlegt.

Eine solche Reform zeigt außerdem, daß sie prinzipiell über die Einzelsprache hinausgeht, d. h. daß sie diese hinter sich läßt, so daß sie *universell* wird, wie es wissenschaftliche Sprache sein muß: ein Ensemble von völlig arbiträren Zeichen für universelle Gedanken. In diesem Sinne war die Reform oder Revolution des Französischen, die die Revolutionäre vorantrieben, gleichzeitig auch eine Attacke *gegen* das Französische. Die wissenschaftliche Universalisierung einer historischen Einzelsprache ist nämlich prinzipiell ihre Zerstörung als *diese* besondere Sprache, sowohl was ihren besonderen Klang, als auch was ihre besondere Semantik angeht. Wilhelm von Humboldt hat – an der schon einmal (im 3. Kapitel) zitierten Stelle – gesehen, daß der wissenschaftliche Sprachgebrauch die besondere Sprache «vertilgt»: Der wissenschaftliche Gebrauch der Sprache muß nämlich gerade «die eigenthümliche Wirkung der Sprache, als eines selbstständigen Stoffes, vertilgend, diese nur als Zeichen ansehen» (IV: 30). «Nur als Zeichen» heißt: so wie es in Aristoteles' Sprach-Modell erscheint, d. h. als in seiner Materialität völlig gleichgültiger Laut oder Graph (es ist egal, ob er mantuanisch, milanesisch, französisch, lateinisch oder – heute – englisch ist), der einen universellen Inhalt transportiert. Auch auf dem Gebiet der Sprache gilt also, daß die Revolution ihre eigenen Kinder frißt.

Die Glottophagie, das Sprachenfressen (Calvet 1974), ist dem Projekt der Neuen Wissenschaft eingeschrieben. Im Bereich der Wissenschaft ist die Vertilgung der Sprache eine Notwendigkeit, sofern sie bemüht sein muß, «jede Subjectivität von dem Ausdruck abzuschneiden, oder vielmehr das Gemüth ganz objectiv zu stimmen» (IV: 30). Wenn das regnum hominis quod fundatur in scientiis, dieses Neue Himmelreich, dieses Neue Paradies, sich aber auch in der *politischen* Welt ausbreiten soll, geht es den Sprachen in der politischen Wirklichkeit an den Kragen: zuerst den Bauern-Sprachen (die mit Schulprogrammen wie alte Geister ausgetrieben werden), dann aber auch der übriggebliebenen Sieger-Sprache selbst, die sich als «eigenthümliche» selbst eliminieren muß. Die einmal in Gang gesetzte politische Glottophagie kommt erst zum Stillstand, wenn das Sprach-Paradies wieder hergestellt ist. Wir sind ja kurz davor, wir arbeiten hart daran.

Aber die Weisheit von Leibniz, von Condillac, von Vico bestand gerade in der Einsicht, daß der Mensch nicht *nur* nach der puren Rationalität, nach der hellen Klarheit des sicheren Wissens lebt und denkt, in einem von der Wissenschaft geregelten irdischen Paradies, das die totalitäre Hölle wäre. Condillac hat gezeigt, wie die Sprache aus dem Körperlichen und Passionalen sich allmählich bis kurz vor das wissenschaftliche Denken heraufarbeitet. Leibniz betrachtet auch das klar-konfuse Wissen, das die Sprachen sind, als ein Wissen (connaissances) und als einen Reichtum unseres Geistes, und Vico unterlegt unserer modernen Rationalität die

Phantasie der poetischen Zeichenmacher. «Bei jeder Erkenntnis, welche die ungetheilten Kräfte des Menschen fordert» (IV: 30), wird Sprache, nach der Einsicht Humboldts, als *diese* ganz besondere Sprache, mit ihrem besonderen Klang, mit ihrer besonderen Semantik verwendet. Die «ungetheilten Kräfte des Menschen» meint für den Kantianer Humboldt: Sinnlichkeit *und* Verstand, Empfänglichkeit der Sinne *und* «Willkür» oder «Spontaneität» des Intellekts zusammengenommen. Wenn alle Kräfte des Menschen wirken, dann wird es nämlich wichtig, wie die Sprache klingt, welche besondere Semantik ein Wort hat (*versura*) und welche «Nebenideen» man mit den Wörtern verbindet. Aber genau dies, die «Eigenthümlichkeit» der Sprache, die sich im «rednerischen» Gebrauch entfaltet, ist das Gespenst gegen das die Neue Wissenschaft seit ihrem Anfang ankämpft: das idolon fori, das Gespenst des Marktplatzes.

Die Einrichtung der paradiesischen Sprach-Hölle der einzigen, eindeutigen, willkürlichen, effizienten, rationalen Zeichen-Sprache ist der Französischen Revolution nur andeutungsweise gelungen. Orwell hat sie romanesk in einer dunklen Version weiter ausgesponnen. Wir aber, die modernen Wissens-, Geschäfts- und Spaß-Eliten, machen es natürlich besser und arbeiten fröhlich und tatkräftig an einer helleren Alternative, die aber auch nichts anderes als Newspeak ist. Das Licht der Wahrheit und der Effizienz wird in der Sprache des Neuen Paradieses – des regnum hominis – strahlen, daß uns Sehen – und Hören – vergehen.

6. Riga – Tegel – Cambridge, Mass.
Der beste Spiegel des menschlichen Geistes

6.1. Vom Ursprung über das Genie zu den Genen der Sprache

6.1.1. Vom Ursprung der Sprache bis zu den *génies des langues* spannt Condillac seine (konjekturale) Geschichte der Sprache und der Zeichen, die dem letzten Stadium der Menschheitsentwicklung, dem Zeitalter der Wissenschaft und des vernünftigen Sprechens, vorangeht. Er umreißt mit seiner Skizze eine Wissenschaft von der Sprache und den Zeichen, die einen durch und durch *historischen* Raum durchmißt, der von einem einheitlichen Ursprung ausgeht und sich durch die Entwicklung in verschiedenen geographischen und politischen Umständen zur Verschiedenheit der Sprachen entfaltet. Die menschliche Sprache ist wie ein Baum, der von einer Wurzel und einem Stamm ausgehend sich üppig verzweigt. Bei aller Verschiedenheit ist es *ein* Baum. Condillacs Geschichte hat – ähnlich wie bei Vico und anders als bei Leibniz – noch die Besonderheit, daß sie gar nicht nur von der Laut-Sprache handelt (auch wenn diese natürlich die Hauptaufmerksamkeit erhält), sondern auch die visuellen Zeichen mitberücksichtigt. Insofern ist Condillacs Sprachtheorie tatsächlich mehr eine *Semiotik* (von *semeion*, «Zeichen») als eine Logik (von *logos*, «Wort») oder Linguistik (von *lingua* «Zunge, Sprache»). Condillacs Vorgänger Locke hatte am Ende seines *Essay* (IV xxi 4) ja den Terminus *semeiotike* anstelle des Ausdrucks «Logik» vorgeschlagen.

Aber Condillacs Sprach-Geschichte verbleibt ganz im Rahmen der Philosophie bzw. der Metaphysik, oder – wie wir heute sagen würden – der Erkenntnistheorie. Er will ja zeigen, wie die verschiedenen Zeichen und Sprachen zum Prozeß des Erwerbs der «connaissances humaines» beitragen. Condillac hat nicht die Absicht, eine von der Philosophie unabhängige Sprachwissenschaft zu begründen. Es ist eher umgekehrt so, daß er Domänen praktischer oder empirischer Sprach-Gelehrsamkeit in das große philosophische Projekt hineinholt. So bekommt z. B. die Grammatik, normalerweise eher ein Genre der praktischen Unterweisung, einen Platz in seinem philosophischen System. Als Erzieher des Prinzen von Parma hat Condillac nämlich Gelegenheit, ein philosophisch begründetes Gesamtcurriculum zu entwickeln, dessen Ziel die Entfaltung wissenschaftlichen Denkens bei seinem Zögling ist und das daher die Operationen des Geistes (opérations de l'âme) von den niederen bis zu den höheren geistigen Fähigkeiten systematisch abschreitet. In diesem

Curriculum steht die Grammatik an dem ihr zukommenden Ort, nämlich am Anfang. Wenn Sprache – wie Condillac es im *Essai* gezeigt hat – im Aufstieg des menschlichen Geistes dort erscheint, wo das Gedächtnis, die mémoire, die Ideen mit den Zeichen verknüpft, als Anfang des eigentlich menschlichen Denkens, dann muß die Lehre von der Sprache, die Grammatik, genau an dieser Stelle im Studienkurs für den Prinzen von Parma auftreten, als eine «Kunst des Sprechens», die auch schon eine Kunst des Denkens ist, sofern das Denken hier, dem System entsprechend, noch in die Sprache eingelassen ist. Das Denken emanzipiert sich, wie wir gesehen haben, in seinem Aufsteigen dann von der Sprache, so daß nach der Grammatik die Logik (Art de raisonner, Art de penser) an die Reihe kommt.

Diese Systematik der Philosophie wird sich im 19. Jahrhundert unter dem Ansturm der «positiven Fakten» auflösen, und der historische Raum der Sprache zwischen dem wilden Ursprung aus Schrei und Gebärde und der Entfaltung der verschiedenen génies des langues wird sich als Domäne einer Wissenschaft von der Sprache aus dem Zusammenhang mit der Philosophie lösen. Oder besser noch: die ja durchaus schon unabhängig von der Philosophie existierende Sprach-Gelehrsamkeit, die aus der humanistischen Philologie (amore e cognizione delle lingue, coltura della lingua) hervorgeht und die fleißig empirische Daten über die Sprachen der Welt sammelt (wie wir sie im 16. Jahrhundert etwa bei Gesner kennengelernt haben), wird der wissenschaftlich dominante Sprachdiskurs werden und kein Interesse an der Verbindung mit der Philosophie und ihrer Systematik haben. Die beiden Endpunkte der philosophischen Sprach-Geschichte werden aber immer klarer voneinander unterschiedene sprachwissenschaftliche Perspektiven und Projekte generieren, deren Zusammenhang die alte philosophische Systematik noch schön dargestellt hatte: den Blick zurück auf den einheitlichen Ursprung einerseits und den Blick nach vorn auf die verschiedenen Einzelsprachen andererseits. Über diese hinaus, d. h. hinüber in eine wieder zu erlangende paradiesische Einheit der Sprache, denkt die Sprach-*Wissenschaft* dann eigentlich prinzipiell nicht mehr. Das war ja gerade (und bleibt) die Perspektive der *Philosophie*, die *nach* den verschiedenen Sprachen eben die neue paradiesische Einheit des universellen Denkens zu erreichen versucht. Erst in ihrer aktuellen Transformation oder Selbstauflösung in eine universalistische Kognitionswissenschaft wird auch die Sprachwissenschaft den historischen Raum und die Verschiedenheit der Sprachen – und damit sich selbst – hinter sich lassen.

6.1.2. Während Condillac ganz «en philosophe» denkt, ordnet Leibniz den beiden Endpunkten der Sprach-Geschichte durchaus handfeste Aktivitäten empirischer Gelehrsamkeit zu. In seiner Antwort auf Locke skiz-

ziert Leibniz zwei Forschungsprojekte: das eine, welches die Auffassung
von der Willkürlichkeit der Sprache widerlegen soll, die Erforschung der
Geschichte aller Sprachen bis zum natürlichen Ursprung der Sprache,
und das andere, welches das Große Englische Lamento über das falsche
Denken in den Sprachen zum Verstummen bringen soll, die Deskription
aller Sprachen der Welt als eines wunderbaren Reichtums des menschlichen Geistes und als bester Spiegel des menschlichen Geistes: «le meil-
leur miroir de l'esprit humain» (Leibniz 1765: 290).

Das erste Projekt verfolgte – außer der sprachphilosophischen Zielsetzung – vor allem den Zweck, durch die Rekonstruktion der historischen
Beziehungen der Sprachen zueinander die Geschichte der «cognations et
migrations» (ebd.: 245), der Verwandtschaften und Wanderungen der
Völker, zu dokumentieren. Sprachforschung steht hier also explizit im
Dienste historischer Forschung. «De originibus gentium ductis potissimum ex indicio linguarum», «Über die Ursprünge der Völker, abgeleitet
insbesondere aus dem Indiz der Sprachen», der Titel des ersten Artikels
in der ersten Publikation der Berliner Akademie, den *Miscellanea Berolinensia,* von 1710, macht diese historische Dienstbarkeit der Sprachforschung deutlich: *ex indicio linguarum.* Dieses sprach-historische Projekt
war eigentlich nichts Neues. Man kann fast sagen, daß das Interesse an
den Sprachen, das sich seit Gesners *Mithridates* durchaus intensiviert
hatte, zumeist unter dieser historischen Zielsetzung stand. Auch wenn
der *Mithridates* die Verschiedenheiten der Sprachen im Titel führte: *De
differentiis linguarum,* so waren doch nicht so sehr diese Verschiedenheiten als solche das Untersuchungziel, sondern vor allem der Wunsch,
Aufschlüsse über die Verwandtschaft der Sprachen und die historischen
Zusammenhänge der Völker zu erhalten. Wenn nicht – wie bei Dante
und auch noch bei Gesner – sowieso das Hebräische als lingua adamica
angenommen wurde (sola videtur pura et syncera, Gesner 1555: 2v), so
stand hinter dem Interesse an den Sprachen manchmal auch das patrioti-
sche Motiv, die eigene Sprache als die Ursprache der Menschheit nachzu-
weisen (und damit der eigenen Nation den Primat unter den Völkern zu-
zusprechen). Berühmt geworden ist in diesen Zusammenhang der von
Leibniz verspottete Goropius Becanus, der das Niederländische als
Ursprache meinte rekonstruieren zu können. Ein typischer Fall jener ethnozentrischen Anmaßung, der *boria dei popoli,* die Vico bei seinen Zeitgenossen kritisierte. Leibniz löst sich von den religiösen oder den genannten nationalistischen Vor-Urteilen und *verwissenschaftlicht* das
Projekt durch die Annahme, daß man durch die – natürlich stark verän-
derten (altérées) – heutigen Sprachen hindurch die *lingua antiquissima*
rekonstruieren könne, die im wesentlichen aus onomatopoetischen Wur-
zel-Wörtern bestehe und die Leibniz auch immer noch *lingua adamica*
nennt, auch wenn sie nicht das Hebräische war.

Auch schon weil es eine feste Tradition bei den Gelehrten hat, werden die Zielsetzungen *dieses* Projekts die Sprachforschung im 18. Jahrhundert dominieren. Die Dokumentation der Sprachen der Welt wird sich im 18. Jahrhundert bis zum zweiten *Mithridates*, dem von Adelung und Vater, zwar gewaltig vervielfältigen (1555 hat der *Mithridates* von Gesner knapp 160 kleine Seitchen, 1817 liegen über 3000 Seiten des neuen *Mithridates* vor), aber sie wird immer noch vorwiegend unter den Zwekken der historischen Forschung stehen: Verwandtschaft der Sprachen und Völker, mit dem Blick auf die Rekonstruktion der – oder bescheidener: einer – Ursprache. Dabei wird «Sprache», wie auch Leibnizens Blick auf die Onomatopöie zeigt, ganz traditionell vor allem als *Laut* (*vox*) verstanden. Die stolze Sprachwissenschaft des 19. Jahrhunderts, die doch alles neu zu machen vermeint, unterscheidet sich in *dieser* Hinsicht gerade *nicht* von ihren Vorgängerinnen: Neu ist ihre *methodische Disziplinierung*, die ihr dann allerdings keine Ausflüge mehr in die vor-historische Spekulation à la Leibniz oder gar ins Paradies zum Ursprung der Sprache erlaubt. Diese Vorsicht werden kühnere Vertreter der historischen Sprachwissenschaft erst heute aufgeben, als Folge ihrer Öffnung auf die Naturgeschichte (oder Evolutionsbiologie).

6.1.3. Das zweite Projekt, die Erforschung der wunderbaren Vielfalt des menschlichen Geistes in den Sprachen, ist dagegen wirklich neu, und zwar in seinen beiden Momenten: sofern es das *Denken* in den Sprachen, modern: *Semantik* (und nicht Phonetik) betrifft und sofern es sich kühn auf *Verschiedenheit* einläßt (und nicht nach der Einheit sucht) und Vielfalt als etwas Positives ansieht, als «Gottesgeschenk», als donum divinum (Gesner 1555: 3r). Es hat noch keinen Ort in der Gelehrsamkeit, mit Titeln wie *De differentiis linguarum* hat es sich allerdings schon angekündigt, und es ist ja auch einigermaßen überraschend und zeugt von einem neuen Denken über die Sprache.

Im Gegensatz zu diesem «Verschiedenheits-Projekt» benötigt das *historische* Projekt eigentlich kein Umdenken bezüglich der Sprachauffassung, sondern funktioniert prächtig auch mit einem traditionellen aristotelischen Hintergrund. Auch wenn die Sprachen bloß eine Ansammlung verschiedener *Laute* für dasselbe sind, so geben sie schon als Laut-Ensembles Auskunft über die Geschichte der Völker, d. h. über ihre Wanderungen und Verwandtschaften. Sie haben dann zwar in sich selbst kein besonderes Interesse, sie sind aber auch als materielle Lautgebilde schon *Dokumente* (Indizien) der Geschichte. Wenn Sprachen aber Wissen (*connaissances*) enthalten, Kenntnisse über die Welt und über das Funktionieren des Geistes, dann werden sie Gegenstände, die *in sich selbst* interessant sind, als Teil der Wissenschaft vom Menschlichen Geist. Aber diese Einsicht, auf der das neue Projekt Leibnizens be-

ruht, muß natürlich erst einmal akzeptiert werden, und zwar auch hier
wieder in ihren beiden Momenten: Man muß nicht nur die schon von
Bacon und Locke entdeckte populäre Semantik in den Sprachen erkennen, sondern man muß auch anerkennen, daß diese etwas Wertvolles
und Kostbares ist, daß sie eine wunderbar vielfältige Form des menschlichen Denkens ist, eben eine «*merveilleuse* variété». Wenn man in all
diesem nur den semantischen Horror sieht, die alten schrecklichen
Marktgötzen, das heidnische Zeug, das den Eingang in das Neue Wissenschaftliche Himmelreich verstellt, dann wird man sich damit auch
nicht beschäftigen wollen. Diese grundsätzliche Neubewertung der
Sprachen läßt dann schließlich auch das Phonetische – die voces – in einem anderen Licht erscheinen: Die voces sind dann nämlich nicht mehr
nur dieses – im Grunde zutiefst gleichgültige – Wortgeklingel, das den
Völkern anhaftet, sondern eben die mit den Geistesformen verknüpften
Erscheinungsformen des menschlichen Geistes. Der Laut vergeistigt
sich, denn Sprache ist jetzt *pensée-son,* wie Saussure sagen wird, oder
auch *son-pensée,* Gedankenlaut und Lautgedanke.

«On enregistrera avec le temps et mettra en dictionnaires et en grammaires toutes les langues de l'univers, et on les comparera entre elles,
«Man wird nach und nach alle Sprachen der Welt aufschreiben und in
Wörterbücher und Grammatiken fassen und miteinander vergleichen»
(Leibniz 1765: 293, *N. E.*: III ix 9). Die linguistische Gelehrsamkeit wird
sich diese Aufgabe mehr und mehr zueigen machen. An den sprachenzyklopädischen Vorhaben des 18. Jahrhunderts kann man sehen, wie
sich das große philosophische Ziel, das Leibniz gesetzt hat, die Beschreibung der wunderbaren Vielfalt des menschlichen Geistes, erst allmählich
durchsetzt. Es ringt sich gleichsam aus dem historischen Projekt hervor:
der *Mithridates* von Adelung und Vater, der noch ausdrücklich unter der
Gesetzgebung der historischen Erforschung der origines gentium ex indicio linguarum antritt, wird in seiner Gesamtheit – wenn auch noch un-
systematisch – schon viel über die wunderbare Vielfalt des menschlichen
Geistes in seinen Sprachen sagen. Leibnizens Aufgabe wird dann aber
das zentrale Motiv des Humboldtschen Vergleichenden Sprachstudiums.
Humboldts Hauptwerk heißt nicht von ungefähr «Über die *Verschiedenheit* des menschlichen Sprachbaus».

Diese Richtung der Sprachforschung wird aber – trotz Humboldts Entwurf – nicht die dominante Art von Linguistik im 19. Jahrhundert sein.
Diese ist – wie die linguistische Historiographie nicht müde wird zu betonen – die *historisch*-vergleichende Untersuchung der Sprachen, und das
heißt vor allem: der Versuch, die *Einheit* hinter der Vielfalt zu rekonstruieren, zuvörderst die Einheit der *indoeuropäischen* Sprachen, deren Erforschung *das* Projekt des 19. Jahrhunderts ist. Trotz dieser fast alles andere
verdeckenden Dominanz des historisch-vergleichenden Unternehmens

bricht aber die vergleichende Untersuchung der Sprachen als «Weltansichten» nicht ab (gleichsam bevor sie sich überhaupt entfaltet), wie eine die «epistemologischen Brüche», ruptures épistémologiques, liebende Historiographie meinen könnte. Die Sprachen werden auch im 19. Jahrhundert weiter fleißig «en dictionnaires et en grammaires» gefaßt, d. h. das Projekt «Verschiedenheit» geht durchaus weiter. In Deutschland arbeiten in der Nachfolge Humboldts Sprachforscher wie Buschmann, Steinthal, von der Gabelentz, Pott, um nur einige zu nennen, an der Beschreibung verschiedenster Sprachen der Welt. Sogar der monumentalische Historiograph der historisch-vergleichenden Sprachwissenschaft, Theodor Benfey, widmet den letzten Teil seiner Geschichte der Sprachwissenschaft (1869) der Darstellung der Erforschung der Sprachen der Welt. Außerhalb Deutschlands ist das deutsche historisch-vergleichende Projekt sowieso nicht so dominant, und gerade in Ländern wie Frankreich, England, Rußland und Amerika gilt das Interesse durchaus auch den verschiedenen Sprachen, die auf den Territorien dieser Staaten oder ihrer Kolonien gesprochen werden. Beschreibung der Verschiedenheit des menschlichen Sprachbaus wird dann eindeutig die Hauptaufgabe der modernen deskriptiven Linguistik im 20. Jahrhundert.

6.1.4. An seinem Ende stehen allerdings – wie im 17. Jahrhundert – wieder die *Grammaire Générale*, die Allgemeine Grammatik, und die *harmonia linguarum*, die Sprachharmonie, der Universelle Wortschatz: *Universal Grammar* und das – *Mentalese* genannte – Universelle Wörterbuch. Wenn auch beileibe noch nicht alle Sprachen der Welt – toutes les langues de l'univers – angemessen beschrieben sind, so ist doch eine gewisse Erschöpfung des Projekts «Verschiedenheit» nicht zu übersehen. Ja die Verschiedenheit der Operationen des menschlichen Geistes ist den maßgeblichen Sprachforschern offensichtlich unerträglich oder langweilig geworden. Die historisch-diachronisch forschenden Linguisten hatten sich ja sowieso immer um den Nachweis der *Einheit* in der Vergangenheit bemüht. Nun ist aber anscheinend der Moment gekommen, nicht nur die Einheit des *Lauts*, sondern auch die Einheit des *Denkens* hinter der variété des opérations de notre esprit zu zeigen. Die geschichtliche Verschiedenheit der Sprachen wird nun auch von den deskriptiven Linguisten – wie immer schon von der Philosophie – sozusagen «nach vorne» durchschritten, durch die Erforschung der ewigen Gemeinsamkeit aller Sprachen. Das Verfahren ist strukturell dasselbe, das Dante in seiner Konstruktion des «Vulgare illustre cardinale aulicum curiale» vorgemacht hat: nämlich der *Austritt aus der Geschichte.* Hier allerdings geschieht der Austritt aus der Geschichte nicht durch die dichterische Sublimierung der Sprache zu einer neuen Gramatica, sondern durch den Eintritt in die Ewige Biologie.

Die Konstruktion der ewigen natürlichen Gemeinsamkeiten aller Sprachen verstärkt natürlich auch wieder die Bemühungen um eine Rekonstruktion der Vergangenheit bis hin zum Ur-Anfang. Damit liegt auf beiden Seiten der historischen Verschiedenheit der Sprachen die Einheit: In der Vergangenheit liegt der gemeinsame Ursprung, der bis zum biologischen paläoanthropologischen Ursprung zurückverfolgt wird, und in der Gegenwart und in der Zukunft liegt in jedem Menschen die biologische Einheit des menschlichen Genoms. Les extrêmes se touchent. Und die génies des langues bleiben auf der Strecke.

Es muß natürlich keine Sprachwissenschaft geben, also wissenschaftliche Bemühungen, die den *historischen* Raum *zwischen* Ursprung und Genom betreffen. Die europäische Menschheit ist jahrhundertelang ohne Sprachwissenschaft ausgekommen, und die außereuropäische Menschheit kommt ohnehin weitgehend ohne Sprachwissenschaft aus. Sprachwissenschaft ist eine ganz besondere Form jenes großen europäischen Projekts, das die Suche nach sicherem und klarem Wissen (Wissenschaft) mit dem Interesse für historische und kulturelle Vielfalt (der Sprachen) verband. Nicht nur scheint das Interesse an den verschiedenen historischen und kulturellen Formen zu schwinden. Es hat auch den Anschein, daß der historische Raum zwischen Ursprung und Verschiedenheit inzwischen so hinreichend erforscht ist, daß die Sprachwissenschaft ihre Aufgabe erfüllt hat und an ihr Ende gelangt ist. Wie dem auch sei, jedenfalls liegt die geistige Energie der Sprachforschung derzeit eher bei der Erkundung der biologischen Endpunkte als bei den Erscheinungsformen der Sprachen in der historischen Mitte. Intellektuelle Unternehmungen haben wie alle Unternehmungen des Menschen ihre Geschichte, und diese sieht eben auch ihr mögliches Ende vor. «Ende der Sprachwissenschaft» heißt nicht, daß die Sprache nicht in allerlei anderen Diskursen thematisiert wird: z. B. in didaktischen Zusammenhängen: bei der Anleitung zum guten Sprechen und Schreiben (praktische Grammatik und Rhetorik), beim Unterricht fremder Sprachen, aber natürlich auch – wie wir gesehen haben – in philosophischen, politischen, poetologischen Diskursen oder eben in biologischen und anderen naturwissenschaftlichen Zusammenhängen. Ein Ende der Sprachwissenschaft wäre aber wohl das Schließen jenes Raums des Sprachdenkens, den Dante eröffnet hat, als er die *Geschichtlichkeit* als eine *wesentliche* Dimension der Sprache entdeckte (auch wenn er dieses Wesen der Sprache wie alle anderen Universalisten nicht besonders geliebt hat).

6.2. Herder: Ursprung und Geschichte

6.2.1. *Sprach-Philosophie*   Nach diesem raschen und gewiß frivolen ersten Überblick über die dreihundertjährige Entwicklung jener unglaublich reichen und bemerkenswerten geistigen Unternehmung namens «Sprachwissenschaft» möchte ich – in immer noch sträflicher Verkürzung – versuchen, einige wichtige Etappen des linguistischen Sprachdenkens herauszuarbeiten. Dabei privilegiere ich dessen Anfänge, weil dort die Motive dieser geistigen Bemühungen am deutlichsten ausgesprochen werden.

An einem Anfang steht gewiß Herder. In den letzten Jahren ist die besondere Auszeichnung Herders in der deutschen Historiographie der Sprachwissenschaft stark kritisiert worden. Man hat darauf hingewiesen, daß Herder doch so besonders nun auch nicht sei, daß er – wie die bisher thematisierten Philosophen – eben nur ein Autor unter anderen in der langen europäischen Geschichte der Thematisierung des Sprachursprung sei, daß seine Sprachauffassung sich nicht so revolutionär von seinen Vorgängern absetze, daß er also mehr in eine Serie mit den anderen europäischen Thematisierungen der Sprache und des Sprachursprungs – Condillac, Leibniz, Rousseau – zu stellen sei als an den Anfang einer neuen. Es soll hier gar nicht in Abrede gestellt werden, daß die deutsche Historiographie Herder über die Maßen hervorgehoben hat und weitgehend aus seinem europäischen – vor allem aus seinem französischen – Kontext gelöst hat, so daß er wie der strahlende deutsche Held des Anfangs dastand, der alles neu erfunden hat. Natürlich steht Herder in der europäischen Tradition, von der er auf die vielfältigste Art abhängt. Dennoch ist Herder eben doch in vielerlei Hinsicht auch ein Neuansatz. Ich stelle ihn hier an den Anfang des Kapitels über die Sprachwissenschaft, weil ich in Herder, vor allem in seiner *Abhandlung über den Ursprung der Sprache* von 1772 – ganz abgesehen von der originellen theoretischen Position zum Sprachursprung und zur ersten Sprache – den entscheidenden Schritt zu einer autonomen wissenschaftlichen Thematisierung der Sprache sehe.

Ich meine damit ein Doppeltes: Das Sprechen über die Sprache wird einerseits unabhängig von den größeren philosophischen Zusammenhängen, in denen die Sprache bisher behandelt wurde (wie bei Locke, Condillac, Leibniz, Vico), es emanzipiert sich sozusagen von dem es überwölbenden «höheren» Sprachdiskurs. Herders Ursprungsabhandlung handelt von der Sprache und nicht auch noch vom System der ganzen menschlichen Erkenntnisse, von human understanding, connaissances humaines, entendement humain oder scienza nuova. Andererseits ist dieses Sprechen über die Sprache aber auch nicht *nur* empirisch,

also gelehrt, materialsammelnd, «philologisch» oder belehrend, sondern eben philosophisch reflektierend, es emanzipiert sich also umgekehrt auch von «niedrigeren» Sprachdiskursen (ich meine damit, ohne
dies verächtlich behandeln zu wollen, das Sammeln und Dokumentieren der Sprachen der Welt). Es ist eben tatsächlich Sprach-Philosophie
bzw. Anthropologie. Denn diese Zwischenposition zwischen Philosophie und «Philologie» (im Sinne Vicos, also der gelehrten Sammlung
von Daten) ist charakteristisch für den Diskurs, den Herder «anthropo-
logisch» nennt.

Daß Philosophie Anthropologie werden solle, war eine Forderung
schon des ganz jungen Herder. Die systematische Konsequenz eines «anthropologischen» Sprachdiskurses scheint mir zu sein, daß dessen philosophische Obergrenze dann tatsächlich auch die Sprache bleibt, über die
er nicht hinausgeht. Das Denken bleibt sozusagen eingelassen in die
Sprache (was nun seinerseits nicht ganz unproblematisch ist). Das ist ja
gerade die Differenz Herders (und seines Mentors Hamann) zu Kant:
Der sprachlosen Philosophie der *reinen* Vernunft setzt Herder eine Philosophie der *sprachlichen* Vernunft entgegen. Die Kategorien sind bei Herder keine Begriffe der reinen, sondern der sprachlichen Vernunft. Wenn
wir Condillacs System einmal als Prototyp des philosophischen Sprachdenkens betrachten (und es ist der Prototyp, mehr als die Herren vom
Hohen Idealistischen Rosse herunter zugeben wollen), so kann man
sagen, daß in den philosophischen Systemen die (höhere) *Rationalität* die
(niedere) Sprache (und ihre Unbestimmtheit und partikulare Semantik)
hinter sich läßt. Das ist auch noch bei Hegel so. Aber genau das ist bei
Herder nicht der Fall. Die Sprachlichkeit der Vernunft macht Herders
Anthropologie tatsächlich zu einer Philosophie der *Sprache*. Und dies ist
etwas wirklich Neues, und insofern ist Herder, wie sehr er auch immer
eingelassen ist in europäische Diskurstraditionen, wirklich ein Neuanfang. Humboldt wird ihm genau in dieser Hinsicht nachfolgen. So wie
die Sprachlichkeit der Vernunft die Differenz Herders zu Kant ausmacht,
so macht sie auch die Differenz Humboldts zu Hegel aus – vielleicht weniger radikal, weil Hegel im Gegensatz zu Kant ja durchaus die Ebene der
sprachlichen Vernunft kennt, sie dann aber durchschreitet und hinter
sich läßt. Humboldts «Geist» dagegen verbleibt (fast) völlig im Bereich
des Sprachlichen.

Diese Charakterisierung des zutiefst «*Sprach*-Philosophischen» von
Herders Denken mag zunächst sehr radikal klingen. Mich bestärkt in
dieser Interpretation aber auch die Tatsache, daß die meisten «richtigen»
Philosophen (mit Ausnahme natürlich der hermeneutischen Familie)
Herder und die anderen Sprach-Philosophen – Hamann, Humboldt – bis
heute nicht gern rezipieren. Ihr philosophischer Riecher täuscht sie nicht:
Hier geht es nicht um die reine Vernunft. Sie wittern in der Tat etwas

Blasphemisches: den Einbruch des Empirischen, Partikularen, Historischen in das reine universelle Denken der Philosophie. Darauf lassen sie sich lieber gar nicht erst ein. Herder ist daher ein von Philosophen wenig behandelter Autor. In Deutschland jedenfalls gehört Herder eher den Literaturwissenschaftlern als den Philosophen. Hamann ist in theologischer und germanistisch-literaturwissenschaftlicher Hand. Humboldt läßt man bei den Darstellungen der Philosophie im 19. Jahrhundert einfach weg, er gehört den Linguisten oder Pädagogen.

Die genannten Autoren haben nun entschieden dazu beigetragen, jenen autonomen Raum der Sprachreflexion zu eröffnen, der in das wissenschaftliche Unternehmen der modernen Linguistik mündet. Leibnizens «mettre en dictionnaires et en grammaires toutes les langues de l'univers» führt über Herders Projekt einer «Semiotik» aller Sprachen (so nennt Herder die Sache) zu Humboldts Vergleichendem Sprachstudium. Autonomie des Sprachstudiums bedeutete aber zunächst weder (was dann später geschieht), daß die Linguistik sich von der Philosophie verabschiedet (die Vermählung von Empirie und Philosophie war ausdrücklich Humboldts Ziel), noch umgekehrt, daß die Philosophie der Sprachwissenschaft (die sich als Erforschung des menschlichen Geistes verstand) den Rücken zukehren sollte.

6.2.2. *Ursprung: Ha! du bist das Blökende!*

Trotz der reichen Tradition der Sprachreflexion, die wir bisher betrachtet haben, scheint mir außerdem erst wieder Herders Ursprungsabhandlung jene Leidenschaft, jene Neuigkeit und jene Weite des Nachdenkens über die Sprache zu haben, die Dantes *De vulgari eloquentia* zu einem liber mirabilis machte. Dies hat vermutlich – wie beim frisch konvertierten Augustinus und wie bei Dante – auch damit zu tun, daß hier tatsächlich ein als existentiell empfundenes geistig-kulturelles Problem traktiert wird: Der junge Intellektuelle vom Rand Europas mit seiner multiplen sprachlichen und kulturellen Erfahrung begegnet dem Zentrum Europas. Herder schreibt in Straßburg, nachdem er von *Riga* per Schiff nach Frankreich gereist war und dieses von Nantes her durchquert hatte. Und in diesem Zentrum herrschen *eine* Sprache und *eine* Rationalität vor, so daß Herders Sprache und seine kulturelle Sensibilität kaum eine Rolle spielen und tatsächlich marginal zu bleiben drohen. Die Abhandlung über den Ursprung der Sprache ist daher auch ein Dokument der intellektuellen Auseinandersetzung Herders mit dem aufgeklärten französischen Zentrum Europas, d. h. eines Streits zwischen einem als Neuer Katholizismus wahrgenommenen Universalismus und der eigenen kulturell vielfältigen, andersssprachigen, «protestantischen» Erfahrung. Die Preisfrage der Berliner Akademie zum Sprachursprung aus dem Jahre 1769 gibt Herder die Gelegenheit, nicht nur den Ursprung der Sprache, sondern – wie Dante – alle traditionellen großen europäischen Sprachthemen in diesem Zusammenhang zu behandeln: Funktion der Sprache, Ursprung der Sprache, Verschiedenheit der Sprachen. Es geht Herder dabei aber nicht wie Dante um den Entwurf und die Rechtfertigung einer neuen dichterischen Sprache, die gerade die alte europäische Sehnsucht nach der ewigen Einheit der Sprache bedient, sondern umgekehrt um den Entwurf einer radikalen Alternative zum bisherigen Mainstream des europäischen Sprachdenkens: um ein Denken der Verschiedenheit. In der Ursprungsabhandlung zeichnet sich auch die Geschichtsphilosophie ab, mit der Herder die klassische Sicht vom herrlichen Fortschreiten der europäischen Menschheit – vom Paradies zum Paradies – historisch und kulturell bunter färben wird.

«Schon als Thier, hat der Mensch Sprache» (9). Mit diesem vieldiskutierten und häufig mißverstandenen berühmten Satz beginnt Herders *Abhandlung über den Ursprung der Sprache.*[1] Er hat im wesentlichen eine negative Funktion: Er soll nämlich sagen, daß das, was der Mensch als *Tier* hat, gerade *nicht* das Menschliche ist, sondern das Tierische. In dieser Funktionsbestimmung als Tiersprache ist «Sprache» ein Doppeltes: Ausdruck der Empfindungen (der traditionellen *passions*) und Kommunikation: «Alle heftigen, und die heftigsten unter den heftigen, die schmerzhaften Empfindungen seines Körpers, alle starken Leidenschaften seiner Seele äußern sich unmittelbar in Geschrei, in Töne, in wilde, unartikulirte Laute» (9), und diese sind immer «auf andre Geschöpfe gerichtet» (9). «Schon als Tier hat der Mensch Sprache» bedeutet daher vor allem, daß der Mensch wie die anderen Tiere mit den anderen Wesen seiner Gattung kommuniziert, und zwar im wesentlichen über Laute. Das tierische Leben und die «Tiersprache» tönen und kommunizieren. Aber dieses tönende tierische Leben ist nicht die *menschliche* Sprache. Die Naturtöne sind «nicht die Hauptfäden der Menschlichen Sprache. Sie sind nicht die eigentlichen Wurzeln, aber die Säfte, die die Wurzeln der Sprache beleben» (12).

Die «eigentlichen Wurzeln» der menschlichen Sprache finden sich nicht im Bereich des Tierischen, sondern dort, wo der Mensch sich von den Tieren unterscheidet. Im Unterschied zu den Tieren ist der Mensch nach Herder durch eine große Lücke, das Fehlen der Instinkte, charakterisiert. Dieser Mangel wird aber durch eine nur ihm eigene «Disposition seiner Natur» kompensiert: durch die *Besonnenheit.* Herder benutzt hier ganz bewußt einen neuen Ausdruck für das, was sonst in der philosophischen Terminologie «Reflexion» heißt (ein Terminus, den Herder aber durchaus noch alternativ zum Terminus «Besonnenheit» verwendet). «Besonnenheit» ist, modern gesagt, die *kognitive* Disposition des Menschen, das Bedürfnis des Menschen, die Welt kennenzulernen. Es ist eine angeborene Disposition, die nur dem Menschen eigen ist und die daher auch nicht aus sonstigen «niedrigeren» geistigen Operationen abgeleitet ist. Herder setzt also dem sensualistischen allmählichen Aufstieg des vernünftigen Menschen aus dem (tierischen) Körper «rationalistisch» eine nur dem Menschen eigene *cogitatio* entgegen. Und dieses *kognitive* Bedürfnis – das eben durchaus von dem tierischen Bedürfnis der *Kommunikation* unterschieden ist – schafft den Gedanken, der gleichzeitig die Sprache ist. Sprache entsteht als spezifisch menschliche nur aus der *semantisch-kognitiven* Beziehung zur Welt, und – und das ist das entscheidend und radikal Neue bei Herder – *der Gedanke ist das Wort.* Sprache ist also, wenn wir an das aristotelische Modell denken, nicht mehr *vox* (das war für Herder die Sprache der Tiere!), sondern Sprache ist *conceptus*!

Dies ist eine (fast) der gesamten europäischen Sprachreflexion zuwiderlaufende Auffassung von Sprache als eines *inneren* kognitiven Ereignisses (die Verinnerlichung des verbum gibt es so nur bei Augustinus). Chomsky hatte eine solche Sprachauffassung schon bei Descartes sehen wollen, sie kommt aber erst bei Herder vor. Bei Descartes war das Denken Denken und nicht Sprache, die Sprache war dessen Zeuge in der res extensa. Herder radikalisiert die bisher behandelten Einsichten von Bacon, Locke, Leibniz und Condillac in die Sprachlichkeit des Denkens zu einer *Gedanklichkeit* der Sprache.

Obgleich dies nun geradezu radikal rationalistisch zu sein scheint – angeborene Rationalität des Menschen statt allmählichem Aufstieg aus tierischen Vorformen, Geistigkeit des Worts –, so wird doch an der Sprachursprungs-Narration deutlich, daß dieses innere Wort nicht aus der Innerlichkeit selbst entsteht, sondern daß es der *Welt* bedarf. Es ist also *kein angeborenes* Wort. Die Besonnenheit – die Disposition zur Spracherschaffung – ist zwar angeboren, das Wort aber schafft der Mensch in der Begegnung mit der Welt.

Herder entfaltet diese Sprachauffassung in seiner berühmten Ursprungsszene, in der bekanntlich das Lamm eine entscheidende Rolle spielt: Der mit jener Disposition der «Besonnenheit», mit dem «Bedürfnis kennenzulernen», d. h. mit Augustinus' *appetitus noscendi* begabte Mensch steht der Welt gegenüber, und diese ist ihm natürlich nur über seine Sinne zugänglich, mit dem Tastsinn, den Augen und den Ohren. Das Schaf erscheint: «weiß, sanft, wollicht». Da der menschliche kognitive Appetit weder der alimentarische Appetit des Wolfs oder Löwen noch der sexuelle Appetit des «brünstigen Schafsmannes» ist, läßt er das Objekt seiner kognitiven Begierde als solches in Ruhe, er «wirft sich nicht darüber her» wie Löwe und Schafsmann. Besonnenheit ist eben auch deutlich Distanzierung vom Objekt. Von den taktilen, visuellen und auditiven Eindrücken, die der besonnene Mensch von der Welt empfängt, sind es nun die *auditiven*, die sich am deutlichsten von dem Gegenstand ablösen und am tiefsten in den Menschen eindringen. Beim zweiten Erscheinen des Schafes geschieht es:

> Das Schaaf kommt wieder. Weiß sanft, wollicht – sie [die Seele] sieht, tastet, besinnet sich, sucht Merkmal – es blöckt, und nun erkennet sies wieder! «Ha! du bist das Blöckende!» fühlt sie innerlich, sie hat es Menschlich erkannt, da sies deutlich, das ist, mit einem Merkmal, erkennet und nennet. (33)

Dieses innerliche Merkmal, das die Besonnenheit – angerührt, penetriert vom akustischen Reiz – bildet, ist Sprache. Herder baut diese Konklusion, daß schon allein das innere mentale Ereignis die Sprache sei, hochdramatisch auf, wie die Sequenz der folgenden Ausdrücke in der nachstehenden Passage deutlich macht: Merkmal, innerliches Merkwort, Name des Schaafs, Zeichen, Wort, Menschliche Sprache:

> Mit einem *Merkmal* also? Und was war das anders, als ein *innerliches Merkwort*? Der Schall des Blöckens von einer Menschlichen Seele, als Kennzeichen des Schaafs, wahrgenommen, ward, Kraft dieser Besinnung, *Name des Schaafs*, und wenn ihn nie seine Zunge zu stammeln versucht hätte. Er erkannte das Schaaf am Blöcken: es war gefaßtes *Zeichen*, bei welchem sich die Seele an eine Idee deutlich besann – was ist das anders als *Wort*? Und was ist die ganze *Menschliche Sprache*, als eine Sammlung solcher Worte? (33, H.v.m.)

«Und wenn ihn nie seine Zunge zu stammeln versucht hätte». Deutlicher kann man den rein mentalen, inneren, nicht-vokalen Charakter der Sprache nicht aussprechen, auf dem Herder mit ganz besonderem Nachdruck insistiert. Daher hat auch der «Zeitlebens Stumme» Sprache: «auch der Zeitlebens Stumme, war er Mensch, besann er sich: so lag Sprache in seiner Seele» (34). Diese Innerlichkeit schließt zunächst die Kommunikativität als *essentielles* Merkmal von Sprache aus, wie der Fortgang der Passage deutlich macht und wie Herder etwa auch in seiner Schlußfolgerung wiederholt, daß auch «der Wilde, der Einsame im Walde hätte Sprache für sich selbst erfinden müßen» (34):

> Und was ist die ganze Menschliche Sprache, als eine Sammlung solcher Worte? Käme er also auch nie in den Fall, einem andern Geschöpf diese Idee zu geben, und also dies Merkmal der Besinnung ihm mit den Lippen vorblöcken zu wollen, oder zu können; seine Seele hat gleichsam in ihrem Inwendigen geblöckt, da sie diesen Schall zum Erinnerungszeichen wählte, und wiedergeblöckt, da sie ihn daran erkannte – die Sprache ist erfunden! (33)

Das aus diesem kognitiv-semantischen, innerlichen Kern der Sprache Ausgeschlossene faßt Herder in der Wendung «*Mund und Gesellschaft*» zusammen: Die Menschliche Seele muß sich als solche die Sprache erfinden, «schon ohne Mund und Gesellschaft» (34).

Herder ist sich der Radikalität und Neuheit seiner Konklusion sehr wohl bewußt, und er legt den allergrößten Wert auf diese ganz präzise Festlegung des Orts des Sprachursprungs: Besonnenheit, tönende Welt,

inneres Merkwort. Er nennt ihn den «Einzigen Punkt», wo der Ursprung
der Sprache gefunden werden konnte. Wie nur Vico vor ihm (den er aber
nicht kennt) vollzieht er damit die vom griechischen Wort *logos* gemeinte
Identität von «Wort und Vernunft, Begrif und Wort, Sprache und Ursa-
che» (41) nach, denn «diese Synonymie enthält ihren ganzen genetischen
Ursprung» (41). Das Denken ist Sprache.

Und als spräche 1772 schon Steven Pinker, der Prophet der Chomskyschen Sprachtheorie, schließt Herder sein Kapitel über die radikale
Ver-Innerlichung und Ver-Gedanklichung der Sprache folgendermaßen:

> Es wird so nach die Sprache ein *natürliches Organ* des Verstandes, ein solcher
> *Sinn* der Menschlichen Seele, wie sich die Sehekraft jener sensitiven Seele der
> Alten das Auge und der *Instinkt* der Biene seine Zelle bauet. (41, H.v.m.)

The Language Instinct heißt Pinkers Buch (1994), in dem die Sprache als
ein *language organ* gefaßt wird. Die Parallelen sind frappierend und ver-
blüffend. Ganz ohne Zweifel ist Herder – nicht Descartes – der klassische
Sprachdenker, dessen Sprachauffassung – im Kern jedenfalls – der Sprachauffassung Chomskys am nächsten kommt: die Funktion der Sprache ist
kognitiv, Sprache ist wesentlich innerlich, sie hat also weder mit Kommunikation und Gesellschaft noch mit der Artikulation der Stimme wesentlich zu tun, sie ist ein «natürliches Organ», ein «Sinn» des Geistes.

In zwei Momenten unterscheidet sich Herder dann allerdings auch
wieder von der modernen rationalistischen Theorie – und über Chomsky
hinaus vom Rationalismus überhaupt: Herders kognitive, innerliche
Sprache ist *nicht angeboren*, und sie ist *dialogisch*. Angeboren ist nur die
– als solche völlig leere – Disposition zu Sprache=Denken, die Besonnenheit. Der Rationalismus, der alte wie derjenige Chomskys, nimmt dagegen angeborene Ideen an, er braucht also überhaupt keine Erfahrung
von außen. Die Chomsky-Schule geht davon aus, daß dem menschlichen
Geist eine Universalgrammatik und ein Universales Wörterbuch (Mentalese) angeboren sind. Herders Besonnenheit erfindet die Sprache dagegen
in der Begegnung mit der Welt, die Erfahrung der Welt setzt den «Sinn»
oder das «Organ» der Sprache in Gang. Ohne das blökende Schaf gäbe
es keine Sprache. Herders innere Sprache ist also durchaus von den Sinnen abhängig, auch wenn sie keine bloße «sensation transformée» ist.
Und mit diesem empiristischen Moment hängt eine für Herder so charakteristische und – ebenfalls ziemlich revolutionäre – erkenntnistheoretische Neuerung zusammen: Das Erkennen ist kein Sehen mehr, sondern
ein *Hören*. Das grundlegende Erkenntnisdispositiv ist *akroamatisch*. Die
Seele hört auf die Welt. Der appetitus noscendi, der von Augustinus zurecht als eine Form der concupiscentia oculorum, der Augenbegierde,
angeklagt wurde, ist hier vor allem eine *concupiscentia aurium*, Ohren-
lust. Sicher präludieren Leibnizens petites perceptions dieser erkenntnis-

theoretischen Wende. Das Ohr wird von Herder als der «Sinn der Sprache» bezeichnet. Da die Sprache der Sinn der menschlichen Seele ist, ist
das Ohr damit auch Sinn des Verstandes. Das französische Wort «entendement» (von *entendre* «hören») verweist im Gegensatz zum Wort
«Ver-stand» oder «under-standing» auf diesen akroamatischen Weg des
Erkennens. Dieses Hören auf die Welt als die grundlegende epistemische
Konstellation führt trotz der wichtigen Gemeinsamkeiten nun allerdings
meilenweit von Chomsky weg.

Denn das Hören auf die Stimmen der Welt bindet – und das ist die
zweite grundlegende Differenz zu Chomsky – die Sprache doch wieder
zurück an die *Stimme*, an die *vox* des Sprechenden, die Herder zunächst
aus dem eigentlichen Kern der Sprache – von dem «Einen Punkt» des Ursprungs – ausgeschlossen hatte («und wenn ihn nie seine Zunge zu stammeln versucht hätte»). Das innere Wort ist nämlich auch eine innere
Stimme. Für Chomsky wäre diese essentielle Bindung der Sprache an die
Stimme ein Austritt aus der Sprache (*language*) in das Kontingente, in
Kommunikation, in «äußere Sprache», *speech*, die mit *language* kaum
etwas zu tun hat. Die materiellen kommunikativen Erscheinungsformen
von Sprache sind bei Chomsky nur Herablassungen der Reinen Sprache
ins Irdisch-Kontingente. So ist es aber bei Herder gerade nicht. Bei aller
Reduktion des Sprachursprungs auf den «Einen Punkt», dem das Kapitel
I, 2 der *Abhandlung* in leidenschaftlicher Stringenz gewidmet ist, ist
Sprache für Herder eben doch *auch* auf das engste mit «Mund und Gesellschaft» verbunden. Mund und Gesellschaft sind nicht Bereiche des
Kontingenten und des Niederen, in das Sprache-*language* sich gleichsam
aus ihrer schönen geistigen Höhe herabläßt und beschmutzt, sondern sie
sind die *Sphären*, in die Sprache eingelassen ist. Die Geometrie des Ver-
hältnisses ist in beiden Theorien eine völlig andere: bei Chomsky: oben
und unten, bei Herder: Kern und konzentrische Kreise. «Schon als Tier
hat der Mensch Sprache» heißt nämlich nicht nur, daß die Tiersprache
nicht die Menschensprache ist, sondern eben doch, daß der Mensch *auch*
ein Tier ist, daß er in das Tier-Leben eingelassen ist, auch wenn sein spe-
zifischer Kern – der «eine Punkt» – sein kognitiv-semantisches, besonne-
nes Sprachwesen ist.

Die Struktur des ersten Teils der *Abhandlung* bildet dieses sphärische
Verhältnis übrigens wunderbar ab. Während der erste Abschnitt der Zurückweisung der kommunikativ-tönenden «Tiersprache» als der Wurzel
der menschlichen Sprache gewidmet ist, entfaltet Abschnitt 2 den kognitiv-semantischen Kern, und der dritte Abschnitt handelt dann wieder
vom Tönen, vom Tönen der Welt und vom Hören auf die tönende Welt,
aber eben auch schon vom «Mund», der dieses Tönen nachbildet. Eine
Coda am Ende des Kern-Kapitels über den Ursprung der Sprache (I, 2)
eröffnet nicht nur den Abschnitt über das Tönen, das Hören und den

«Mund», sondern verweist – mit der Feststellung des *dialogischen*
Wesens des inneren Wortes – auch schon auf den zweiten Teil der Abhandlung, der im wesentlichen von der «Gesellschaft» handelt.

Vortreflich daß dieser neue, selbstgemachte Sinn des Geistes gleich in seinem
Ursprunge wieder ein Mittel der Verbindung ist – Ich kann nicht den ersten
Menschlichen Gedanken denken, nicht das Erste besonnene Urtheil reihen,
ohne daß ich in meiner Seele dialogire oder zu dialogiren strebe; der erste
Menschliche Gedanke bereitet also seinem Wesen nach, mit andern dialogiren
zu können! Das erste Merkmal, was ich erfaße, ist Merkwort für mich, und
Mittheilungswort für Andre! (41)

Daß der erste Gedanke auch als inneres Ereignis immer schon dialogisch
ist, also eine immanente Kommunikativität besitzt, hängt mit seiner
akroamatischen Herkunft zusammen. Das «inwendige Blöken» und
«Wiederblöken» *antwortet* nämlich der tönenden Welt, es «dialogirt»
mit der Stimme der Welt: «Ha! du bist das Blökende!» Und ich vernehme
im «Inwendigen» mein inneres Wort, mein «inwendiges Blöken», meine
innere Stimme, ich «dialogire» also auch mit mir. Das innere Wort enthält also schon eine Dialogizität, die darauf vorbereitet, «mit *andern*
dialogiren zu können», d. h. in die *Äußerlichkeit* der Stimme und der *Gesellschaft* hinauszutreten. Die innere Sprache ist also nicht nur eingelassen in und umgeben von der Sphäre des Tönens und des Anderen (lebendige Töne sind für Herder immer «auf andre Geschöpfe gerichtet»), sondern sie ist in ihrer inneren Struktur selbst tönend-kommunikativ.

Der Abschnitt I, 3 der Abhandlung entfaltet jene Fundierung des Erkennens durch das *Hören*, die Herder noch einmal als einen wirklichen
Neuerer nicht nur des Sprachdenkens, sondern – da Sprache und Denken
ja identisch sind – auch der Erkenntnistheorie erscheinen lassen. Was bei
Leibniz mit der Fundierung des Denkens in den akroamatischen petites
perceptions nur angedeutet war, wird hier zu einer anthropologischen
Wende des gesamten Erkenntnisdispositivs: Das *Denken* wird auditiv
oder akroamatisch. Ins Zentrum der menschlichen Kognition rückt das
Hören auf die Welt. Herder begründet in einer kleinen Phänomenologie
des Hörens, warum dem Ohr zwischen Tastsinn und Gesichtssinn diese
zentrale Rolle als «Sinn der Sprache» zukommt. Die Details dieses Ver-
suchs brauchen uns hier nicht zu interessieren. Es sei zu den oben bei
Leibniz schon angedeuteten Zügen eines akroamatischen Erkennens
noch hinzugefügt, daß eine Welt, die tönt, die eine Stimme hat und
atmet, nicht zuvörderst eine Sache – *res* – ist, sondern ein *Du*, ein alter
ego: «*Du* bist das Blökende!» Eine solche Welt ist eben auch wie ich, sie
ist eine sprechende, mit mir dialogierende.

Natürlich hat sich diese akroamatische Erkenntnistheorie in dem vom
Erblicken und Ergreifen dominierten europäischen Erkenntnisdispositiv
überhaupt nicht durchgesetzt (wohl auch deswegen nicht, weil, wie die

Hirnforschung zeigt, der Mensch ein dominant visuelles Wesen ist). Das nach vorne blickende europäische Auge und die fest auf die Welt zugreifende europäische Hand haben sich vom Zuhören auf das Tönen der atmenden Welt nicht im geringsten zurückhalten lassen. Statt «Ha! du bist das Blökende!» hat das europäische Denken gesagt: «Ha! da ist das Weiße und Wollichte», dann hat es das Schaf ergriffen und ihm das Weiße und Wollichte vom Leib gezogen. Daran ist wohl auch nichts zu ändern. Herders akroamatische Erkenntnistheorie bleibt aber eine Mahnung, die Welt auch atmen und tönen zu lassen und mit ihr zu dialogieren.

6.2.3. Geschichte: Gesellschaft und Verschiedenheit Die Coda vom Ende des Kapitels I, 2 verweist, wie gesagt, entschieden voraus auf «Mund und Gesellschaft», in die die innere Sprache aufgrund ihrer eigenen strukturellen Beschaffenheit notwendigerweise eintritt, als «Mitteilungswort für Andre» (41). In dieser Sphäre des Anderen entfaltet Herder dann das dritte der großen europäischen Sprach-Themen: Nach Wesen und Ursprung der Sprache, denen der erste Teil der Abhandlung gewidmet war, beschäftigt sich der zweite Teil der Abhandlung vor allem mit ihrer *Verschiedenheit.*

Die Intertextualität der Ursprungs-Erzählung zur biblischen Geschichte der Namengebung Adams ist evident, Herder stellt sie auch selbst ausdrücklich her (44). Im zweiten Teil der Abhandlung entspricht jedes seiner vier «Naturgesetze» der Entwicklung des menschlichen Geschlechts den vier biblischen Sprach-Episoden: Das erste Naturgesetz behandelt die lingua adamica, das zweite betrifft das Miteinandersprechen in der Gesellschaft (Adam und Eva), das dritte variiert die Babelgeschichte, das vierte Pfingsten. Diese Sequenz ist auch ein Fortschreiten zu immer größeren gesellschaftlichen Zusammenhängen: von dem einzelnen spracherfindenden Adam («auch der Einsame im Walde hätte Sprache für sich selbst erfinden müssen») über das Paar und die Familie («Mittheilungswort für Andre») zum Stamm und zur Nation und schließlich zur Menschheit.

Auch weil Herder in eher schlecht informierten, aber einflußreichen Kreisen als der Herold des (bösen) Nationalismus gegen den (guten) Universalismus gilt – vor allem in Frankreich hat er seit Julien Benda (1925) diesen Ruf –, ist seine Auffassung von sprachlicher Verschiedenheit (und Einheit) hier deutlich zu machen, die gerade seine dialektische Auffassung von kultureller Besonderheit und menschheitlicher Universalität exemplifiziert. Im Kapitel über die Adamssprache macht Herder noch einmal den Grundgedanken seiner Sprachauffassung deutlich, daß Sprache und Denken identisch sind. Es geht also auch bei der nun folgenden *Sprach*-Geschichte immer auch um eine menschliche *Denk*-Geschichte. Die «Heerde» oder die «Gesellschaft» tritt zunächst als Familie auf. Die Sprache ist als «Vater- oder Muttersprache» (93) in ihrer «Fortbildung»

gerade mit sich selbst identisch, sofern sie durch Erziehung im Familien-
verband tradiert wird und den Zusammenhalt der «Heerde» stiftet. Andererseits aber ist Sprache bei jedem Menschen verschieden, und zwar im
Materiellen wie im Semantischen:

> So wenig als es zween Menschen ganz von Einerlei Gestalt und Gesichtszügen:
> so wenig kann es zwo Sprachen, auch nur der Aussprache nach, im Munde
> zweener Menschen geben, die doch nur Eine Sprache wären. [...] Das war nur
> die Aussprache. Aber Worte selbst, Sinn, Seele der Sprache – welch ein unend-
> liches Feld der Verschiedenheiten! (93/94)

Der Mensch ist – mit Dante gesprochen – ein animal variabilissimum.
Daher ist die Sprache «ein Proteus auf der runden Oberfläche der Erde»
(95), also ein Wesen, das wie diese griechische Meeresgottheit in sich
ständig ändernder Form auftritt. Und als Familienwesen, wir können
auch sagen: als gesellschaftliches Wesen, strebt der Mensch nicht nur –
nach innen – nach «Eintracht» mit seiner Herde, sondern auch – nach
außen – nach «Zwietracht» mit der anderen Gruppe, was natürlich die
ohnehin schon gegebene individuelle Verschiedenheit verschärft:

> Dieselbe Familienneigung, die, in sich selbst gekehrt, Stärke der Eintracht
> Eines Stammes gab, macht außer sich gekehrt, gegen ein andres Geschlecht,
> Stärke der Zweitracht, Familienhaß: dort zogs viele zu Einem desto vester zu-
> sammen, hier machts aus zwei Parteien gleich Feinde. (97)

Diese Theorie der Entzweiung ist Herders Interpretation des Babel-Mythos, den er hier, anläßlich des dritten Naturgesetzes, auch ausdrücklich
zitiert (99). Der Gedanke des sich in sprachlicher Abgrenzung mani-
festierenden Nationalhasses ist übrigens eine der seltenen Stellen in der
sprachthematisierenden Literatur, die auch an die alttestamentliche Erzählung vom Schibboleth denken läßt (die Herder hier allerdings nicht
anführt).

Herder wäre nicht Herder, wenn er diese Verschiedenheit nicht enthusiastisch feiern würde. Hier wirkt das Leibnizsche Erbe, aber wohl auch
die genannte kulturelle Erfahrung vom bunten Rande Europas. Und hier
ist auch an sein früheres Werk zu erinnern, an die *Fragmente,* wo er begeistert die Erforschung der verschiedenen Sprachen ins Auge faßt. Sie
soll die reiche Variation des menschlichen Denkens dokumentieren, indem sie in einer – wie er es nicht besonders glücklich nennt – allgemeinen
«Semiotik» sozusagen das Wörterbuch der wunderbaren Verschiedenheit der Operationen des menschlichen Geistes erstellt.

Aber Herder wäre eben auch nicht Herder – und diesen letzten und
entscheidenden Gedanken lassen die Kritiker immer aus –, wenn er nicht
von der Familie, dem Stamm, der Nation zur *Menschheit,* d.h. von der
Verschiedenheit zur universellen Gemeinsamkeit fortschritte. *Auch eine
Philosophie der Geschichte zur Bildung der Menschheit,* sein geschichts-

philosophischer Entwurf von 1774, sagt es bei aller Sympathie für verschiedene Epochen und Kulturen schon im Titel ganz deutlich: «zur Bildung der Menschheit». Und ebenso ausdrücklich ist auch schon in Herders Sprach-Abhandlung die Menschheit «ein progressives Ganzes». Das
vierte Naturgesetz formuliert eine gemeinschaftliche menschheitliche
Entwicklung jenseits der nationalen Verschiedenheiten:

> So wie nach aller Wahrscheinlichkeit das Menschliche Geschlecht ein Progre
> ßives Ganze von Einem Ursprunge in Einer großen Haushaltung ausmacht: so
> auch alle Sprachen, und mit ihnen die ganze Kette der Bildung. (100)

Herder ist ein ausgesprochen pfingstlicher Denker: *ein* (Heiliger) Geist
eint die Menschen auch in ihren verschiedenen Sprachen. Alle Sprachen
schreiten von demselben Ursprung in einer gemeinsamen Welt gemeinsam in der Geschichte voran, d. h. bei aller Verschiedenheit der Sprachen
hat die Menschheit auch eine und dieselbe Sprache:

> Wie Ein Menschenvolk nur auf der Erde wohnet, so auch nur Eine Menschen
> sprache: wie aber diese große Gattung sich in so viele kleine Landarten natio
> nalisirt hat: so ihre Sprachen nicht anders. (104)

Humboldt hat denselben Gedanken klassisch in der paradoxen Wendung formuliert, daß man ebensogut sagen könne, daß jeder Mensch seine eigene Sprache habe, wie daß die Menschheit nur eine gemeinsame
Sprache besitze (Humboldt VII: 51). Und Chomsky hat diese Vorstellung
von der Einen Sprache des Menschengeschlechts in den verschiedenen
Sprachen mit seinem berühmten Marsmenschen-Blick festgehalten. Er
schreibt immer wieder, daß ein Bewohner des Mars, der das Verhalten
der Erdbewohner beobachtet, bestimmt feststellen würde, daß alle Menschen dasselbe tun: sprechen. Im Gegensatz zu Chomsky, der dann auch
nur das beschreiben möchte, was der Marsbewohner aus weiter Entfernung feststellt (eben das Eine und Universelle), interessieren sich Herder
und Humboldt aber gerade für die *Verschiedenheiten*, die aufscheinen,
wenn man ein bißchen näher hinschaut.

Hier, am Ende der Abhandlung, geht es aber tatsächlich um die *Überwindung* der nationalen und sprachlichen Gegensätze, um die begeistert
begrüßte «Überlieferung von Volk zu Volk» (106). Denn dem Verdacht,
Herder sei der Erfinder eines nationalistischen Relativismus gewesen,
steht seine Überzeugung entgegen, daß die Menschen gerade *keine* «Nationalthiere» sind (und daher nicht miteinander kommunizieren könnten), sondern eine einzige Gattung, die eine gemeinsame menschliche Geschichte hat, die von einem gemeinsamen Ursprung gemeinsam zur
Menschheit voranschreitet:

> Wären die Menschen Nationalthiere [...], so müste diese [die Sprache] gewiß
> eine Verschiedenartigkeit zeigen, als vielleicht die Einwohner des Saturns und

der Erde gegen einander haben mögen – und doch geht bei uns offenbar Alles auf Einem Grunde fort. Auf einem Grunde nicht blos was die Form, sondern was würklich den Gang des Menschlichen Geistes betrift: denn unter allen Völkern der Erde ist die Grammatik beinahe auf Einerlei Art gebaut. (103 f.)

Wie Chomsky – und die Herren von Port-Royal – nimmt Herder also sogar an, daß allen Sprachen eine Universale Grammatik zugrundeliegt: Diese quasi-chomskysche Konklusion (die allerdings auf einer Sympathie für die kulturelle und sprachliche Verschiedenheit der Nationen aufruht) sollte eigentlich genügen, das törichte Vorurteil gegen Herder zu widerlegen.

Fazit Das ist natürlich noch keine Sprachwissenschaft. Ich habe aber Herders Abhandlung über den Ursprung der Sprache an den Anfang des Kapitels über die Sprachwissenschaft gestellt, weil Sprache hier unabhängig von einem philosophisch-erkenntnistheoretischen Projekt thematisiert wird und damit der Prozeß der Autonomisierung des sprachthematisierenden Diskurses in Gang gesetzt wird. Diese Autonomisierung ist nicht nur der Effekt der Fragestellung der Berliner Akademie, die ja nur nach der Sprache und nach nichts anderem gefragt hatte, sie folgt auch aus Herders radikaler Identifizierung von Denken und Sprache: Wenn der erste Gedanke das innere Wort ist, wenn also Sprache und Denken identisch sind, gibt es ja kein Außerhalb der Sprache mehr. Philosophie wird dann tatsächlich wesentlich Philosophie der Sprache. Vielleicht ist der von Herder selbst vorgeschlagene, einigermaßen unverbrauchte Ausdruck «Anthropologie» leichter mit dem radikalen Primat der Sprache zu verbinden als der Ausdruck «Philosophie». Daß Sprache das Wesen des Menschen ausmacht, ist jedenfalls der zentrale Satz dieser Lehre vom Menschen:

der Wilde, der Einsame im Walde hätte Sprache für sich selbst erfinden müßen; hätte er sie auch nie geredet. Sie war Einverständniß seiner Seele mit sich, und ein so nothwendiges Einverständniß, als der Mensch Mensch war. (34)

6.3. Mithridates 2

Im Zusammenhang mit der Erörterung der Einheit der Menschheit jenseits der sprachlichen Vielfalt stellt Herder in der Ursprungsabhandlung fest, daß die vorliegenden linguistischen Materialien noch nicht für einen wissenschaftlichen Nachweis der Verwandtschaft der Sprachen hinreichen:

Viele haben sich mit den Stammlisten dieser Sprachengeschlechter versucht; ich versuche es nicht – denn wie viele, viele Nebenursachen konnten in dieser Abstammung, und in der Känntlichkeit dieser Abstammung Veränderungen machen, auf die der Etymologisirende Philosoph nicht rechnen kann und die seinen Stammbaum trügen. Zudem sind unter den Reisebeschreibern und selbst Mißionarien so wenig wahre Sprachphilosophen gewesen, die uns von dem Genius und dem charakteristischen Grunde ihrer Völkersprachen hätten Nachricht geben können oder wollen, daß man im Allgemeinen hier noch in der Irre gehet. Sie geben Verzeichniße von Wörtern – und aus dem Schällenkrame soll man schließen! Die Regeln der wahren Sprachdeduktion sind auch so fein, daß wenige – – doch das ist Alles nicht mein Werk! (104/105)

Die Passage ist allein schon wegen des Vorkommens zweier Ausdrücke bedeutsam, des Ausdrucks «Sprachphilosoph» (der hier ganz offensichtlich den reflektierenden Sprach-Gelehrten meint) und des Terminus «Genius der Sprachen», des génie des langues. Herder spürt hier das offensichtlich Unbefriedigende der zeitgenössischen Sprachgelehrsamkeit auf, ihre Geistlosigkeit und ihre Konzentration auf den materiellen Wortschatz: «aus dem Schällenkrame soll man schließen!» Die Vergleichung der Wortschätze scheint ihm eine unsichere Basis für die Deduktion der Sprachverwandtschaft. «Die Regeln der wahren Sprachdeduktion sind auch so fein, daß wenige ...» Aber da bricht Herder mitten im Satz ab, «daß wenige was?». Wir wissen nicht, wo Herder die feinen Regeln der wahren Sprachdeduktion suchen wollte. Es genüge uns hier aber auch erst einmal der Hinweis auf den Zweifel daran, daß die «Verzeichniße der Wörter» zu hinreichend zufriedenstellender Information über die Sprachverwandtschaft führen. Herder selbst hatte jedenfalls mitnichten die Absicht, sich selber an die Arbeit zu machen. Er verabschiedet sich in seinem jugendlich ungestümen Text von der noch unbefriedigenden sprachwissenschaftlichen Gelehrsamkeit mit einem kecken: «doch das ist Alles nicht mein Werk!» (105). Allerdings sind andere durchaus schon am Werk, die «wahre Sprachdeduktion» zu belegen und zu erforschen. Die beiden Leibnizschen Aufgaben sind ja gestellt. Und vor allem die erste, die Erkundung der Verwandtschaften und Wanderungen, der cognations et migrations, und des gemeinsamen Ursprungs hatte schon eine beträchtliche Gelehrsamkeit in Gang gesetzt. Ich will hier die drei wichtigsten Unternehmungen vorstellen, die kurz nach Herders Feststellung publiziert werden, diejenige von Pallas (1786–89), von Hervás (1785–87) und den zweiten *Mithridates* von Adelung und Vater (1806–17).

6.3.1. *Pallas*   Leibniz hatte Peter den Großen auf die Notwendigkeit der Erforschung der Sprachen des großen russischen Reiches hingewiesen. Er vermutete ja, daß die lingua antiquissima, bevor sie durch Vermischung und Verderbnis (mixtura et corruptio) bis zur Unkenntlichkeit verändert wurde, auf dem ganzen eurasischen Kontinent bis nach China verbreitet war. Das russische Reich war daher gewissermaßen das natürliche Forschungsgebiet für die Rekonstruktion der Ursprache, so daß er sich gerade von der Sprachforschung in Rußland die Förderung der «Erkenntniss des Ursprungs der Nationen» versprach, wie er in einem Brief an den Zaren schrieb (zitiert bei Adelung 1815: VI). Die Zarin Katharina hat die Leibnizsche Aufforderung tatkräftig aufgegriffen und sich sogar selber an die sprachvergleichende Arbeit gemacht. Sie beauftragt dann Peter Simon Pallas mit der Vollendung ihrer Arbeit, die dieser in zwei Bänden 1786 und 1789 in Sankt Petersburg veröffentlicht: *Linguarum totius orbis vocabularia comparativa*, «Vergleichende Vokabularien der Sprachen der ganzen Welt», ein Verzeichnis der Wörter der Sprachen, von denen Pallas Kenntnis hat und deren Vergleichung (on les comparera entre elles) Aufschluß über die verwandtschaftlichen Zusammenhänge der Sprachen geben sollte.

Das Verfahren ist grundeinfach, und es ist bis heute bei den aktuellen Forschungen zur Rekonstruktion der Ursprache der Welt (Proto-World) gängig: Pallas stellt 285 «Grundideen» des Menschen zusammen, gleichsam ein Dizionario Mentale Comune: Gott und die Welt, d. h. Verwandtschaftsbezeichnungen, Körperteile, universelle natürliche Gegebenheiten wie Sonne, Mond und Sterne, Tiere, grundlegende Eigenschaften und Tätigkeiten etc. Dann macht er Listen der Wörter für diese Grundideen in 200 Sprachen. Dabei gruppiert er, soweit es geht, die Wörter offensichtlich verwandter Sprachen zusammen. Die Zusammenstellung zeigt dann gegebenenfalls die materielle Ähnlichkeit der Wörter in den Sprachen. Pallas selbst gibt keinerlei Kommentar zu den Wortlisten ab, Schlüsse über die eventuellen Verwandtschaften der Sprachen muß der Leser selbst ziehen. Das kurze Vorwort zu den *Vocabularia* enthält nur magere Informationen über die Quellen. Pallas hat Wörter aus 149 asiatischen und 51 europäischen Sprachen (plus Russisch) gesammelt – was den damaligen Menschen enorm vorkam, aber sogar angesichts der ca. 5000 bis 6000 heute (nur) noch existierenden Sprachen der Menschheit lächerlich wenig ist. Den afrikanischen und amerikanischen Sprachen sollte ein dritter Band gewidmet werden, der aber nicht erschienen ist.

Ich gebe hier einmal die Liste Nr. 112 für *Feuer* (Pallas 1786: 352–354) in der deutschen Bearbeitung durch Friedrich Adelung (1815: 86–92) wieder:

112. *Ogon* (Feuer).

1	Slavonisch	Ogn	11	Malorossisch	Ogon
2	Slavonisch-Ungrisch	Ogn	12	Susdalisch	Dulik
3	Illyrisch	Ogagn, Oggna	13	Celtisch	Tan, Dar, Ufel,
4	Böhmisch	Ogen			Fo
5	Serbisch	Ongn, Watra	14	Bretagnisch	Tan, Afo
6	Wendisch	Wojen	15	Baskisch	Ssua
7	Sorabisch	Wohen	16	Irisch	Tene
8	Polabisch	– –	17	Ersisch-Schottisch	Teine
9	Kaschubisch	– –	18	Walisch	Tan, Ufel
10	Polnisch	Ogen	19	Cornwallisch	Tan

№	Sprache	Wort
20	Altgriechisch	Pür
21	Neugriechisch	Photia
22	Lateinisch	Ignis
23	Italienisch	Foco
24	Neapolitanisch	Fuoco
25	Spanisch	Fuego
26	Portugiesisch	Fógo
27	Romanisch und Alt-Französisch	Fek, Fü, Füs
28	Neu-Französisch	Feu
29	Wallisisch	Fü
30	Gothisch	Funin
31	Angelsächsisch	Fir, Eled, Alet
32	Englisch	Feir
33	Teutonisch	Fuir
34	Niederdeutsch	Für
35	Deutsch	Feuer
36	Cimbrisch	Feuer
37	Dänisch	Ild
38	Isländisch	Elldur
39	Schwedisch	Eld
40	Holländisch	Fuur
41	Frisisch	Il
42	Litthauisch	Ugins
43	Lettisch	Uggins
44	Kriwisch-Liwisch	Ugne
45	Albanisch	Eiarb
46	Wallachisch	Fok
47	Ungrisch	Tüs
48	Awarisch	Bakala
49	Kubatschisch	Tzà
50	Lesgisch, Anzug	Zá
51	-, Dshar	Zá
52	-, Chunsag	Zá
53	-, Dido	Zi
54	Finnisch	Tuli, Walkija
55	Ehstnisch	Tulli
56	Karelisch	Tul
57	Olonetzisch	Tuli
58	Lapplandisch	Tol, Tollo
59	Süränisch	Bi
60	Permisch	Bü
61	Mordwanisch	Tol
62	Mokschanisch	Tol
63	Tscheremissisch	Tul, Tül
64	Tschuwaschisch	Wot
65	Wotjäkisch	Tül
66	Wogulisch, am Tschussowaja	Taùt
67	-, im Werchotur.	Tat, Nai
68	-, bei Tscherdüm	Ule, Tatnas
69	-, bei Beresow	Ulä, Ulgä
70	Ostjakisch, bei Beresow	Tüd
71	-, bei Narüm	Tut
72	-, am Jugan	Tugut
73	-, Lumpokolisch	Tugút
74	-, Wassjuganisch	Tüget
75	-, am Tas	Tü
76	Persisch	Aatesch, Aatasch
77	Kurdisch	Uur, Agir
78	Awganisch	Oor, Ur
79	Ossetisch	Art, Eüng
80	Dugorisch	Dshing
81	Hebräisch	Esch
82	Jüdisch	Aisch
83	Chaldäisch	Aischu, Nüru, Nur
84	Syrisch	Nur
85	Arabisch	Nar, Naar
86	Malthesisch	Nar, Nirien
87	Assyrisch	Kúira
88	Türkisch	Od, Atesch
89	Tatarisch, Kasanisch	Ut, Ot
90	-, Meschtscheräkisch	Ut, Ot
91	-, Baschkirisch	Ut
92	-, Noga'sch	Ut
93	-, Kasag am Kaukasus	Ot
94	-, Tobolskisch	Ot
95	-, Tschatzkisch	Ut
96	-, am Tschulim	Ot
97	-, am Jenisej	Ot
98	-, bei Kusnezk	Ot
99	-, in der Baraba	Ut
100	Kangatisch	Ot
101	Teleutisch	Ot
102	Bucharisch	Atesch, Olow
103	Chiwisch	Ud
104	Kirgisisch	Ut
105	Truchmenisch	Ot
106	Jakutisch	Wot, Ot
107	Armenisch	Kürak, Kräk, Hur
108	Kartalinisch	Zezchli
109	Imiretisch	Datschche
110	Suanetisch	Hemek
111	Tscherkassisch-Kabardinisch	Maffa, Maafa
112	Alte-Kesek-Abassisch	Mze, Miza
113	Kuschhasib-Abassisch	Mischtscha
114	Tschetschengisch	Zije
115	Inguschisch	Tze, Zü
116	Tuschetisch	Tzé
117	Kasi-Kumükisch	Zu
118	Andisch	Za
119	Akuschisch	Za
120	Samojedisch, Pustoserisch	Tu
121	-, Obdorisch	Tu
122	-, Jurazkisch	Tu
123	-, Mangaseisch	Tu
124	-, Turachanskisch	Tu
125	-, Tawginisch	Tui

126	–, Tomskisch	Tejun	163	Mandshuisch	Tua	
127	–, Narümisch	Tü	164	Chinesisch	Cho, Hó	
128	–, am Keti	Tü	165	Tangutisch	Mnii, Me	
129	–, Timskisch	Tü	166	Zigeunerisch	Jag, Jak, Jago	
130	Karassinisch	Tü, Düu, Dui	167	Indianisch in Multan	Bag	
131	Taiginisch	Tui	168	– in Bengalen	Aag	
132	Kamaschinisch	Schu	169	– in Dekan	Ag, Angar	
133	Koibalisch	Ssü	170	Alt-Persisch	Alteresch	
134	Motorisch	Tui	171	Pehlwisch	Atesch, Naglia	
135	Mongolisch	Gal	172	Samskrdanisch	– –	
136	Burätisch	Gal	173	Balabandisch	– –	
137	Kalmückisch	Gal	174	Singalesisch	– –	
138	Tungusisch,		175	Koreanisch	Pogel	
	Nertschinskisch	Togo	176	Kanarisch	– –	
139	–, Jeniseisch	Toggo	177	Malabarisch	Ag	
140	–, Mangaseisch	Togó	178	Tamulisch	Wukakini	
141	–, Bargusinisch	Togò	179	Warugisch	– –	
142	–, Ober-Angarisch	Togo	180	Bomanisch	Mi	
143	–, Jakuzkisch	Togò	181	Siamisch	– –	
144	–, Ochozkisch	Tog	182	Tonkinisch	Góa, Lus	
145	Lamutisch	Toh	183	Malayisch	Appi	
146	Tschapogirisch	Togo	184	Iawanisch	Dshinni, Jenar	
147	Jukagirisch	Engilo	185	Sawuanisch	Ai	
148	Arinzisch	Khot	186	Pampangisch	– –	
149	Kotowisch	Chot	187	Tagalanisch	– –	
150	Assanisch	Hat	188	Magindanisch	Klaju	
151	Inbatzkisch	Bok	189	Neu-Guineisch	Jejef, For	
152	Pumpokolisch	Butsch	190	Neu-Holländisch	Majanang	
153	Koräckisch	Milhemil,	191	Neu-Seeländisch	– –	
		Milgan	192	Neu-Caledonisch	Naap	
154	–, am Kolüma	Milügan	193	Auf der Insel Tanna	Naùp	
155	–, am Tigil	Hümlege	194	– Mallikolo	– –	
156	Karagisch	Milchamil	195	– Waihu	Hehai	
157	Tschuktschisch	Mulgümül	196	– den Freund-		
158	Kamtschadalisch,			schafts-Inseln	– –	
	am Tigil	Brüumchitsch	197	– – Gesellschafts-		
159	–, der mittl. Gegend	Pangitsch		Inseln	Uagá	
160	–, der südl. Gegend	– –	198	– – Kokos-Inseln	Umu	
161	Iapanisch	Fi	199	– – Markesas-Inseln	– –	
162	Kurilisch	Api, Ampi	200	– – Sandwitsch-Inseln	– –	

6.3.2. Hervás Das Buch von Pallas hatte zwar einen lateinischen Titel und auch ein lateinisches Vorwort, die Wortlisten selbst aber hatten den Nachteil, daß sie in kyrillischen Lettern gedruckt waren, die damals in Europa kaum bekannt waren, so daß man nicht einmal das Herdersche «Schließen aus dem Schällenkrame» nachvollziehen konnte. Schon einfach weil es in einer bekannteren Sprache geschrieben war, war daher das Sprach-Werk von Lorenzo Hervás bedeutend erfolgreicher in Europa. Lorenzo Hervás war am Ende des 18. Jahrhunderts so etwas wie der Sprach-Archivar der Welt. Der spanische Jesuit, der zumeist in Rom lebte (wo ihn auch Humboldt kennenlernte, der ihn als Informationsquelle nutzte), sammelte nämlich linguistische Materialien von seinen Ordensbrüdern, die aus Amerika vertrieben worden waren. Hervás publiziert in den Jahren 1778–87 ein enzyklopädisches Werk in 21 Bänden in italienischer Sprache, *Idea dell'universo*, dessen Bände 17, 18, 20 und 21 uns hier interessieren. Die Bücher von Lorenzo Hervás waren nicht nur auf italienisch geschrieben, das damals in Europa eine recht ordentliche internationale Verbreitung hatte – es war sicher die zweite moderne Sprache nach dem Französischen (Englisch konnte man noch wenig auf dem Kontinent) –, sie enthalten vor allem auch viel reichere und vielfältigere Informationen über die Sprachen der Welt, die weit über die «Verzeichnisse von Wörtern» hinausgehen. Die vier Bücher über die Sprache sind: der *Catalogo delle lingue conosciute* (1785), dann der *Trattato dell'origine, formazione, meccanismo ed armonia degl'idiomi* (1785), das *Vocabolario poligloto* (1787) und der *Saggio pratico delle lingue* (1785).

Der *Catalogo delle lingue* ist, wie sein Name sagt, nichts anderes als ein Katalog der Sprachen, eine Aufzählung der Sprachen und die Angabe der geographischen Gegenden ihres Vorkommens: Hervás beginnt in Feuerland, durchstreift Amerika nach Norden, dann durchquert er die pazifische Welt, um Asien von Osten nach Westen und wieder zurück nach Osten zu durchreisen, schließlich Europa, wieder von Osten nach Westen, von wo er nach Süden ins Afrikanische vorstößt.[2] Anders als Pallas, dem ja die linguistische Erforschung des russischen Reiches am Herzen liegt, ist diese Sprachenenzyklopädie – dem spanischen Weltreich und vor allem dem Tätigkeitsgebiet der Jesuiten entsprechend – eher nach Westen ausgerichtet, nach Amerika, ein – wie mir scheint – bedeutsamer Blickwechsel: Der Blick nach Osten ist seit Leibniz mit der *Ursprungs*problematik verbunden, der Blick nach Westen lenkt eher die Aufmerksamkeit auf die *Verschiedenheits*frage, auch wenn Hervás das zweite Buch traditionell dem Ursprung und der «Harmonie» der Sprachen widmet. Das *Vocabolario poligloto* besteht – nach allerlei Überlegungen über verschiedene Sprachverwandtschaften – wie bei Pallas aus einer Zusammenstellung von Wortlisten. Es sind allerdings viel weniger Listen (etwas mehr als 60) von Wörtern aus weniger und – wie angedeutet – anderen Sprachen.

Das interessanteste Buch der vier Sprachbücher von Hervás ist aber der *Saggio pratico*. Es ist ein *Mithridates*, und es enthält eine ganz unscheinbare, aber geniale methodische Neuerung der Sprachbeschreibung, die weitreichende Folgen haben wird. Wie der Gesnersche *Mithridates* ist das 5. Kapitel des *Saggio pratico* eine Sammlung von *Vaterunsern* in 307 verschiedenen Sprachen, ein Verfahren, das auch der Adelung/Vatersche *Mithridates* weiterführt. Die Anordnung ist die geographische, die der *Catalogo* vorgegeben hatte. Während Gesner aber nur den Text des Vaterunsers in den verschiedenen Sprachen wiedergab (und gegebenenfalls einige historische Informationen über das Volk hinzufügte, das die entsprechende Sprache spricht), bringt Hervás zwei hochbedeutsame methodische Neuerungen: Er unterlegt, sofern es ihm möglich ist, den fremdsprachigen Text mit einer *Interlinearversion,* und er gibt einen lexikalisch-*grammatischen* Kommentar.

ɪ16 SAGGIO PRATICO DELLE LINGUE. ART. V.

fa astratti i nomi: *abuulil* reame, sovranità: *ixban* regina.

35.   *Messicana.*

To-tàtzinè (*a*) .. *o Nostro-Padre*,
in ilhuicac (*b*) .. *che in-cielo*
timoyetztica (*c*) .. *tu-sei*,
Ma (*d*) yeĉtenehuallo .. *o-se buo-*
   no-labbro-alzato-sia
in (*e*) motocatzin .. *pure tuo-nome:*
Ma (*f*) huàllauh .. *o-se venga*
in motlatocayotzin .. *pure tuo-re-*
   gno.
Ma [*g*] chihuallo .. *o-se facciasi*
in tlalticpac .. *pure in-terra*
in motla nekillitzin .. *pure tua-vo-*
   lontà,
in-yuhki .. *si come*
chihuallo .. *si-fa*
in ilhuicat .. *pure in-cielo*.
In [*h*] totlaxcal .. *pure nostra-torta*
mo-mostla (*i*) .. *quoti-diana*
totechmoneꝗi (k) .. *a-noi-necessaria*
in (*l*) axcan .. *o se! adesso*
xitechmomakili (*m*) .. *ci-dà:*
Ihuan (*n*) ma .. *ed o se!*
xitechmopipolhuili .. *ci-perdona*
in (*o*) totlatlacol .. *pure nostri-pec-*
   cati,
in-yuh .. *pure-come*
tikintlapopolhuia (*p*) .. *noi-ad-al-*
   tri-perdoniamo,
in techtlacalhuia .. *che ci-offendo-*
   no:
Ihuan (*q*) macamo .. *ed o se! non*
xitechmomacahuili (*r*) .. *ci-lasci-*
inic amo ipan .. *e non sopra*
tihuetzizke (*s*) .. *noi-cadiamo*

in teneyeyecoltiliztli .. *pure in-pro:*
   va-nostra :
Zanye .. *soltanto*
ma (*t*) xitechmomakixtili .. *o se!*
   ci-libera
ihuicpa .. *da*
inamokualli (*u*) .. *che-non-buono*.
Ma-yuh [*x*] .. *o se! così*
mo-chihua (*y*) .. *si-faccia*.

Essendo la lingua Messicana elegante nell' espressione, e nella com-
posizione delle parole, aveva in
desiderato di avere distinta spiega-
zione delle parole Messicane dell'
orazione Dominicale: ed il Sig.
Ab. Biagio Arriaga mi ha favori-
to sì compitamente con alcune os-
servazioni, che mi sembrano ba-
stevoli a formare concetto della
bellezza del Messicano; e però le
distribuisco nelle seguenti note.

(1) *Totatzinè* si compone di *to*
nostro, di *tatli* padre, della sillaba *tzin*, che si usa nella finale delle parole per farle riverenziali, e della lettera *e*, ch'indica
abblativo. Nostro-padre si dice
to-ta, ove si perde la finale di *tatli*,
quando questo nome si unisce al
pronome *to*. *Nostro-padre* detto
con riverenza si dirà *totatzin:* la
parola *tzintli* posposta a' nomi li
fa riverenziali, e vi si perde la
finale *tli*, perchè vi si trova il
pronome *to*.

(b) *In ilhuicat*. La sillaba *in*
quì fa da relativo: in altre occa-
sioni è parola di energia, ed in
       esse

Die Interlinearversion vollzieht sozusagen den ersten Schritt jeder modernen strukturellen Beschreibung einer unbekannten Sprache: Sie segmentiert, d. h. sie führt die lexikalischen und grammatischen Konstituenten eines Satzes vor Augen. Und der Kommentar verdeutlicht und erläutert die strukturelle Besonderheit. So liest man beispielsweise in dem «mexikanischen» (d. h. Nahuatl-) Text des Paternoster:

> *ma yectenehuallo*
> o-se buono-labbro-alzato-sia
> [oh-wenn gut-Lippe-erhöht-sei].

Daneben steht dann der folgende Kommentar:

> *Ma* ist eine optative und depreziative Partikel, und man übersetzt es am besten mit «o wenn!». *Yectenehuallo* setzt sich zusammen aus *yectli* «gut», aus *tentli* «Lippe», aus *ehua* «erhöhen», daher entspricht *yec-ten-ehuallo* «gut-Lippe-erhöht-sei», d. h. «gelobt sei mit guten Lippen». Die Endsilbe *lo* ist eine das Passiv anzeigende Partikel. (Hervás 1787: 117)

Man erkennt durch dieses Verfahren ziemlich genau, wie das Syntagma gebildet ist, welche grammatischen Elemente an die lexikalischen angefügt werden (*ma* und *lo*) und welche offensichtlich wegfallen (*tli*). Im lateinischen Ausgangstext des Vaterunsers steht hier ja *sanctificetur*, «geheiliget werde» (dein Name). Man kann durch die Segmentierung außerdem gut nachvollziehen, wie das Mexikanische die Semantik von *sanctificare*, «heiligen», wiedergibt: nämlich «gut-Lippe-erhöhen». Man sieht also sehr schön, daß das Nahuatl die Vorstellung des «Heiligens» nicht auf dieselbe Weise bildet wie die europäischen Sprachen und wie es diese mit seinem lexikalischen Material nachschafft.

Hervás erfindet mit dem einfachen Mittel der linguistischen Interlinearversion ein Verfahren, das bis heute gebraucht wird und das einen ersten Einblick in die *strukturelle* Eigentümlichkeit der Sprachen erlaubt. Es ist vor allem ein Verfahren, das die Aufmerksamkeit von der ausschließlichen Betrachtung der *materiellen* Form des *Wortschatzes* in den Wörterverzeichnissen (und der damit verbundenen Frage nach Verwandtschaft und Ursprung) auf die *Grammatik* und die *Semantik* lenkt und damit auf die *tieferen* strukturellen Verschiedenheiten der Sprachen, die Verschiedenheiten des Denkens. Humboldt wird dieses Verfahren übernehmen und aus diesen hier erst tastenden Versuchen die Forderung ableiten, daß jede Sprache in ihrem eigenen «inneren Zusammenhang», d. h. in ihrer semantischen und grammatischen Besonderheit zu erfassen ist.

6.3.3. Adelung/Vater   Während Hervás den Titel des *Mithridates* nicht für den *Saggio pratico* übernimmt, schließt Adelung ganz bewußt an den Gesnerschen *Mithridates* von 1555 an, wenn er sein großes Projekt der

Beschreibung aller Sprachen der Welt beginnt. Nach dem Tode von Adelung wird das Werk von Vater weitergeführt. Es entstehen vier Bände mit insgesamt mehr als 3000 Seiten. Adelung und Vater verfügen über mehr und solidere linguistische Informationen als ihre beiden Vorgänger, aber im Verfahren schließen sie an Gesner und den *Saggio pratico* an. Die Verschiedenheit der Sprachen der Welt wird anhand des Vaterunsers in «bey nahe fünfhundert Sprachen und Mundarten» vorgeführt. Bei der (geographischen) Anordnung, der Interlinearversion und dem grammatisch-semantischen Kommentar folgen sie dem Vorbild von Hervás.

Der *Mithridates* steht noch ausdrücklich unter der Zielsetzung des historischen Leibnizschen Projektes der Untersuchung der Verwandtschaft der Sprachen und der ursprünglichen Einheit aller. Adelung schreibt im Vorwort, zwar sei schon allein die Befriedigung der «Wißbegierde» Rechtfertigung genug für die Darstellung der Sprachen der Welt. «Aber diese Kenntniss ist eines noch höhern Zweckes fähig, indem sie dem Geschichtsforscher dienen kann, der Verwandtschaft und Herkunft alter und neuer Völker nachzuspüren» (Adelung 1806: III). De originibus gentium ductis ex indicio linguarum. Tatsächlich aber gibt der *Mithridates* mindestens genausoviel Auskunft über die «merveilleuse variété des opérations de notre esprit» in der Verschiedenheit der Sprachen wie über die Verwandtschaft und Herkunft der Völker, die «cognations et migrations».

Das Projekt beruht – wie dasjenige von Hervás, auf dessen Informationen es vielfältig zurückgreift – auf den Grammatiken und Wörterbüchern, deren die beiden Autoren habhaft werden konnten und die sie viel besser dokumentieren als Hervás. Die Reise über den Globus geht aber andere Wege: Sie beginnt nicht in Feuerland, sondern in *China*, weil Adelung die «einsylbigen» Sprachen Ostasiens für ursprünglich – für «Erstlinge» – hält, d. h. sie beginnt im Paradies: «der Traum von der Lage des Paradieses ist die einzige Hypothese, welche ich mir erlaubt habe» (Adelung 1806: XI). Ansonsten geht es von Indien nach Westen und wieder zurück nach Japan und in die Südsee, dann zurück nach Europa, von dort nach Afrika (dem hier immerhin ein ganzer Band gewidmet ist) und erst danach nach Amerika (wie bei Hervás von Süden nach Norden).

Der *Mithridates* kombiniert in der Darstellungsweise gleichsam den *Catalogo delle lingue* und den *Saggio pratico*, d. h. er verbindet die historisch-geographischen Informationen über die jeweilige Sprache mit der Sprachprobe, dem Vaterunser, und dem linguistischen Kommentar. Von Wortlisten à la Pallas hält er wenig, sondern stellt eindeutig auf die Sprachproben ab, die es ja in der Tat ermöglichen, sich ein Bild von der einzelnen Sprache zu machen. Es entsteht auf diese Weise ein Ensemble von Charakterisierungen der einzelnen Sprachen, das an eine Porträtgalerie denken läßt, während die Sprachbücher von Hervás mehr an den Sammlungstyp des Kuriositätenkabinetts erinnern.

Allerdings hat auch der *Mithridates* noch keine kohärente Methodik – weder in der einen Forschungsrichtung noch in der anderen, weder in diachronischer noch in deskriptiver Hinsicht. Bei der Darstellung etwa der alten Sprache Indiens, des Sanskrit (dessen europäische Entdeckung die linguistischen Studien revolutionieren wird), gibt Adelung eine lange Liste von Wörtern, bei denen die Ähnlichkeiten mit den anderen europäischen Sprachen auffallen. Und in deskriptiver Hinsicht geht der *Mithridates* – wie auch Hervás – nicht über die Hervorhebung von strukturellen Eigentümlichkeiten hinaus. Die Sprachporträts sind daher eher Karikaturen als treue Abbilder der Sprachen. Sie übertreiben das von unseren europäischen Sprachen Abweichende und Kuriose, weil dieses natürlich in die Augen springt.

Sie teilen außerdem einen allgemeinen Zug der europäischen Beschreibungen der Sprachen der Welt, nämlich daß sie auf der Basis der alt-europäischen Grammatik – d. h. im Grunde auf der Basis der griechisch-lateinischen Grammatik – vorgenommen werden (auch weil sie ja für Sprecher europäischer Sprachen erstellt werden). Es gibt ja auch gar keine andere Grammatik als die traditionelle. Und die allgemeinen Grammatiken (Port-Royal und alle auf Port-Royal folgenden) hatten ja noch im 17. und 18. Jahrhundert massiv bestätigt, daß die Grammatik aller Sprachen der Welt mehr oder weniger dieselbe sei. Was die Interlinearversionen schon andeuteten, war sozusagen denkerisch noch nicht durchdrungen, nämlich daß die Sprachen grammatische Strukturen haben, deren Kategorien nicht unbedingt diejenigen der indoeuropäischen Sprachen sind.

Wie die Sprachbeschreibung von der allgemeinen bzw. von der lateinischen, spanischen oder einer anderen einzelsprachlichen europäischen Grammatik abhängt, kann man an den Beschreibungen der amerikanischen Sprachen zeigen. So findet man z. B. in den Darstellungen des Nahuatl, die auf spanisch geschriebene Grammatiken aus dem 17. Jahrhundert zurückgreifen, z. B. die *Arte de la lengua Mexicana* von Vetancourt von 1673, die Feststellung, daß das Nahuatl kein /ñ/ und kein /λ/ habe (z. B. im *Mithridates* III, 3: 93). Außerdem wird immer mitgeteilt, wie das Mexikanische das Imperfectum (durch Anhängung von *ya*) und wie es das Praeteritum (durch Voranstellung von *o*) bildet (ebd.: 96). Diese Feststellungen zeigen, daß die Information über das Nahuatl aus Beschreibungen aus spanischer Sicht stammen. Die Abwesenheit von /ñ/ und /λ/ ist nur bemerkenswert, wenn man spanisch spricht. Einem deutschen Sprachbeschreiber wäre dies wohl kaum aufgefallen, weil es diese Phoneme im Deutschen nicht gibt. Außerdem hätte er vermutlich kaum die Formen eines Imperfekts denen eines Präteritums gegenübergestellt, weil es diese romanische Opposition zwischen den Vergangenheitstempora Imperfekt und einfachem Perfekt im Deutschen nicht gibt. Genau diese Art der Beschreibung der Sprachen als Ansammlungen von Übereinstimmungen und Abweichungen von einer als Normalität gesetzten europäischen (griechisch-latei-nisch-spanischen) Grammatik wird Humboldt kritisieren, und er wird dem *Mithridates* – ohne Vaterunser, die Vaterunser sind gerade ein weite-res gravierendes Hindernis für die echte Sprachforschung – sein Projekt eines Vergleichenden Sprachstudiums entgegenhalten.

Doch bevor wir zur Fortführung der mithridatischen Sprachbeschrei-bung (*De differentiis linguarum*) bei Humboldt kommen, wenden wir uns zunächst dem sprachwissenschaftlichen Projekt zu, das die Mithri-datesse des 18. Jahrhunderts ablöst und als *die* Sprachwissenschaft des 19. Jahrhunderts angesehen wird: 1816 – zeitgleich mit dem Abschluß des *Mithridates* (Band IV 1817 enthält Zusätze und Berichtigungen zu den vorangegangenen Bänden) – erscheint das Buch, das von der monu-mentalischen Geschichtsschreibung der Linguistik als Geburtsurkunde der Linguistik angesehen wird (und alles andere in die Vorgeschichte ver-weist): Franz Bopps *Conjugationssystem*. Und kurz darauf, 1819, er-scheint der erste Band von Jacob Grimms *Deutscher Grammatik*, mit der dann das neue Paradigma der Sprachwissenschaft endgültig das Licht der Welt erblickt: Es ist die Geburtsstunde der historisch-vergleichenden Sprachwissenschaft.

6.4. *Indien oder die Zeit und die Einheit der Sprachen*

Die historisch-vergleichende Sprachwissenschaft ist oft historisch dar-gestellt worden, ja sie hat sich kaum 50 Jahre nach ihrer Etablierung schon eine monumentalische Geschichte gegeben, Benfeys großartige *Geschichte der Sprachwissenschaft und orientalischen Philologie in Deutschland* (1869), die das Unternehmen sehr früh in den Rang eines geistigen Mega-Events erhob und von der die Historiographie der Lin-guistik – und z. B. auch Foucault – bis heute abhängt. Vilhelm Thomsens (1902/27) Geschichte zementiert dann die ewigen Marksteine der histo-rischen Sprachwissenschaft. Wie die französische Sprach- und Literatur-geschichte mit dem berühmten Boileau-Vers «Enfin Malherbe vint» der französischen Klassik einen mythischen Anfang setzt, so setzt die Sprach-wissenschaft ihren Beginn mit ihrem «Bopp 1816, Grimm 1819» (zu denen der Däne Thomsen den Landsmann Rasmus Rask nachträgt). Wie Boileaus berühmter Ausspruch ist dies mindestens ebenso propagandi-stisch, wie es etwas Richtiges trifft.

In den sprachenzyklopädischen Unternehmungen in der Art von Pal-las, Hervás und Adelung/Vater irrt die europäische Sprachwissenschaft noch gleichsam ziellos im geschichtlichen Raum zwischen Ursprung und *génies des langues* umher, wird sie noch von einem zum anderen Ziel hin und hergetrieben. Ausgehend von der Verschiedenheit der Sprachen – de differentiis linguarum – richtete sie ihre Suche vor allem auf die verwandtschaftlichen Beziehungen zwischen den Sprachen und damit implizit oder explizit auf die oder eine Ursprache, auf die Einheit der Sprachen. Gleichzeitig aber macht sie durch die zunehmende Berücksichtigung von Grammatik und Semantik durchaus auch die wunderbare Vielfalt des menschlichen Geistes in seinen Sprachen immer deutlicher, auch wenn sie diese durch den Blick auf die «Abweichungen» von der europäischen «Normal-Sprache» eher überzeichnet, so daß die Einheit der Sprachen in einer übertriebenen Verschiedenheit andererseits geradezu zu verschwinden droht. Dies schmälert nicht das Verdienst dieser Werke, die das Interesse Europas an den Sprachen der Menschheit dokumentieren und die die Sprachforschung sowohl als einen wesentlichen Teil einer Geschichte der Menschheit als eben auch als eine Wissenschaft des menschlichen Geistes ernst nehmen. Diese Sprachwissenschaft steht aber insofern noch auf schwankendem Grund, als sie weder für das eine noch für das andere ihrer beiden Ziele (Verwandtschaft/Ursprung – Verschiedenheit) fest etablierte methodische Schritte der Untersuchung kennt. Nun aber konzentriert sich die Sprachwissenschaft eindeutig auf das historische Ziel und entwickelt hierfür eine überzeugende Methodik. Insofern ist die neue Sprachwissenschaft etwas Neues. Das Problem, das sie zu lösen versucht, ist allerdings das alte: der Nachweis der Verwandtschaft und sprachlichen Einheit der (europäischen) Menschheit.

6.4.1. Schlegel: die Weisheit Indiens Im Jahre 1786 zeigt der britische Gelehrte und Kolonialbeamte William Jones – anhand lexikalischer und grammatischer Beispiele – der Asiatic Society in Kalkutta die zahlreichen Übereinstimmungen zwischen der alten heiligen Sprache Indiens, dem Sanskrit, und dem Lateinischen und dem Griechischen auf und beweist damit die Verwandtschaft zwischen diesen Sprachen. Man hatte in Europa diese genealogische Beziehung zwar schon seit dem 16. Jahrhundert bemerkt, aber das Wissen über das Sanskrit war in Europa nicht sehr groß, und Jones war der erste mit «eindringender Kenntnis» dieser Sprache (Benfey 1869: 346). Der europäische Kolonialismus ist – wie schon bei den Sprachen Amerikas oder Rußlands – die politische Basis für die Erweiterung des linguistischen Wissens Europas. Die neue Nachricht von der sprachlichen Verwandtschaft Europas mit Indien elektrisiert nun die europäischen Intellektuellen. Bopp nennt sie später «die Entdeckung eines neuen sprachlichen Welttheils» (Bopp 1833: IIIf.). Das Interesse an dieser kolumbianischen Kunde aus Indien – aus dem richtigen Indien – geht aber weit über das Linguistische hinaus.

    Welche ungeheuren Konsequenzen die Entdeckung von Jones haben sollte, zeigt vor allem Friedrich Schlegels leidenschaftliches Buch *Über die Sprache und Weisheit der Indier. Ein Beitrag zur Begründung der*

Alterthumskunde von 1808. Es geht Schlegel um nichts weniger als um die Erneuerung des europäischen Geistes aus dem Geiste Indiens. So wie sich Europa im 15. und 16. Jahrhundert durch die Wiederentdeckung Griechenlands geistig erneuert habe, so soll es nun durch die Entdeckung der Sprache und der Philosophie Indiens wieder zu seinen Wurzeln zurückkehren. Die Aufklärung, die verhaßte Modernität, hat in ihrer seichten Rationalität zwischen Renaissance und Französischer Revolution die Spiritualität Europas verschleudert. Dagegen setzt nun Schlegel nichts Geringeres als eine Neue Renaissance aus dem Geiste Indiens – mit den Brüdern Schlegel als neuem Lorenzo Valla bzw. neuem Marcello Ficino. Der verhaßten «Philosophie» (der Aufklärung) setzt Schlegel eine neue «Philologie» entgegen, also Liebe zur Sprache und «coltura della lingua», Beschwörung und Pflege der Tradition. Wenn wir an die im 16. Jahrhundert gestellte europäische Frage nach der Sprache zurückdenken, so schlagen in Schlegels Buch sozusagen Bonamico und Lascari zurück gegen den siegreichen Pomponazzi, den Vertreter der Neuen Wissenschaft, nunmehr allerdings mit indischer, nicht mehr griechischer und lateinischer Sprach-Liebe.

Dem in der Philosophie beschworenen Fortschritt, wie er in der Französischen Revolution politische Realität werden sollte, hält der Deutsche die «Alterthumskunde», also gerade die Vergangenheit entgegen. Und wie die Renaissance-Philologen die Griechen übersetzten, so machen sich nun Friedrich und sein Bruder August Wilhelm an die Übersetzung der beiden großen religiösen Gedichte Indiens. Das letzte Drittel des Buches *Über die Sprache und Weisheit der Indier* enthält Übersetzungen aus dem *Ramayana* und dem *Mahabharata*. August Wilhelm Schlegel, der den ersten Lehrstuhl für Sanskrit in Deutschland innehaben wird, wird dann – wie Ficino den Plato – die indischen Texte ins *Lateinische* übertragen! Philologie vs. Philosophie (Wissenschaft), Vergangenheit (Ursprung) vs. Zukunft (Fortschritt), Tradition (Geschichte) vs. Neuerung (Revolution), Geist vs. Körper, Indien vs. Amerika, das sind die hochbedeutsamen Koordinaten dieses Buches und die Motive der in diesem Manifest geforderten Neuorientierung der deutschen Intellektualität.

Die von Schlegels Buch ausgehende Sprachwissenschaft gewinnt ihre Dynamik aus diesen Motiven. Friedrich Schlegels «Beitrag zur Begründung der Alterthumskunde» ist zwar eher ein Manifest zur Begründung einer neuen Religion als ein sprachwissenschaftliches Buch. Es basiert aber auf einer sprachwissenschaftlichen Entdeckung, nämlich der Entdeckung der sprachlichen Verwandtschaft Europas mit Indien und damit der ursprünglichen Einheit zwischen dem Orient und dem Okzident. Auf der Basis dieser Sprach-Einheit habe sich das Abendland auf seine spirituellen Wurzeln zu besinnen. Daher führt das Buch auch auf die indischen religiösen *Texte* hin. *Ex indicio linguarum* wird hier nicht nur der

Ursprung der Völker historisch abgeleitet, sondern der Ursprung des alten und damit auch des Neuen *Glaubens*. Zwar wird die entstehende historische Sprachwissenschaft schon bei Bopp diese ideologische Heteronomie ablegen. Indien als geistig-religiöser Raum oder gar die Neubegründung einer indisch inspirierten europäischen Renaissance werden ihr ziemlich schnell gleichgültig. Was sie aber beibehält, ist die Perspektive auf die *Vergangenheit*, auf den Ursprung und auf die *Einheit* hinter dem Verschiedenen, sei diese – wie hier und wie in der entstehenden Indogermanistik – die Einheit Europas, ja sogar die Einheit Europas mit Asien, Indo-Europa, oder – wie bei Grimm – die Einheit der «deutschen» Stämme, d. h. der germanischen Völker.

> Das alte indische *Sonskrito* d. h. die gebildete oder vollkommne auch *Gronthon* d. h. die Schrift- oder Büchersprache hat die größte Verwandtschaft mit der römischen und griechischen sowie mit der germanischen und persischen Sprache. Die Aehnlichkeit liegt nicht bloß in einer großen Anzahl von Wurzeln, die sie mit ihnen gemein hat, sondern sie erstreckt sich bis auf die *innerste Struktur und Grammatik*. Die Uebereinstimmung ist also keine zufällige, die sich aus Einmischung erklären liesse; sondern eine wesentliche, die auf gemeinschaftliche Abstammung deutet. Bei der Vergleichung ergiebt sich ferner, daß die indische Sprache die ältere sei, die andern aber jünger und aus jener abgeleitet. (Schlegel 1808: 1, H.v.m.)

Friedrich Schlegel geht von der (irrigen) Annahme aus, daß das Sanskrit die Mutter der europäischen Sprachen sei und folglich Indien und seine Religion die Mutter Europas. Er geht sogar so weit, im Sanskrit eine der Ursprachen der Menschheit zu sehen, und zwar die Ursprache des eigentlich denkenden (besseren) Teils der Menschheit bzw. des eigentlich menschlichen Teils der Menschheit. Damit gibt Schlegel die – ja auch von Herder noch einmal bekräftigte – alteuropäisch-biblische Vorstellung von dem *gemeinsamen* Ursprung der Sprachen auf (eine gefährliche Annahme, die in den Rassismus führte): «Nicht gegen den natürlichen Ursprung der Sprachen streiten wir, sondern nur gegen die ursprüngliche Gleichheit derselben» (1808: 64). Schlegel verlängert damit gleichsam den griechischen Gegensatz von Hellenen und Barbaren (den tierischen *brbr*-Sagern) bis zum Sprachursprung: Er nimmt einen doppelten Ursprung an: einen aus «Besonnenheit» und einen aus «tierischer Dumpfheit» (1808: 62/63). Schlegel greift für den indisch-europäischen Ursprung ganz bewußt Herders Ausdruck «Besonnenheit» auf: Diese Sprache entsteht aus dem Denken, sie ist Denken, und sie ist deswegen die eigentlich menschliche Sprache. Die andere Sprache entspringt dagegen aus «tierischer Dumpfheit», so wie die Aufklärungsphilosophie (er denkt vermutlich an Condillac) es beschrieben hat. Die Sprachen dieser Barbaren entwinden sich daher auch kaum jemals der ursprünglichen Tierhaftigkeit. Schlegel stellt hier vor allem die amerikanischen Sprachen (und das Chinesische bzw. das, was er von diesen Sprachen weiß) den indisch-europäischen gegenüber. Die beiden aus verschiedenen Ursprüngen stammenden Sprachen unterscheiden sich nun auch linguistisch, und zwar durch einen *grammatischen* Zug. Das entscheidende strukturelle Kriterium der sanskritischen Sprachen ist für Schlegel nämlich die «lebendige Wurzel», aus der heraus die Flexion hervorwachse. Schlegel denkt an solche morphologischen Phänomene wie den Ablaut (*sing – sang – sung*) oder die Reduplikation (*cano – cecini*), bei denen die *innere* Veränderung des Stamms die Veränderung des grammatischen Inhalts darstellt. Die anderen Sprachen dagegen erzeugen nach Schlegel ihre Morphologie durch die Zusammenrückkung von Stämmen, kennen also das Prinzip der «lebendigen Wurzel» nicht. Diese Sterilität der Wurzel ist das Stigma ihrer Geistlosigkeit.

Das Thema des Entstehens der grammatischen Formen, das auch schon in der Literatur vor Schlegel verhandelt wurde, wird eine große Rolle spielen in der linguistischen Literatur nach Schlegel. Es werden bei dieser Diskussion allerdings weniger zwei – letztlich gar nicht zu vermittelnde – Sprach- und Menschheitsstämme angenommen, eher werden die beiden strukturellen Möglichkeiten als Pole der Sprachentwicklung in einen historischen Zusammenhang gebracht. Man fragt also, ob man statt der «lebendigen» Wurzel nicht doch eine ursprüngliche Zusammenrückung von Elementen bei der Entstehung der Morphologie annehmen muß, die dann allerdings im weiteren Verlauf der Sprachgeschichte auch wieder auseinanderfallen oder ersetzt werden kann. Also etwa wie lat. *cantaveram*, «ich hatte gesungen», das zusammengesetzt ist aus: canta + v + era + m, d. h. aus «sing» + «Perfekt» + «Vergangenheit von sein» +»ich», das aber als *eine* gleichsam zusammengeschweißte Form empfunden wird. Diese – «synthetisch» genannte – Form *cantaveram* verschwindet dann in vielen romanischen Sprachen wieder und wird durch eine sogenannte «analytische», also morphologisch nicht mehr so schön amalgamierte Form ersetzt: *ego habebam cantatum*, deren Einzelteile man z. B. noch in der modernen französischen Form *j'avais chanté* gut erkennt und die auch trennbar bleiben (man kann ja zwischen die Teile etwas einfügen: etwa: je *l'*avais chanté oder: j'avais *très bien* chanté). Man fragt weiter, ob die Abfolge «zuerst synthetisch dann analytisch», die eine Verfallsgeschichte ist (die schöne und von den Linguisten geliebte Morphologie, etwa des Lateinischen, wird teilweise zerstört beim Übergang zu den romanischen Sprachen), nicht doch auch wieder durch neue Zusammenrückungen zu grammatischen Formen konterkariert werden kann. Das klassische Beispiel für diesen umgekehrten Prozeß ist das romanische Futur, wo aus einer «analytischen» Form wieder eine synthetische wird: Aus einem Hilfsverb wird nämlich tatsächlich eine Flexionsendung: lat. *cantare habeo* («zu singen habe ich») wird im Italienischen z. B. zu einer richtigen «synthetischen»

Form *canterò*. Der Endung -*ò* (oder den Endungen in den anderen Personen: -*ai*, -*à*, -*emo*, -*ete*, -*anno*) sieht man bei genauerem Hinsehen durchaus noch an, daß sie aus *habeo* (und den anderen Formen von *habere: habes, habet, habemus, habetis, habent*) entstanden ist, von den Sprechern wird aber der Zusammenhang mit den Formen von *avere* (*ho, hai, ha, hanno*) nicht mehr empfunden.

Über diese gleichsam sprach-welthistorische Frage hinaus ist dann das Kriterium der Flexion auch einer *Typologie* der Sprachen zugrundegelegt worden. Im Anschluß an Friedrich Schlegel hat August Wilhelm Schlegel von Flexionssprachen, Affixsprachen und von «strukturlosen» Sprachen gesprochen, und bei den ersteren zwischen «synthetischen» und «analytischen» Sprachen unterschieden. Man hat insbesondere bei Humboldt eine Weiterführung dieser Typologie erkennen wollen. In der Tat unterscheidet Humboldt drei fundamentale grammatische Verfahren in den Sprachen: Flexion, Agglutination/Einverleibung (die gehören zusammen) und Isolierung. Diese allgemeinen morphologisch-syntaktischen Verfahren begründen aber für Humboldt *keine* Typologie im Sinne einer Klassifikation der Sprachen. Humboldt lehnt nämlich eine Einteilung der Sprachen in Klassen gerade ab: Sprachen seien Individuen und müßten als solche erfaßt werden und nicht wie Naturgegenstände in Klassen gepreßt werden.[3]

Wie dem auch sei, dieser kurze Blick auf die Fortführung der Unterscheidung von Friedrich Schlegel zwischen zwei verschiedenen grammatischen Verfahren in den beiden Sprachstämmen der Menschheit sollte vor allem auch verdeutlichen, daß durch Schlegel die *Grammatik* ins Zentrum des sprachhistorischen Projekts rückt. Dies ist die bedeutendste methodische Veränderung, die dann auch den Erfolg der nachfolgenden historischen Sprachwissenschaft begründen wird. Wir haben gesehen, daß bisher die Suche nach der Ursprache im wesentlichen auf der Vergleichung von Wörtern (*Lexemen*) und deren materieller Form basierte. Schlegel aber schreibt an der schon zitierten Stelle: «Die Aehnlichkeit liegt nicht bloß in einer großen Anzahl von Wurzeln, die sie mit ihnen gemein hat, sondern sie erstreckt sich bis auf die innerste Structur und Grammatik» (1808: 8). Schlegel erkennt also die Grammatik als das strukturelle Zentrum der Sprache, als «innere Structur der Sprachen» (1808: 28). Er behauptet damit zurecht, daß der historische Zusammenhang der Sprachen sich sicherer aus diesem «harten» und *systematischen* Kern der Sprache ergibt als aus den Ähnlichkeiten von Lexemen auf notwendigerweise unsystematischen Wortlisten, die außerdem, wie Humboldt feststellt, viel leichter von der einen in die andere Sprache übergehen als die Grammatik. Dennoch ist es natürlich richtig, daß die Beobachtung von «ähnlichen» Lexemen in verschiedenen Sprachen der Ausgangspunkt für die Vermutung ihrer Verwandtschaft war. Daß sanskrit *pitar, bhratar* und *matar* ähnlich sind lat. *pater, frater, mater* oder dt. *Vater, Bruder, Mutter,* ist die Ausgangsbeobachtung, die einen genealogischen Zusammenhang zwischen diesen Sprachen vermuten läßt. Aber Schlegel hat mit seinem berühmten Satz von der Grammatik als dem Kern der genealogischen Forschung die Wende zu einer systematischen historisch-vergleichenden Forschung bewirkt. Er erfindet damit:

> die *vergleichende Grammatik,* welche uns ganz neue Aufschlüsse über die *Genealogie* der Sprachen auf ähnliche Weise geben wird, wie die vergleichende Anatomie über die höhere *Naturgeschichte* Licht verbreitet hat. (1808: 28, H.v.m.)

Dieser zurecht immer wieder zitierte Satz enthält das – um die sehr viel weiteren Schlegelschen Intentionen gekürzte – Programm der Neuen Sprachwissenschaft: Ihre Aufgabe ist die *Genealogie* der Sprachen, diese wird an der *Grammatik* sichtbar, und sie wird wie eine *Naturwissenschaft* betrieben.

6.4.2. Bopp: die Physiologie der Sprachen

In der Tat wird 1816 Franz Bopp den Intuitionen Schlegels in seiner Studie *Über das Conjugationssystem der Sanskritsprache in Vergleichung mit jenem der griechischen, lateinischen, persischen und germanischen Sprache* wirklich systematisch nachgehen, indem er sich auf die Grammatik bezieht und die Konjugation des Sanskrit mit den ja schon von Schlegel genannten Sprachen in der im Titel angegebenen Reihenfolge vergleicht. Ansonsten aber ist Bopps Buch eine ganz sanft daherkommende, aber knochentrockene – eben wirklich linguistische – Widerlegung der zentralen ideologieträchtigen Thesen Schlegels: Indem er die Anwesenheit der *beiden* von Schlegel ja geradezu auf verschiedenen Kontinenten angesiedelten grammatischen Verfahren – Flexion und Anfügung – mitten im Sanskritverb nachweist, ist zunächst die welthistorische Trennung zwischen «besonnenen» und «tierisch dumpfen» Sprachen hinfällig. Sodann weiß Bopp, daß das Sanskrit mitnichten die Ur-Sprache Europas ist, sondern eine «Schwester» des Griechischen und Lateinischen, so daß linguistischerseits kein Beweis mehr für die Herkunft Europas aus Indien, also für die indische Spiritualität als die geistige Mutter Europas, vorliegt. Die kulturrevolutionären Absichten des Schlegelschen Projekts entbehren damit der sprachhistorischen Grundlage.

Schließlich ist Bopp auch die Weisheit der Inder ziemlich gleichgültig, auch wenn er wie sein Vorbild Schlegel noch Stücke aus dem *Ramayana* und *Mahabharata* im Anhang seines Buches übersetzt. Die indischen Texte und gar die in ihnen enthaltenen Weisheitslehren sind hier jedoch nur noch ein *Anhang,* nicht das Ziel und der Kern seines Projekts. Die beiden Teile seines Buches stehen – ganz anders als bei Schlegel – völlig unverbunden nebeneinander. Auch in dieser Hinsicht ist Bopp tatsächlich der erste Linguist: Texte interessieren ihn nicht. Man kann auch sagen: Linguistik und Philologie stehen schon in diesem ersten Buch der neuen Sprachwissenschaft fremd nebeneinander. Ihre Fremdheit wird sich verschärfen und sich trotz aller Vermählungsversuche nie wieder wirklich aufheben lassen. Sofern Bopp wirklich *nur* das Conjugationssystem, d. h. nur die «Genealogie der Sprachen» bzw. die verwandtschaftlichen Beziehungen der Sprachen durch den Nachweis ihrer strukturell-grammatischen Übereinstimmung interessiert, ist sein Buch die Geburtsurkunde einer Wissenschaft, die *nur* die Sprache zum Gegenstand hat, das heißt hier: Laute und grammatische Verfahren.

Was ihn interessiert und was nicht, wird Bopp programmatisch in der Vorrede seiner *Vergleichenden Grammatik* in aller Deutlichkeit sagen: Ihn interessiert die *Physik* oder *Physiologie* der Sprachen; die Sprachen «als Mittel der Erkenntniss» interessieren ihn nicht (Bopp 1833: XII). Ihn beschäftigen, wie er sagt, die Sprachen «ihrer selbst willen, d. h. als Gegenstand» (ebd. XI). Das erinnert einerseits zwar an Saussures «la langue envisagée en elle-même et pour elle-même», «die Sprache an sich selbst und für sich selbst betrachtet» (Saussure 1916/75: 317). Andererseits ist es aber ganz anders, altmodischer nämlich. Bei Saussure, dem Begründer der Sprachwissenschaft des 20. Jahrhunderts, dem zweiten Vater der Linguistik, schließt die *langue* nämlich die Bedeutung (*conceptus*) ein. Der Boppsche «Gegenstand» Sprache ist dagegen ganz offensichtlich ein nur materieller. Sprache ist ganz traditionell wesentlich Laut: *vox*. «Tout l'être du langage est maintenant sonore» faßt Foucault (1966: 298) diese Sprachauffassung zusammen, «Das ganze Wesen der Sprache ist jetzt lautlich».

Linguistik, das muß man deutlich sehen, will in ihrem von Bopp paradigmatisch repräsentierten harten Kern eine Naturwissenschaft sein, Physik oder Physiologie, d. h. sie wird sich von Anfang an (fast) immer darum bemühen, eine wirkliche Wissenschaft, d. h. eine Naturwissenschaft zu werden. Sie wird daher, auch wenn sie sich *historisch*-vergleichend nennt, die Sprache – in unterschiedlicher Radikalität – als einen *Naturgegenstand* thematisieren. Die «Geschichte», von der hier die Rede ist, ist daher weniger das Wirken handelnder und sprechender Menschen als vielmehr das Wirken der naturmäßig wirkenden *Zeit*, Natur-Geschichte. Das «Historische» ist also im Mainstream der neuen Linguistik eher *Diachronie* als Geschichte. Dennoch gibt es natürlich in der Sprachwissenschaft von Anfang an auch echt historisches Denken: Grimm und der Begründer der Romanistik, Friedrich Diez, unterscheiden sich, so hat schon Saussure gesehen, gerade in dieser Hinsicht von Bopp und der auf ihn folgenden Indogermanistik. Der Ausdruck «historisch» verdeckt also eine Differenz, die heute für die Sprachwissenschaft charakteristisch ist, die deutlich zwischen einem kulturwissenschaftlichen und einem naturwissenschaftlichen Erkenntnisinteresse gespalten ist.

6.4.3. Grimm, das Deutsche und das Indo-Germanische Sofern Bopps
erstes Buch sich nur auf die Konjugation bezieht, ist es natürlich noch
weit entfernt von einer ausführlichen und umfassenden grammatischen
Vergleichung der angeführten Sprachen. Diese wird dann das bahnbre-
chende Große Buch der Neuen Sprachwissenschaft liefern, Grimms
Deutsche Grammatik, deren erster Teil 1819, dann in zweiter, über-
arbeiteter Auflage 1822 erscheint. Grimms *Deutsche Grammatik*
(1822–36) – es ist eine Grammatik der germanischen Sprachen – schreitet dann wirklich zum ersten Mal systematisch die gesamte Grammatik
der vergleichend untersuchten Sprachen ab. Sie wird das Modell abgeben, nach dem historisch-vergleichende Grammatiken der verschiedenen
Sprachgruppen der Welt geschrieben werden: Zuerst die Lautlehre.
«Von den Buchstaben» heißt das noch bei Grimm, es geht aber um die
lautlichen Zusammenhänge zwischen den germanischen Sprachen und
deren historische Veränderung, nicht um Buchstaben im graphischen
Sinne. Die Laute der germanischen Dialekte werden quer (gothisch, althochdeutsch, altsächsisch, angelsächsisch, altfriesisch, altnordisch) und
in drei verschiedenen Entwicklungsstufen (z. B. althochdeutsch, mittel-
hochdeutsch, neuhochdeutsch) behandelt. In diesem gewaltigen historischen und geographischen Wogen der Laute entdeckt Grimm historische Regelmäßigkeiten des Lautwandels: *Lautgesetze*. Berühmt ist das
Gesetz, das dann auch weltweit «Grimmsches Gesetz» genannt wurde,
das die Systematizität der Veränderungen bei den Konsonanten faßt: Wo
Griechisch, Lateinisch und Sanskrit P, T, K haben, haben die germanischen Sprachen F, TH, CH (vgl. z. B. Pater – Fater, Tu – Thou (Du),
Kanis – Hund). Und aus dem älteren germanischen P, T, K wird im Deutschen: PF, Z, CH (engl. Pound. dt. PFund, engl. Tongue dt. Zunge, engl.
maKe gegenüber dt. maCHen). Im folgenden ist das berühmte Schema
wiedergegeben, mit dem Grimm (1822: 584) seine Entdeckung zusammenfaßt:

griech	P.	B.	F.	T.	D.	TH.	K.	G.	CH.
goth.	F.	P.	B.	TH.	T.	D.	..	K.	G.
alth.	B(V)	F.	P.	D.	Z.	T.	G.	CH.	K.

oder anders aufgefaßt:

	gr.	goth.	alth.	gr.	goth.	alth.	gr.	goth.	alth.
	P	F	B(V)	T	TH	D	K	..	G
	B	P	F	D	T	Z	G	K	CH
	F	B	P	TH	D	T	CH	G	K

Nach der Lautlehre wird im zweiten Buch «Von der Wortbiegung» (Deklination und Konjugation) und im dritten Buch (zwei Bände!) «Von der Wortbildung» gehandelt. Die Syntax folgt im vierten Buch. Man muß diese vier Bände einmal in der Hand gehabt haben, es sind mehr als 4000 Seiten, um diese eigentlich ganz unfaßbare Leistung ermessen zu können (ganz abgesehen davon, daß Grimm ja auch noch eine ganze Reihe anderer monumentaler Werke verfaßt hat).

Die *Deutsche Grammatik* hat einen so durchschlagenden Erfolg, daß auch von den anderen Sprachen, deren Verwandtschaft auf der Hand lag – allen voran natürlich die romanischen Sprachen –, nach dem Modell Grimms vergleichende Grammatiken geschrieben wurden. Friedrich Diez ist dabei natürlich in der beneidenswerten Lage, daß die Sprache, aus der sich die romanischen Sprachen entwickelt haben, das Lateinische, gut bekannt ist (bzw. dies schafft andere Probleme, da sich die romanischen Sprachen ja nicht aus der *geschriebenen* lateinischen Hochsprache, sondern aus der gesprochenen Sprache des Volkes entwickelt haben, die nicht so gut dokumentiert ist). Aber auch Franz Bopp reagiert mit der *Vergleichenden Grammatik* der indoeuropäischen Sprachen (1833–52) auf das Vorbild der *Deutschen Grammatik*. Hinsichtlich der «Ursprache» ist er in derselben Lage wie Grimm: Die indogermanische Ursprache ist ebenso unbekannt wie die germanische Ursprache (Grimm dachte eine Weile, das Gotische sei das Urgermanische, dies war aber ebenso ein Irrtum wie Schlegels Annahme, das Sanskrit sei die indogermanische Mutter-Sprache). Das Ur-Indoeuropäische – wie man besser sagt[4] – kann höchstens hypothetisch rekonstruiert werden. Der ganze indoeuropäische Sprachstamm wird in seinen Zweigen auf diese Weise vergleichend erfaßt: nach den germanischen und den romanischen Sprachen auch die slavischen Sprachen, die keltischen Sprachen usw. Andere Sprachfamilien folgen, die semitischen Sprachen, die finno-ugrischen Sprachen. Humboldt etwa nimmt eine vergleichende Grammatik der malaio-polynesischen Sprachen in Angriff.

Das Gesamtprojekt, die Leibnizsche Grundidee, ist dabei niemals ganz aus den Augen geraten: die verwandtschaftlichen Beziehungen aller Sprachen der Welt zu beschreiben – und eventuell sogar die Ursprache der Menschheit zu rekonstruieren. Dazu bedurfte es natürlich erst einmal der Erfassung und Beschreibung aller Sprachen der Welt. Es ist wichtig zu sehen, daß trotz der scharfen Gegenüberstellung, die die historisch-vergleichende und die synchronisch-deskriptive Sprachwissenschaft im 20. Jahrhundert erfahren haben, das Projekt der Sprachwissenschaft von seinen Anfängen und seiner inneren Logik her zusammenhängt: vom Ursprung zu den verschiedenen (Genies der) Sprachen – und umgekehrt. Es ist zum Beispiel ja nicht möglich, rekonstruktiv historisch vorzugehen, wenn gar kein deskriptives Material vorliegt. Einigermaßen plausible Hypothesen z. B. über das Ur-Indoeuropäische lassen sich erst dann aufstellen, wenn man alle oder möglichst viele indoeuropäischen Sprachen kennt.

Die indoeuropäische Ursprache – wenn es denn je eine gegeben hat – ist nicht dokumentiert. Wir haben nur Dokumente über verschiedene Sprachen dieser Sprachfamilie in verschiedenen historischen Zuständen. Die Indogermanisten haben aus dem Vergleich der verschiedenen Sprachen aber «Urformen» rekonstruiert, die Hypothesen darüber sind, wie ein Wort oder eine Form in dieser gemeinsamen Ursprache gelautet haben mag, wenn man annimmt, daß es eine solche gegeben hat. Ergebnisse dieser Rekonstruktionsbemühungen sind die «Sternchen-Formen». August Schleicher, der Erbe der ersten Generation der vergleichenden Sprachwissenschaft und der vielleicht einflußreichste Linguist des 19. Jahrhunderts, hat die Konvention eingeführt, solche rekonstruierten Wörter und Formen mit einem Asterisken zu versehen: *. So rekonstruiert die Indogermanistik etwa aus altlateinisch *loucos*, altindisch *lokás*, litauisch *laūkas*, althochdeutsch *lōh* das hypothetische indogermanische Wort **loukos* «freies Feld, bewachsene Lichtung» (nach Krahe 1966: 41). Berühmt (und berüchtigt) ist in diesem Zusammenhang die Fabel, die August Schleicher 1868 auf Indogermanisch erzählt: «Das Schaf und die Rosse». Es ist ein Text, der völlig aus solchen rekonstruierten Wörtern besteht und der vor allem bei weniger naturwissenschaftlich denkenden Linguisten, die nicht an die völlig naturgesetzmäßige Veränderung der Sprachen glauben wollten, auf Skepsis gestoßen ist (ich gebe nur den ersten Satz wieder):

Avis akvasaas ka
Avis, jasmin varnaa na aa ast, dadarka akvams, tam, vaagham garum vaghantam, tam, bhaaram magham, tam, manum aaku bharantam.[5]

Die von mir etwas modifizierte Interlinearversion:

Schaf Rosse und
Schaf, aufwelchem Wolle nicht war, sah Rosse, das, Wagen schweren fahrend, das, Last große, das, Mensch schnell tragend.

Wenn es auch eher unwahrscheinlich ist, daß die «Indo-Germanen» wirklich so gesprochen haben, so zeigt das Beispiel aber doch eindrucksvoll, wie die Einsichten in die tatsächlich dokumentierten gesetzmäßigen Veränderungen der Sprachen und in die lautlichen und grammatischen Beziehungen zwischen den verwandten Sprachen systematische Hypothesen für die Rekonstruktion einer Ursprache ermöglichen. Und als Hypothese, wie es gewesen sein könnte, wenn alles schön (natur)gesetzmäßig verlaufen wäre, hat die Schleichersche indogermanische Ursprache durchaus ihren Sinn.

Berühmt ist in diesem Zusammenhang auch Schleichers Stammbaum der indogermanischen Sprachen, bei dem sich aus der angenommenen indogermanischen Ursprache die anderen Sprachen wie Äste abzweigen (Schleicher 1861/76: 9). Auch wenn die genealogischen Abstammungs-Verhältnisse heute etwas anders gesehen werden, sei doch Schleichers Ur-Baum hier abgebildet:

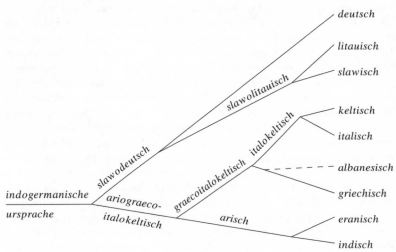

Wenn auch Schleicher in naturwissenschaftlichem Optimismus Sternchen-Formen und die *indogermanische* Ursprache rekonstruiert, so wird die linguistische Zunft doch deutlich vorsichtiger, was die Frage nach der Ursprache der *Menschheit* angeht, deren Beantwortung Leibniz noch so fröhlich für möglich hielt. Die Behandlung des Ursprungs der Sprache verbietet sich die Zunft sogar gleichsam offiziell, wenn die *Société de linguistique de Paris* 1866 entsprechende Aktivitäten in ihrem Kreis untersagt: Ursprung und Ursprache sind nicht dokumentiert und können also niemals Gegenstand einer Wissenschaft sein, deren Wissen auf *positiven Fakten*, d. h. auf Dokumenten, basiert und deren Gegenstand die existenten – vergangenen und gegenwärtigen – Sprachen (*langues*) sind. Dennoch haben sich viele Sprachwissenschaftler Überlegungen zum Sprachursprung und zur Ursprache nicht verbieten lassen. Und es liegt in der Logik der historisch-vergleichenden Arbeit, nach der «Urform» zu fragen und diese so weit zurückzuverfolgen, wie es geht. Die indogermanischen Sternchenformen waren bisher das wissenschaftliche Ende dieser Bemühungen. Nichts spricht aber *prinzipiell* dagegen, aufgrund der Kenntnisse so gut wie *aller* Sprachen der Welt, über die wir heute verfügen, weiterzufragen und die «Ur-Welt-Sprache», *Proto-World*, zu rekonstruieren.[6] Wesentlich anders als die indogermanischen Sternchen-formen sind diese hypothetischen Formen auch nicht. Doch zurück zum Projekt der vergleichenden Grammatik à la Grimm. Der «grammatische» Blick auf die Sprachen fokussiert die Morphologie und die Lautlehre: Schlegel rückt die Flexion ins Zentrum, Bopps *Conjugationssystem* führt das weiter, Grimms *Grammatik* erfaßt das gesamte grammatische System. Es geht, wie gesagt, im wesentlichen um die *lautliche* Erscheinungsform und Veränderung der grammatischen Morpheme. Wie die traditionelle Grammatik mit den *stoicheia*, den «Elementen» des Schreibens, beginnt, so beginnt auch die historisch-vergleichende Grammatik mit den *grámmata*, mit den «Buchstaben». Aber wenn Grimm auch das erste Buch mit «Von den Buchstaben» überschreibt, so meint er damit nicht die graphischen Teile geschriebener Wörter, sondern die Laute. Die Vergleichung der verwandten Sprachen zeigt nun, daß die «Buchstaben» sich systematisch verhalten, daß nicht jeder «Buchstabe» in jedem verschiedenen Wort sich individuell verändert. Wenn das anlautende indogermanische P in *pater* im Germanischen zu F wird (*vater, father* etc.), dann wird es auch in anderen Wörtern zu F: *piscis – fisch, pecus – vieh, per – für, ver-* usw.

Die historisch-vergleichende Grammatik konzentriert sich ohne Zweifel auf die materielle Seite der Sprache. Insofern hat Foucault recht, wenn er mit Blick auf Bopp und Grimm feststellt, daß das ganze Wesen der Sprache nun lautlich sei. Und es ist im Hinblick auf die weitere Entwicklung der historischen Sprachwissenschaft sicher auch berechtigt zu sagen, daß «Sprache» in dieser Linguistik im wesentlichen als ein riesiger, in quasi-naturgesetzlicher Transformation befindlicher Klang-Körper aufgefaßt wird. Karl Vossler wird sich am Anfang des 20. Jahrhunderts genau darüber beklagen. Allerdings übertreibt Foucault den sonoren Charakter der Sprache in der historischen Sprachwissenschaft (gegenüber dem kognitiv-repräsentativen Wesen der Sprache im klassischen philosophischen Sprachdenken), um den angenommenen epistemologischen Bruch dramatisch in Szene zu setzen. Er setzt dabei zwei Diskurse in ein revolutionäres Nacheinander, die aber wohl eher – wie geologische Schichten des Denkens – nebeneinander existierten (und auch weiter nebeneinander existieren werden) und von denen jetzt der bisher weniger bedeutende die Oberhand gewinnt, bzw. von denen die untere Schicht hier an die Oberfläche gelangt, nämlich die empirische linguistische Gelehrsamkeit, die sich zu einer Wissenschaft von der Sprache methodisch diszipliniert.

Aber selbst im empirisch-historischen sprachwissenschaftlichen Diskurs ist die Sprache nicht ausschließlich das riesige Laut-Ensemble, auch wenn die Erforschung des Materiellen vorwiegt. Man darf ja nicht vergessen, daß neben den historischen Grammatiken die historischen *Wör-*

terbücher entstehen. «Der Grimm» ist in Deutschland nicht so sehr die *Deutsche Grammatik* als viel eher das *Deutsche Wörterbuch*. Und im *Deutschen Wörterbuch* geht es naturgemäß primär um die *Bedeutung*, nicht um den Laut. Und es geht dort auch nicht um *allgemeine* Natur-Gesetze des Sprachwandels, sondern um die Geschichte *jedes einzelnen Wortes*, wie sie in den Texten dokumentiert ist, d. h. um in die menschliche *Kultur* eingelassene Sprache (hier zeigt sich die erwähnte, im Ausdruck «historisch» verborgene Ambiguität zwischen Diachronie und Geschichte im Inneren des historisch-vergleichenden Paradigmas). Im Zusammenhang mit dem Grimm muß man hier das zweite bewundernswerte Wörterbuch-Projekt des 19. Jahrhunderts erwähnen: das *Oxford English Dictionary* von Murray. Die vergleichende Grammatik ist also zwar das Herzstück der Neuen Sprachwissenschaft, sie ist aber beileibe nicht alles.

Dennoch sei abschließend etwas schematisch gesagt, daß die Entwicklung dieser (in Deutschland) herrschenden Lehre so verläuft, daß sich der schon bei Bopp angelegte Naturalismus (Physik, Physiologie) verschärft. Für Schleicher, den dominanten Sprachwissenschaftler der zweiten Generation, war die Metapher vom «Organ», vom «Leben» der Sprache keine Metapher mehr, für ihn waren die Sprachen tatsächlich lebende Organismen, die er daher auch als erster in eine darwinistische evolutionäre Sprach-Weltgeschichte integriert (Schleicher 1863). Die dritte Generation, die sogenannten «Junggrammatiker», weisen diesen ontologischen Naturalismus zwar zurück, Sprachen sind für sie keine Lebewesen mehr. Sie bestehen aber auf einer streng naturwissenschaftlichen Forschungslogik, so daß natürlich auch weiterhin die materielle Seite der Sprache, der beobachtbare Laut und seine gleichsam naturgesetzliche Entwicklung im Vordergrund stehen. Die Junggrammatiker machen am Ende des Jahrhunderts alles noch einmal neu, streng wissenschaftlich: Brugmann und Delbrück schreiben die indogermanische Grammatik noch einmal, Meyer-Lübke die romanische Grammatik und Hermann Paul die deutsche Grammatik. Diese Bücher, die zum Teil erst im 20. Jahrhundert erscheinen, repräsentieren auf klassische Weise den positivistischen wissenschaftlichen Geist des 19. Jahrhunderts.

6.4.4. *Opposition: Sprach-Geschichte*   Aber: Seit dem Anfang des 20. Jahrhunderts rumort es im Inneren des historisch-vergleichenden Paradigmas. Karl Vossler (1904 und 1907) rebelliert gegen die Geistlosigkeit der naturwissenschaftlich vorgehenden Sprachwissenschaft und der daraus sich ergebenden Auffassung von Sprache als einem sich quasi-natürlich durch die Jahrhunderte wälzenden Laut-Körper. Er beschwört «Geist und Kultur in der Sprache» (so einer seiner späteren Buchtitel), d. h. er erinnert daran, daß Sprache Sprechen ist und daß folg-

lich auch die sprachlichen Veränderungen – nach Vossler: *jede* sprach-liche Veränderung (was sicher übertrieben ist) – aus dem konkreten Spre-chen des Individuums und seinen Ausdrucks-Absichten, d. h. aus *seman-tischen* Motiven, hervorgehen. Vossler hat damit eigentlich eine ganz neue Art von Sprachwissenschaft entdeckt, eine Wissenschaft *vom indi-viduellen Sprechen*, Saussurisch gesprochen, eine Linguistik der *parole*, modern: Text-Linguistik. Aber er kann diesen kühnen Gedanken nur im Rahmen der Sprachwissenschaft seiner Zeit denken, d. h. im Rahmen einer historisch-diachronischen Wissenschaft von den Sprachen *(lan-gues)*. «Sprache als *Schöpfung*», diese für die dominante positivistisch-naturwissenschaftliche Linguistik völlig häretische Grundidee, macht Vossler daher zur Basis einer *Geschichte* der (französischen) *Sprache* (Vossler 1913). Die historischen Veränderungen der (französischen oder jeder anderen) Sprache verdanken sich Ausdrucksnotwendigkeiten der Sprecher des Französischen. Eine Sprachgeschichte muß diese schöpferi-schen *semantischen* Motive der Sprecher aufdecken, die dann in die *Ent-wicklung* einer Sprache eingehen, d. h. von der Gesamt-Kultur akzeptiert werden. Wenn Karl Vossler auch bei etlichen seiner konkreten Erklä-rungsversuche des Sprachwandels scheiterte (als berühmtes Beispiel wird immer sein Versuch zitiert, den französischen Teilungsartikel aus dem merkantilen Geist der Franzosen um 1400 abzuleiten), so traf er doch mit seinen Vorschlägen insofern auf offene Ohren in der Disziplin, als diese gar nicht so abgeneigt war, sich aus dem naturwissenschaftlichen Paradigma und der Beschränkung auf die Lautgesetze zu befreien und sich kulturellen, geistigen und politischen Parametern der Sprachge-schichte zu öffnen, d. h. sozusagen aus der bloßen *Diachronie* wirklich eine *Geschichte* zu machen.

Vossler scheint mit seiner Geschichte der französischen Sprache an Jacob Grimms *Geschichte der deutschen Sprache* (1848) anzuschließen. Aber seine kulturell und semantisch motivierte Sprachgeschichte des Französischen bis in die Neuzeit ist doch etwas völlig anderes als das Grimmsche Buch, das keine Geschichte der Herausbildung der *moder-nen* Gemeinsprache der Deutschen ist, wie der Titel vermuten läßt. Grimm entwirft ein – wie immer gewaltiges (mehr als 1000 Seiten) – Pan-orama altgermanischen Sprechens und Hirten-Lebens etwa bis zur Völ-kerwanderung, das – wie schon die Grammatik, aus der Grimm einiges übernimmt – die Einheit der altgermanischen Sprachen und «Stämme» beschwört. Vosslers Buch beschreibt dagegen gerade, wie sich das *mo-derne* Französisch aus dem Lateinischen und aus den romanischen Dia-lekten Frankreichs entwickelt und wie es die Sprache des modernen Staates Frankreich wird. Eine der deutschen Sprachgeschichte Grimms analoge «Geschichte der französischen Sprache» wäre etwa eine Be-schreibung der Sprachzustände Galliens nach vollzogener Romanisierung, höchstens etwa bis zum Machtantritt der Kapetinger, gewesen. Aber da beginnt es für Vossler erst interessant zu werden. Das große Buch, das diese kultur-historische Wende der Sprachwissenschaft dann sichtbar vollzieht, ist die monumentale französische Sprachgeschichte von Ferdinand Brunot (1905–1943).

Das sprachwissenschaftliche Projekt des 19. Jahrhunderts kommt mit der politisch und kulturgeschichtlich grundierten Geschichte *einzelner* Sprachen im 20. Jahrhundert weit ab von seinem ursprünglichen Ziel, die verwandtschaftlichen Beziehungen zwischen den Sprachen, ihre «Genealogie» eventuell bis zurück zu ihrem gemeinschaftlichen Ursprung, die ursprüngliche Einheit der verschiedenen verwandten Sprache in der Zeit zu erforschen (und es wird in der deskriptiv-sychronischen Linguistik noch weiter davon abkommen). Wir können aber auch sagen, daß mit den großen vergleichenden Grammatiken der Junggrammatiker das Projekt – zumindest, was die indoeuropäischen Sprachen angeht – auch an ein Ende gekommen war. Schon die großen Wörterbücher (Grimm, OED) zielten auf die *Einzelsprache*. Die Sprachgeschichten einzelner Nationen sind nun überhaupt nicht auf eine *vergangene* Einheit der Stämme und Nationen Europas oder gar der Menschheit ausgerichtet (dies war ja die einzige Einheit, die die Deutschen zu Beginn des 19. Jahrhunderts suchen konnten), sondern im Gegenteil auf die Gewinnung der Einheit *dieser* einen Nation in der *Gegenwart*. Und im paradigmatischen Falle Brunots geschieht die geschichtliche Narration aus einem leidenschaftlichen politischen Sendungsbewußtsein heraus, das genau diese Einheit der Nation verkünden will. Aus jeder Seite dieses Buches strahlt gleichsam die jakobinische Teleologie der französischen Nationalgeschichte: die Vollendung der politischen Einheit Frankreichs in der sprachlichen Einheit der Republik, la République une et indivisible. Ein ferventer Nationalismus hat hier sein wissenschaftliches Projekt gefunden. Andere Sprachen und Nationen kommen da höchstens als Störenfriede und Konkurrenten ins Bild, d. h. «historisch» ist das schon, hier wird aber nicht mehr verglichen.

An dieser Stelle müssen nun die gewaltigen sprachwissenschaftlichen Anstrengungen erwähnt werden, die die europäischen Nationen auf sich nehmen, um ihre National- oder Staats-Sprachen wissenschaftlich in den Griff zu bekommen, eine coltura della lingua ohnegleichen, eine Sorge um die eigene Sprache, die weit über die einfache «mise en grammaire et en dictionnaire» oder über die Erzählung der Geschichte der Sprache hinausgeht. Die europäischen Nationen haben sich über ihre Sprachen gebeugt und gleichsam jeden Winkel ausgeleuchtet. Ich deute das hier am Beispiel des Französischen an, es gilt aber genauso für die anderen großen Sprachen Europas: In Ergänzung der über die einzelne Sprache hinausgreifenden historisch-vergleichenden Grammatiken der ganzen (romanischen) Sprachfamilie (Diez, Meyer-Lübke) und der dazugehörigen etymologischen Wörterbücher (Diez, Meyer-Lübke) – dies sind die typischen Produkte des 19. Jahrhunderts – entstehen nun im 20. Jahrhundert neben den Geschichten der Sprache auch historische Grammatiken (Nyrop) und etymologische Wörterbücher (Wartburg, Gamillscheg) der Einzelsprache. Jenseits der diachronischen Perspektive wird die Sprache im *Raum* in Sprachatlanten erfaßt, in Frankreich z. B. im *Atlas linguistique de la France* (Gilliéron/Edmont). Die gesellschaftliche Differenzierung ist Gegenstand soziolinguistischer Untersuchungen (z. B. zum «français populaire»). Gebrauchsformen in verschiedenen kommunikativen Situationen (Register) werden dargestellt (z. B. gesprochenes und geschriebenes Französisch, verschiedene Fachsprachen, Argot, Jugendsprache etc.). Die Grammatik wird in immer neuen Ansätzen immer wieder beschrieben (z. B. Brunot, Damouretette/Pichon, Grevisse etc.), und der Wortschatz der Standardsprache wird in gewaltigen lexikographischen Werken, wie dem *Trésor de la langue française*, dokumentiert. Die einzelnen Sprachen werden unter immer raffinierteren Fragestellungen erforscht. Sie stehen gleichsam unter ständiger linguistischer Überwachung, so daß kein Nebensatztyp, keine auch noch so geringfügige sprachliche Auffälligkeit der linguistischen Aufmerksamkeit entschlüpft. Über zu wenig wissenschaftliche Beachtung können sich die Sprachen der europäischen Länder gewiß nicht beklagen.

Mit den Beschreibungen des Schicksals historischer Individuen namens «Französisch», «Deutsch», «Italienisch» etc. sind wir bei einem Projekt angekommen, das mit der Erforschung der Genealogie der Sprachen nichts mehr zu tun hat. Die für die erste Hälfte des 20. Jahrhunderts charakteristischen Projekte der nationalen Sprachgeschichtsschreibung – überall in Europa werden Geschichten der eigenen Sprachen geschrieben – und die anhaltenden Bemühungen um die Beschreibung der eigenen Sprache scheinen eher Versuche einer «Charakteristik» der Sprachen zu sein, Bemühungen also um die Erfassung des Individuellen eines sprachlichen Individuums.

Die Erfassung des *Charakters* einzelner Sprachen ist für Humboldt der «Schlußstein» des Sprachstudiums gewesen. Es bleibt bei Humboldt unklar, wie denn eine solche Charakteristik konkret aussehen soll. Daß eine gehörige Portion hermeneutischer Individualität des Charakterisierenden dabei im Spiel sein muß, kann man der Überzeugung Humboldts entnehmen, daß sich diese Individualität nur «erahnden» lasse. Einmal deutet Humboldt doch ein Modell dessen an, was ihm vorschwebte: An einer Stelle seines Hauptwerks, wo es um den Charakter der Sprache geht, verweist er auf eine Geschichte der griechischen Sprache. Zwar ist vom Individuum keine *Wissenschaft* möglich: individuum est ineffabile, de individuis non est scientia. Von den Individuen kann man aber eine *Geschichte* schreiben.

Aber die Geschichten der verschiedenen Nationalsprachen sind heute längst wieder aus dem Zentrum der sprachwissenschaftlichen Aufmerksamkeit gerückt, auch aus dem Fokus der französischen Sprachwissenschaft, die gleichwohl den Brunot weiterschreibt und komplettiert (allerdings weniger jakobinisch-nationalistisch). Sprachgeschichte ist heute eher *eine* der möglichen Perspektiven der linguistischen Bearbeitung der Einzelsprachen. Daß die Sprachgeschichte nicht mehr das auffälligste Interesse der aktuellen Sprachwissenschaft beansprucht, bedeutet – wie auch bei anderen sprachwissenschaftlichen Unternehmungen – nicht, daß sie nicht weitergeführt würde. Überall wird an der Komplettierung oder an der Neuformulierung der nationalen Sprachgeschichten gearbeitet, zumeist in der ruhigen Form von «normal science». Wie sehr aber diese Aufgabe mit dem politischen Nationenkonzept verbunden war und es auch immer noch ist, zeigt der Blick auf den national noch nicht kalmierten Teil Europas: Die aufgeregteren Nationen Europas schreiben gerade jetzt leidenschaftlich an den Geschichten ihrer Sprachen.

6.5. Amerika oder der Raum und die Verschiedenheit der Sprachen

Die Charakteristik einzelner Sprachen als diese partikularen historischen Individuen hat uns schon längst in den zweiten Bereich der Sprachwissenschaft geführt, in den Bereich der «Genies» der Sprachen oder der *Verschiedenheit* der Sprachen. Auch wenn Brunot oder sonst ein Historiker einer bestimmten Nationalsprache sich nicht für die wunderbare Vielfalt der Operationen des menschlichen Geistes in seinen verschiedenen Sprachen interessiert, sondern im Gegenteil gerade nur für *dieses eine* historische Individuum, so bildet doch in gewisser Hinsicht das *Ensemble* von Sprachgeschichten eine mögliche Form einer Linguistik der Verschiedenheit. Zu dieser wollen wir nun wieder zurück, d. h. noch einmal in die heroische Gründerzeit der professionellen Sprachwissenschaft um 1800, um in einem erneuten Ansatz diesen zweiten Strang sprachwissenschaftlicher Forschung zu skizzieren.

Das Aufkommen einer Linguistik der Verschiedenheit ist seit dem Beginn des 20. Jahrhunderts die zweite – und durchschlagend erfolgreiche – Protestbewegung gegen die herrschende diachronisch-naturwissenschaftliche Lehre des 19. Jahrhunderts. Vossler rebelliert gegen das Naturwissenschaftliche und gegen die Ausschaltung des sprechenden Subjekts, er bleibt aber völlig dem historisch-diachronischen Ansatz verhaftet. Die andere Richtung des Protests gegen die herrschende Lehre richtet sich dagegen im wesentlichen *gegen das Diachronische*, nicht so sehr gegen die Naturwissenschaftlichkeit und nicht gegen die ausschließliche Ausrichtung der Sprachwissenschaft auf *langue*, wie der wichtigste der Neuerer, Ferdinand de Saussure, das nennen wird.

Saussure stellt der diachronischen Forschung eine «synchronische» Erforschung der Sprachen (*langues*), also die Deskription der Sprachen ohne Berücksichtigung des Sprachwandels entgegen, was nicht heißt, daß Saussure die Diachronie ablehnt. Er war einer der berühmtesten historisch-vergleichenden Sprachwissenschaftler seiner Zeit, und die zweite Hälfte seines *Cours de linguistique générale* (1916) ist gerade der Diachronie gewidmet. Das Projekt der Sprachwissenschaft soll sich nach Saussure allerdings nicht in der Diachronie erschöpfen, sondern ist durch die synchronische Deskription der Sprachen zu ergänzen.

Der *deskriptive* Ansatz ist auch der theoretische Kern der beiden anderen sprachwissenschaftlichen Traditionen, die neben der französischen nun für die Neubegründung der Sprachwissenschaft im 20. Jahrhundert bedeutsam werden, der amerikanischen und der russischen. Daß jetzt gerade diese Länder mit ihren riesigen Territorien und den zahlreichen auf diesen Territorien gesprochenen Sprachen sprachwissenschaftlich hervortreten, ist natürlich kein Zufall. Damit knüpft die moderne Linguistik auch wieder an Hervás mit seinem Blick auf Amerika und an Pallas mit seinem Blick auf das Russische Reich an. Der Deskriptivismus ist in gewissem Sinne auch ein Protest gegen die Vorherrschaft der Sprachwissenschaft Deutschlands, das sich linguistisch ein Jahrhundert lang vor allem mit sich selbst beschäftigt, sich über die historischen sprachlichen Wurzeln Deutschlands, Europas und Indo-Europas gebeugt hatte und die wegweisenden Modelle für diese Art von sprachwissenschaftlicher Forschung geschaffen hatte. Dennoch: sowohl die Russen als auch die Amerikaner (Boas, Sapir, Bloomfield) verweisen bei ihrem Neuansatz auf eine andere deutsche Tradition, die durch den Triumph der historisch-vergleichenden Sprachwissenschaft minoritär geworden war: auf Humboldt.

6.5.1. *Menschenbeobachter* «Le temps des systèmes est passé,» «Die Zeit der Systeme ist vorbei», ruft der junge französische Philosoph Degérando in einem Text über die «Beobachtung der Wilden» aus dem Jahre 1800 aus (Degérando 1800: 75). Degérando ist ein «Menschenbeobachter», Mitglied der *Société des Observateurs de l'Homme*, der «Gesellschaft der Beobachter des Menschen», einer kurzlebigen, aber hochbedeutsamen gelehrten Gesellschaft, in der sich die maßgeblichen Pariser Intellektuellen der Directoire-Zeit die Begründung einer empirischen Wissenschaft vom Menschen zum Ziel gesetzt hatten. Eine *anthropologie comparée*, eine vergleichende Anthropologie, faßt der Begründer der

Gesellschaft Jauffret ins Auge. Statt der Systeme oder der *spéculation* – das andere böse S-Wort – stellt schon der Name der Gesellschaft das neue methodische Instrument heraus: die *Beobachtung*, die *observation*: «La science de l'homme aussi est une science naturelle, une science d'observation, la plus noble de toutes», «die Wissenschaft vom Menschen ist ebenfalls eine Naturwissenschaft, d. h. eine Beobachtungs-Wissenschaft, die vornehmste von allen» (Degérando 1800: 75). Statt spekulativer Philosophie also eine *science de l'homme*, empirische Anthropologie.

Degérando, der – ohne selber Kantianer zu sein – als erster Kant in Frankreich bekannt gemacht hat, schreibt in diesem modernen, wissenschaftlichen Geist die Reise-Instruktionen für eine geplante Forschungs-Expedition des Kapitäns Baudin, und zwar die Instruktionen für den anthropologischen Teil der Forschungsreise (Cuvier schreibt die naturwissenschaftlichen Instruktionen). Seine «Überlegungen über die Methoden, denen bei der Beobachtung der Wilden zu folgen ist» (Considérations sur les méthodes à suivre dans l'observation des sauvages), enthalten zwei außerordentlich bedeutsame, ja revolutionäre methodische Vorschläge. Der eine betrifft die Beobachtung selbst: Degérando sieht, daß man, wenn man den fremden Anderen («Wilden») wirklich kennenlernen will, «in gewisser Weise wie einer von ihnen werden» muß, «devenir en quelque sorte comme l'un d'entre eux» (Degérando 1800: 82), d. h. Degérando findet das Prinzip der *teilnehmenden Beobachtung*. Und zweitens erkennt er, daß das beste Mittel, «wie einer von ihnen zu werden», das Erlernen der *Sprache* der fremden Anderen ist. Nur über die Sprache kann man «in das Denken der Völker eindringen», «pénétrer dans la pensée des peuples» (Degérando 1800: 81). Dabei geht es nicht nur darum, die Sprache der Wilden als ethnologische Forschungs-Methode einzusetzen, d. h. als Mittel zur Kommunikation mit den untersuchten Völkern zu gebrauchen, sondern vor allem auch darum, diese Sprache selbst zum Gegenstand der Untersuchung zu machen. Wie die von Locke und Condillac geprägte Aufklärungsphilosophie insgesamt (Degérando war eher ein Lockeaner als ein Anhänger Condillacs) ist nämlich auch Degérando zutiefst davon überzeugt, daß die Sprachen die «manière de voir et de sentir» (eine Wendung von Condillac, die auch bei Degérando wiederkehrt, S. 81), die Art und Weise des Sehens und Fühlens eines Volkes enthält. «Weltansichten» wird dies Humboldt nennen (mit dem Degérando in Paris befreundet war).

«In gewisser Weise wie einer von ihnen werden», «devenir en quelque sorte comme l'un d'entre eux», ist auch in politischer Hinsicht eine hochbedeutsame Neuerung. Die in der Revolution zu kurz gekommene Idee der *Brüderlichkeit* bestimmt hier nämlich nicht nur die Forschungslogik, sondern auch das politische Verhältnis zu den Völkern, zu denen sich der

Kapitän Baudin aufmachen soll. Ausdrücklich setzt sich Degérando am Ende seiner «Considérations» von der spanischen Eroberung der Neuen Welt ab. Die Neue Reise Europas zu den «Wilden» steht, nach der Französischen Revolution und der Aufklärung, unter dem Gesetz der *fraternité*, nicht unter dem der Unterjochung (allerdings kann auch Degérando nicht umhin, am Ende doch zu hoffen, daß die wilden «Brüder» sich dem herrlichen aufgeklärten Geist Europas anschließen werden).

Wie neu ein solcher – politischer und forschungspolitischer – Gedanke in den Köpfen der Europäer war, kann man ermessen, wenn man Degérandos «Considérations» mit anderen zeitgenössischen Projekten vergleicht: Jauffret, der erwähnte Gründer der *Société des Observateurs de l'Homme*, ist noch ganz dem üblichen paternalistischen Gestus verhaftet, wenn er der Société die Erforschung der Wilden, der Bauern, der Taubstummen und der Kinder als Forschungsprojekte empfiehlt. Die Genannten – Wilde, Bauern, Taubstumme, Kinder – sind nämlich Vorstufen des «Menschen», d. h. des aufgeklärten, zivilisatorisch fortgeschrittenen Pariser Stadtbewohners. Sie sind defizitäre, primitive Formen des Menschseins, zu denen man sich höchstens als Vater hinabbeugen, nicht aber als Bruder hinzugesellen kann. Jauffret will sicher nicht wie einer der genannten Menschentypen werden. Oder Destutt de Tracy, der chef d'école der condillacisch inspirierten spätaufklärerischen Philosophie, der «Idéologie», sieht z. B. nur einen Ausweg aus dem vermeintlichen zivilisatorischen Stillstand Chinas, für den er die chinesische Schrift verantwortlich macht, nämlich die Eroberung Chinas durch ein alphabetisch schreibendes Volk. Das aufgeklärte Europa ist um 1800 zumeist noch weit entfernt von jenem brüderlichem Respekt für die kulturelle Alterität, von jenem brüderlichen Verstehen-wollen fremder Völker, das Degérandos Reiseinstruktion ganz entschieden inauguriert.

Ich setze dieses anthropologische Forschungsprogramm Degérandos an den Anfang meiner Darstellung des Verschiedenheits-Projekts, weil es über das Interesse an der «merveilleuse variété des opérations de notre esprit» hinaus die zentralen Motive dieser Richtung des Sprachstudiums schön verdeutlicht: Während sich die historische Linguistik nämlich wesentlich einem Interesse Deutschlands oder Europas an sich selbst, an der Ur-Einheit in der Vergangenheit (mit der Hoffnung auf die Zukunft) verdankt, artikuliert sich hier ein Interesse für die *Anderen*, Sympathie für das Anderssein und ein brüderlicher Blick auf die ganze Menschheit, deren Einheit vorausgesetzt wird. Degérandos «Considérations» stellen außerdem von ihrer Zwecksetzung her, als *Reise*-Instruktionen, diese Sprachforschung sinnfällig in die ihr gemäße Dimension: in die Dimension des *Raums* nämlich. Das Schiff des Kapitän Baudin bewegt sich zu den anderen Menschen hin, die sich zur gleichen Zeit – *synchronisch* – mit uns auf der Welt befinden, aber in einem anderen geographischen

Raum. Der Raum ist die Dimension der *Verschiedenheit*. Das historische Projekt, das die Dimension der *Zeit* durchschritt, war dagegen wesentlich auf der Suche nach der *Einheit*.

Degérando selbst hat ein scharfes Bewußtsein von der *Räumlichkeit* der projektierten anthropologischen Forschung. Wie schwer es aber ist, diese sozusagen als solche gelten zu lassen, d. h. wie stark die Zeit noch in diesem räumlichen Forschungs-Projekt durchschlägt, zeigt Degérandos Hinweis darauf, daß die Reise im Raum gleichzeitig auch eine Reise in der Zeit sei:

> Le voyageur philosophe qui navigue vers les extrémités de la terre, traverse en effet la suite des *âges*, il voyage dans le *passé*; chaque pas qu'il fait est un *siècle* qu'il franchit. (Degérando 1800: 76, H.v.m.)

> Der philosophische Reisende, der zu den äußersten Punkten der Erde fährt, durchquert tatsächlich die Folge der Zeiten, er reist in die Vergangenheit; jeder Schritt, den er tut, ist ein Jahrhundert, das er durchschreitet.

Die *science de l'homme* muß sich also ganz offensichtlich immer noch ihre Legitimation von der Geschichte holen (wie wir das ja auch bei Adelung gesehen haben, der nur in der Geschichte den «höheren Zweck» der mithridatischen Sprachforschung sehen mochte). Sie traut sich ganz offensichtlich noch keine Autonomie jenseits der Geschichte zu. Genau diese aber wird Wilhelm von Humboldt fordern, wenn er mit dem folgenden fulminanten Satz 1820 in seinem ersten Vortrag vor der Berliner Akademie die sprachwissenschaftliche Bühne betritt:

> Das vergleichende Sprachstudium kann nur dann zu sichren und bedeutenden Aufschlüssen über Sprache, Völkerentwicklung und Menschenbildung führen, wenn man es zu einem eignen, seinen Nutzen und Zweck in sich selbst tragenden Studium macht. (Humboldt IV: 1)

6.5.2. *Humboldt: die Verschiedenheit des menschlichen Sprachbaus*   Degérando schreibt – im Sommer 1799 – nur die Reiseinstruktion für die Expedition des Kapitän Baudin. Alexander von Humboldt, der sich wie sein Bruder Wilhelm zur gleichen Zeit in Paris aufhielt, hatte dagegen die Absicht, tatsächlich mit dem Kapitän Baudin in See zu stechen und wirklich zu den Wilden zu reisen und sie (und vor allem die sie umgebende Natur) zu beobachten (niemand hat sie dann so *teilnehmend* beobachtet wie der große Humboldt, der wirklich in *fraternité* mit den besuchten «wilden» Völkern fühlte und lebte). Wegen der Kontinentalsperre verzögerte sich allerdings die Abreise der Expedition Baudins, so daß sich Alexander im Herbst 1799 von Spanien aus auf einem anderen Schiff (das nur ganz knapp der Verfolgung durch die Engländer entging) nach *Amerika* aufmachte. Sein Bruder Wilhelm, der Freund Degérandos, reist nur nach Spanien, dort aber entdeckt er im

selben Jahr 1799 sein Amerika und seine «sauvages», seine «Wilden», seine «Anderen»: Wilhelm von Humboldt reist nämlich zu den *Basken.* Und er macht sich im Jahr 1801 noch einmal auf zur teilnehmenden Beobachtung des baskischen Volkes. Er erlernt, soweit das möglich war (devenir en quelque sorte comme l'un d'entre eux), die überaus merkwürdige Sprache der Basken, die ja keine indogermanische Sprache ist und die strukturell radikal anders ist als die üblichen europäischen Sprachen. Humboldt treibt auf seiner Reise im Baskenland eine systematische Erforschung der Basken, wie Degérando sie in seinen «Considérations» empfohlen hatte. Die daraus entstehende anthropologische Studie über die Kultur der Basken – und ihre «manière de voir et de sentir» – wird Wilhelm von Humboldt (anders als sein lebhaft publizierender und schon zu Lebzeiten weltberühmter Bruder) aber nie veröffentlichen, sie erscheint erst mehr als hundert Jahre nach dieser Reise: 1920 in den *Gesammelten Schriften.*

Auch Wilhelm von Humboldts Reise ins Baskenland ist – wie man Alexanders Aufbruch nach Amerika genannt hat (Ette u. a. Hrsg. 2001) – ein «Aufbruch in die Moderne»: ein Aufbruch in eine moderne Sprachwissenschaft allemal, aber auch in eine Sprachreflexion, deren Modernität sich nicht zuletzt durch ihre anhaltende, ja wachsende Präsenz in der aktuellen Sprach-Diskussion zeigt. Humboldt ist ganz offensichtlich fasziniert von dieser merkwürdigen Sprache am Rande Europas, Überbleibsel einer vor-indogermanischen Sprachwelt, die strukturell so anders ist als die gängigen indoeuropäischen Sprachen (die ja strukturell außerordentlich ähnlich sind), daß man nicht mehr nur mit Condillac eine andere Kombination der Ideen, andere Nebenideen und eine andere Wortstellung als Elemente ihres besonderen Genies annehmen kann, sondern einer viel tieferen Alterität gegenübersteht. Wenn – woran Humboldt keinen Zweifel hat, das hat er schon 1795 in einem frühen Text «Über Denken und Sprechen» niedergelegt – Sprechen Denken ist, bzw. wie er in diesem Text schreibt «Mit-Denken», dann stellt sich angesichts dieses radikalen sprachlichen und das heißt auch denkerischen Andersseins durchaus die Frage nach der Einheit des menschlichen Geistes. Humboldt wird als Kantianer, der er war und bleiben wird, an der transzendentalen Einheit des Denkens festhalten, an den transzendentalen Formen der Anschauung und der Begriffe (und übrigens auch an der Einheit der phänomenalen Welt «da draußen»). Aber die radikale Alterität der baskischen Sprache ist vom Jahr 1799 an sozusagen der Stachel im Fleische des Humboldtschen Denkens, der ihn nicht mehr in Ruhe lassen wird. Er wird sein ganzes Leben lang durch intensivstes Studium der Sprachen der Welt den Raum der Verschiedenheit des in den Sprachen sedimentierten Denkens der Menschen, der verschiedenen «Weltansichten», auszuloten versuchen. Der Aufbruch ins Baskenland ist der

Aufbruch in das moderne Sprachdenken, durch den der geographische Raum in aller Schärfe als Raum *kognitiver* Differenzen erfahren wird und der die Sprachforschung vom Baskenland notwendigerweise über den ganzen Globus führt.

Wilhelm von Humboldt selbst wird allerdings erst einmal nach Hause und dann nach Rom ziehen, er wird niemals einen anderen Kontinent betreten. Aber nach Rom wird ihm sein Bruder Alexander aus Amerika linguistisches Material mitbringen, und in Rom lebt, wie schon gesagt, auch Hervás mit seinen amerikanischen Materialien, und Humboldt tritt selbstverständlich in wissenschaftlichen Austausch mit Hervás (Hervás ist von 1802 bis zu seinem Tod 1809 in Rom, Humboldt von 1802 bis 1808). Humboldt wird sein ganzes Leben lang ein regelrechtes Sprach-Beschaffungs-Netzwerk in Gang halten, so daß er – wie Alexander wohl zurecht im Vorwort zu Wilhelms postum erschienenem Hauptwerk schreiben wird – am Ende seines Lebens vermutlich der europäische Mensch war, der den größten Einblick in die Sprachen der Welt hatte, Mithridates mit seinen zweiundzwanzig Sprachen weit übertreffend: nach dem Baskischen die amerikanischen Sprachen, dann, von Westen nach Osten schwenkend, Sanskrit und viele andere orientalische Sprachen, Ägyptisch, Chinesisch, Japanisch, und schließlich die «Sprachen der Südsee», wie er die malaio-polynesischen Sprachen nennt, denen er sein – postum erschienenes – Hauptwerk widmet: *Über die Kawi-Sprache auf der Insel Java* (1836–39).

Humboldt stellt das Projekt einer vergleichenden Untersuchung der Sprachen der Welt – toutes les langues de l'univers – aber erst 1820 in seiner ersten Rede vor der Berliner Akademie der wissenschaftlichen Öffentlichkeit vor, nachdem er sich nach Beendigung seiner politischen Karriere in sein Haus in *Tegel* zurückgezogen hatte, um sich seinen linguistischen Studien zu widmen. In dieser Rede entwirft er nicht nur das Programm des Vergleichenden Sprachstudiums, sondern er situiert sich vor der Berliner Akademie gleichzeitig auch in Bezug auf die beiden berühmtesten, aus dieser Akademie hervorgegangenen Texte über die Sprache: d. h. in Bezug auf Leibniz' «Brevis designatio de originibus gentium» und in Bezug auf Herders Ursprungsabhandlung. In der «Brevis designatio» von 1710, dem Artikel, mit dem Leibniz selbst die Publikationen der Berliner Akademie eröffnet, schreibt Leibniz ja nur über die eine Perspektive seines Entwurfs einer zukünftigen Sprachwissenschaft, über den historischen bzw. den Ursprungs-Teil: de *originibus* gentium ductis potissimum ex indicio linguarum, der unter der heteronomen Gesetzgebung der Historiographie steht. Hiergegen stellt Humboldt eine *autonome* Untersuchung der Sprache, die ihren Zweck in sich hat, d. h. es geht Humboldt um die zweite Perspektive des Leibnizschen Projekts (die in der «Brevis designatio» nicht vorkommt, sondern in den erst 1765 veröffentlichten *Nouveaux Essais):* um die Beschreibung aller Sprachen der Welt als Wissenschaft des menschlichen Geistes. Humboldt weist sogar die Möglichkeit der Erforschung der lingua adamica ausdrücklich zurück, weil dazu keine empirischen Materialien vorliegen. Wir haben nur fertige Sprachen, keine ist je im «flutenden Werden ihrer Formen überrascht» worden (IV: 3). Das gilt noch mehr für den Ursprung der Sprache, den Herder – in dem zweiten prominenten Akademie-Text über die Sprache – fünfzig Jahre vor Humboldts Auftritt in der Akademie für die Berliner Akademie behandelt hatte. Der Ursprung kann daher nicht Gegenstand einer empirisch-historisch vorgehenden Wissenschaft sein. Vom Ursprung kann man nur transzendentalphilosophisch reden, d. h. nicht vom zeitlichen Anfang der Sprache können wir sprechen, wohl aber von ihrem «ewigen» Entspringen, von dem, was jedesmal geschieht, wenn wir sprechen.

In seinem fünfzehn Jahre später erscheinenden Hauptwerk, der Einleitung in das Kawi-Werk, *Über die Verschiedenheit des menschlichen Sprachbaues und ihren Einfluß auf die geistige Entwicklung des Menschengeschlechts* (1836),[7] wird Humboldt dieses transzendentale «Entspringen» der Sprache auf den immer wieder zitierten Seiten ausführen, in denen er sozusagen das Herdersche Ursprungs-Szenario in der Sprache der Transzendentalphilosophie weiterdenkt: Sprache ist «das bildende Organ des Gedanken» (VII: 53) oder – nach der anderen berühmten Formulierung – «die sich ewig wiederholende Arbeit des Geistes, den articulirten Laut zum Ausdruck des Gedanken fähig zu machen» (VII: 46). Sie ist die Produktion des Denkens in einer Vermählung von Sinnlichkeit und Verstand, bei der «Mund und Gesellschaft» aber integrale Bestandteile des Urwortes – d. h. jedes Wortes – sind. Sprache ist also nicht nur Denken, sondern der Gedanke ist *gleichzeitig* die Stimme (*conceptus* + *vox*). Diese synthetische *Einheit* von materiellem Wort und Bedeutung ist der Kern der europäischen Intuition von der Einheit von Sprechen und Denken, die hier ihre klassische Formulierung findet. Das Schema dieser Alternative zum jahrtausendealten aristotelischen Dreieck – Humboldts «Mit-Denken», das Kommunikation und Kognition in der sprachlichen Synthesis verbindet – soll hier noch einmal wiederholt werden:

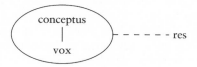

Humboldts «Arbeit des Geistes» ist aber mit dieser Synthese von Laut und Bedeutung noch nicht an ihrem Ende: Sprache ist nämlich nicht nur Stimme (+ Gedanken) oder «Mund», sondern gleichzeitig und notwendigerweise auch *Hören* der Stimme, zunächst das Hören meiner eigenen Stimme durch mich selber, dann aber auch das Hören meiner Stimme durch den Anderen: «Gesellschaft», *Du*. Schließlich aber gehört zur sprachlich-denkenden Synthesis wesentlich dazu, daß der Andere meinen Laut-Gedanken nicht nur hört und in seinem Inneren versteht, sondern daß er mit seinem Wort, mit seiner Stimme *ant-wortet*, daß er das Wort also an mein Ohr zurückgibt. Nur «wenn das Wort aus fremdem Munde wiedertönt» (VII: 56), erst wenn Du antwortest, ist der Wortgedanke, ist Sprache an ihrem (vorläufigen) Ziel. Sprache ist also, wie Humboldt in dem frühen Fragment sagt, «Mit-Denken». Sie ist nicht nur Synthese von Laut und Gedanken, sondern als diese Synthese eben auch *Synthese von Kognition und Kommunikation*. Humboldt denkt das Sprechen-Denken immer auch als Miteinander-Sprechen-Denken. Die Arbeit des Geistes ist immer auch Mit-Arbeit des Geistes oder Arbeit des Mit-Geistes.[8]

Die transzendentale Uminterpretation des Ursprungs und die Zurückweisung von Spekulationen über die Ursprache, die wir im «flutenden Werden» nicht «überraschen» können, lenkt die Aufmerksamkeit unweigerlich auf die zweite Leibniz-Problematik, auf die wunderbare Vielfalt der Operationen des Menschlichen Geistes, auf die «Genies» der Sprachen. Die soeben kurz skizzierte Produktion des Sprechens-Denkens ist nämlich ein zwar bei allen Menschen universell sich vollziehender Vorgang, sie geschieht aber nicht überall auf die gleiche Weise, sondern jeder Mensch macht es auf seine Weise bzw. er macht es auch so, wie es seine Gruppe, seine «Nation» ihm vorgemacht hat. Die universelle «Arbeit des Geistes» durch die Sprache ist notwendigerweise immer historisch-partikular, denn Sprache manifestiert sich in verschiedenen Sprachen:

> Das Denken ist aber nicht bloss abhängig von der Sprache überhaupt, sondern, bis auf einen gewissen Grad, auch von jeder einzelnen bestimmten. (IV: 21)

Deswegen ist die sprachliche Produktion des Denkens eine Produktion verschiedener «Weltansichten». Die Menschen müssen dasselbe Problem lösen, nämlich sich die Welt geistig aneignen: «Die Summe des Erkennbaren liegt, als das von dem menschlichen Geiste zu bearbeitende Feld, zwischen allen Sprachen, und unabhängig von ihnen, in der Mitte». Das ist die Aufgabe. Sie wird von allen Menschen und Sprachen in Angriff genommen, aber von allen anders gelöst. Humboldt fährt daher fort: «der Mensch kann sich diesem rein objectiven Gebiet nicht anders, als nach seiner Erkennungs- und Empfindungsweise, also auf einem subjectiven Wege, nähern» (IV: 27). «Seine Erkennungs- und Empfindungsweise» ist die Condillacsche «manière de voir et de sentir», die das vergleichende Sprachstudium nun auszuloten hat.

Humboldt schlägt dazu zunächst zwei Arten von Untersuchungen vor: die «Monographien ganzer Sprachen» und die Monographien von «Sprachteilen» durch die Sprachen der Welt hindurch, einmal kreuz und einmal quer: Deskriptionen aller Sprachen der Welt einerseits und Untersuchungen, in denen z. B. das Verb, der Plural oder andere grammatische und semantische Kategorien quer durch alle Sprachen der Welt dargestellt werden, andererseits:

> Denn alle Fäden des Zusammenhanges sollen durch sie [die vergleichende Sprachkunde] aufgesucht, und verknüpft werden, und es gehen von diesen einige, gleichsam in der Breite, durch die gleichartigen Theile aller Sprachen, und andre, gleichsam in der Länge, durch die verschiedenen Theile jeder Sprache. (IV: 11)

Die Untersuchungen von «gleichartigen Theilen» quer durch alle Sprachen haben den Zweck, die Allgemeine Grammatik (an der Humboldt im wesentlichen durchaus festhält) durch historische Information sozusagen konkret aufzufüllen, also z. B. das Wissen vom Verbum überhaupt (d. h. konkret: vom griechisch-lateinischen Verb, denn die griechisch-lateinische Grammatik liegt der «allgemeinen» Grammatik zugrunde) durch ein Wissen vom Verb in den Sprachen der Welt zu ersetzen.

Für unseren Zusammenhang sind aber vor allem die «Monographien der ganzen Sprachen» interessant, weil Humboldt hier die modernen Prinzipien der Sprachbeschreibung – gerade auch gegenüber dem *Mithridates*, den er implizit kritisiert – andeutet. Ein neuer *Mithridates* muß her, eine «systematische Encyclopaedie aller Sprachen» (VII: 598), eine *systematische* wohlgemerkt. Es geht nicht an, so Humboldt, nur «abweichende Eigenthümlichkeiten der Grammatik» aufzuzählen und Wortreihen miteinander zu vergleichen (IV: 10). Denn: « [...] auch die Mundart der rohesten Nation ist ein zu edles Werk der Natur, um, in so zufällige Stücke zerschlagen, der Betrachtung fragmentarisch dargestellt zu werden» (ebd.). Es geht auch nicht an, wird er an anderer Stelle kritisieren, daß man die Sprachen der Welt in das Zwangskorsett der griechisch-lateinischen Grammatik einsperrt. Als «edles Werk der Natur» (des Menschen) muß sie als ganzes und «in ihrem inneren Zusammenhang» dargestellt werden:

> Sie [die Sprache] ist ein *organisches Wesen*, und man muß sie, als solches, behandeln. Die erste Regel ist daher, zuvörderst jede bekannte Sprache in ihrem *inneren Zusammenhange* zu studiren, alle darin aufzufindenden *Analogien* zu verfolgen, und *systematisch* zu ordnen. (IV: 10, H.v.m.)

«Als organisches Wesen», «in ihrem inneren Zusammenhang», «nach ihren Analogien», «systematisch», dies sind die Grundprinzipien der strukturellen Beschreibung der Sprachen, wie sie für die deskriptive Linguistik des 20. Jahrhunderts bestimmend werden. Um anzudeuten, was mit diesem hier inaugurierten Versuch gemeint ist, die eigene Struktur, den «inneren Zusammenhang» einer Sprache zu erfassen, folgendes einfache Beispiel: Die traditionelle Grammatik, auch der modernen europäischen Sprachen, stellte beispielsweise das französische Substantiv folgendermaßen dar:

> la rose
> de la rose
> à la rose
> la rose
> par la rose

Diese Darstellung ist eine an der Struktur des Lateinischen orientierte Darstellung:

> rosa
> rosae
> rosae
> rosam
> rosa

Dies entspricht aber gerade nicht dem «inneren Zusammenhang» des Französischen, das an der Stelle der lateinischen Kasus einfach nichts hat (bzw. nur noch Reste im Pronominalsystem: le/lui, les/leur).[9] Humboldt gibt immer wieder Beispiele dafür, daß Sprachen nach den in ihnen wirkenden Kategorien zu beschreiben sind und nicht nach denen der traditionellen klassischen Grammatik. Dabei verwendet er, der Anregung von Hervás folgend, gern die Interlinearversion, um die strukturellen Eigenschaften zu verdeutlichen, etwa im folgenden Beispiel aus dem Aufsatz über das Entstehen der grammatischen Formen (IV: 289), wo er die Form *aveiridaco* aus der Karaiben-Sprache, die in der üblichen Grammatik als lat. *esses*, «du wärest», angegeben wird, folgendermaßen segmentiert:

> a veiri daco
> du sein am Tag
> «am Tage deines Seins».

Ich übergehe hier das Faktum, daß Humboldt die Behandlung der Genealogie der Sprachen deutlich der Deskription nachordnet. Wir haben ja schon oben angemerkt, daß jede Genealogie der Sprachen abhängig ist von der Sicherung der deskriptiven Fakten. Die genealogische Forschung, die historisch-vergleichende Sprachwissenschaft, die zur gleichen Zeit mit den Büchern von Bopp 1816 und Grimm 1819 ihren kometenhaften Aufstieg beginnt, ist nicht Humboldts Thema, auch wenn Humboldt die größte Bewunderung für Bopps und Grimms Arbeit hat. Und gegenüber einer Klassifikation (Typologie) der Sprachen zeigt er

sich von Anfang an deutlich reserverviert, später wird er sie radikal ab-
lehnen, der vermeintliche Begründer der Typologie.

Das eigentlich Neue und Zukunftsweisende im linguistischen Programm Humboldts sind ohne Zweifel die Intuitionen zur Beschreibung
des «Baus» der Sprachen (auch der Terminus «Struktur» kommt vor, in
den französischen Schriften Humboldt heißt der «Bau» *charpente* oder
structure). «La structure immanente» wird man das im Strukturalismus
des 20. Jahrhunderts nennen. Humboldt kennt, das ist an dem letzten
Zitat deutlich geworden, auch den Ausdruck «Organismus» für die Gesamtheit einer Einzelsprache. Die Sprache ist Gebäude und Lebendiges
zugleich, d. h. sie ist natürlich keines von beiden, sondern etwas, «wovon
es eigentlich nichts Gleiches im ganzen Gebiete des Denkbaren giebt»
(IV: 15). Nicht nur weil Humboldt sich mit einer riesigen Menge von
Sprachen beschäftigt hat, sondern vor allem auch, weil er die Prinzipien
der strukturellen Sprachbeschreibung ziemlich präzise bestimmt hat,
wird er zurecht von den Vätern des modernen Deskriptivismus, von
Bloomfield, von Hjelmslev z. B., als Vorgänger angesehen.

6.5.3. Charakter: Philologie und Linguistik Dennoch ist – wir haben
das schon kurz erwähnt – auch diese strukturelle Beschreibung der Sprachen nicht eigentlich das Zentrum oder das Ziel des humboldtschen Vergleichenden Sprachstudiums. Der «Schlußstein» der Sprachkunde ist
nicht die immanente Struktur, sondern die Beobachtung jeder Sprache
im *Gebrauch*. Die Struktur, der Organismus, ist nur das Werkzeug, das
die sprechenden Menschen ergreifen «zur Erreichung der Zwecke der
Menschheit». In der «Literatur» aber wird die Sprache gebraucht, und in
diesem Gebrauch entwickelt sie die Individualität, zu der sie fähig ist,
oder, wie Humboldts zentraler Begriff heißt, ihren *Charakter*. Daher
«werden wir nun aber so zu den gebildeten Sprachen hingedrängt» (IV:
12). Die Untersuchung der in der Literatur gebrauchten Sprache obliegt
der «Philologie», die Humboldt als eine auf Texte bezogene Sprachkunde
der «Linguistik» gegenüberstellt (und letztlich voranstellt), die sich dem
Bau oder dem Organismus der Sprachen widmet:

> Wie genau und vollständig man aber auch die Sprachen in ihrem Organismus
> untersuche, so entscheidet, wozu sie vermittelst desselben werden könne, erst
> ihr Gebrauch. Denn was der zweckmäßige Gebrauch dem Gebiet der Begriffe
> abgewinnt, wirkt auf sie bereichernd und gestaltend zurück. Daher zeigen erst
> solche Untersuchungen, als sich vollständig nur bei den gebildeten anstellen
> lassen, ihre Angemessenheit zur Erreichung der Zwecke der Menschheit. Hier-
> in also liegt der Schlusstein der Sprachkunde, ihr Vereinigungspunkt mit Wis-
> senschaft und Kunst. (IV: 12)

Humboldt ist sich des wissenschaftstheoretisch prekären Status der
«Charakter-Untersuchung» bewußt. Man könne den Charakter nur

«erahnden», ein wissenschaftliches Tun sei dies wahrscheinlich nicht, man müsse es aber dennoch wagen, weil es eben «das Höchste» sei, dessen Sprachkunde fähig sei. Dies ist natürlich keine gute Ausgangsposition für diese Art von Sprachforschung in einer Wissenschaftskultur, für die die «faits positifs», die positiven Fakten, Fetische jeder Wissenschaftlichkeit sind. Die «Charakter» -Untersuchung der Sprachen in ihrem literarischen Gebrauch wird daher nicht gerade auf der Tagesordnung der durch und durch positivistisch gestimmten Sprachwissenschaft stehen.

Wichtig festzuhalten ist mir hier, daß für Humboldt die Erforschung des «Organismus» oder «Baus» und des «Charakters» der Sprachen zusammengehört: Man kann nur mit einer genauen Kenntnis des Organismus oder der Struktur einer Sprache deren Charakter erfassen, und umgekehrt bleibt man – jedenfalls für Humboldt – gleichsam intellektuell wenig ausgelastet, wenn man nicht zu den Texten, zur Literatur einer Sprachgemeinschaft, voranschreitet, modern gesagt: wenn man nicht in die Kultur eindringt, die sich in der entsprechenden Sprache äußert.

Was Humboldt hier zusammendenkt, notwendigerweise zusammendenkt, Philologie und Linguistik, fällt in der historischen Entwicklung der Disziplinen auseinander. Schon Bopp, der erste wirkliche Linguist, der Ur-Linguist, faßt, wie wir schon angemerkt haben, eigentlich den inneren Zusammenhang zwischen Linguistik und Philologie nicht mehr. Im 19. Jahrhundert verschärft sich die Auseinandersetzung zwischen «Philologie» und «Linguistik», zwischen einer sich historisch-hermeneutisch verstehenden, auf «große» und möglichst alte Literatur und hohe Kultur bezogenen Textwissenschaft einerseits und einer sich immer naturwissenschaftlicher gebenden, höchstens «volkstümliche» Sprachdokumente berücksichtigenden oder gar literaturlose Sprachen bevorzugenden Wissenschaft von den Sprach-Organismen und Strukturen andererseits. Humboldt versucht in seinen eigenen Projekten immer, diese Opposition zu überwinden, was ihm aber durchaus nicht immer gelingt: So plant er ja zunächst ein Werk über die amerikanischen Sprachen, er entwirft grammatische Skizzen amerikanischer Sprachen, die Grammatik des Aztekischen stellt er sogar fertig: die (erst 1994 erschienene) *Mexicanische Grammatik*. Aber das Fehlen von Texten läßt ihn unbefriedigt. Über den «Charakter» dieser Sprachen kann er daher nur sehr wenig sagen (auch was er über den Charakter des Mexikanischen in der *Grammatik* sagt, ist eher dürftig). Daher – so können wir die oben zitierte Formulierung Humboldts aufnehmen – wird er zu einer anderen Sprachfamilie «hingedrängt», von der es Texte gibt und die er also als *«gebildete* Sprachen» behandeln kann. Deswegen widmet sich sein Hauptwerk nicht mehr den amerikanischen Sprachen, sondern der Kawi-Sprache auf der Insel Java, von der er eine hinreichende Text-Dokumentation hat, und den malaio-polynesischen Sprachen.

In den universitären «Nationalphilologien» des 19. Jahrhunderts (das in dieser Hinsicht mindestens bis 1950 andauerte) scheinen die beiden Arten von Sprachkunde, «Philologie» und «Linguistik», insofern zusammenzugehören, als «Philologie» – zumindest in Deutschland – die Beschäftigung mit älteren Sprachzuständen meinte, also auch mit alten Texten. Der jeweilige Ordinarius macht dann je nach Geschmack mehr «Philologie» (d. h. mehr Textarbeit) oder mehr «Linguistik» (d. h. *historische* Sprachwissenschaft). Dies ist eine Verbindung des Linguistischen mit dem Literarisch-Philologischen im Banne der historisch-diachronischen Sprachwissenschaft, die Humboldt sicherlich nicht im Blick hatte (es gab zu seiner Zeit die universitäre «Philologie» ja erst ansatzweise), er denkt eindeutig an synchronisch-deskriptive Untersuchungen, also an die Verbindung von Linguistik und Literaturwissenschaft in unserem modernen Sinn. Vosslers Wiederentdeckung der Texte und des Sprechens zu Beginn des 20. Jahrhunderts zeigt, daß die Verzahnung von Linguistik und Philologie im diachronischen Paradigma nicht funktioniert hat. Vossler klagt ja gerade im Namen Humboldts die Verbindung wieder ein. Sie hat aber auch im 20. Jahrhundert keinen rechten Erfolg gehabt. In der Coda zu diesem Kapitel schreiben wir die traurige Geschichte der Scheidung von Philologie und Linguistik zuende.

6.6. Synchrone Linguistik

6.6.1. Toutes les langues de l'univers Zuvor aber werfen wir einen Blick auf die Erfolgsgeschichte der deskriptiv-synchronischen Sprachwissenschaft, wie Humboldt sie entworfen hat, auf die «Monographien der ganzen Sprachen», «mettre en dictionnaires et en grammaires toutes les langues de l'univers». Diese Art der Sprachwissenschaft ist zu Humboldts Zeiten, wie gesagt, nicht die moderne oder dominante. Die jungen Leute, also die Generation der Bopp, Grimm und Diez, etablieren das dominante Paradigma der Sprachwissenschaft des 19. Jahrhunderts: das historisch-vergleichende. Nach dieser ersten Generation übernimmt Schleicher, dann die «Junggrammatiker» Brugmann/Delbrück (Indogermanistik), Paul (Germanistik), Meyer-Lübke (Romanistik). Dieses «deutsche» Modell ist so erfolgreich, daß man aus der ganzen Welt nach Leipzig, der Hochburg der deutschen Sprachwissenschaft, reist, um Sprachwissenschaft zu studieren (z. B. der Amerikaner Whitney oder der Schweizer Saussure und auch noch Bloomfield), so wie man heute zu Chomsky ans MIT reist. In Frankreich beispielsweise gilt die Übersetzung der Boppschen vergleichenden Grammatik durch Michel Bréal als Zeitpunkt der Aneignung des deutschen Modells. Gaston Paris, der Doyen der französischen Romanistik, studiert in Bonn bei Diez. Dieser kultu-

relle Transfer von Deutschland nach Frankreich – zum ersten Mal seit
der Reformation lernt Frankreich wieder etwas von Deutschland! – wird
durch die entsetzlich dummen deutsch-französischen Kriege zerstört.
«Sans les guerres», schrieb Leibniz um 1700, «on serait allé loin», «ohne
die Kriege wären wir weit gekommen».

Das deutsche Modell ist, nach der Darstellung von Andresen (1990),
sogar für die USA so bestimmend, daß die eigentliche linguistische «Berufung» Amerikas, nämlich die Beschreibung der amerikanischen Indianersprachen, im 19. Jahrhundert erst einmal hintangestellt wird.
Humboldts amerikanische Gesprächspartner John Pickering und Peter
Duponceau, die man als die Gründungsväter der amerikanischen Ame-
rikanistik ansehen muß, sind durchaus nicht die alles dominierenden
Gestalten der US-Linguistik des 19. Jahrhunderts. Dennoch wird natürlich hier wie auch in England mit seinem weltumspannenden Kolonial-
reich die Beschreibung der Sprachen der Welt weiter betrieben. Schon
bei den von Humboldt zitierten Werken fällt die große Zahl der englisch geschriebenen Sprachbeschreibungen auf. Die ältere Literatur
über die Sprachen der Neuen Welt war eher spanischsprachig und bezog sich auf die Sprachen Süd- und Mittelamerikas. Die Missionare
hatten natürlich großes Interesse daran, sich verständlich zu machen
und schrieben – für ihre praktischen Zwecke – Grammatiken und
Wortlisten (daher die Sammlung linguistischer Materialien des Jesuiten
Hervás in Rom). Die «Missionars-Linguistik» kann durchaus als erste
Form deskriptiver Linguistik angesehen werden. In Frankreich, das ja
keine amerikanischen Besitzungen mehr hatte, wandte man den Blick
eher in den Orient. Die Deutschen fuhren zu Beginn des 19. Jahrhunderts gerade nach Paris, weil sie dort Spezialisten für Sanskrit, Persisch,
Arabisch, Chinesisch, Ägyptisch etc. finden konnten. Eine der größten
sprachwissenschaftlichen Entdeckungen verdanken wir dem Franzosen
Champollion: die Entzifferung der Hieroglyphen (1822), die Humboldt in Deutschland als erster bekannt gemacht hat. In Frankreich
wurde das Studium der – östlichen – «exotischen» Sprachen sogar insti-
tutionalisiert und eine *Ecole des Langues Orientales* (1795) gegründet.
In Rußland war das von Peter und der großen Zarin und Pallas in Gang
gesetzte Interesse an den Sprachen des Reiches durchaus nicht erlahmt.
Und auch in Deutschland interessierten sich Gelehrte wie Humboldts
Sekretär Buschmann, die Humboldtianer Steinthal und Pott, die beiden
von der Gabelentz (Hans Conon und Georg) – um nur die wichtigsten
zu nennen – mehr für die wunderbare Vielfalt des menschlichen Geistes
in seinen Sprachen als für die Lautverschiebungen der eigenen, indogermanischen Sprachen. Das Projekt «mettre en dictionnaires et en grammaires toutes les langues de l'univers» war also im 19. Jahrhundert an
der Oberfläche zwar nicht so prominent sichtbar wie das historische,

aber es war – wenn wir statt der Foucaultschen Brüche wieder einmal geologische Schichtungen bemühen dürfen – unter der historisch-vergleichenden Oberfläche vorhanden und sollte im 20. Jahrhundert kräftig an die Oberfläche treten. Während Vossler das historisch-vergleichende Paradigma gleichsam von innen heraus – durch die Einhauchung des Geistes – zu revolutionieren versuchte, überrollt nun das deskriptive Paradigma die herrschende Lehre langsam aber sicher von außen.

Die Heldentaten des sprachwissenschaftlichen Deskriptivismus sind – ebenso wie die des historischen Komparativismus – oft dargestellt worden, so daß wir uns auch hier – wie bei der historisch-vergleichenden Sprachwissenschaft kurz fassen können. Der Ruhm geht dabei auch in der linguistischen Historiographie fast immer an denen vorbei, die die Arbeit gemacht haben, um sich auf einige wenige Theoretiker des Unternehmens zu konzentrieren, auf die «Pharaonen», die aber nicht unbedingt immer mitgebaut haben am «siebentorigen Theben». Dabei ist es ein bewundernswürdiges – noch nicht ganz fertiges und auch niemals je vollendetes – Theben, das die Sprachwissenschaft des 20. Jahrhunderts geschaffen hat: die Beschreibung der Sprachen der Welt, von (fast) toutes les langues de l'univers. Deswegen wäre hier nun der Ort, eine Liste aller Sprachen der Welt und ihrer maßgeblichen Beschreiber (oft sind es ja auch mehrere), also der wirklichen Erbauer des wunderbaren Gebäudes der Sprachwissenschaft, einzufügen. Das ist aber angesichts der (immer noch) sehr großen Zahl der menschlichen Sprachen ganz unmöglich. Den Versuch, eine kleine Hall of Fame der besten und berühmtesten Sprachdeskriptionen zu errichten, habe ich wegen der dabei nicht zu vermeidenden Ungerechtigkeit abgebrochen. Stattdessen verweise ich nur auf ein paar gängige Werke, in denen man erste deskriptive Informationen über die Sprachen der Welt und die Namen ihrer Beschreiber, der ausgezeichneten Erbauer des siebentorigen Theben, finden kann: Einen guten Überblick über die Sprachen der Welt gibt immer noch das ältere Werk von Meillet/Cohen (Hrsg. 1924/1952). Auf die «wichtigsten» Sprachen der Welt bezieht sich das bekannte Buch von Comrie (Hrsg. 1987). In Ruhlen (1991: 429 ff.) findet man eine Liste der Namen von ca. 5000 Sprachen der Welt, sozusagen einen Catalogo delle lingue. Einen solchen findet man auch auf der Web-Seite des Summer Institute of Linguistics: www.ethnologue.com (mit allerdings etwas erratischen bibliographischen Hinweisen bei den einzelnen Sprachen). Auf Deutsch bietet Haarmann (2001) neuerdings nützliche Informationen «von Albanisch bis Zulu». «Facts about the World's Languages» verspricht schließlich die von Garry und Rubino 2001 herausgegebene Sprachenzyklopädie mit mehr als zweihundert Sprachskizzen.

6.6.2. Synchronie und Struktur   Was den pharaonischen Teil der Geschichte angeht, so werden in den drei Hauptgebieten der Erde, von denen aus deskriptive Sprachwissenschaft betrieben wird, in Rußland Baudouin de Courtenay, in den USA Sapir und Bloomfield und in der französischsprachigen Welt Saussure als die Begründer der strukturellen synchronischen oder deskriptiven Sprachwissenschaft angesehen. Deutschland als das klassische Land der historisch-vergleichenden Sprachwissenschaft hängt seinem deutschen historisch-vergleichenden Paradigma am längsten und treuesten an, ganz abgesehen davon, daß es sich durch die zweifache kriegerische Verirrung in seinem zweiten Dreißigjährigen Krieg (1914–45) wie schon im 17. Jahrhundert für lange Zeit vom intellektuellen Weltgeschehen abkoppelt. Natürlich werden auch noch einige bedeutende Werke des neuen Paradigmas auf deutsch geschrieben. Bevor die Nazis das Deutsche auf ewig zur Killersprache machen, erscheinen noch Trubetzkoys *Grundzüge der Phonologie* (1939) und Jakobsons *Kindersprache, Aphasie und allgemeine Sprachgesetze* (1940) auf deutsch. Das sind aber tatsächlich die letzten weltweit bedeutenden linguistischen Bücher, die auf deutsch geschrieben werden. Der Ton wird jetzt andernorts angegeben, in Frankreich bzw. auf französisch zunächst und dann natürlich in den Vereinigten Staaten, die nunmehr bestimmen, wo's langgeht.

Der Genfer Ferdinand de Saussure ist einer der bedeutendsten Sprachwissenschaftler der historisch-diachronischen Schule, der sein indogermanistisches Hauptwerk mit einundzwanzig Jahren schreibt. Danach widmet er sein Leben in einem quälenden Selbstbefragungsprozeß der Frage, was Sprachwissenschaft denn überhaupt soll. Er schreibt dies aber nicht nieder, sondern hält Vorlesungen, die nach seinem Tod von zwei Kollegen aufgrund von studentischen Mitschriften 1916 – genau hundert Jahre nach Bopp – herausgegeben werden, den berühmten *Cours de linguistique générale*. Die Kritik an der existenten Sprachwissenschaft war derjenigen des fünfzehn Jahre jüngeren Deutschen Karl Vossler (geboren 1872) ganz ähnlich: Wie Vossler empfand auch Saussure (geboren 1857) das positivistische Treiben der herrschenden historischen Sprachwissenschaft als unbefriedigend, die Sprache als einen Naturgegenstand, als ein sich ständig veränderndes materiell-lautliches großes Klang-Gebilde betrachtete, als «viertes Reich der Natur» («quatrième règne de la nature»), wie er einmal ätzend sagt (Saussure 1916/75: 17). Die Vorschläge zur Umgestaltung der Sprachwissenschaft waren aber völlig verschieden. Vossler forderte, wie gesagt, die Berücksichtigung von «Geist und Kultur in der Sprache», d. h. er entdeckt das Sprechen, die Texte und ihre Inhalte als sprachwissenschaftliche Gegenstände (saussurisch: *parole*), verbleibt aber doch ganz traditionell im Bannkreis der historischen *Entwicklung* der Sprache (saussurisch: *langue*). Auch Saussure möchte die Inhalte, die Semantik, wieder miteinbeziehen in die Sprachwissenschaft. Er ist in Paris der Nachfolger von Bréal gewesen, der – im Anschluß an den Wörterbuchautor Larousse – das Wort und die Sache der «Semantik», als «Wissenschaft von den Bedeutungen», fest in der Linguistik etabliert hatte. Das «sprachliche Zeichen», für dessen Theorie Saussure berühmt wird, ist gerade nichts anderes als die Humboldtsche *Einheit von Laut und Gedanke* im Wort. Saussure scheidet in aller theoretischen Deutlichkeit das Sprechen (*parole*) von der Sprache (*langue*), und er erklärt die *langue* zum alleinigen Gegenstand der Linguistik. Seine wirkungsmächtigste Neuerung gegenüber dem alten dominanten Paradigma besteht aber vor allem darin, daß er dem Gebiet der historischen Sprachforschung – er nennt sie «diachronische Sprachwissenschaft» – die «*synchronische* Sprachwissenschaft» hinzufügt. Als bedeutender Forscher der historisch-vergleichenden Linguistik lehnt er, wie gesagt, die diachronische Linguistik natürlich nicht ab, er legt aber gerade die theoretischen Grundlagen für eine deskriptive Linguistik. Hermann Paul, der Theoretiker der herrschenden deutschen Lehre, hatte in seinem klassischen Abriß der Sprachwissenschaft, *Prinzipien der Sprachgeschichte,* noch 1880 dekretiert: «Es ist eingewendet worden, dass es noch eine andere wissenschaftliche Betrachtung der Sprache gäbe, als die geschichtliche. Ich muss das in Abrede stellen» (Paul 1880/1966: 20). Saussures Inaugurierung der synchronen Wissenschaft von der *langue* antwortet dieser päpstlichen Behauptung der Ausschließlichkeit des historischen Paradigmas gleichsam lutherisch mit einem synchronischen: «Hier steh ich, ich kann nicht anders, Gott helfe mir».

In seiner Theorie der synchronischen Erforschung der *langue* macht Saussure deutlich, daß er eine *langue* als ein *System* von Einheiten versteht, die einen durch *Oppositionen* definierten «inneren Zusammenhang» bilden. Das heißt ganz humboldtisch: die einzelnen Sprachen unterscheiden sich dadurch, wie sie die Welt *gliedern* oder *artikulieren* (auch das ist Humboldts Wort). Eines seiner simplen klassischen Beispiele, die aber die Grundidee der durch Oppositionen von Einheiten definierten *langue* illustrieren, ist die Opposition von *mutton* und *sheep* (und folglich von *veal* und *calf*, von *pork* und *pig*, von *beef* und *ox*) im Englischen, die im Französischen gerade nicht gemacht wird. Dort gibt es, wie im Deutschen nur jeweils ein Wort, gleichgültig ob das Tier auf dem Bauernhof lebend herumläuft oder gebraten auf dem Teller liegt. D. h. die «Systeme» des Englischen und des Französischen sind an dieser Stelle gerade anders, die sprachlichen Einheiten sind jeweils anders definiert. Saussures radikalster Interpret Louis Hjelmslev (1963: 53) wird diesen zentralen Gedanken der je unterschiedlichen (semantischen) Form verschiedener Sprachen an dem berühmtem Beispiel der Farbadjektive im

Englischen und im Gälischen illustrieren, die den Bereich der Farben zwischen Grün und Braun jeweils anders gliedern:

	gwyrdd
green	
blue	*glas*
gray	
brown	*llwyd*

Saussure hat selber keine Beschreibung einer Sprache vorgelegt. Seine Theorie gibt aber der synchronen Beschreibung der Sprachen die wissenschaftstheoretische Würde, die ihr angesichts der Exklusivität des diachronischen Wissenschaftsbetriebs gefehlt hat. Und sie lenkt die Aufmerksamkeit der Sprachwissenschaftler ganz entschieden auf die Deskription.

6.6.3. Amerika und das Denken der Indianer   Die Entwicklung einer synchronisch-deskriptiven Sprachwissenschaft wäre aber sicher nicht so erfolgreich gewesen, wenn nicht neben den französischen Anregungen (die in den Saussureschen Schulen natürlich nicht auf Frankreich beschränkt blieben, der eigentliche «Erbe» Saussures ist der Däne Hjelmslev) und den in der Prager Schule weitergeführten russischen Ansätzen (Jakobson, Trubetzkoy) die amerikanische Sprachwissenschaft ebenfalls zum Deskriptivismus übergegangen wäre. Um die Jahrhundertwende haben sich in den Vereinigten Staaten emigrierte Deutsche wieder den Indianersprachen zugewendet: Franz Boas und Edward Sapir hatten gleichsam ihren Humboldt und Herder im Gepäck (Sapir, der allerdings schon als Kind mit seinen Eltern ausgewandert war, hat sogar über Herder geschrieben). Mit diesen humboldtisch inspirierten Sprachwissenschaftlern greift Amerika seine linguistische Aufgabe wieder auf, die Volney 1798 dem amerikanischen Kongreß in seinem Bericht, «Observations générales sur les Indiens ou Sauvages de l'Amérique du Nord», gestellt hatte und die Humboldts Freunde Pickering und Duponceau weiterverfolgt hatten: die Beschreibung der Sprachen der amerikanischen Ureinwohner.

Die amerikanische deskriptive Sprachwissenschaft ist aber zu Beginn des 20. Jahrhunderts nicht nur zu ihrer Berufung zurückgekehrt, sondern sie ist gewissermaßen gleichzeitig auch einen Pakt mit dem Teufel eingegangen, der sie notwendigerweise das von Leibniz gesetzte eigentliche Ziel der Sprachdeskription verfehlen ließ, die Beschreibung der wunderbaren Varietät der Operationen des menschlichen *Geistes.* Sie vertreibt nämlich den «Geist» aus der Sprachwissenschaft (und weil sie das tut, kommt er sozusagen in Form eines Gespenstes wieder zurück). Sie verschenkt gleichsam die Seele der Sprachwissenschaft (nur daran ist ja bekanntlich der Teufel interessiert). Der große Leonard Bloomfield, der als Germanist mit der deutschen sprachwissenschaftlichen Tradition gut vertraut war, entwirft die Theorie des amerikanischen linguistischen Deskriptivismus. Anders als Saussure verschreibt sich Bloomfield aber dem vulgärsten Szientismus, den es damals gab, dem behavioristischen Materialismus. Für diesen ist nur das wissenschaftlich «objektiv» beschreibbar, was als materielles Geschehen beobachtbar ist (insofern ist diese Linguistik auch wieder extrem traditionell, denn auch die Gegenstände der historisch-vergleichenden Sprachwissenschaft waren ja hauptsächlich die – beobachtbaren – Laute). Was sich dagegen im Inneren des menschlichen Geistes abspielt, wenn die Menschen sprechen, ist nicht beobachtbar und daher der Wissenschaft nicht zugänglich: «Introspektion» (und der ihr entsprechende «Mentalismus») ist dem behavioristischen Materialismus die Todsünde gegen die Wissenschaft. Bedeutungen sind also als geistige Größen prinzipiell von der linguistischen Beschreibung ausgenommen. Die Sprachwissenschaft verbleibt damit gerade in jener Geist-losigkeit, die Vossler an der alten Sprachwissenschaft kritisiert hatte, ja sie radikalisiert sie sogar noch. Berühmt geworden ist Bloomfields Beispiel, daß man die Bedeutung des Wortes *Salz* von der Chemie erfahre: die Bedeutung von *Salz* sei «NaCl». Semantik wird also auf die krudeste physikalische Referenz reduziert. Das bringt uns nicht sehr weit bei Ausdrücken wie «Salz der Erde», «cum grano salis» oder «Salz in der Suppe». Dieser radikale Materialismus verbietet natürlich jegliche semantische Beschreibung dessen, was Locke die *mixed modes* genannt hatte, also von Wörtern für gesellschaftlich-geistige Inhalte. Höchstens die Lockeschen *substances* wären wissenschaftlich faßbar. Wir wissen aber, daß selbst bei den Wörtern für diese materiellen Dinge die Sprachen eine Menge «geistiger», von keiner Naturwissenschaft zu findender Eigenheiten beimischen: Ein *Hund,* zoologisch auf der ganzen Welt dasselbe Tier, ist sprachlich-semantisch nicht dasselbe in China wie in Europa.

Diese neue Linguistik beschreibt daher – wie die alte Sprachwissenschaft – im wesentlichen Laute und Morpheme, nur eben synchronisch-strukturell. Ein typisches Beispiel, wie dann die Beschreibung einer Sprache nach diesen Prinzipien aussieht, ist die «Strukturskizze» des Französischen durch Hall (1948): Wie in der alten diachronischen Linguistik wird die französische Sprache, nunmehr natürlich konsequent synchronisch und brutal «objektiv», in der Abfolge von Lautlehre, Formenlehre, Wortbildung und Syntax, in reiner Materialität dargelegt. «Wissenschaftlicher», aber auch geistloser ist die französische Sprache nie beschrieben worden. Nach seiner Austreibung aus der Wissenschaft von der Sprache geistert der Geist zunächst in der praktischen Alltagswelt herum. Der Feuerversicherungsagent Whorf war nämlich in seiner alltäglichen Lebenswelt mit der Tatsache konfrontiert, daß Wörter *Bedeutungen* haben und daß dies erhebliche Konsequenzen für das Handeln und das *Denken* der Menschen hat. Whorf ließ sich daher von dem Verdikt der Nicht-Beschreibbarkeit von Bedeutungen in der linguistischen Zunft nicht abschrecken. Den Auffassungen Sapirs folgend (der ja ein «humboldtianischer» Spezialist für Indianersprachen war) geht Whorf der alten Einsicht von der einzelsprachlichen Verfaßtheit des Denkens nach, deren Tradition wir hier von der Renaissance über Bacon, Locke, Condillac, Leibniz, Herder, Humboldt verfolgt haben (auch um dem lächerlichen Vorurteil zu begegnen, Whorf habe dies entdeckt). Sein Buch *Sprache Denken Wirklichkeit* hatte – wahrscheinlich gerade wegen der Geistlosigkeit der gleichzeitigen amerikanischen Linguistik – einen riesigen Erfolg. Es führt aber nicht nur die genannte europäische Tradition fort (die Whorf natürlich nicht kennt),[10] sondern radikalisiert und übertreibt nun die einzelsprachliche Determiniertheit des Denkens. Berühmt geworden ist Whorfs Beispiel der Hopi-Indianer, die völlig anderes denken würden als Sprecher von *Standard Average European* (SAE)-Sprachen. So könnten die Hopi z. B. das Konzept der «Zeit» nicht denken, weil ihnen die entsprechenden sprachlichen Mittel fehlten, «Zeit» auszudrükken. Das Denken ist also nach Whorf nicht nur verschieden von Sprache zu Sprache, es ist auch völlig eingeschlossen in diese jeweilige Besonderheit. Der von Bloomfield und dem linguistischen Behaviorismus aus der Sprache (und der Linguistik) hinausgeworfene Geist wird hier nun in die Einzelsprache wie in ein Gefängnis eingeschlossen. Diese Auffassung von dem völligen Eingebundensein des Denkens in einzelsprachliche Strukturen ist als «sprachlicher *Relativismus*» bekannt geworden.

Ganz abgesehen davon, daß der linguistische Befund über das Hopi sich bei näherem Hinsehen als fehlerhaft herausstellen sollte,[11] ist das «Laienhafte» an Whorfs Sprachauffassung die ideologische *Übertreibung* der «Verschiedenheit des menschlichen Sprachbaus» oder der sprachlichen Relativität. Es trifft nicht zu, daß die einzelsprachlichen semantischen Strukturen einbahnartig das Denken der Menschen so determinieren, als gäbe es kein einzelsprachunabhängiges Denken und als seien die Sprachen Zwangssysteme des Geistes, auch wenn das der berühmte französische Intellektuelle Roland Barthes später noch einmal behaupten wird, wenn er die Sprache (*langue*) «faschistisch» nennt

(Barthes 1980: 19). Die Sprachen schließen das Denken nicht so in ihre Strukturen ein, daß ihre Sprecher nichts anderes denken könnten. Die Sprachen geben uns zwar die Welt auf eine bestimmte Art und Weise, sie sind – wie Humboldt sagt – «Weltansichten». Wie Hjelmslevs Beispiel zeigt, «sieht» das Gälische den Bereich der Farben zwischen Grün und Blau anders als das Englische. Dies heißt aber nicht, daß man aus diesen «Ansichten» nicht hinaustreten könnte. Im Gegenteil: Wir tun dies immerzu. Sprechen ist gerade ein ständiges Zurücklassen, Hinausgehen-Über oder Verändern der sprachlich vorgegebenen «Weltansichten». Eine einmal von der Sprachgemeinschaft vorgenommene Kategorisierung kann durchaus durch weitere (z. B. wissenschaftliche) Einsichten zurückgenommen oder verändert werden: Wenn die Deutschen das Tier auch einmal einen «Wal-*Fisch*» genannt haben, so war es ihnen selbstverständlich doch möglich, dieses Tier als Säugetier – und nicht als Fisch – zu denken. Daß der Silberfisch kein Fisch ist, war vermutlich allen von Anfang an klar. Auch wenn wir sagen, daß *die Sonne aufgeht*, so wissen und denken wir inzwischen doch, daß gar nichts aufgeht, sondern daß die Erde sich dreht.

Sprachliche Regeln sind zwar zu befolgen (aber einer Regel zu folgen heißt ja nicht gleich, einem faschistischen Zwangssystem zu unterliegen), sie verhindern aber weder das Erkennen weiterer konzeptueller Unterscheidungen noch die Aufhebung von sprachlich gemachten Unterscheidungen. Wenn keine sprachliche Unterscheidung vorhanden ist, so besagt das nicht, daß man die *Sachen* nicht unterscheiden könnte: Natürlich können die Italiener zwischen einer Leiter und einer Treppe unterscheiden, obwohl sie beides mit demselben Wort benennen: *scala*. Auch wenn wir nicht mehr zwischen *Oheim* und *Onkel* unterscheiden oder wie die Römer zwischen *avunculus* und *patruus*, sondern beide *Onkel* nennen, so wissen wir doch, daß der Bruder der Mutter (*avunculus*) nicht mit dem Bruder des Vaters (*patruus*) identisch ist (was andernfalls ja auch zu entsetzlichen Verwirrungen auf Familienfeiern führen würde). Die Deutschen können durchaus einen Unterschied zwischen Kopfhaar und Körperhaar sehen, obwohl sie nicht wie die Franzosen sprachlich zwischen *cheveu* und *poil* unterscheiden. Roman Jakobson hat einmal gesagt, daß Sprachen sich in dem unterscheiden, was sie sagen *müssen*, nicht in dem, was sie sagen *können*. Anders herum gesagt: sie *können* alles sagen, bzw. genauer: die Sprecher können gerade über das hinausgehen (und sie tun das auch immerzu), was die Struktur ihrer Sprache (die sich aufgrund des Sprechens übrigens ständig ändert) ihnen vorgibt.

Das Gesagte gilt natürlich auch für die Grammatik: «Le soleil *brillait*, les oiseaux *chantaient*, quand tout d'un coup un terrible cri *déchira* la paix de cet après-midi.» Auf deutsch: «Die Sonne schien, die Vögel sangen, als plötzlich ein furchtbarer Schrei den Frieden dieses Nachmittags zerriß». Im Deutschen machen wir den Unterschied zwischen dem Imperfekt und dem passé simple nicht, den das Französische an dieser Stelle machen muß (*brillait* vs. *déchira*), womit es nach der Tempus-Interpretation von Harald Weinrich einen Unterschied zwischen dem «Hintergrund» und dem «Vordergrund» des geschilderten Geschehens markiert. Dennoch ist es auch jedem Leser des deutschen Textes klar, daß das Scheinen der Sonne und das Singen der Vögel den Hintergrund für jenes Geschehen bildet, das dann auf dem Vordergrund der Darstellung erscheint: für den Schrei, der die Stille zerreißt. D. h. wir sehen auch, was die Franzosen sehen *müssen*. Und wenn auch im «normalen» Sprechen, etwa wenn Kinder in der Schule eine Geschichte schreiben, die Verteilung der Tempora so zu sein hat, wie es der Beispielsatz andeutet, so können die Sprecher diesen Zwang doch hinter sich lassen und die spezifische Semantik der Tempora für ihre Ausdrucksabsichten nutzen: Die erzählende Prosa des 19. Jahrhunderts hat z. B. das *imparfait* an Stellen gebraucht, wo man «normalerweise» das passé simple erwartet hätte, und dadurch gerade reizvolle stilistische Effekte erzielt.

Kurzum: es besteht kein Zweifel daran, daß die Sprachen das Denken «vorstrukturieren» oder, wie man vielleicht besser sagt: das Denken «färben» oder – noch besser – «tönen». Sie zwingen es aber nicht in ein festes und unaufschnürbares Korsett ein, sondern geben ihm eine – vorläufige – Form, die Bedingung der Möglichkeit von Sprechen und Denken ist und die unser Sprechen und Denken dann auch gerade *hinter* sich läßt. Die «Struktur» oder das «System» der Sprache ist eine Regelhaftigkeit, die mit der Gesellschaftlichkeit der Sprache zusammenhängt. Ohne diese «Strukturiertheit» wäre eine Verständigung mit den anderen Mitgliedern der Sprachgemeinschaft gar nicht möglich. Sie bedeutet ja nur, daß mein Partner die Wörter und grammatischen Elemente mit (ungefähr) derselben Bedeutung benutzt und (ungefähr) nach denselben syntaktischen Regeln kombiniert wie ich. Insofern sind Struktur und Regeln nicht so sehr – wie Barthes und die Vertreter eines radikalen Relativismus meinen – hassenswerte (oder geliebte) Unfreiheit, sondern gerade Bedingung der Freiheit. Ohne Struktur und Regel wäre gar nichts gegeben, es wäre den anderen auch nichts verständlich, es wäre einfach nichts (das kann man natürlich «Freiheit» nennen). Wirklich Zwang und Unfreiheit wäre Sprache nur dann, wenn es nur *eine* Struktur, nur *eine* Sprache, gäbe und wenn wir diese eine Sprache auch nicht mehr durch unser Sprechen und Denken verändern könnten (wie es ja alle Projekte «richtiger» wissenschaftlicher «Begriffssprachen» beabsichtigen). Die Existenz anderer Sprachen, die Möglichkeit, es sprachlich auch einmal anders zu machen (wozu auch die immer beklagte «Vagheit» und «Unbestimmtheit» der natürlichen Sprachen gehört), ist vielleicht die wichtigste Bedingung sprachlicher Freiheit. Deswegen ist die Vielfalt der Operationen des menschlichen Geistes in seinen Sprachen nicht nur «wunderbar», sondern notwendig, notwendig nämlich für die wunderbare Freiheit des menschlichen Geistes. Der sprachliche Relativismus ist ja durchaus nicht überwunden. Er ist nicht nur sprachtheoretisch falsch, sondern auch politisch überaus ambig. Whorf wollte mit den besten politischen Absichten seinen SAE-sprechenden Mit-Amerikanern verdeutlichen, daß die anderssprachigen amerikanischen Nationen «anders denken» und daß man ihnen folglich mit der Respektierung ihrer Mentalität begegnen müsse. Sprachlicher Relativismus ist also einerseits durchaus in einem nicht negativ gemeinten Sinn politisch korrekt. Andererseits aber kann der sprachliche Relativismus sich auch – politisch höchst unkorrekt – in linguistischem Rassismus äußern. Denn eine andere politische Konsequenz der relativistischen Überzeugung kann ja durchaus besagen, daß man mit dem Anderssprechenden gar nicht erst zu sprechen brauche, weil man sich ja wegen des völlig anderen Denkens ohnehin nicht verstehe, d. h. der linguistische Relativismus kann gerade zur Aufkündigung menschlicher Kommunikation und Gemeinsamkeit führen. «You just don't understand» sagt man dann[12] und dreht sich um, wenn es gut geht, bzw. schlägt drauf, wenn man nicht so freundlich gesinnt ist. Beides ist ein Scheitern menschlicher Kommunikationsbemühungen und menschlicher Übersetzungsanstrengungen, die immer möglich und übrigens bei jedem Sprechen – auch mit dem, der meine Sprache spricht – notwendig sind.

6.6.4. Das Geist-Organ Die humboldtische Tradition und der ihr folgende europäische Strukturalismus haben immer *sowohl* das Geistige der Sprachen mitberücksichtigt, ja hierin sogar das eigentlich Interessante der Sprachen gefunden, *als auch* gesehen, daß die Einzelsprachen eingelassen sind in eine universelle Sprachfähigkeit (*faculté du langage*), die die Brücke zwischen den Sprachen bildet. Die amerikanische Sprachwissenschaft wich gerade in diesen beiden Hinsichten von der europäischen Tradition ab und schuf daher auch eine – wiederum extrem amerikanische – Reaktion: Die professionelle, offizielle amerikanische Sprachwissenschaft wollte nur das *Materielle* der Sprachen als wissenschaftlichen Gegenstand akzeptieren. Das eher «inoffizielle» amerikanische Sprachdenken, welches die geistige Seite der Sprache behandelte, stürzte sich geradezu begeistert in einen radikalen *Relativismus*, der das Universelle des menschlichen Sprachwesens völlig aus dem Blick verlor. Auf beide radikale Vereinseitigungen des amerikanischen Sprachdenkens reagiert Noam Chomsky, dessen Theorie die Sprachwissenschaft der zweiten Hälfte des 20. Jahrhunderts geprägt hat, mit einer spiegelbildlichen Antwort, mit einer «abstrakten Negation», wie Hegel gesagt hätte, die nun ihrerseits zu einer spiegelbildlichen Vereinseitigung führt: Gegen den radikalen behavioristischen Materialismus (und dessen primitive induktionistische Forschungslogik) stellt Chomsky einen ebenso radikalen *Mentalismus-Kognitivismus*, und auf den extremen Relativismus antwortet er mit einem ebenso extremen *Universalismus*: «Sprache» (*language*) ist für Chomsky gerade kein beobachtbares lautliches, kommunikatives Ereignis mehr (das wäre *speech*), sondern ein innerer mentaler Mechanismus: *Denken, Kognition* (wir haben das schon bei Herder gesehen). Und «Sprache» (*language*) ist nicht mehr wesentlich historisch-kulturell-partikular, sondern etwas *Universelles*: Universal-Grammatik, zu der Chomskys Denk-Partner, der Philosoph Fodor, dann noch den Universellen Wortschatz hinzufügt, den er *Mentalese* nennt. Die Verfahren der einzelnen Sprachen sind in bezug auf die – im übrigen *angeborene* – Universelle Grammatik, die das eigentliche Objekt dieser neuen Sprachwissenschaft ausmacht, oberflächliche Variationen, kontingente Deszendenzen, die dessen – transzendentale – Schönheit nicht wirklich tangieren. «Sprache» dient nicht wesentlich der Kommunikation, «language is not intrinsically a system of communication» (Chomsky 1991b:51), sie muß sich nicht auch materiell manifestieren, sie hat als angeborenes inneres kognitives Dispositiv keinen wesentlichen Bezug zur Außenwelt. Sie *kann* zu alle diesem aus dem Gehirn in die Welt hinabsteigen, sie muß es aber nicht. Hier noch einmal das oben (4.2.2.) schon einmal angeführte Zitat:

> The general conclusion that seems to come to the fore, [...] is that language is designed as a system that is «*beautiful*» but in general *unusable*. It is designed for *elegance*, not for use, though with features that enable it to be used for the purposes of normal life. (Chomsky 1991b: 49, H.v.m.)

Es werden sozusagen die beiden unschönen Kinder der amerikanischen Linguistik, das materialistische und das relativistische Kind, mit dem Bade ausgeschüttet, wo – altmodisch gesagt – eine Versöhnung des Körpers mit dem Geist und eine Verbindung kultureller Partikularität mit menschheitlicher Universalität nötig gewesen wäre. Dem vergossenen Badewasser entsteigt statt dessen eine immaterielle Adamssprache: «forma locutionis a Deo cum anima prima concreata» (Dante: *DVE* I vi 4), eine universelle Sprachform, wie sie von Gott – der hier natürlich «Natur» heißt – mit der ersten Seele zusammen geschaffen worden ist. Das heißt nicht, daß die verschiedenen Sprachen nicht thematisiert würden. Im Gegenteil: es werden viele verschiedene Sprachen betrachtet und beschrieben, ihre Verschiedenheit wird aber prinziell *dekonstruiert* (der Ausdruck scheint hier sehr angebracht), also systematisch durchgestrichen, weil der Blick immer aufs Universelle gerichtet ist, auf das angeborene menschliche Sprachvermögen. Dieses ist aber natürlich – anders als beim mittelalterlichen Dante – modern wissenschaftlich als ein Sprach-Organ im biologischen Sinne verstanden:

> The faculty of language can reasonably be regarded as a «language organ» in the sense in which scientists speak of the visual system, or immune system, or circulatory systems, as organs of the body. (Chomsky 2000: 4)

Das ganz innere, mentale Organ «Sprache» ist also gleichzeitig ganz Körper. Diese neue Sprachwissenschaft versteht sich daher auch als «Biolinguistik» (Chomsky 2000: 2), d. h. den methodischen Naturalismus der alten Sprachwissenschaft radikalisiert sie – wie in der Vergangenheit Schleicher – tatsächlich zu einem *ontologischen* Naturalismus: Sprache *ist* ein Naturgegenstand (und Linguistik daher wirklich eine Naturwissenschaft), sie wird nicht nur wie einer behandelt.

Am eindringlichsten charakterisiert den Ansatz vielleicht die schon erwähnte, von Chomsky immer wieder angeführte Figur des Wissenschaftlers vom Mars, der bei seinem Blick auf die Spezies Mensch die universelle Präsenz von Sprache als speziesspezifisch bemerkt und der mit seinem Mars-Blick die Unterschiede zwischen den Sprachen eher unerheblich findet. Den Unterschied zwischen Englisch und Navajo fände er wahrscheinlich «not very impressive» (Chomsky 2000: 21):

> A rational Martian scientist would probably find the variation rather superficial, concluding that there is one human language with minor varieties. (Chomsky 2000: 118)

Den Schluß, daß da nur eine menschliche Sprache mit geringfügigen Varietäten vorhanden ist, zieht natürlich nicht nur der Marsmensch, es ist auch die Grundannahme der Biolinguistik.

Wenn sich der Cartesische Dualismus von Geist und Körper auch in der radikalen Biologisierung des Geistes verflüchtigt, so weist doch die Trennung von *language* und *speech* oder «internal» und «external language», von innerer und äußerer Sprache, von «I-language» und «Performanzsystemen» auf Descartes. Descartes wird seit vierzig Jahren unerschütterlich als Vordenker angerufen (auch wieder Chomsky 2000: 3 und öfter), vor allem hinsichtlich des sogenannten «schöpferischen», freien Gebrauchs der Sprache. Was aber bei Descartes schöpferisch und frei war, darauf habe ich im vierten Kapitel hingewiesen, war das *Denken*. Die Sprache diente bei Descartes gut aristotelisch nur der Mitteilung der Gedanken, war also nichts anderes als «speech», äußere «Zeugin» des Denkens. Chomsky hat die Sprache radikal von Kommunikation abgekoppelt und nach innen gewendet, noch radikaler als Herder, der ebenfalls schon das «innere Merkwort» als das eigentlich menschliche Wort betrachtete, so daß «Sprache» nunmehr «innere Sprache», d. h. *reines Denken* (Kognition) ist. Dieses ist angeboren und universell, hat also mit «Mund und Gesellschaft» nichts zu tun, die ja nur «external language», d. h. der eigentlichen Sprache nur Beiherspielendes, sind.[13] Die Einsicht, daß Sprache *Denken* sei, wird also durchaus von der Herder-Humboldt-Sapir-Whorfschen Tradition übernommen. Sie wird aber sowohl von der kommunikativen Dimension (*Mit*-Denken) als auch von irgendwelchen *bestimmten* Sprachen gelöst, womit natürlich nur ein allgemeines, d. h. universelles Denken als «Sprache» übrigbleibt.

Die Überwindung des aristotelischen Dreiecks durch die Synthesis von Sprechen (*vox*) und Denken (*conceptus*) im europäischen Sprachdenken wird damit in einem idealistisch verschärften (es ist ja alles «Kognition») und *gleichzeitig* biologischen (es ist ja alles angeboren, universell) Neo-Aristotelismus wieder rückgängig gemacht: Das einzig Wichtige ist *conceptus*, denn «Sprache» ist allein der universelle *conceptus*. *Vox* ist als Äußeres nur sehr locker – sozusagen in einer radikalisierten *kata-syntheken*-Relation – mit *conceptus* verbunden: Es ist ja «nur» kulturell gegeben, d. h. wirklich kontingent, «beliebig» mit dem Eigentlichen, der Kognition, verbunden (es kann auch ganz wegfallen). Damit wird nicht nur das Kommunikative der Sprache sekundär, sondern die Verschiedenheit der Sprachen wird noch uninteressanter als bei den Griechen («not very impressive»). Anders als bei Aristoteles spielt allerdings die *res* überhaupt keine Rolle mehr: Das Denken, um das es geht, ist ja angeboren und verdankt sich nicht irgendwelchen Begegnungen mit der Welt. Insofern sind wir hier eigentlich bei einem biologistischen *Platonismus* des reinen Denkens angekommen. Schematisch kann das im Hinblick auf das aristotelische Dreieck etwa folgendermaßen dargestellt werden, wobei links die Kommunikation und rechts die weltbezogene Kognition als für die Sprache nunmehr irrelevante Relationen entfallen:

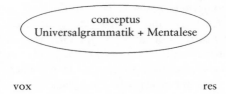

Am Stand der immer ziemlich scharf und kirchenmäßig geführten Auseinandersetzungen der Chomsky-Schule mit ihren Gegnern[14] kann man ablesen, wo das Chomsky-Paradigma heute steht. Gegen die Materialisten-Behavioristen, die Chomskys erste Gegner waren, braucht – jedenfalls in der Sprachwissenschaft – nicht mehr gekämpft zu werden, die liegen offensichtlich besiegt am Boden. Chomsky streitet allerdings anhaltend gegen die referentialistische Semantik der amerikanischen Sprach-Philosophie (Quine, Putnam). Auch Chomskys Vertreter auf Erden, der Psychologe Pinker, hat nicht so sehr den Behaviorismus-Materialismus im Visier, sondern er ficht hauptsächlich gegen den Relativismus bzw. die kulturellen und sprachlichen Verschiedenheiten – die «merveilleuse variété des opérations de notre esprit». «I hate relativism» und «differences between individuals are so boring», meint er (Pinker 1994: 405, 428). Gegen dieses «Argument», das eher ein fundamentalistischer Glaubenssatz ist, kann man wohl nichts machen.

6.6.5. Der Körper im Geist Manche freilich lassen sich durch diese päpstlichen Festlegungen nicht einschüchtern. Auf der anderen Seite des amerikanischen Kontinents – this is a free country! – haben daher einige Abtrünnige versucht, die reine Geistigkeit des Chomskyschen Sprachdenkens zu überwinden. Eine «zweite Generation» des Kognitivismus um den Linguisten Lakoff und den Philosophen Johnson stellt dem reinen Geist den Körper entgegen: *The Body in the Mind* oder *Philosophy in the Flesh* heißen die programmatischen Buchtitel. Diese Forscher entdecken, daß – zumal im semantisch-lexikalischen Bereich – die Beschaffenheit des menschlichen Körpers das Denken determiniert. So hängt z. B. die Tatsache, daß «OBEN mehr ist» wie in dem Satz «Die Buchproduktion *steigt*» mit der aufrechten Stellung des menschlichen Körpers zusammen. Oder: Der Geist wird sprachlich wie ein BEHÄLTER gefaßt, weil unser Schädel ein Behälter ist. Das Denken ist auf der Seite des Körpers ein SEHEN und GREIFEN: *Idee* hängt etymologisch mit dem Stamm *vid* «sehen» zusammen, wie auch unser *wissen*. Bei *Begriff* ist das Greifen ja noch unmittelbar erkennbar. Metaphern des Körperlichen stellte die «Philosophie im Fleische» also dem Chomskyschen Mentalismus entgegen. Sie ist die Erneuerung jener alten Intuition, die im Sensualismus (von den Gegnern Descartes') artikuliert worden ist, daß Denken *sensation transformée*, transformierte Sinnesempfindung, sei (und nicht wie bei den Cartesianern angeborene Ideen, *ideae innatae*).

Diese Wiederentdeckung des Körpers befördert das Interesse an der – in den verschiedenen Sprachen sedimentierten – Wortsemantik (statt der Syntax, die bei Chomsky im Vordergrund steht). Und der Kalifornische Sensualismus hat auch – im Gegensatz zum Ostküsten-Rationalismus – offensichtlich mehr Sympathie für die Verschiedenheit der Sprachen. Nicht von ungefähr heißt ein berühmtes Buch von Lakoff *Women, Fire, and Dangerous Things*, eine Anspielung auf eine semantisch-morphologische Kategorie in einer australischen Sprache. Dennoch: auch das Programm der Körper-Linguistik ist – wie dasjenige von Chomsky – zutiefst universalistisch. Es geht ja darum, die Einwirkung des menschlichen Körpers auf das Denken zu zeigen. Der Körper ist aber – genauso wie Chomskys angeborener Geist – etwas Universelles. Die Beispiele aus den verschiedensten Sprachen dienen daher auch im wesentlichen dem

Nachweis der Präsenz des – universellen – Körpers im menschlichen Denken. Die verschiedenen Sprachen werden aufgerufen, um die Variationsbreite der universellen Körper-Metaphern zu zeigen.

In den letzten Entwicklungen dieser Schule wird außerdem zunehmend klar, daß es – wie auch bei Chomsky – eigentlich gar nicht um Sprache geht. Natürlich sind die «Metaphern, mit denen wir leben» (*Metaphors We Live By*, Lakoff/Johnson 1980), in Wörter eingelassen. Diese werden aber nicht als Wörter *bestimmter* Sprachen untersucht, sondern als Beispiele für den generellen und universalistischen Nachweis der Fundierung des Denkens im Körper, für den Körper (überhaupt) im Geist (überhaupt). D. h. auch hier ist das sprachwissenschaftliche Interesse dem philosophischen gewichen: Die «Philosophie im Fleische» kulminiert daher konsequenterweise in einer – natürlich universellen – Ethik, die zwar außerordentlich sympathisch ist, die sich aber von den Wörtern und Sprachen weit entfernt. Der Raum der Geschichte, den Condillac und Leibniz als den Raum der Wissenschaft von der Sprache eröffnet hatten, ist auch hier längst verlassen.

6.7. Ursprung und Ende

6.7.1. Proto-World Zu diesem Ausstieg aus der Geschichte – und damit aus der Sprachwissenschaft, der dieses Kapitel gewidmet war – paßt auch die letzte Entwicklung der Linguistik, über die hier zu berichten ist. Nicht nur weil wir heute mehr wissen über die Naturgeschichte des Menschen, nicht nur weil wir über das Funktionieren des Gehirns besser Bescheid wissen, nicht nur weil sich die Biologie auf der Suche nach Sprach-Genen befindet, sondern auch weil die Linguistik selbst universalistisch und biologisch geworden ist, stellen heute gerade auch Linguisten wieder die Frage nach dem Ursprung der Sprache. Es sind ja eigentlich zwei Fragen: zum einen geht es um das Entstehen von *Sprache überhaupt* und zum anderen um die Entwicklung der *ersten Sprache*. Humboldt hatte die erste Frage nur transzendentalphilosophisch beantworten wollen, als eine Frage nach dem «ewigen» Ursprung (nicht als Frage nach dem zeitlichen Anfang, der Vor- oder Natur-Geschichte der Sprache). Zur zweiten Frage kann man nach Humboldt nichts sagen, weil keine «primitiven» Sprachen gefunden wurden und gefunden werden können.

Die Frage nach dem Sprachursprung war, wie erwähnt, 1866 gleichsam «offiziell» von den Sprachwissenschaftlern als unerwünscht deklariert worden, bzw. als außerhalb des Interesses der Linguistik liegend: Linguistik könne und solle weder etwas über die Vor-Geschichte, noch etwas über die Nach-Geschichte sagen, weder über den vor-geschichtlichen Ursprung der Sprache und ihre Entwicklung noch über die nachgeschichtliche ideale Universalsprache. Sofern Sprachwissenschaft im wesentlichen diachronische Sprachwissenschaft war, also ausgerichtet auf die Rekonstruktion einer ursprünglichen Einheit der (indogermanischen) Sprachen, ist dieses Verdikt schon ein bißchen merkwürdig: Die Rekonstruktion indogermanischer «Urformen» ist ja, wie wir bei Schleicher gesehen haben, ebenfalls ein ziemlich hypothetisches Tun. Nun, das Verbot sistiert die Forschung sozusagen im «echt» Historischen. Aber noch Jacob Grimm kannte diese Vorsicht nicht und versucht 1851 durchaus eine Projektion der aus der historischen Forschung gewonnenen Einsichten in eine Darstellung einer hypothetischen vor-geschichtlichen Entwicklung der Ursprache. Und überhaupt ließ sich – außerhalb der *Société de linguistique de Paris* – niemand so recht das Wort verbieten, ganz abgesehen davon, daß der Präsident dieser Gesellschaft, Ernest Renan, selbst eine durchaus erfolgreiche Abhandlung über den Ursprung geschrieben hatte (Renan 1848/1858). Erst 1896 liefert Victor Henry die Begründung für das Verbot der *Société de linguistique* in seinen *Antinomies linguistiques* nach: Die Frage nach dem Ursprung ist eine naturwissenschaftliche Frage, und die Linguistik kann als eine Kultur-Wissenschaft darüber nichts sagen. Es haben sich dann tatsächlich bis in die neueste Zeit hinein nur wenige Linguisten von Rang zu dem Thema geäußert. Das hat sich nun mit dem Übergang der Linguistik zur Natur-Wissenschaft von der Sprachfähigkeit radikal geändert. Daß sie eine «richtige» Wissenschaft, also eine Natur-Wissenschaft geworden ist, die aus der Kultur und der Geschichte völlig ausgestiegen ist, erfüllt die Chomsky-Linguistik ja gerade mit besonderem Stolz. Im Rahmen einer solchen Wissenschaft ist daher auch die *natur*-geschichtliche Fragestellung nach dem Ursprung der Sprache durchaus angezeigt.

Chomsky selbst kann der Frage dennoch nicht viel Interesse abgewinnen. Er nimmt den Ursprung der Sprache eher wie ein evolutionäres Wunder, einen Mutationssprung. Andere Linguisten und Biologen gehen dagegen durchaus der Frage nach, wobei die Hauptdifferenzen in dieser Diskussion durch die verschiedenen Sprach-Konzeptionen selbst generiert werden: Chomksy-Linguisten suchen natürlich nach dem Ursprung von etwas völlig anderem – nämlich von einem universellen kognitiven Apparat, von Universeller Grammatik und Universellen Begriffen (Mentalese) – als jene, die immer noch glauben, Sprache habe etwas mit Kommunikation und Lauten zu tun. Das Interessante ist, daß die Fragekonstellationen, wie wir sie aus den Ursprungs-Szenarien des 18. Jahrhunderts kennen (Condillac, Rousseau, Herder), hier strukturell wieder auftauchen.[15]

Die zweite Frage, die nach der ersten Sprache und wie sie ausgesehen haben mag, hängt nun wiederum stark von den sonstigen systematischen Forschungs-Interessen der entsprechenden Linguisten ab: Kreolisten haben z. B. die Entstehung von Kreolsprachen als plausible Szenarien der Ursprachen-Entwicklung betrachtet. Aber auch Einsichten in den Zweitspracherwerb, ja sogar Forschungen zur kommunikativen Dynamik von Zeitungsüberschriften bieten Evidenzen für evolutionäre Schemata. Die Details dieser Diskussion sind für unseren Zusammenhang hier weniger interessant.[16] Wichtig ist vielmehr die Feststellung, daß sich durch die Naturalisierung der synchronischen Sprachwissenschaft auch die Fragestellung der diachronischen Linguistik aus dem Historischen ins Naturgeschichtliche verlagern kann. Die Kühnheit der naturwissenschaftlichen Perspektive, der Blick in große zeitliche Zusammenhänge, ja in hypothetische Szenarien der Evolution, hat daher schließlich den Versuch generiert, das Projekt der historischen Sprachwissenschaft radikal zuendezudenken: bis zur lingua adamica nämlich. Der amerikanische Romanist Merrit Ruhlen (1994) versucht tatsächlich, aus den auf dem gesamten Globus existenten Sprachen Wörter der Ursprache der Menschheit zu rekonstruieren. Wenn, so die Überlegungen Ruhlens und anderer Erforscher des *Proto-World*, die Menschheit sich tatsächlich aus einem Stamm «out of Africa» über die Erde verbreitet hat, so ist es doch nicht ganz absurd zu versuchen, Gemeinsamkeiten zwischen Wörtern aus allen Sprachen zu rekonstruieren, die auf dem Globus verbreitet sind. Ruhlen realisiert damit – unter lautem Protest der zünftigen Indogermanisten natürlich, die nicht weiter gehen wollen als bis zu ihren hypothetischen Rekonstruktionen, die ja höchstens vier- bis fünftausend Jahre zurückreichen – durchaus das alte Leibniz-Projekt einer Rekonstruktion der *lingua antiquissima*, deren Spuren sich in den modernen Sprachen erhalten hätten:

> Illud tamen notatu dignissimum est, per magnam continentis nostri partem *linguae* cujusdam *antiquae latissime fusae vestigia* in linguis praesentibus superesse; cum multa sint vocabula quae inde ab Oceano Britannico ad usque Japonicum protenduntur. (Leibniz 1710: 2–3)

> Dies ist aber äußerst bemerkenswert, daß auf einem großen Teil unseres Kontinents Spuren jener uralten weitverbreiteten Sprache in den gegenwärtigen Sprachen erhalten sind; denn es gibt ja viele Wörter, die von der Nordsee bis ans Japanische Meer verbreitet sind.

6.7.2. *Paradise Regained*   Dem anderen Leibniz-Projekt geht es dagegen, wie angedeutet, weniger gut: Die (europäische und Whorfisch-amerikanische) merveilleuse variété des opérations de notre esprit verschwindet im Universalismus des (uralt-europäischen und amerikanischen) Sprachdenkens. Da, was heute auf der Welt gedacht wird, in den Vereinigten Staaten vorgedacht wird, in der Linguistik eben am MIT oder in Berkeley, so ist die amerikanische Linguistik auch die derzeit dominante Form des sprachwissenschaftlichen Projekts, und dies ist eigentlich gar kein sprach-wissenschaftliches Projekt mehr, es ist Geistes-Wissenschaft, *cognitive science*, die nur noch lose mit den Sprachen verbunden ist. In *Cambridge, Mass.* erforscht man die angeborene Universelle Grammatik und angeborene Konzepte (*Mentalese*). Auf der anderen Seite des amerikanischen Kontinents – grob gesagt – das Universelle Wörterbuch, das *Dizionario Mentale Comune*, wie es der menschliche Körper determiniert und das man analog zum Mentalese *Corporese* nennen könnte. Die Sprachen sind für beide Projekte eigentlich nur Spielmaterial: kontingente Erscheinungsformen des angeborenen Geistes auf der einen Seite, Variationsmöglichkeiten des universellen Körper-Denkens auf der anderen Seite. Es ist evident, daß das eigentliche Opfer dieser Entwicklung die Beschreibung der Sprachen in ihrer historischen Verschiedenheit ist: mettre en dictionnaires et en grammaires toutes les langues de l'univers.

Das bedeutet, wie gesagt, natürlich nicht, daß die Sprachbeschreibungen aufgegeben worden wären. Das Leibnizsche Projekt der Erfassung der wunderbaren Vielfalt des menschlichen Geistes in seinen verschiedenen Sprachen wird selbstverständlich in der deskriptiven Arbeit der Linguisten zu den Sprachen der Welt weitergeführt. Hier liegt aber nicht mehr der intellektuelle und theoretische Fokus dessen, was immer noch «Linguistik» heißt (warum eigentlich?). Das aktuelle Interesse der Sprachforschung liegt eindeutig bei den universalistischen Forschungsprojekten. Niemand hat dort natürlich etwas gegen die verschiedenen Sprachen (der Prophet vergießt sogar große Krokodilstränen über das Sprachensterben, aber warum eigentlich?). Aber niemand möchte sie dort eigentlich mehr *als solche* untersuchen, niemand liebt sie dort mehr so richtig; denn: differences are so boring.

Nun ist diese Forschungssituation schon allein insofern nicht ganz unschuldig, als Forschungsförderung und Forschungsgelder dorthin gehen, wo es vermeintlich «heiß» zugeht. Zu erkennen, daß die universalistisch-naturwissenschaftlichen Projekte seit langem massiv bevorzugt werden, bedarf keiner besonders scharfen Beobachtungsgabe. Diese Situation ist des weiteren kultur-politisch insofern nicht ganz unbedenklich, als die herrschende Linguistik sich mit der ohnehin universalistisch denkenden Philosophie trifft, die im Grunde immer noch gegen die *idola fori* kämpft, gegen die natürlichen Sprachen also. Die moderne analytische «Sprachphilosophie» verfolgt ja im wesentlichen immer noch Bacons Projekt der Neuen Sprache der Wissenschaften, truespeak. Sie kämpft ja immer noch tapfer gegen die «falschen» volkstümlichen Vorstellungen, gegen den «mist before our eyes», den die verschiedenen Sprachen verbreiten, d. h. für die Auflösung des einzelsprachlich gefärbten, historisch-partikularen Anteils des menschlichen Denkens, damit wissenschaftlich «objektiv» oder «wahr» gesprochen werden kann. Das dominante westliche Sprachdenken hat also kaum Sympathie für die natürlichen Sprachen der Menschheit und ihre Verschiedenheit. Politisch scheint mir diese Situation schließlich auch insofern bedenklich, als dieser Universalismus mit der brutalen sprachlichen Globanglisierung koinzidiert, in der die Vielfalt der Sprachen der Welt – und damit die merveilleuse variété des opérations de notre esprit – gerade im Begriffe ist unterzugehen.

Natürlich sind – trotz dieses universalistischen Fokus des aktuellen Sprachdenkens – dank der mithridatischen Wende der Sprachwissenschaft in der modernen Linguistik (Europas und Amerikas) im letzten Jahrhundert die meisten Sprachen der Welt beschrieben worden. Der *Neue Mithridates* ist aber noch nicht fertig: Viele afrikanische Sprachen harren z. B. noch der linguistischen Beschreibung, der mise en dictionnaire et en grammaire. Und die Menschheit tut gut daran, diesen Sprachen – nicht nur aus politischem Respekt – die Aufmerksamkeit zu schenken, die ihnen gebührt. Denn es ist nach wie vor die intellektuelle Verpflichtung der Wissenschaft herauszufinden, wie der menschliche Geist bei den verschiedensten Nationen die Aufgabe der Sprachbildung löst, «die Erzeugung menschlicher Geisteskraft in immer neuer und oft gesteigerter Gestaltung» (VII: 14), auch wenn diese afrikanischen Partikularitäten vom Mars aus gesehen «not very impressive» sein mögen. Wir leben aber nicht auf dem Mars, sondern auf der Erde. Nicht zuletzt ist der *Mithridates* eine prinzipiell unabschließbare Aufgabe. Denn selbst wenn alle Sprachen der Welt beschrieben wären, so gebrauchen die Nationen ja ihre Sprachen weiter (außer den Deutschen werden dies ja vermutlich die meisten Nationen tun) und verändern damit deren «Charakter», der ständig neu zu «erahnden» ist.

Es kann hier aber natürlich nicht übergangen werden, daß der linguistische Universalismus auch eine Reaktion auf die politische Pervertierung der Leibnizschen Freude an der sprachlichen und kulturellen Verschiedenheit gewesen ist. Die nationalistischen Übertreibungen der Bedeutung der eigenen Sprache und die relativistischen Exzesse haben die wunderbare Verschiedenheit des menschlichen Sprachbaus als häßliche Ausgrenzungsgründe des Fremden und als scheußliche und unüberwindbare Hindernisse der Kommunikation mit dem Anderen erscheinen lassen. Sie haben die wunderbare Vielfalt des menschlichen Geistes diskreditiert, der trotz aller Verschiedenheit eben auch Ein Geist ist. Aber die Antwort auf die nationalistischen und relativistischen Übertreibungen kann nun nicht das Vergessen und das Unterdrücken der Verschiedenheit sein: Universal Grammar, The (Universal) Body in the (Universal) Mind, und das ganze natürlich auf Globalese. Das Neue Paradies, ohne Mithridates den Störenfried. Die Lösung kann nur in dem *Zusammendenken von Einheit und Verschiedenheit* bestehen. Denn bei aller Einheit der Sprache (*langage*) manifestiert sich die Sprache in den vielen verschiedenen Sprachen der Menschheit (*langues*), und bei aller Verschiedenheit der Sprachen ist die Sprache der Menschheit auch *eine* Sprache. Deswegen nennt Wilhelm von Humboldt, der Herold der Verschiedenheit, seine Sprachforschung *Sprach*-Kunde und nicht *Sprachen*-Kunde, da «die Sprache eigentlich nur Eine, und es nur diese eine menschliche Sprache ist, die sich in den zahllosen des Erdbodens verschieden offenbart» (VI: 112). Ihre Aufgabe ist daher nach wie vor die folgende:

> Die Verschiedenheit des menschlichen Sprachbaues aufzusuchen, sie in ihrer wesentlichen Beschaffenheit zu schildern, die scheinbar unendliche Mannigfaltigkeit, von richtig gewählten Standpunkten aus, auf eine einfachere Weise zu ordnen, den Quellen jener Verschiedenheit und vor Allem ihrem Einfluss auf die Denkkraft, Empfindung und Sinnesart der Sprechenden nachzugehen, und durch alle Umwandlungen der Geschichte hindurch dem Gange der geistigen Entwicklung der Menschheit an der Hand der tief in dieselbe verschlungenen und sie von Stufe zu Stufe begleitenden Sprache zu folgen, ist das wichtige und vielumfassende Geschäft der allgemeinen Sprachkunde. (VI: 111)

Mithridates ist also nicht aus dem Paradies zu vertreiben, sondern – endlich – mit Adam zu verbrüdern («devenir en quelque sorte comme l'un d'entre eux»). Europa, das die Liebe zur (lateinischen und griechischen) Sprache – amore e cognizione delle lingue – so spät entdeckt hat, noch später die Liebe zu seinen eigenen Volkssprachen und zu allerletzt die Liebe zu allen Sprachen, ist dabei, sich wieder seinem ganz alten Sprachdenken genüßlich hinzugeben: der Sehnsucht nach der einen Sprache, der Sehnsucht nach Sprachlosigkeit, der Sehnsucht nach der einen Natur anstelle der vielgestaltigen Kultur. Es ist gleichsam so, als habe Amerika – nachdem es seine relativistischen Exzesse hinter sich gebracht hat (wie das Rauchen) – nur den universalistischen Teil des westlichen Sprachdenkens bewahrt. Und da Europa immer – trotz «Philologie», alter Götter, verschiedener Nationalstaaten und protestantistischer Sezessionen – seinen universalistischen Erfahrungen und Projekten nostalgisch angehangen hat – der Philosophie, dem Monotheismus, Rom, dem Einen Reich, der Einen Katholischen (d. h. Universellen) Kirche – folgt es Amerika gern ins Neue Paradies.

Rom hatte Mithridates (der kein angenehmer Herr war) besiegt. Spät und mühsam hat Europa diese Niederlage durch sein mithridatisches Sprachdenken gleichsam wiedergutgemacht. Es geht nun darum, Mithridates nicht noch einmal zu besiegen, sondern ihn endlich mit Rom auszusöhnen.

6.8. Coda: *Scheidungs-Waisen*

Abschließend die angekündigte Erzählung des traurigen Endes der uralten Ehe von Sprach- und Text-Wissenschaft. Was Humboldt zusammenzuhalten versuchte, als er in der Untersuchung des «Charakters» der Sprachen den «Schlußstein» des vergleichenden Sprachstudiums sehen wollte, nämlich die Erforschung des «Baus» der Sprachen (Linguistik) und die Untersuchung des «Gebrauchs» der Sprache in der Literatur (Philologie), ist durch die zuletzt geschilderte Entwicklung wohl ziemlich endgültig auseinandergefallen. Die Universitäten haben es (in Deutschland) institutionell noch zusammengehalten, in den Studiengängen der «Philologien» gehört es noch zusammen, aber in den Köpfen der Forscher spielt der Zusammenhang zwischen Texten und Sprachen so gut wie keine Rolle mehr. Schon in der guten alten Zeit, als sich Linguisten mit Sprachen (*langues*) und Literaturwissenschaftler mit Texten (*parole*) beschäftigten, war dies schwierig. Aber eine Begegnung oder eine Vermittlung war durchaus noch möglich: Die Texte waren ja das Ausgangsmaterial der Linguisten, und Literaturwissenschaftler benötigten hier und da irgendeine linguistische Information. Doch diese Zeiten sind längst dahin. Die Linguisten beschäftigen sich – wie eben gezeigt – nicht mehr mit *langues* (sondern mit *langage*), und die Literaturwissenschaftler beschäftigen sich, so scheint mir, immer weniger mit Texten (sondern allenfalls mit «Diskursen», was nicht dasselbe ist). Die beiden Disziplinen sind daher völlig geschieden, und Sprachen und Texte bleiben als Scheidungswaisen zurück.

Es hat zwar wenig Sinn, darüber zu klagen. Aber eine Träne sei zum Abschied doch geweint. Man fragt zwar periodisch, «was sich Sprach- und Literaturwissenschaft noch zu sagen haben». Aber die im 19. Jahrhundert einsetzende gegenseitige Fremdheit hat sich vertieft und ist ganz offensichtlich so endgültig, daß die Antwort notwendigerweise ist: «Nichts». Manche Linguisten geben zu, daß sie die Literatur lieben, sie sind, wie Claude Milner einmal bemerkt hat, linguistische Dr. Jekylls am Tag, literarische Mr. Hydes am Feierabend. Und manche Literaturwissenschaftler gestehen, daß sie hier und da eine Grammatik konsultieren oder viel von der Sprechakttheorie (die eine Erfindung von Philosophen ist) oder sonst einer linguistischen Theorie gelernt haben. Aber daß beides zusammengehört, das glaubt heute keiner ernsthaft mehr. Als die Humanisten «l'amore e la cognizione delle lingue» priesen, konnten sie sich *le lingue* wohl kaum als abstrakte Regel-Werke *außerhalb* der Texte – also als *langue*s – vorstellen. Die Sprachen waren in den Texten inkorporiert, bzw. «Sprache» war im wesentlichen das Ensemble von Texten. Wenn Bembo sein Toskanisch liebt, dann denkt er dabei an die Texte von Petrarca und Boccaccio, und für Bonamico sind natürlich die großen Texte von Cicero, Vergil und Horaz die «Sprache» Latein, die er verteidigt.

Die Opposition zwischen Philologie und Linguistik hat auch Humboldt nicht mehr vermitteln können, sie ist im 19. Jahrhundert schon scharf gewesen und hat sich immer weiter verschärft. In Amerika hatte Sprachwissenschaft sowieso nie viel mit Literatur zu tun. Linguistik wurde eher in anthropologischen departments gepflegt, weniger in den «nationalphilologischen», die es inzwischen sowieso kaum noch gibt. Nachdem schon der Saussureanismus die «langue en elle-même et pour elle-même» zum alleinigen Gegenstand der Linguistik ausgerufen hatte, stehen sich nun *speech* und *language* in gänzlicher Fremdheit gegenüber: Der Gegenstand der Linguistik, *language*, hat ja kaum noch mit den konkreten Sprachen (*langues*) oder schon gar nichts mehr mit *speech* oder *parole* zu tun. Hinzu kommt: die wissenschaftliche Thematisierung von *language* ist ohnehin nur noch Eingeweihten verständlich. Ich kann mir kaum einen Textwissenschaftler vorstellen, der etwas mit Lambda-Operatoren, Theta-Rollen, X-bar-Theorie und sonstigen okkulten Gegenständen aktueller Sprachwissenschaft anfangen könnte.

Auf der Seite der «Philologie», der Textwissenschaft, ist es allerdings auch nicht besser: Die amore e cognizione delle lingue – wenn sie denn Liebe zu großen *Texten* in bestimmten Sprachen gewesen ist – hat sich weitgehend verflüchtigt. Die Texte sind, wenn sie überhaupt in den Blick kommen, in der avancierten maßgeblichen literaturwissenschaftlichen Praxis nur noch Prätexte zur eigenen Textproduktion. Das ist an sich durchaus in Ordnung. Die Texte waren immer auch Prä-Texte. Aufgabe des Humanisten, des «Philologen», war ja das gloriose Weiterschreiben des alten gloriosen Korpus (wie es natürlich auch die Aufgabe des Grammatikers, des Linguisten, war, die Grammatik einer *langue* zu schreiben). *Coltura della lingua* war ja nicht nur bloß Pflege und Bewahrung des Korpus. Nicht in Ordnung ist aber, daß die Aktivitäten der Textwissenschaftler kaum noch auf die Prä-Texte zurückgewendet werden, daß also die coltura della lingua, die Sorge um den *geliebten* Text (natürlich, sonst würde man ja nicht sorgen und pflegen) und seine (deswegen *geliebte*) Sprache kaum mehr eine Rolle spielt. Unter dem Etikett der Literatur-Wissenschaft werden allerlei – zweifelsohne hochbedeutsame – politische, historische, ideologische, philosophische, kulturelle, sexuelle Motive traktiert, die die «Philologie» (l'amore delle lingue) weit abführen von den Texten und der Sprache. Es ist daher auch kein Zufall, daß an den avanciertesten Institutionen dieser Wissenschaft, den Instituten (ich meine natürlich: *departments*) für Allgemeine (!) und Vergleichende Literaturwissenschaft, die Sprachen kaum mehr eine Rolle spielen. Schon bisher las man dort gern in deutscher (oder englischer) Übersetzung, was nicht auf deutsch (oder englisch) geschrieben war. Jetzt geht man zum Globalesischen als Unterrichtssprache über, d. h. wohl endlich auch zur Lektüre von Goethe, Flaubert und Cervantes auf Globalese. In welcher Sprache diese Texte ursprünglich einmal geschrieben waren, wird zunehmend gleichgültig. Die Textwissenschaft bekräftigt damit den Neo-Aristotelismus der neuesten Linguistik: Der *Inhalt* der Texte (*conceptus*) existiert irgendwie völlig unabhängig von seiner sprachlichen Verfaßtheit, es ist daher auch völlig gleichgültig, in welcher Sprache man die Texte liest, also lesen wir sie auf Globalesisch. Spiegelbildlich zur Linguistik, die sich cartesisch mit den universellen Mechanismen des Geistes beschäftigt und die Unterschiede zwischen den Sprachen als «not very impressive» (Chomsky) behandelt, hat es auch die *Allgemeine* Philologie – weitgehend unabhängig von Texten in *besonderen* Sprachen (beides ist wahrscheinlich «not very impressive») – mit spannenden Universalien zu tun: Wichtig sind den Literaturwissenschaftlern gar nicht mehr Vergil, Horaz, Boccaccio, Petrarca, Racine e tutti quanti, sondern solche aufregenden Sachen wie Dekonstruktion, Systemtheorie, New Historicism, Butlerism etc. (und die sind sowieso auf globalesisch geschrieben). Diese sind nun für einen «Sprach» -Wissenschaftler, der gerade ein scrambling hinter sich gebracht hat, mindestens so okkult wie der erwähnte Lambda-Operatur für den new-historicistischen «Literatur»-Wissenschaftler.

Doch, wie gesagt, es nützt nichts, darüber zu klagen. Die Grammatiker-Linguisten haben sich zuerst aus den Texten in die *langues*, dann aus den Sprachen ins Biologische, in die Universalgrammatik und ins Mentalese (oder ins universelle Corporese), zurückgezogen (sie dachten wohl, daß sich die Textwissenschaftler schon um die Texte und folglich um die Sprachen kümmern würden). Die Textwissenschaftler wollen ihrerseits nichts mehr mit den Texten (und den Sprachen, in denen sie geschrieben sind) zu tun haben, so daß sie sich nun beide in zwei herrlich modernen Niemandsländern befinden, in denen keine bestimmte Sprache mehr stört (obwohl unendlich viel geredet wird): im Land sprachloser Globalität und im Land globaler Sprachlosigkeit, d. h. im Paradies. Auf der Strecke geblieben sind die Modernisierungsverlierer und Scheidungswaisen: z. B. Griechisch, Latein, Deutsch, Französisch, Spanisch, Italienisch, Russisch und die Sprachen anderer wilder Völkerstämme der Vergangenheit. Auf der Strecke geblieben sind also Sophokles, Ovid, Goethe, Baudelaire, Cervantes, Dante, Dostojewski und wie sie alle heißen.

7. Cambridge – Schwarzwald
Arbeiten, Spiele und Feiern der Sprache

7.1. *Noch einmal: die Wahrheit und die Götzen des Marktes*

7.1.1. Bringen wir noch einmal das folgende in Erinnerung:

> Sokrates: Auf welche Weise man nun Erkenntnis der Dinge [ta onta] erlernen oder selbst finden soll, das einzusehen sind wir vielleicht nicht genug, ich und du; es genüge uns aber schon, darin übereinzukommen, daß *nicht durch die Worte* [ouk ex onomaton], sondern weit lieber *durch sie selbst* [ex auton] man sie erforschen und kennenlernen muß als durch die Worte.
> Kratylos: Offenbar, Sokrates. (*Kratylos* 439b, H.v.m.)

«Phainetai, o Sokrates!» Sich dem Seienden direkt, *ex auton*, d. h. ohne Vermittlung der Sprache, ohne Vermittlung des Bildes (*eikon*), das das Wort ist, zu nähern ist die Sehnsucht des europäischen Erkennenden seit Platon. Aus der Aporie, aus der ungelösten Frage des Hermogenes und des Kratylos – bilden die Wörter die Dinge ab oder nicht? haben die Wörter Anteil am Erkennen der Dinge oder nicht? sind sie gute Bilder (*eikona*) der Sachen oder nicht? – führt die *Sprachlosigkeit*. Von diesem Vorschlag des Sokrates, von diesem Schlag des Sokrates, wird sich die Sprache in Philosophie und Wissenschaft – und nicht nur da – nicht mehr erholen. Aristoteles degradiert sie daher auch im wissenschaftlichen Sprechen zu einem bloßen Mittel der Kommunikation, das mit dem Denken selbst nichts mehr zu tun hat, zu einem bloßen *Zeichen* des Gedachten (die Feststellung der Zeichenhaftigkeit der Sprache ist eindeutig eine *Degradierung*: weg von der Kognition, dem eigentlich Wichtigen, zur Kommunikation). Wissenschaftliches Sprechen ist behauptendes Sprechen (*logos apophantikos*), Zuschreibung von Wahrheit oder Falschheit eines Ausssagesatzes: *apophasis* oder *kataphasis*. Die anderen Verwendungsweisen der Sprache – was Austin das Performative nennt –, nicht wahrheitsfähiges Sprechen wie etwa das Beten, Bitten oder Versprechen (*euche*) ebenso wie die effiziente Gestaltung und der äußerliche Schmuck dieser auf Wirkung auf den Hörer (*akroates*) abzielenden Redeweisen werden an die Rhetorik verwiesen, eben das Affektive, Akroamatische und Dialogische. Wissenschaft und Philosophie reduzieren die Sprache von Anbeginn auf Zeichenhaftigkeit. Die Sprache wird im wissenschaftlichen Gebrauch, wie Humboldt später sagt, in ihrer Eigentümlichkeit «vertilgt», und zwar in jeder Hinsicht: in ihrer partikularen Semantik, in ihrem partikularen Klang und sogar in ihrer Lautlichkeit überhaupt, sofern das *semeion* im wesentlichen gar nichts Lautliches mehr ist, sondern etwas Visuelles: Schrift-Zeichen. Und als Zeichen ist die Sprache nicht Sprache, sondern Zeichen.

Und wenn sich dann Jahrtausende später die Sprache doch wieder zwischen den Erkennenden und die Wahrheit zu schieben droht, dann werden sogar die Waffen der Religion bemüht: die Reinigung, der Exorzismus, um diese bösen Sprach-Geister zu vertreiben. Wissenschaft soll sich nach wie vor dem Seienden – *ta onta* – *direkt* zuwenden und kann sich nicht – wie Platon schon gesagt hatte – mit (schlechten) Bildern (*eikona*) der Dinge zufriedengeben. Nur: jetzt ist das nicht mehr so einfach wie zu Aristoteles' Zeiten. Aristoteles fügte zwischen die Wörter (die mit dem Erkenntnisvorgang gar nichts zu tun haben) und die Sachen einen geistigen Abbildungsvorgang ein, von dem er annahm, daß er bei allen Menschen gleich sei, so daß die «Erleidnisse der Seele» überall dieselben sind. Genau dies ist aber – nach der Einsicht Bacons – nicht mehr der Fall: Die Menschen machen überhaupt nicht die gleichen geistigen Bilder von den Sachen, das Volk macht sogar falsche Bilder: *idola*, Götzen, von denen sich der Neue Wissenschaftler erst einmal zu befreien hat. Die aristotelische Ruhe wird von der Entdeckung der *inhaltlichen*, der semantischen Partikularität der Volks-Sprache gestört, und das heißt auch von der unglückseligen *inneren* Verschiedenheit der vielen Sprachen der Welt.

Philosophie und Wissenschaften werden sich daher von nun an für die Zwecke des Wahrsprechens um die *Zurückdrängung* oder die Aufhebung der partikularen Semantiken der natürlichen Sprachen bemühen, um eine Reform der Sprache für das «vernünftige Reden» (um einen bekannten Buchtitel zu evozieren) oder manchmal sogar um die Einführung einer Neuen Wissenschaftlichen Sprache (einer *characteristica universalis*, einer Begriffs-Schrift).

Allerdings unterscheiden sich die Philosophen deutlich in der Einschätzung der Schädlichkeit der natürlichen Sprachen. Während Locke die einzelsprachliche Semantik in der Nachfolge Bacons als Katastrophe des Denkens – «a mist before our eyes» – betrachtet, als eine Geistes-Krankheit, für die die Philosophie Heilmittel (remedies) finden muß, erkennt Leibniz sie als eine zwar niedrigere, aber doch durchaus wertvolle Form der Erkenntnis an (cognitio clara confusa), was ihn aber nicht daran hindert, eine *characteristica universalis* für die Wissenschaft, die hierarchisch höherstehende cognitio clara distincta, ins Auge zu fassen. In dieser Tradition gewinnen Condillac, Herder, Humboldt immer klarere Einsichten in die Sprachlichkeit des Denkens. Herder zieht daraus die vielleicht radikalste Konsequenz, sofern er – im Gefolge seines

Lehrers Hamann – das Denken prinzipiell von der Sprache abhängig macht und es sozusagen insgesamt im Sprachlichen beläßt. Den – unsprachlich gedachten – Kantischen (oder aristotelischen) Kategorien stellt er in der *Metakritik* Kategorien entgegen, die er explizit aus der Sprache ableitet und die damit auch sprachliche Kategorien bleiben. In Hegels Weltgeschichte des Geistes muß sich der Geist zwar ebenfalls zuerst in den Sprachen partikularisieren, er läßt diese historischen Formen in seinem Aufstieg zur Wissenschaft aber auch wieder hinter sich (in dieser Hinsicht bleibt Hegel Condillac sehr verbunden, auch wenn er ihn herablassend behandelt). Bei aller Sympathie für die Sprachen bleibt Hegel also ein echter Philosoph, der sich das «wahre» Denken nur *jenseits* der Sprachen vorstellen kann. Humboldt denkt dagegen eher ein *Nebeneinander* als ein Nacheinander von Sprache und Wissenschaft: Das Denken erzeugt sich in der Sprache, die das bildende Organ des Gedankens ist, und das heißt auch notwendigerweise: Denken erzeugt sich in einer bestimmten historischen Sprache (und im Miteinander-Sprechen). Aber, wie wir oben angedeutet haben, für bestimmte, praktische und wissenschaftliche, Zwecke – «die Wissenschaften der reinen GedankenConstruction, und gewisse Theile und Behandlungsarten der Erfahrungswissenschaften» (IV: 29 f.) – kann das Handeln und Denken die Sprache auch «vertilgen». Die Wissenschaft muß und darf hier «die eigenthümliche Wirkung der Sprache, als eines selbständigen Stoffes, vertilgend, dieselbe nur als Zeichen ansehen», indem sie «jede Subjectivität von dem Ausdruck abzuschneiden, oder vielmehr das Gemüth ganz objectiv zu stimmen versucht» (IV: 30). Beides ist also möglich und nötig: Sprache als Sprache und Sprache als Zeichen. Die Antinomie der sprachlichen Vernunft ist auszuhalten.

Das Projekt Sprachwissenschaft entfaltet sich in dem von der Philosophie entdeckten Raum einer Sprach-Geschichte des menschlichen Geistes. Es löst sich im 19. Jahrhundert aber zunehmend von der Philosophie, was weder der Sprachwissenschaft noch der Philosophie besonders gut tut. Die Sprachwissenschaft ertrinkt geradezu in den positiven historischen Fakten. Weitgehend positivistisch gesinnt, lehnt sie – wie wir bei Degérando gesehen haben (Kap. 6.5.1.) – die «Spekulation» ab, so daß sie bald gar nicht mehr weiß, warum sie das tut, was sie tut. Die Philosophie andererseits scheint längst gewonnene Erkenntnisse über die Sprache wieder zu vergessen. Da die Sprache jetzt von der Sprach-Wissenschaft verwaltet wird, kümmert sich, so scheint es, die Philosophie nicht mehr um sie. Die Philosophen betreiben hauptsächlich (sprachfreie) Logik oder Philosophie des Geistes, als hätte es Leibniz, Herder, Humboldt nie gegeben. Schon der alte Schelling beispielsweise liest keinen Humboldt (sonst hätte er vermutlich der Berliner Akademie 1850 die Frage nach dem Sprachursprung nicht noch einmal vorgeschlagen, die Hum-

boldt im Rahmen der Berliner Akademie 1820 post-kantianisch beantwortet hatte). Und sogar Nietzsche, der Philologe, kennt Humboldt
nicht (nicht direkt jedenfalls, sondern nur über seinen Gewährsmann
Gerber),[1] so daß er – wie andere Philosophen der Zeit – alles noch einmal
selber erfinden muß.

7.1.2. Nietzsche erfindet die Sprachlichkeit des Denkens noch einmal
neu: Er leitet sie in seinem wohl bedeutendsten sprachphilosophischen
Text, der Abhandlung «Über Wahrheit und Lüge im außermoralischen
Sinn» von 1873, aus dem struggle for life und folglich aus der fürs Über-
leben notwendigen *Verstellung* ab. In diesem «außermoralischen Sinn»
ist Sprache notwendigerweise «Lüge». Sprache ist Abkömmling des
Leiblichen, aus dem sie durch einen zweifachen «metaphorischen»
Sprung und durch den einschränkenden Zwang der «Herde» zum «Begriff» sich entfremdet. Die Sprachen sind dann als «Begriffshimmel» und
«Begriffsdome» Konstrukte der Gesellschaft, in denen sich die ursprüngliche leibliche Schöpferkraft des Menschen verfestigt und verliert.

Die Genese der Sprache aus dem Leib ist nichts Neues, wohl aber der
radikale Biologismus, in den Nietzsche sie einbettet, und die ätzende Negativität des Blicks auf diesen «Aufstieg» des Geistes aus dem Leib. Der
biologistische Diskurs Nietzsches läßt einerseits die Begeisterung über
die wunderbare Vielfalt der Operationen des menschlichen Geistes in
den Sprachen der Welt hinter sich:

> Welche willkürlichen Abgrenzungen, welche einseitigen Bevorzugungen bald
> der bald jener Eigenschaft eines Dinges! Die verschiedenen Sprachen neben
> einander gestellt zeigen, dass es bei den Worten nie auf die Wahrheit, nie auf
> einen adäquaten Ausdruck ankommt: denn sonst gäbe es nicht so viele Spra-
> chen. (KSA I: 879)

Andererseits wird aber auch das philosophische Lamento über die Sprache gegenstandslos, denn vor dem Hintergrund von Nietzsches Radikal-
kritik sind «Wahrheit», «Objektivität» und «Wissenschaft» sowieso
lächerliche Illusionen:

> Was ist also Wahrheit? Ein bewegliches Heer von Metaphern, Metonymien,
> Anthropomorphismen kurz eine Summe von menschlichen Relationen, die,
> poetisch und rhetorisch gesteigert, übertragen, geschmückt wurden, und die
> nach langem Gebrauche einem Volke fest, canonisch und verbindlich dünken:
> die Wahrheiten sind Illusionen, von denen man vergessen hat, dass sie welche
> sind. (KSA I: 880 f.)

Die ursprüngliche leiblich-metaphorische Sprachlichkeit des Menschen
läßt höchstens, gegenüber dem uralten europäischen Wahrheits-Diskurs,
die *künstlische* Rede, als alternativen Ort menschlicher Geistigkeit aufscheinen. Bei dem «edlen Hohlkopf», als den Nietzsche Humboldt trak-

tiert, hätte Nietzsche durchaus Vergleichbares finden können, z. B. wo dieser die dichterische Verwendung der Sprache letztlich als das Höchste ansieht, dessen Menschen fähig sind: Die Sprache wird nach Humboldt nämlich «rednerisch», d. h. in ihrer ganzen Eigentümlichkeit gebraucht «bei jeder Erkenntniss, welche die ungetheilten Kräfte des Menschen fordert» (IV: 30). Seine «Leibphilosophie» hindert Nietzsche allerdings an solchen idealistischen Berührungen.[2]

Nun, Nietzsche stellt noch einmal – und radikaler als seine romantischen Vorgänger – das *Poetische* ins Zentrum einer philosophischen Reflexion der Sprache. Es ging in der Philosophie ja bisher immer um das (wahre) Denken, deswegen ging es auch letztlich immer um wissenschaftliche Rationalität, die uns das griechische Denken als geistiges Ziel vorgegeben hatte. Selbst Vico, der durchaus das Poetische – den *carattere poetico* und die Phantasie – an den Beginn der menschlichen Geistigkeit stellt, hat doch keine «poetische Weltanschauung». Das Poetische ist bei ihm das Körperlich-Phantastische des Anfangs, das die Menschheit in ihrem Aufstieg zu den «menschlichen» Zeitaltern hinter sich läßt. Zwar wirkt das Poetische noch in der «menschlichen», d. h. rationalen Sprache nach – das ist ja gerade Vicos Botschaft. Aber es ist doch eher ein zu zähmendes Wildes als das, was den Menschen der menschlichen Gesellschaft als zentrale und höchste geistige Aktivität auszeichnet. Auch bei Herder, den man immer als den Vater der Romantik betrachtet, ist das Poetische als Passionales und Körperliches eher das Beiherspielende, «die Säfte, die die Wurzeln der Sprache beleben» (1797: 12). Die Wurzel der Sprache selbst aber ist «Besonnenheit», Reflexivität, also gerade Rationalität. Rousseau (1781) dagegen leitet Sprache aus der Leidenschaft (passion) ab und klagt darüber, daß die Sprache in ihrer historischen Entwicklung die schöne Poesie, das Liebeslied des Anfangs, hinter sich läßt: Das gesungene *Aimez-moi*, der Klang der Liebesleidenschaft, ist die eigentliche, die «richtige» Sprache des Menschen, die dann von Rationalität, Wissenschaftlichkeit und dem Despotismus der Moderne zerstört wird.[3] In dieser skeptischen Einschätzung der menschlichen Sprach-Geschichte folgt Nietzsche zwar Rousseau. Bei Nietzsche sind es aber nicht Rousseaus feinere «moralische Bedürfnisse» (besoins moraux), die der poetischen Sprache zugrundeliegen und die mit ihr zugrundegehen, sondern es sind – rousseauisch gesagt – die tierisch-körperlichen Bedürfnisse, die «besoins physiques». Genüßlich unterfüttert Nietzsche die poetischen Sprachvorstellungen, die schon die romantischen Dichter-Denker (Novalis, Friedrich Schlegel) gegen die logisch-rationalistische Sprachauffassung vertreten hatten,[4] mit finster archaischer Leiblichkeit.

7.2. Morgenstern-Abendstern

7.2.1. Die Philosophen reflektieren am Ende des 19. Jahrhunderts wieder über die Sprache, und sie stellen wie ihre Vorgänger (die sie oft ignorieren) fest, daß das Denken in Sprache eingelassen ist. Und wieder gibt es sozusagen die einen, die sagen, daß dies auch gut so sei, und die anderen, die sich in verschiedener Radikalität daran machen, diese Verstrikkung des Denkens in die Sprache aufzulösen, zu «analysieren» – daher der Name «analytische» Philosophie. Die Streit-Konstellation der alten Questione della lingua – Poesie-Philologie vs. Wissenschaft-Philosophie, Bembo/Lascari vs. Pomponazzi – findet sich dann im zwanzigsten Jahrhundert als Grundopposition *in* der philosophischen Sprachreflexion selbst wieder. Das heißt allerdings nicht, daß philosophische «Poeten» und philosophische «Wissenschaftler» miteinander streiten. Sie ignorieren einander eher, sie leben in verschiedenen Ländern, die einen leben auf dem «Kontinent», die anderen offensichtlich eher auf Inseln. Dort stellt dann allerdings ein philosophischer Cortegiano den Insel-Pomponazzis einige Fragen.

Nietzsche führt die Fraktion der Dichter-Philosophen an, die sich auf die Sprache einlassen, so tief manchmal, daß sie, wie später Heidegger, geradezu in ihr versinken. Auf die Sprachferne der Philosophie des 19. Jahrhunderts antwortet in den zwanziger Jahren des 20. Jahrhunderts z. B. auch Cassirer mit seiner *Philosophie der symbolischen Formen.* Cassirer wiederholt gleichsam noch einmal die Denk-Bewegung, die Humboldt hundert Jahre früher vollzogen hatte: Wie Humboldt die Sprache in das – sprachlose – Kantische System hineingedacht hatte, so stellt nun Cassirer nicht nur die Sprache, sondern Zeichen überhaupt («symbolische Formen») in das – sprachlose – neukantianisches Denken und gegen die sprachlose Phänomenologie. In den zwanziger Jahren beginnt auch die philosophische Reflexion eines Aspekts der Sprache, der von der philosophischen Tradition an die Rhetorik verwiesen worden war (und auch dort kaum verhandelt wurde) und daher bisher – außer bei Humboldt – in der Philosophie kaum Beachtung gefunden hat, nämlich des Dialogischen (Buber).

Auf der Seite der Wissenschaftler-Philosophen dagegen wird der Kampf gegen die Sprache – Pomponazzi, Bacon, Locke lassen grüßen – wieder aufgenommen. Um 1900 beginnt der hundertjährige Krieg der analytischen Philosophie gegen die Sprache, der, wenn ich es richtig sehe, gerade in einer versöhnlerisch gesinnten Ermattung endet: Sprache ist zwar nach wie vor der Wahrheit abträglich, aber man hat inzwischen doch genügend Vorsichtsmaßregeln ergriffen, so daß sie sozusagen nicht mehr allzusehr stört.[5] Außerdem greift ja zunehmend eine der effektvoll-

sten Vorsichtsmaßregeln gegen die Gefährlichkeit der Sprache, nämlich
diejenige, in Wissenschaft und Philosophie nur noch in *einer* Sprache zu
sprechen. Die universale Sprache der Wissenschaft, deren Verlust die
europäische Reflexion über die Volks- und Mehrsprachigkeit im
16. Jahrhundert inganggesetzt hatte, ist in Form des globalen Englisch
wieder da. Da kann man schon einmal ganz entspannt sein: no Greek, no
Latin, no French, no (Nazi-)German.

7.2.2. Man hat jene Hinwendung zur Sprache später den *linguistic turn*
der Philosophie genannt.[6] Dieser Ausdruck, der nach einer liebevollen
Hinwendung der Philosophie *zur* Sprache klingt, darf nicht darüber hin-
wegtäuschen, daß man sich hier zähneknirschend über die Sprache
beugt, weil sie, wie schon Platon, Bacon und Locke erkannten, nun einmal bei der Wahrheit stört und doch so schwer zu hintergehen ist. Es
geht darum, Maßnahmen *gegen* diesen «mist before our eyes» zu treffen.
Als ob es Bacon, Locke, Condillac, Leibniz, Herder, Humboldt e tutti
quanti nie gegeben hätte, erfindet man nun bei den Wissenschafts-Philo-
sophen die Einsichten der europäischen Sprach-Denker neu.

Frege stellt 1892 in seinem berühmten Aufsatz «Über Sinn und Bedeutung» fest, daß derselbe Gegenstand – der Planet Venus – einmal *Abendstern* ein andermal *Morgenstern* genannt wird, daß also zwischen dem
Wort und den Sachen einzelsprachliche Bedeutungen stehen (er nennt
diese allerdings in einer viel Durcheinander stiftenden Terminologie gerade «Sinn», «Bedeutung» ist bei ihm die Referenz auf die Sachen). Er
wiederholt also die alte Einsicht, daß die natürlichen Sprachen mehrere
verschiedene Ansichten («Sinn») von demselben Gegenstand haben können:

> Es liegt nur nahe, mit einem Zeichen (Namen, Wortverbindung, Schriftzei-
> chen) außer dem Bezeichneten, was die Bedeutung des Zeichens heißen möge,
> noch das verbunden zu denken, was ich den Sinn des Zeichens nennen möchte,
> worin die Art des Gegebenseins enthalten ist. [...] Es würde die Bedeutung von
> «Abendstern» und «Morgenstern» dieselbe sein, aber nicht der Sinn. (Frege
> 1892/1994: 41)

Humboldt hatte diese Einsicht in die einzelsprachliche «Art des Gege-
benseins», die er die «Auffassung des Gegenstandes» oder klassisch «Begriff» (conceptus) nennt, anhand der verschiedenen Ausdrücke für den
Elefanten im Sanskrit exemplifiziert:

> Auch bei ihnen [den sinnlich wahrnehmbaren Gegenständen] ist das Wort
> nicht das Aequivalent des den Sinnen vorschwebenden Gegenstandes, sondern
> der *Auffassung* desselben durch die Spracherzeugung im *bestimmten Augen-
> blicke der Worterfindung. Es ist dies eine vorzügliche Quelle der Vielfachheit
> von Ausdrücken für die nemlichen Gegenstände*; und wenn z. B. im Sanskrit

der Elephant bald der zweimal Trinkende, bald der Zweizahnige, bald der mit einer Hand versehene heisst, so sind dadurch, wenn auch immer derselbe Gegenstand gemeint ist, ebenso viele verschiedene *Begriffe* bezeichnet. Denn die Sprache stellt niemals die Gegenstände, sondern immer die durch den Geist in der Spracherzeugung selbstthätig von ihnen gebildeten Begriffe dar. (Humboldt VII: 89 f., H.v.m.)

Es ist bekannt, daß Frege kaum philosophiehistorisch denkt. Er war ein Mathematiker, dem es um die Bedingungen des wahren Sprechens ging. Und als genialer Denker erfindet er eben die Sprachphilosophie noch einmal. Ob Frege irgendwelche historischen Texte aufruft oder durch eigenes Nachdenken zu denselben Schlüssen kommt, ist im Grunde aber auch gleichgültig. Es kommt auf das Sachproblem an, das hier am Ende des 19. Jahrhunderts wieder aufgegriffen wird: das Problem der Sprache der Wissenschaft, d. h. das Problem der Wahrheit. Und in diesem Zusammenhang hat Frege sehr genaue Vorstellungen von der natürlichen Sprache und ihrer Rolle im wissenschaftlichen Prozeß, um den es ihm zu tun ist: Für das präzise Bezeichnen abstrakter wissenschaftlicher Gegenstände und Sachverhalte ist die Morgenstern-Abendstern-Ambiguität nämlich unerträglich, sie verhindert Eindeutigkeit und sie stellt – wie bei Platon oder Bacon – den «Sinn» vor die bezeichnete Sache, die «Bedeutung», um die es doch einzig gehen muß: «Das Streben nach Wahrheit also ist es, was uns überall vom Sinn zur Bedeutung vorzudringen treibt» (Frege 1892/1994: 48). Es muß daher eine «vollkommene Sprache» oder ein «vollkommenes Ganzes von Zeichen» (ebd.: 42), eben eine «Begriffsschrift» (ebd.: 55) entwickelt werden, um «die Quelle dieser Irrtümer wenigstens für die Wissenschaft ein für allemal zu verstopfen» (ebd.: 56).

Mit einem eindrucksvollen Vergleich verdeutlicht Frege seine Absicht: Wie die technischen Instrumente die Möglichkeiten der Hand hinter sich lassen, so muß die Begriffsschrift für den Zweck der wissenschaftlichen Präzision die «Volkssprache» (ebd.: 42) oder «Wortsprache» hinter sich lassen, und zwar durch «Starrheit» und «Unveränderlichkeit». Wie die Hand zum Werkzeug, so muß das Wort – hier haben wir dieselbe Opposition wie bei Humboldt – zum *Zeichen* erstarren:

> Die hervorgehobenen Mängel haben ihren Grund in einer gewissen *Weichheit* und *Veränderlichkeit* der Sprache, die andererseits Bedingung ihrer Entwicklungsfähigkeit und vielseitigen Tauglichkeit ist. Die Sprache kann in dieser Hinsicht mit der Hand verglichen werden, die uns trotz ihrer Fähigkeit, sich den verschiedensten Aufgaben anzupassen, nicht genügt. Wir schaffen uns *künstliche Hände*, Werkzeuge für besondere Zwecke, die so genau *arbeiten*, wie die Hand es nicht vermöchte. Und wodurch wird diese Genauigkeit möglich? Durch eben die *Starrheit*, die *Unveränderlichkeit* der Teile, deren Mangel die Hand so vielseitig geschickt macht. So genügt auch die *Wortsprache* nicht.

Wir bedürfen eines Ganzen von *Zeichen*, aus dem jede Vieldeutigkeit verbannt ist, dessen strenger logischer Form der Inhalt nicht entschlüpfen kann. (Frege 1994: 94, H.v.m.)

Auch wenn diese Passage Hand und Wort deutlich einen Ort *vor* der Technik und *vor* der Wissenschaft zuweist, so bekundet sie doch Freges Verständnis und Sympathie für die (natürliche) Sprache und die (natürliche) Hand, wenn er deren «Weichheit» und «Veränderlichkeit» als Bedingung ihrer vielfältigen Funktionen anerkennt. Andererseits zeigt sich in der Art und Weise, wie Frege die Sprache mit der Hand vergleicht, aber auch die charakteristische anthropologische Beschränkung seines Blicks: Er reduziert die Funktion der beiden Organe auf ihren *Welt*-Bezug: Die Hand greift auf die Welt zu (und für den präziseren Weltzugriff entwickeln die Menschen technische Instrumente), und die Sprache greift auf die Welt zu (und für die Wissenschaft entwickeln sie eine Begriffsschrift). Die «Arbeit», von der hier die Rede ist, ist eindeutig Bearbeitung der *Welt*, bei der die gesellschaftliche Dimension – die Mit-Arbeit – ganz offensichtlich keine Rolle spielt. Humboldts «Arbeit des Geistes», die die Sprache ist und die ja durchaus ebenfalls zuvörderst Welt-Bearbeitung ist, ist demgegenüber erst dann zuendegeführt, wenn der Andere – Du – mit mir spricht, beziehungsweise «wenn das selbstgebildete Wort aus fremdem Munde wiedertönt» (VII: 56).

Bei allem Verständnis für Volkssprache oder Wortsprache außerhalb der Wissenschaft ist jedoch, was hier der Denker der Wissenschaft wieder entdeckt und was ihn vor allem bewegt, das Problem der *idola fori*, die immer noch nicht erfolgreich vertrieben worden sind, des Lockeschen «mist before our eyes», der immer noch nicht verflogen ist. So richtig exorzistisch und religiös wie Bacon wird sich noch einmal der späte Wittgenstein ausdrücken, wenn er von der «Verhexung» des Verstandes durch die Sprache spricht (PU § 109). Aber kriegerisch geht es auf der ganzen Linie zu. Wo die Sprach-Freunde Hamann und Nietzsche die «Verführungen» des Denkens durch die Sprache noch gleichsam als Sex-Appeal der Sprache (Eva!) verharmlosten, werden nun andere Saiten aufgezogen. An der soeben genannten Wittgenstein-Stelle (PU § 109) ist die Rede vom «Kampf» gegen die Sprache, den die Philosophie führe. Und schon Frege führte einen Befreiungskrieg: An der immer wieder zitierten Stelle aus dem Vorwort der Begriffsschrift schreibt er, daß es die Aufgabe der Philosophie sei, «die Herrschaft des Wortes über den menschlichen Geist zu brechen» (Frege 1879: VIf.), womit er fast wörtlich Bacons Formel von der *vis verborum super intellectum* aufgreift. Sonst ist weniger martialisch von «Fallstricken» der natürlichen Sprache die Rede, vor denen man sich in Acht nehmen müsse. Bei Wittgenstein ist die Sprache auch einmal eine Wand, gegen die der Verstand anrennt und sich Beulen holt (PU § 119). Wie dem auch immer sei: Wände, Fallstricke, Herrschaften sind *Hindernisse* des Denkens, die zu beseitigen sind. Keiner der Herren hat jedenfalls die Absicht, sich – wie der zynische Nietzsche – der Sprache sozusagen kampflos zu ergeben. Nietzsche macht sich über das wahrheitssüchtige Europa und seinen Ur-Vater, den wahrheitsuchenden Sokrates, lustig und hält ihnen die Sprache als ein unentrinnbares Metaphern-Gewebe, als ein unhintergehbares Subjektives entgegen. Frege und Wittgenstein und ihre Nachfolger dagegen sind ernsthafte Leute, die dieselbe Einsicht nicht aushalten, die wie Platon «dahinter» kommen wollen. Wäre es nicht besser, o Kratylos?

7.2.3. Daß die analytische Philosophie zunächst vor allem in England aufgenommen und weitergetrieben wurde, verweist auf die Tatsache, daß hier ein Problem wieder aufgegriffen wird, das die englische empiristische Philosophie vor Jahrhunderten gestellt hatte. Auch die Art der Problemlösung ist richtig «englisch», sofern sie wenig Sympathie für die Semantik der natürlichen Sprachen aufbringt und auf Vorschläge zur Sprach-Reform hinausläuft und sofern sie sich gerade nicht «kontinental» auf die wunderbare Vielfalt der Operationen unseres Geistes einläßt.

«Verba per lineas vulgari intellectui maxime conspicuas res secant», hatte Bacon im Aphorismus 59 geklagt, «die Wörter [der (Volks)Sprache] schneiden die Sachen nach Linien ein, die der volkstümlichen Fassungskraft besonders einsichtig sind», d. h. sie fassen sie unwissenschaftlich. Sie nennen das Tier eben *Walfisch*, obwohl es kein Fisch ist, sie nennen *Sonnenaufgang* einen Vorgang, der nichts dergleichen ist, zwei völlig verschiedene Gegenstände nennen sie gleichermaßen *scala* oder umgekehrt: einen und denselben Gegenstand nennen sie *Abendstern* oder *Morgenstern* etc. etc. Ordnung zu schaffen im «regnum hominis quod fundatur in scientiis» ist die programmatisch wieder aufgenommene Aufgabe der Philosophie der Wissenschaften, und diese beginnt eben mit der *Kritik* der Volkssprache. Die kritische Befragung der Semantik einzelner Ausdrücke steht dabei im Dienst der grundsätzlichen Fragestellung des philosophisch-wissenschaftlichen Denkens, wie sie der europäische Urtext gestellt hat: Es geht um die Frage von Aristoteles' *De interpretatione* nach der Form des *Satzes* (*logos*), mit dem Wahrheit oder Falschheit zugesprochen wird.

Angesichts der Bedeutung, die Wissenschaft heute in unserer Welt spielt, kann die Wichtigkeit der sprachanalytischen Bemühungen um die Regeln des «vernünftigen Redens» gar nicht bestritten werden. Diese Philosophie macht durch ihre gereizte Empfindlichkeit gegenüber der natürlichen Sprache einerseits das Ausmaß deutlich, in dem unsere alltägliche Sprache das Denken offensichtlich determiniert. Sie macht andererseits aber auch klar, daß man für die Wissenschaft und präzises Denken dieses «unwissenschaftliche» Denken in Sprache disziplinieren muß und kann. Man kann durchaus über die Sprache hinausdenken, man kann und muß für das wissenschaftliche Sprechen die alltägliche Sprache «vertilgen», wie Humboldt gesagt hat. Gelungene Sprachanalyse oder einfach eine gut geregelte Wissenschaftssprache sind damit auch exzellente Beweise gegen den sprachlichen Relativismus, der sich der «Verhexung» durch die Sprache genüßlich oder genüßlich klagend hingibt.

Die analytische Philosophie ist – wie sie immer betont – nicht so sehr eine Philosophie der Sprache, also Nachdenken über ein Gebiet des Lebens namens «Sprache», wie die Philosophie des Rechts oder die Philosophie der Geschichte. Humboldts Sprachdenken war in diesem Sinne eine Philosophie der Sprache. Analytische Philosophie ist demgegenüber eher eine Art und Weise des Philosophierens überhaupt, eben ein Philosophieren, daß sich der «Fallstricke» der natürlichen Sprache, der idola fori, der Mauern der Sprache bewußt ist und diese zu «durchdenken», bzw. durch diese hindurchzudenken versucht. Sie hat das zunächst in der Philosophie der Wissenschaft oder theoretischen Philosophie getan. Sie verbleibt aber nicht im Bereich der theoretischen Philosophie, der Wissenschaftsphilosophie, sondern geht – in diesem wissenschaftlichen Geist – auch die Fragen der praktischen Philosophie an, wo die Fallstricke der Sprache ja nicht minder gefährlich sind. Locke hatte ja gerade im Bereich der praktischen Philosophie die fürchterlichsten semantischen Verhexungen der Gemüter festgestellt: Die mixed modes, die Wörter für die gesellschaftlich-politischen Gegenstände, hatten die – im schlechten Sinne – «willkürlichsten» Semantiken. Locke und Condillac schlagen daher gerade für die Politik Übereinkünfte zwischen den «understanding men» vor, semantische Vorabklärungen, damit man vernünftig miteinander sprechen kann und sich nicht wegen bloßer semantischer Differenzen die Schädel einschlägt. Analytisches Philosophieren gibt es auch im Bereich der Ästhetik. Eines der berühmtesten Bücher betrifft das Gebiet der Kunst: Goodmans *Languages of Art* (1968). Schließlich aber hat analytische Philosophie am meisten über sich selbst, also über die Philosophie selber, nachgedacht. *The Concept of Mind* scheint mir daher einer ihrer charakteristischsten Titel zu sein (Ryle 1949), ein Titel übrigens, dem ich in kontinentaler «Verhexung» ständig widerspreche, wenn ich hier vom menschlichen Geist spreche, als sei der Begriff niemals von Ryle einer «Analyse» unterworfen, d. h. einem Säurebad ausgesetzt worden.

7.3. Sprachspiele, giuocando

Wie bei der Darstellung der Sprachwissenschaft im vorigen Kapitel kann und will ich hier nicht die hundertjährige Entwicklung der analytischen Philosophie nachzeichnen. Es gibt inzwischen eine ganze Reihe ausgezeichneter Einführungen, in denen man die sophistizierten Diskussionen nachvollziehen kann.[7] Ich versuche daher hier nur, aus meiner Sicht kurz zu skizzieren, worum es dabei geht. Zurückschauend auf die großen Themen der abendländischen Sprachreflexion kann man feststellen, daß hier das Thema von *De interpretatione*, die apophantische Rede, unter etwas komplizierteren Vorgaben weiterdiskutiert wird: Welches sind die Bedingungen der Möglichkeiten wahrer Sätze, wenn ich nicht mehr von vornherein annehmen kann, daß die *pathemata tes psyches*, die *affectiones animi*, die *conceptus* bei allen Menschen dieselben sind? Oder: was mache ich mit dem volkssprachlichen «Gegebensein», dem volkssprachlich-partikularen «Sinn», wo ich doch als Wissenschaftler die Wahrheit, die universell ist, sagen muß? Unter dieser großen übergeordneten Frage hat natürlich die Frage nach der *Bedeutung* der Wörter im Mittelpunkt gestanden. Und auf diese Frage versucht auch das originellste und wichtigste Buch dieser Diskussion eine Antwort zu finden, wenn es die «Bedeutung» im «Gebrauch in der Sprache» ansiedelt (PU § 43): Wittgensteins *Philosophische Untersuchungen*. Das Buch ist aber vor allem deswegen so wichtig, weil es – auf der Suche nach der Bedeutung – die gesamte Fragestellung wirklich neu formuliert, indem es – wie ich schon angedeutet habe – in gewisser Hinsicht die uralte Trennung (und Feindschaft) von Philosophie und Rhetorik aufhebt bzw. die Rhetorik in die Philosophie hineinnimmt. Dies ist eine einigermaßen sensationelle Wende der Philosophie.

7.3.1. Die *Philosophischen Untersuchungen* machen die Philosophie, das Sprechen der Philosophie, selber zum Gegenstand der Analyse. Und da die *Philosophischen Untersuchungen* gerade jene Philosophie untersuchen, die die Sprache in ihr epistemologisches Zentrum gerückt hatte, steht die Sprache in ihrem Mittelpunkt. Damit wird die sprachanalytische Philosophie eben doch auch Philosophie der Sprache in dem Sinne, daß die Sprache ihr *Gegenstand* ist und nicht nur das jedes Denken ständig begleitende Problem. Die *Philosophischen Untersuchungen* sind mit dem *Kratylos*, *De magistro*, *De vulgari eloquentia*, der *Abhandlung über den Ursprung der Sprache* und Humboldts Schriften einer der großen europäischen Texte über die Sprache, und sie sind vielleicht der schwierigste und geheimnisvollste.

Um ihn zu verstehen, müssen wir sehen, woher er kommt. Er kommt aus Wittgensteins eigener Vergangenheit, von der er sich explizit absetzt, d. h. von Wittgensteins erstem berühmtem Buch, dem *Tractatus logico-philosophicus* (1921). Dieser war im wesentlichen eine Kritik der Sprache à la Bacon, Locke, vor allem à la Frege: Natürliche Sprache ist unwissenschaftlich und unwahr, sie enthält Semantik, die nicht den Sachen entspricht: «Die Sprache verkleidet den Gedanken» (4.002, 1921:

32). Sie generiert daher unsinnige Sätze und Fragen. Die Philosophie muß also die Sprache kritisieren: «Alle Philosophie ist Sprachkritik» (4.0031, 1921: 33). Für das Sagen der Wahrheit, für die Wissenschaft, geht es darum, die Sprache so zu verwenden, daß sie diese falschen «Weltansichten», diese Verkleidungen, hinter sich läßt und in einer Eins-zu-Eins-Beziehung die Welt – die «Tatsachen» – richtig abbildet. Die einzelsprachlichen Bedeutungen (Freges «Sinn») sind zu negieren und die Wörter ganz auf Referenz auszurichten, bzw. genauer: mit richtigen Sätzen sind Sachverhalte als wahr zu behaupten. Ansonsten gilt: «worüber man nicht reden kann, darüber muß man schweigen» (1921: 7, ähnlich 115) – und das ist eine ganze Menge, jedenfalls das Wichtige, etwa über den Tod, über Gott, über die Liebe. Das ist alles glasklar und zackig argumentiert, es verabsolutiert den Gestus des wissenschaftlich behauptenden, d. h. Wahrheit zu- oder absprechenden Sprechens.

Zwei zentrale Punkte sind es, die Wittgenstein nun in den *Philosophischen Untersuchungen* sich selbst entgegenhält: die Bedeutung ist nicht so, wie sie im *Tractatus* verstanden wurde, und vor allem: Sprechen ist nicht nur das, worum es dort geht, Sprechen ist nicht nur Behaupten.

Was das erste angeht, so lehnt Wittgenstein sowohl eine referentielle (Freges «Bedeutung», Extension) als auch eine irgendwie an den Wörtern «klebende» Bedeutung (Freges «Sinn», Intension) ab, wie wir sie bisher immer angenommen haben. Der Spielraum zwischen Bedeutung («Sinn») und den Sachen war ja der Konfliktraum der analytischen Philosophie. Es ging gerade darum, diesen Spielraum zu begrenzen bzw. «passend» zu machen. Ganz radikal stellt Wittgenstein nun diesen beiden Auffassungen entgegen, daß die Bedeutung eines Wortes «sein Gebrauch in der Sprache» sei. Ich kann also, wenn ich die Bedeutung eines Wortes angeben möchte, weder sämtliche Gegenstände aufzählen, auf die das Wort zutrifft – nehmen wir an, sämtliche Tische –, noch kann ich ein an dem Signifikant *Tisch* «klebendes» Signifikat «Möbel mit Beinen, an dem Menschen sitzend verschiedene Tätigkeiten wie Essen, Schreiben, Arbeiten verrichten» o. ä. annehmen. Statt dessen konstituiert sich für Wittgenstein die Bedeutung der Wörter in jedem Sprechen, bzw. in der Vielzahl der Verwendungsweisen des Wortes. Beschreibung der Bedeutung wäre also Aufzeigen der Verwendungsweisen in verschiedenen Kontexten und Kotexten, wie wir Linguisten sagen, oder – wie Wittgenstein sagt – in vielen möglichen «Sprachspielen».

Während wohl niemandem zunächst so ganz klar ist, wie es angehen soll, daß ein Wort keine – sei es auch nur andeutungsweise – feste Bedeutung hat, die mit ihm durch Gewöhnung, Tradition, Erlernen verbunden ist, wie also diese totale Verflüssigung des Bedeutungsbegriffs zu verstehen ist, so ist der Begriff des *Sprachspiels* aber einigermaßen unmittelbar einleuchtend (und er verdeutlicht dann auch Wittgensteins Bedeutungskonzeption). Die Beispiele sprechen erst einmal für sich. Der zentrale § 23 der Philosophischen Untersuchungen sei hier ganz zitiert:

> Wieviele Arten der Sätze gibt es aber? Etwa Behauptung, Frage und Befehl?- Es gibt *unzählige* solcher Arten: unzählige verschiedene Arten der Verwendung alles dessen, was wir «Zeichen», «Worte», «Sätze», nennen. Und diese Mannigfaltigkeit ist nichts Festes, ein für allemal Gegebenes; sondern neue Typen der Sprache, neue Sprachspiele, wie wir sagen können, entstehen und andre veralten und werden vergessen. (Ein *ungefähres Bild* davon können uns die Wandlungen der Mathematik geben.)
>
> Das Wort «Sprach*spiel*» soll hier hervorheben, daß das Sprechen der Sprache ein Teil ist einer Tätigkeit, oder einer Lebensform.
>
> Führe dir die Mannigfaltigkeit der Sprachspiele an diesen Beispielen, und anderen, vor Augen:
>
> Befehlen, und nach Befehlen handeln –
> Beschreiben eines Gegenstandes nach dem Ansehen, oder nach Messungen –
> Herstellen eines Gegenstandes nach einer Beschreibung (Zeichnung) –
> Berichten eines Hergangs –
> Über den Hergang Vermutungen anstellen –
> Eine Hypothese aufstellen und prüfen –
> Darstellen der Ergebnisse eines Experiments durch Tabellen und Diagramme –
> Eine Geschichte erfinden; und lesen –
> Theater spielen –
> Reigen singen –
> Rätsel raten –
> Einen Witz machen; erzählen –
> Ein angewandtes Rechenexempel lösen –
> Aus einer Sprache in die andere übersetzen –
> Bitte, Danken, Fluchen, Grüßen, Beten.
>
> – Es ist interessant, die Mannigfaltigkeit der Werkzeuge der Sprache und ihrer Verwendungsweisen, die Mannigfaltigkeit der Wort- und Satzarten, mit dem zu vergleichen, was Logiker über den Bau der Sprache gesagt haben. (Und auch der Verfasser der *Logisch-Philosophischen Abhandlung*.)

Von hier wird die philosophische Absicht – und das Revolutionäre – der Sprachphilosophie Wittgensteins (auch die Selbstkritik) deutlich: Wittgenstein nimmt die Beschränkung der Philosophie auf den *logos apophantikos*, auf das behauptende Sprechen, die seit Aristoteles gilt, zurück! Er holt damit den *logos semantikos* insgesamt in die Philosophie herein. Die *euche*, das Beten-Bitten-Versprechen, das Aristoteles als zwar bedeutendes (*semantikos*), aber nicht-wahrheitsfähiges Sprechen aus den Überlegungen von *De interpretatione*, d. h. aus der Philosophie ausgeschlossen hatte und das hier als letztes in Wittgensteins Beispielliste der Sprachspiele erscheint, wird hier mit allen ihren Verwandten in die *Philosophischen Untersuchungen*, in die Untersuchung des Gegenstandes der Philosophie, wieder hereingeholt: Befehlen, Beschreiben, Vermutungen anstellen, Bitten, Reigen singen etc. Aristoteles hatte solche «Sprachschemata» (schemata tes lexeos) in der *Poetik* (1456b) ja einer nicht näher bezeichneten anderen Disziplin zugeordnet.

«Sprachspiele» ist das Wort, mit dem Wittgenstein diese «Typen» des Sprechens bezeichnet, von denen er außerdem annimmt, daß sie «unzählig» seien. Es geht aber nicht nur um *Sprach*-Spiele. Ganz offensichtlich sind die Spiele nicht auf das Sprechen beschränkt, sondern umfassen auch andere Zeichenhandlungen, andere Semiosen: Tabellen und Diagramme und Zeichnungen gehören mit dazu. Besonders freut den Sprachwissenschaftler natürlich der Spott, den Wittgenstein über sich selbst und seine Mit-Philosophen ergießt, wenn er «die Mannigfaltigkeit der Werkzeuge der Sprache und ihrer Verwendungsweisen, die Mannigfaltigkeit der Wort- und Satzarten» den etwas einfachen diesbezüglichen Vorstellungen der Logiker gegenüberstellt. Wittgenstein stürzt das Denken der Philosophie in einen Abgrund der ‹»Mannigfaltigkeit» der Sprachspiele.

Dennoch ist diese Welt der verschiedensten sprachlichen und semiotischen Mannigfaltigkeiten kein Chaos, sondern die verschiedenen Spiele verlaufen – wie andere Spiele ja auch – nach *Regeln*. Regelhaftigkeit ist sogar das zentrale semantische Merkmal des Ausdrucks «Spiel» bei Wittgenstein. Diesen Regeln ist in der bedeutsamsten Weiterentwicklung der Sprachspiel-Idee die sogenannte Sprechakttheorie nachgegangen (Austin und Searle). Sie hat solche «Typen» des Sprechens wie Bitten, Auffordern, Behaupten, Versprechen, jemanden Taufen usw. untersucht und die Regeln formuliert, denen man bei der Ausführung dieser Handlung folgt. Beim Auffordern – «Öffne das Fenster!» – sind die Regeln etwa die folgenden: das, worüber man bei einer Aufforderung spricht, ist eine zukünftige Handlung des Hörers; der Sprecher glaubt, daß der Hörer zu der Handlung in der Lage ist; er glaubt, daß der Hörer diese Handlung ohne die Aufforderung nicht vollziehen würde; er wünscht die Ausführung dieser Handlung.

Und man versteht Wittgenstein sicher richtig, wenn man sich nun auch den etwas dunklen «*Gebrauch* in der Sprache», der die Bedeutung eines Ausdrucks ausmachen soll, als regelhaftes Vorkommen in Sprachspielen vorstellt. Als Historiker des Sprachdenkens kann ich es mir hier nicht versagen, hier an Quintilians *consuetudo* zu erinnern: Der «Gebrauch» war in der Tradition gerade nichts anderes als das Ensemble der *gesellschaftlichen Spielregeln*, und deswegen war er der Meister der Sprache: «consuetudo certissima loquendi magistra» (Quintilian, Inst. I.6.3.). Auch in Castigliones *Cortegiano* und beim höfischen Vaugelas war der Gebrauch der Meister: «la consuetudine è la maestra» und: «usage … maître des langues». Und so wie Frege und der frühe Wittgen-

stein an den aufrechten Pomponazzi erinnern, so ist der späte Wittgenstein in vielerlei Hinsicht ein philosophischer Cortegiano: Nicht nur ist
der «Gebrauch» (consuetudo, usus, uso, usage), das Ensemble gesellschaftlicher Regeln, ein ausgesprochen höfisches Konzept, auch das
«Spiel» war uns ja bei dem jungen Höfling Speronis begegnet, der «*giuocando* e ridendo», spielend und lachend, und «senza fatica», mühelos,
seine höfische Sprache lernen und sprechen wollte. Ohne Zweifel haben
die *Philosophischen Untersuchungen* selbst – im Gegensatz zu dem hart
arbeitenden *Tractatus* mit seiner bürokratischen Dezimal-Einteilung –
etwas Müheloses, Spielerisches, Graziöses. Sie sind auch insofern
«höfisch», als sie wie ein *Gespräch* angelegt sind. Die *Philosophischen
Untersuchungen* stellen keinen Dialog dar, sondern sie *sind* ein Dialog
mit einem Du, mit Wittgensteins alter Ego bzw. einem Leser, den er ständig anspricht, wie in dem zitierten § 23: «Führe dir ... vor Augen». Die
Konversation war die hauptsächliche sprachliche Aktivität des Höflings.
Das höfischen Lachen fehlt allerdings, das Spiel, das hier gespielt wird,
ist todernst. Das ist wahrscheinlich der Grund dafür, daß man bei der
Zuordnung des Prädikators *sprezzatura* (oder *coolness*) zu den *Philosophischen Untersuchungen* doch eher zögern würde.

7.3.2. Das Bedeutsame der *Philosophischen Untersuchungen* für die
Philosophie (aber auch für die Sprachwissenschaft, die – wie Ehlich
(2000) kürzlich noch einmal gezeigt hat – ja ebenfalls seit Aristoteles auf
den Behauptungssatz fixiert war) und für das europäische Sprachdenken
überhaupt liegt also vor allem in der Öffnung auf die Mannigfaltigkeit
der verschiedenen Sprachspiele, und das heißt auch auf die verschiedenen *Lebensformen*, von denen sie ja ein Teil sind, wie Wittgenstein PU
§ 23 sagt. Das vielfältige Sprechen ist Teil der vielfältigen gesellschaftlichen Praxis der Menschen. Wittgenstein nennt – neben den verschiedenen Typen sprachlichen Handelns – auch das Ganze «das Sprachspiel»:
«Ich werde auch das Ganze: der Sprache und der Tätigkeiten, mit denen
sie verwoben ist, das ‹Sprachspiel› nennen» (PU § 7). Diese Weitung der
Perspektive auf die verschiedenen Möglichkeiten des Sprechens und auf
die vielfältige gesellschaftliche Praxis, in die diese eingebettet sind, war
natürlich zunächst vor allem eine Öffnung für die auf Logik und Erkenntnistheorie – und folglich das Behaupten – fixierte Wiener und englische analytische Philosophie. Andernorts hatte man die Philosophie ja
durchaus schon auf andere Sprachspiele geöffnet (Nietzsche etwa auf
die Dichtung). Aber neu war eben doch die Klarheit und die Radikalität
dieser Wende: weg von der ausschließlichen Fixierung auf das wissenschaftliche Sprechen und ihrer Vorstellung einer vollkommenen Sprache,
einer «langue bien faite», wie Condillac dies im 18. Jahrhundert formuliert hatte. Und neu war auch, daß damit das *alltägliche* Sprechen in

seiner Vielfalt und nicht ein anderer «hoher» Diskurstyp, eben die Dichtung oder das poetische Sprechen, in das Blickfeld der Philosophie rückte. Von der Antike aus, von der wir auf unserer langen Wanderung durch die Jahrhunderte ja herkommen und die die Konstellationen der Diskurse bis heute bestimmt hat, kann man daher sagen, daß Wittgensteins Sprengung des Wahrsprech-Gefängnisses, in dem sich die Philosophie befand, die Einbeziehung des *logos semantikos* in die philosophische Reflexion, viel radikaler vollzieht, was die Philosophie der Renaissance schon einmal versucht hatte: die Aufhebung der Trennung zwischen Philosophie und Rhetorik bzw. Poetik. Die Renaissance-Philosophen hatten vor allem das «Sprachspiel» der Poesie, der poietischen Erzeugung einer Welt aus Sprache, ins Zentrum des Philosophierens gestellt (und dieses damit von der Fixierung auf den Welt-Bezug befreit). Sie hatten damit aber nicht wirklich das *Gesellschaftliche* des Sprechens als Alternative zum Bezeichnen, also dem Welt-Bezug der Sprache, theoretisch gefaßt, d. h. ihre Alternative blieb wesentlich auf den *einzelnen* Sprachschöpfer bezogen, nicht wirklich auf das gesellschaftlich-kommunikative Sprachspiel in seiner konkreten Vielfalt. Dieser frühe Versuch ist aber durch das Projekt der Neuen Wissenschaft sprachtheoretisch ganz entschieden zurückgewiesen worden. Die Neuen Wissenschaftler haben ja mit ihrem Zu-Griff auf die *Welt* (res) das klassische Sprachspiel, das eindeutige Bezeichnen und Wahre-Aussagen-Machen, wieder zum Zentrum und Ziel der Philosophie gemacht.

Dies ist auch vierhundert Jahre später immer noch die philosophische Konstellation, von der Wittgenstein herkommt und an der er ja selber entschieden mitgewirkt hat mit seinem Beitrag zum eindeutigen wissenschaftlichen Bezeichnen im *Tractatus*. Die Aufhebung der Opposition von Philosophie und Rhetorik in der Philosophie bei Wittgenstein meint nun aber nicht, daß die Philosophie auf *poetisches* Sprechen gewendet wird, auf die sprachliche Herstellung von Welt durch einen einzelnen kreativen Menschen, in dem es auf Schönheit mehr ankommt als auf Wahrheit, sondern daß *jedes* mögliche Sprechen zum philosophischen Gegenstand gemacht wird (und nicht nur die behauptende Rede) und daß dieses Sprechen ein Sprechen *mit dem Anderen* ist. Das war ja die genuine Ur-Perspektive der Rhetorik. Das Dichten ist gewiß nicht das prototypische Wittgensteinsche Sprachspiel (es kommt allerdings auch vor), im Vordergrund stehen *praktische* Sprachverwendungen, von denen die Liste aus § 23 einen guten Eindruck gibt. Daß Sprache wesentlich Praxis ist, zeigt auch die sich durchziehende Redeweise von der Sprache als «Werkzeug», explizit z. B. «Die Sprache ist ein Instrument. Ihre Begriffe sind Instrumente» (§ 569). Nicht von ungefähr spricht Wittgenstein daher auch von der «*arbeitenden*» Sprache (§ 132).

Man würde denken, daß der Begriff des «Spiels» den Begriff der «Arbeit» ausschließt. Aber nicht «Arbeit» ist Wittgensteins Gegenbegriff zum Begriff des «Spiels», sondern das «Feiern» (§ 38) oder das «Leerlaufen» (§ 132) der Sprache. Die oben festgestellte Ernsthaftigkeit, die Eingebundenheit ins praktische Leben, in die «Lebensformen», das Werkzeug Sprache, alles dies weist darauf, daß die «Sprach-Spiele» auch Sprach-Arbeiten sind. Die «Sprach-Spiele» sind keine ästhetisch zweckfreien Aktivitäten, sie sind – die englische Opposition macht dies klar – keine language *plays*, sondern language *games*, Aktivitäten also, die nach Regeln verlaufen und mit dem Ernst des Lebens und der Welt verbunden sind, ja Welt und Leben sind. Sie sind Lebenspraxis, die sich der Sprache als Werkzeuge bedient: «das Sprechen der Sprache ist Teil einer Tätigkeit, oder einer Lebensform» (§ 23).

Die arbeitende Sprache, wir können auch sagen: die in den Ernst des Lebens eingelassenen Sprach-Spiele, setzt Wittgenstein scharf ab gegen die Sprache, die «feiert»: «Denn die philosophischen Probleme entstehen, wenn die Sprache feiert» (§ 38). Das Feiern der Sprache ist der philosophische Gegner. Gemeint ist mit dem Feiern der Sprache ein philosophisches Sprechen, das eben gerade nicht in Lebensformen eingelassen ist, sondern das außerhalb jeder Lebenspraxis «leerläuft» (132), z.B. nur Wörter zum Gegenstand hat und diese gleichsam magisch «anspricht». «Feiern» der Sprache ist auch die «metaphysische» Verwendung der Wörter, die Wittgenstein auf ihre «alltägliche Verwendung» zurückführt (PU § 116). Wittgensteins Philosophie ist im Sinne einer gegen das Feiern der Sprache gerichteten «arbeitenden» Sprache eine Philosophie der Alltagssprache.

7.3.3.   In diesem Motiv der Feindschaft gegen die «feiernde» Sprache, welche die philosophischen Probleme erzeugt, zeigt sich die Kontinuität zwischen dem *Tractatus* und den *Philosophischen Untersuchungen*. Der Feind ist nämlich trotz der Öffnung auf die Vielfalt der Sprachspiele derselbe geblieben: *die Sprache*. Die Feiertagssprache ist die übelste Form dieses alten Feinds. Auch die *Philosophischen Untersuchungen* stehen noch in der Tradition der alten Klage der englischen Philosophie über die «imperfections» und «abuses» der Sprache, die Hobbes und Locke klassisch geführt hatten. Lockes vierter «abuse» z.B. war ja die Klage darüber, daß die Philosophen sich Wort-Geschöpfe kreierten, über die sie dann stundenlang diskutierten, obwohl diesen überhaupt keine Gegenstände in der Welt entsprächen (*Essay* III x 14). Das ist Sprache, die feiert. Das Motiv der Sprachkritik ist also als Grundmotiv beibehalten, ja das Feld der Sprachkritik wird in den *Philosophischen Untersuchungen* über das wissenschaftliche Sprechen ausgedehnt. Wittgenstein beruhigt sich nicht etwa. Die im *Tractatus* als Grundgegner angeführten irreführenden «Verkleidungen» des Gedankens durch die Sprache erscheinen hier – ich habe die Stellen schon im Zusammenhang mit der analytischen Sprachkritik zitiert – noch radikaler als «Verhexungen» und als «Grenzen», d. h. als Mauern der Sprache, an denen sich der Verstand Beulen holt, oder auch als Labyrinth:

> Die Sprache ist ein Labyrinth von Wegen. Du kommst von *einer* Seite und kennst dich aus; du kommst von einer andern zur selben Stelle, und du kennst dich nicht mehr aus. (§ 203).

Die *Philosophischen Untersuchungen* sind also mitnichten das Ende der analytischen Feindseligkeiten gegen die Sprache, sondern eine Ausdehnung der Kampfzone auf jedwedes Sprechen. No sympathy for the devil. In ihren sprachkritischen Motiven bleibt sich trotz der Wende auf die «Sprachspiele», auf die Vielfalt des Sprechens in der Lebenswelt, die sprachanalytische Philosophie treu. Ihre Heilmittel (remedies) sehen jetzt allerdings, wenn ich Wittgenstein richtig verstehe, anders aus: Ziel ist nicht mehr die Aufstellung einer vollkommenen Sprache, einer Begriffsschrift, oder eine sonstige Sprachreform, sondern sozusagen eine allgemeine Wachsamkeit auf die Sprache in allen Sprachspielen. Diese wird am besten durch «Beschreibungen» gewährleistet:

> Die Philosophie darf den tatsächlichen Gebrauch der Sprache in keiner Weise antasten, sie kann ihn am Ende also nur beschreiben (§ 124).

Wittgenstein wendet die Sprachproblematik von der des filosofo zu der des cortegiano, das heißt: weniger das wissenschaftliche Bezeichnen der Welt (aber dieses auch immer noch) als das *praktische Miteinander-Sprechen* in seinen vielfältigen Erscheinungen ist die Perspektive der *Philosophischen Untersuchungen*. Nicht mehr nur die «cognizione delle cose», sondern die «signoria del mondo», effektive gesellschaftliche Kommunikation, steht im Vordergrund. Beide aber, Wissenschaftler und Höfling, hatten denselben Feind in der Renaissance, und sie haben ihn immer noch: den Sprach-Menschen, dessen Sprechen sich nicht primär auf die Sachen bezieht und dessen Sprechen nicht primär auf den Anderen abzielt, sondern auf die Sprache selbst. Schon 1522 und 1530 in Bologna war das «Feiern» der Sprache oder der «amore delle lingue», die übertriebene Hochschätzung der Sprache vor der Welt und den Sachen, der Feind des Wissenschaftlers ebenso wie des Höflings. In diesem neuen innerphilosophischen Kampf geht es weniger gegen die Dichter (in ihrem eigenen Sprachspiel stören die Dichter den Philosophen ja nicht) als gegen die philosophischen Dichter oder *dichtenden Philosophen*, die sich dem amore delle lingue in der Philosophie hingeben.

7.3.4. Um die Spezifizität der Wittgensteinschen Wende noch einmal deutlich zu machen, ist vielleicht ein Blick auf den älteren *linguistic turn* hilfreich. Bei Humboldts sprachlicher Wende der kantischen Philosophie stand der Schematismus der Vernunft, das Bilden des *Begriffs* im Wort, die Synthesis des Begriffs als Sprache, im Vordergrund. Die Schaffung der Bedeutung durch den Denker-Sprecher ist das Erste, der Andere allerdings vollendet diese Synthesis. Erst wenn aus fremdem Munde mein Wort wiedertönt, ist die sprachliche Synthese des Denkens vollendet, das»Mitdenken«. Bei Wittgenstein steht nicht diese *semantische* Kreativität des Erzeugens des «Wort-Begriffs» am Anfang und im Zentrum des Sprachlichen, sondern umgekehrt das *Pragmatische*, also das Miteinander-Handeln im Sprechen. Die Bedeutung kommt nicht zuerst, sondern leitet sich aus dem Pragmatischen, dem Miteinander-Sprechen, ab: «Die Bedeutung eines Wortes ist sein Gebrauch in der Sprache» (§ 43).

Dieser Differenz zu Humboldt stehen zwei bedeutende Gemeinsamkeiten gegenüber: Erstens sind beide Denker Denker der *Verschiedenheit* oder der Mannigfaltigkeit. Dem Humboldt-Leibnizschen Enthusiasmus für die Verschiedenheit der Sprachen entspricht Wittgensteins Entdekkung der Mannigfaltigkeit der Sprachspiele, die er der langweiligen traditionellen *einen* Funktion des behauptenden Wahrsprechens entgegenstellt. Aber nota bene: die Mannigfaltigkeit operiert bei den beiden Denkern in verschiedenen Dimensionen des Sprachlichen, in den Sprachen als «Weltansichten», in der semantischen Dimension also, einerseits und in der pragmatischen Dimension der verschiedenen Handlungstypen andererseits.

Die andere – vielleicht tiefste – Gemeinsamkeit zwischen Wittgenstein und Humboldt scheint mir die dynamische Auffassung von Sprache zu sein, die Auffassung von Sprache als einer *Tätigkeit* und daher auch die Präferenz des «Gebrauchs». Humboldts berühmte Definition der Sprache lautet folgendermaßen:

> Die Sprache, in ihrem wirklichen Wesen aufgefasst, ist etwas beständig und in jedem Augenblicke Vorübergehendes [...] Sie selbst ist kein Werk (*Ergon*), sondern eine Thätigkeit (*Energeia*). Ihre wahre Definition kann daher nur eine genetische seyn. Sie ist nemlich die sich ewig wiederholende Arbeit des Geistes, den articulirten Laut zum Ausdruck des Gedankens fähig zu machen. Unmittelbar und streng genommen, ist dies die Definition des jedesmaligen Sprechens; aber im wahren und wesentlichen Sinne kann man auch nur gleichsam die Totalität dieses Sprechens als die Sprache ansehen. (VII: 45 f.)

«Sprache» ist also das «jedesmalige Sprechen» oder die «Totalität dieses Sprechens». Das aus diesem Sprechen abstrahierte «Chaos von Wörtern und Regeln», die «unentbehrliche Zergliederung ihres Baus» (46), das was die moderne Sprachwissenschaft als *langue* sich zum Gegenstand erklärt hat, nennt Humboldt das «todte Gerippe». Der Fokus der Humboldtschen «Sprachkunde» liegt nicht auf der *langue*, sondern auf dem *Gebrauch* der Sprache, d.h. auf der konkreten sprachlichen Tätigkeit.

Denn: was aus dem «Bau» oder dem «Organismus» der Sprache werden kann, «entscheidet [...] erst ihr Gebrauch» (IV: 11).

Der Ausdruck «Sprache» bei Wittgenstein ist bedeutend unklarer und der «Gebrauch» folglich schwerer zu fassen. Im § 2 PU ist die Rede von einer «Sprache bestehend aus den Wörtern: ‹Würfel›, ‹Säule›, ‹Platte›, ‹Balken›». Diese sind aber gar nicht nur «Wörter», die gemeinte «Sprache» ist mitnichten dieses kleine Lexikon, sondern ein Ensemble von ganzen *Äußerungen*, nämlich von Aufforderungen, den Würfel, die Säule, die Platte, den Balken zu bringen. Im § 3 nennt Wittgenstein dieses Ensemble von Äußerungen daher auch ein «System der Verständigung». Wenn Wittgenstein schreibt: «Man kann sich leicht eine Sprache vorstellen, die nur aus Befehlen und Meldungen in der Schlacht besteht» (§ 19), so kann ein Linguist sich eine solche «Sprache» nur schwer vorstellen. Denn der Ausdruck «Sprache» meint hier nicht *langue* im Sinne Saussures, also ein einzelsprachliches System. Eine aus Befehlen und Meldungen bestehende «Sprache» ist ein Ensemble von Sprechhandlungen bzw. fertigen Äußerungen, nicht die Technik, mit der man diese Äußerungen herstellt (*langue*, «Bau, «Organismus»). Sie ist also bestenfalls eine – allerdings sehr merkwürdige – «Totalität dieses Sprechens». Im Gegensatz zu einem linguistischen Begriff von Sprache, der auf das System der Wörter und Regeln abhebt, mit dem man Sätze bildet, sind die Elemente der Wittgensteinschen «Sprache» also ganze Äußerungen oder Typen sprachlicher Handlungen. In dem berühmtem Satz «Die Bedeutung eines Wortes ist sein Gebrauch in der Sprache» meint «Sprache» daher offensichtlich «Ensemble von Texten und Äußerungen». Die Wendung kann nicht bedeuten: «Die Bedeutung eines Wortes ist sein Gebrauch in der *langue*». Das hätte gar keinen Sinn, denn die *langue* ist ein abstraktes System und keine Tätigkeit. Der «Gebrauch in der Sprache» bedeutet nach den gegebenen Beispielen daher «Gebrauch in Sprech-Handlungen», «Gebrauch in den Sprachspielen».

Allerdings bleibt bei aller gemeinsamen Dynamisierung des Sprachbegriffs, wie gesagt, der Unterschied der verschiedenen Perspektive auf Sprache. Bei beiden ist Sprache Tätigkeit. Bei Humboldt ist diese Tätigkeit aber vor allem die «Arbeit des Geistes», den Gedanken zu erzeugen. Diese Arbeit unterscheidet sich deutlich von Wittgensteins «arbeitender» Sprache. In Humboldts *primär semantischem* Fokus «erzeugt» die Sprache den Gedanken, wenn auch als etwas «ständig Vorübergehendes» und durchaus im Miteinander-Sprechen, also als gemeinsame Arbeit. Die Sprach-Arbeit ist ein Machen – *poiesis*. Sprache unter *primär pragmatischem* Blickwinkel, als Miteinanderhandeln, als *praxis* dagegen erzeugt zunächst nichts außer der Zusammenarbeit selbst. Daher ist sie *primär* ein «Spiel» und nicht Arbeit: *logos ballistikos*, Hin und Her, Zug um Zug, wie beim Schach-Spiel, das Wittgenstein immer wieder als Parallele anführt. Die «Arbeit des Geistes» bei Humboldt ist ein generativer, ein Geburtsvorgang. «Arbeit», labor, heißen die Geburtswehen in anderen europäischen Sprachen. Das heißt, diese Arbeit ist eine mühevolle Angelegenheit, während das Spiel – selbst wenn es noch so ernsthaft ist – eigentlich nicht mühevoll erscheinen darf: giuocando, senza fatica.

Die tiefste und unauflösliche Differenz zwischen Humboldts Sprachphilosophie und dem Wittgensteinschen Ansatz liegt allerdings in der *Sympathie* für die Sprache und ihre Vielfalt einerseits und der bei aller Öffnung auf die Sprachspiele nach wie vor bestehenden *Ablehnung* der Sprache andererseits, der Angst vor den Verhexungen, vor den Mauern, an denen man sich Beulen holt, der Furcht vor dem Labyrinth. Die Beschreibung der Sprachen, das vergleichende Sprachstudium bei Humboldt, ist, wie wir gesehen haben, eine Veranstaltung zur Exposition der wunderbaren Vielfalt des menschlichen Geistes, eine *Feier der Sprache*. Die Wittgensteinsche philosophische «Beschreibung» des tatsächlichen Gebrauchs der Sprache, die man sich ja nicht als ein Ensemble von Grammatiken, Wörterbüchern und Sprachgeschichten vorstellen darf, sondern als ein präzises Achtgeben auf die Verwendung einzelner Wörter in verschiedenen Sprachspielen, dient dagegen nach wie vor primär der *Kritik der Sprache*: der Bannung der alten Götzen, der Auflösung der Verhexung, der Warnung vor der Begrenzung des menschlichen Verstandes und der Verwirrung des ganzen menschlichen Lebens durch die Sprache. Sie kann die idola fori nicht mehr vertreiben, wie dies die Philosophie von Bacon bis Frege – zumindest für den Bereich der Wissenschaft – gehofft hatte. Daher «beschreibt» sie sie jetzt, sie bannt sie gleichsam in einer Deskription, wohl mit einer Art Plan des Labyrinths. Mit einem genauen Plan kann ich mir wenigstens keine Beulen mehr holen, mit einem philosophischen Ariadnefaden finde ich mich wenigstens (ein bißchen) im Labyrinth des Lebens zurecht. Aber schön findet diese Philosophie das Labyrinth, die Begrenzungen, die Verhexungen, die Verkleidungen der Sprache nach wie vor nicht. Den traditionellen Sprachhaß, *odio e fastidio,* von Philosophie und Wissenschaft streifen auch die *Philosophischen Untersuchungen* nicht ab.

7.4. Feiern der Sprache

Das Benennen erscheint als eine *seltsame* Verbindung eines Wortes mit einem Gegenstand. – Und so eine seltsame Verbindung hat wirklich statt, wenn nämlich der Philosoph, um herauszubringen, was die Beziehung zwischen Namen und Benanntem ist, auf einen Gegenstand vor sich starrt und dabei unzählige Male einen Namen wiederholt, oder auch das Wort «dieses». Denn die philosophischen Probleme entstehen, wenn die Sprache *feiert*. Und *da* können wir uns allerdings einbilden, das Benennen sei irgendein merkwürdiger seelischer Akt, quasi eine Taufe eines Gegenstandes. Und wir können so auch das Wort «dieses» gleichsam zu dem Gegenstand sagen, ihn damit *ansprechen* – ein seltsamer Gebrauch dieses Wortes, der wohl nur beim Philosophieren vorkommt. (PU § 38)

Oder:

Wenn die Philosophen ein Wort gebrauchen – «Wissen», «Sein», «Gegenstand», «Ich», «Satz», «Name» – und das *Wesen* des Dings zu erfassen trachten, muß man sich immer fragen: Wird denn dieses Wort in der Sprache, in der es seine Heimat hat, je tatsächlich so gebraucht? –

Wir führen die Wörter von ihrer metaphysischen, wieder auf ihre alltägliche Verwendung zurück. (PU § 116)

7.4.1. Wenn man vom «linguistic turn» der Philosophie spricht, meint man – je nach Geschmack – entweder die Entdeckung von Morgenstern und Abendstern durch Frege oder die Wende zu den Sprachspielen beim späten Wittgenstein. Dies ist natürlich eine historiographische Ungerechtigkeit sondergleichen. Man könnte nämlich mit demselben Recht von einem linguistic turn bei Nietzsche sprechen, der die Sprachlichkeit – und die Poetizität – der Vernunft noch einmal entdeckt hat, sie absolut setzt (in dieser Hinsicht Herder nicht unähnlich) und daraus polemisches Geschütz gegen Wissenschaft, Wahrheit und Objektivität schmiedet. Man könnte aber die sprachliche Wende der Philosophie – mit noch größerer Berechtigung – auch beim späten Heidegger ansetzen, der Nietzsches Position radikalisiert. Mit der Aufsatz-Sammlung *Unterwegs zur Sprache* erscheint 1959 – ein Jahr nach den *Philosophischen Untersuchungen* – das alternative philosophische Buch, das bisher letzte große Wort Europas über die Sprache.

Wo Nietzsche die Eigenständigkeit des Sprachlichen (besonders seiner Semantik) gegenüber der Welt behauptet hat, kappt nun Heidegger gleichsam die Verbindung der Sprache zur Welt und macht die Wörter zur Welt. Das Denken entfaltet sich *in der Sprache*, es wühlt gleichsam in der Sprache herum, es deutet die Wörter, als ob sie die Sachen selbst wären. Dabei verfügt der denkende Meister völlig willkürlich über die Sprache, er sagt und bestimmt, was die Wörter bedeuten. *Er* ist der Meister, nicht die *consuetudo*, der verachtete «Gebrauch» der verachteten Gesellschaft, das geringschätzig abgekanzelte «Gewöhnliche».

So bestimmt z. B. Heidegger *gegen* den Gebrauch des Deutschen, in dem das Wort *entfernen* «in die Ferne bringen» oder «in die Ferne gehen» heißt, völlig eigenmächtig, daß *ent-* auch hier eine privative Bedeutung hat (wie in *ent-kernen*, *ent-jungfern*), so daß *ent-fernen* heiße: «die Ferne wegnehmen», d. h. «näher-kommen». Er schafft aus den überkommenen Wörtern, über deren Geschichte er kühn hinwegschreitet, (zum Teil sehr schöne) neue Wörter durch Wortbildung, wie z. B. *Geworfenheit, Nahnis* oder das Verb *wesen,* oder er gibt existenten Wörtern neue Bedeutungen, wie z. B. *Lichtung.* Dies ist das Verfahren der vorwissenschaftlichen Etymologie oder der sogenannten Volksetymologie, das Heidegger – der es eigentlich besser wissen müßte – zum Aufbau seiner privaten Philosophie-Sprache einsetzt. Aus der Antike sind diese Verfahren bekannt. Sokrates denkt sich im *Kratylos* allerlei Bedeutungen in die Wörter hinein, die im wesentlichen als Bilder der Sachen angesehen werden. Die Etymologien des Isidor von Sevilla funktionieren durch Assoziationen von Wörtern, die ähnlich klingen und deren Bedeutungen dann in einen erklärenden Zusammenhang gebracht werden: *homo – humus, humare* bringt «Mensch» und «Erde», «beerdigen» zusammen. Auch Vico denkt noch die Etymologien des Lateinischen so, aber er *argumentiert* nicht pseudo-etymologisierend.

Heidegger überbietet dagegen die alten, wissenschaftlich längst überholten Verfahren: Ich gebe eine kurze Passage aus den drei Vorträgen über das Wesen der Sprache wieder. Heidegger hat dort gerade das Wort *Be-langen* oder *Be-lang* mit einer neuen Bedeutung versehen, nämlich als: «das, was, nach unserem Wesen aus*lang*end, es ver*lang*t und so ge*langen* läßt in das, wohin es gehört» (Heidegger 1959: 197), also durch eine Aufrufung von verschiedenen Verben, denen die Stammsilbe *lang* gemeinsam ist. Er weist dann aber folgendermaßen den gerade von mir geäußerten Vorwurf eines willkürlichen Umgangs mit der Sprache zurück:

> Der Anschein drängt sich vor, als verführen wir, das Be-langen also denkend, willkürlich mit der Sprache. Es ist in der Tat Willkür, wenn wir den jetzt genannten Sinn von Be-langen, an dem messen, was man gewöhnlich unter dem Wort versteht. Aber maßgebend für den besinnlichen Sprachgebrauch kann nicht das sein, was man gemeinhin gewöhnlich meint, sondern was der verborgene Reichtum der Sprache bereithält, um uns daraus zu be-langen für das Sagen der Sprache (197).

Der «besinnliche Sprachgebrauch» oder das «sinnende Denken» (ebd.), d. h. eben das, was Heidegger tut, kann also durchaus zugeben, daß das «willkürlich» ist. Er braucht sich an das «gemeinhin Gewöhnliche» – den gesellschaftlichen «Gebrauch», den usus, der gerade das Gewöhnliche ist, also an das, was Wittgenstein zum Zentrum der Sprache macht – nicht zu halten, denn er sinnt ja dem «verborgenen Reichtum der Sprache» nach. Was Heidegger allerdings nicht sagt, ist, daß niemand vor ihm *Belang* so verstanden hat, also als «das, was, nach unserem Wesen aus*lang*end, es ver*lang*t und so ge*lang*en läßt in das, wohin es gehört» (197). Es handelt sich also mitnichten um das Aufsuchen eines «verborgenen Reichtums der Sprache», sondern um eine – zweifellos außerordentlich schöne – Bedeutungsgebung seitens des sinnenden Denkers, der hier allerlei andere Wörter mit dem Stamm *lang* auf das Wort *Belang* bezieht.

Gern ruft Heidegger bei seinem «besinnlichen Sprachgebrauch», bei der quasi-etymologischen Neuerfindung von Wörtern, auch den heimat-lichen Dialekt auf, der dem «verborgenen Reichtum der Sprache» offen-sichtlich noch etwas *Bäurisch-Erdhaftes* hinzufügt. So etwa wenn er – gleich im Anschluß an die Neufassung von *Belang* – auch für das Wort *Bewegung* eine neue Bedeutung (und eine neue Graphie: *wëg*) erfindet:

> Wir hören das Wort Be-wëgung im Sinne von: Wege allererst ergeben und stif-ten. Sonst verstehen wir bewegen im Sinne von: bewirken, daß etwas seinen Ort wechselt, zu- oder abnimmt, überhaupt sich ändert. Be-wëgen aber heißt: die Gegend mit Wegen versehen. Nach altem Sprachgebrauch der schwä-bisch-alemannischen Mundart kann «wëgen» besagen: einen Weg bahnen, z. B. durch tief verschneites Land. (198)

Nach dem Bäurisch-Chthonischen, das ja auch schon das Alte ist, wird das *Uralte* evoziert. Heidegger arbeitet sich gleichsam semantisch bis zum Ursprung der Sprache vor, bis zu einem «Quell- und Strombereich», dem man noch seine Heiligkeit anmerkt. Gleichsam wagnerisch rhapso-disch (*Wagalaweia*) wird *Weg* mit den Verben *wiegen, wagen, wogen* in Verbindung gebracht, was sprachhistorisch – nach Grimm – sogar zu-trifft. Man fragt sich aber, was die Information denn besagen will, daß der Weg die Wiege, das Wagnis und die Woge ist?

> Wëgen und Be-wëgen als Weg-bereiten und Weg als Gelangenlassen gehören in denselben Quell- und Strombereich wie die Zeitwörter: wiegen und wagen und wogen. Vermutlich ist das Wort «Weg» ein Urwort der Sprache, das sich dem sinnenden Menschen zuspricht. (198)

Als «Urwort» kommt *Weg* schließlich nicht nur aus dem unvordenk-lichen Quellbereich des Ursprungs, sondern es hat als solches natürlich auch gleichbedeutende Verwandte auf der ganzen Welt: *Tao* bedeutet «Weg». *Weg* ist also ein *Universale*:

> Das Leitwort im dichtenden Denken des Laotse lautet Tao und bedeutet «eigentlich» Weg. [...] Indes könnte der Tao der alles be-wëgende Weg sein, dasjenige, woraus wir erst zu denken vermögen, was Vernunft, Geist, Sinn, Logos *eigentlich*, d. h. aus ihrem eigenen Wesen her sagen möchten. (198, H.v.m.)

Auch wenn Heidegger aus dem «Reichtum der Sprache» zu schöpfen vorgibt, ist sein Vorgehen gerade extrem *unhistorisch*: Das Deutsche als Einzelsprache mit seinen in der Sprachgemeinschaft historisch veranker-ten Bedeutungen wird permanent unterlaufen. Das Historische ist näm-lich gerade das *Gewöhnliche*, dem sich das «sinnende Denken» oder das «dichterische Denken» durch völlig idiosynkratische Sinnzuordnungen entzieht, die im Chthonisch-Naturhaften, im Vorgeschichtlichen und im Universellen dann eine scheinhafte Begründung erfahren. Damit wird aber, was wie Geschichte aussieht, *Natur*. Heideggers berühmter Satz, daß die Sprache «das Haus des Seins» sei (und nicht etwa das Haus der Geschichte oder gar das Haus vieler Geschichten) bestätigt diese Geschichtsferne ja ausdrücklich. Sprachliche Verschiedenheit hat in diesem Sprach-Denken daher auch keinen Ort. Da Weg, Tao und Logos letztlich dasselbe sind, löst sich alle geschichtliche Differenz im Eigentlichen auf.

7.4.2. Heideggers volksetymologisch willkürliches Gleiten von Wort zu Wort – eine Art philosophisches Sprach-Surfen – ist zunächst ein viel extremerer *linguistic turn* der Philosophie als die Abendstern-Morgenstern-Sprachphilosophie, die ja auch eigentlich keine «Hinwendung», keine liebevolle «Zuwendung» zur Sprache ist, sondern nur das Aufmerken auf eine Irritation, die behoben werden muß, auf einen Nebel, der nach «Auflösung», auf eine Krankheit, die nach «remedies» verlangt. Der analytische linguistic turn empfindet Sprachlichkeit als Störung, Verhexung und Fallstrick und will eigentlich die *Abwendung* von der Sprache, die Auflösung der Sprache, um zu den Sachen, zur sprachlosen Welt zu kommen. Die *Philosophischen Untersuchungen* geben zwar diese wissenschaftsbezogene Absicht auf, sie spinnen aber immer noch einen Ariadnefaden durch das – nach wie vor als gefährlich angesehene – Labyrinth der Sprache. Hier nun wendet sich dagegen einer *zur Sprache hin*, ja hier gibt sich das Denken wie ein Liebender der Sprache hin. Allerdings wie ein Liebender, der seine Geliebte völlig überschätzt, für den die Geliebte die Welt ist. Denn das «dichtende Denken» versenkt sich völlig in die Sprache, und es dichtet der Sprache wundersame Kräfte an, wunderschöne beschwörende magische Qualitäten. Wie aus dem Weg der Wég das Tao der Geist wird, ist einfach wunderbar. Nur: es ist die reine Geister-Beschwörung, nicht Sprach-*Analyse*, sondern Sprach-*Schöpfung*. Die Philosophie *dichtet*.

Heideggers Sprachdenken beruht ja ausdrücklich auf der «Nachbarschaft von Dichten und Denken» (199):

> Nachbarschaft heißt: in der Nähe wohnen. Dichten und Denken sind Weisen des Sagens. Die Nähe aber, die Dichten und Denken in die Nachbarschaft zueinander bringt, nennen wir die Sage. In dieser vermuten wir das Wesen der Sprache. Sagen, *sagan* heißt zeigen: erscheinen lassen, lichtend-verbergend frei-geben als dar-reichen dessen, was wir Welt nennen. (199/200)

In Wirklichkeit ist diese «Nachbarschaft» Identität von Dichtung und Philosophie im Sagen. Die Sage, die Dichten und Denken gemeinsam ist, «gibt» das Sein, das Wort «reicht» die Welt. Ohne Sprache ist die Welt also nicht: «Kein ding sei wo das wort gebricht», dieser George-Vers grundiert Heideggers Sprachdenken. Das Poetische der Sprache – die denkende Erschaffung der Welt durch die Sprache – ist sein zentraler Gedanke.

Diese tiefe Einsicht aller echten Sprachphilosophie, die sich in gewisser Hinsicht ja auch in Freges Wendung vom «Gegebensein» der Dinge durch die Sprache findet, wird nun aber von Heidegger radikal verabsolutiert. Und das ist das Neue und Ungewöhnliche, ja Überspannte dieser wunderbaren Hymne auf die Sprache: Die welt-dar-reichende Sprache wird absolut gesetzt, d. h. sie wird vom Menschen getrennt: «*Die Sprache spricht*» (1959: 12 u. ö.) (erst in einem zweiten Moment «entspricht» der Mensch dann der Sprache). Sprache ist nicht wesentlich eine Tätigkeit, mit der der Mensch seine innere und äußere Welt darstellt – das seien zwar richtige, aber doch unbefriedigende alte Vorstellungen, die zu überwinden seien –, sondern ein menschenunabhängiges Sagen, das sich prototypisch im Gedicht manifestiert. Mit dieser – Wittgenstein würde sagen «metaphysischen» – Verwendung des Wortes «Sprache» wird Sprache von Sprechern unabhängig und damit auch von aller historischen Kontingenz gereinigt.

Sofern das Sagen den sprechenden Menschen hinter sich läßt (oder besser: noch *vor* sich hat), sofern Sprache als gleichsam natürliche und universelle Poesie erscheint, läßt Heideggers Sprachphilosophie nun aber paradoxerweise die Sprache radikaler hinter sich als die analytische Philosophie, die immerhin dem (historischen) «Sinn» oder dem (gewöhnlichen gesellschaftlichen) «Gebrauch» nachdenkt, selbst wenn sie ihn auflösen möchte. Dieser unhistorische Universalismus ist deswegen so bedauerlich, als er Heideggers bleibende Einsicht in die grundlegende Poetizität der Sprache schwächt. Dichtung ist in der Tat keine «höhere» Form der Alltagssprache, sondern einfach «volle» Sprache, und umgekehrt ist auch die Alltagssprache noch dichterisch, wenn auch als «vernutztes Gedicht»:

> Eigentliche Dichtung ist niemals nur eine höhere Weise (Melos) der Alltagssprache. Vielmehr ist umgekehrt das alltägliche Reden ein vergessenes und darum vernutztes Gedicht, aus dem kaum noch ein Rufen erklingt. (1959: 31)

Bembos «amore della lingua», die Liebe (des Dichters und des humanistischen Gelehrten) zur Sprache radikalisiert sich zwar in einem nie gekannten, bisher unerhörten Ausmaß: denn im Sagen wird die Welt dar-gereicht, im Sagen ist die Welt frei-gegeben, d. h. auch: die Welt ist im Sagen. Gleichzeitig ist diese Liebe zur Sprache aber auch merkwürdig leer, sofern ja *keine bestimmte* Sprache geliebt wird, etwa das Toskanische oder das Lateinische, sondern ein deutsch-schwäbisch-altgriechisch-chinesisches Kontinuum bzw. die Sprache überhaupt (d. h. keine).

Die exklusive Liebe zu dieser irgendwie allgemeinen Sprache, die die Welt gibt und die die Welt ist, wird immer noch von den negativen Affekten der humanistischen Dichter und Gelehrten begleitet: Die alte humanistische Verachtung der «signoria del mondo», des gesellschaftlichen Könnens, und der wissenschaftlich-technischen «cognizione delle cose», des Beherrschens der Sachen, erlebt bei Heidegger ihre moderne, radikal antimoderne Bestätigung. Dieses Denken geht einher mit der Verachtung für den Höfling, den Gesellschaftsmenschen, und es warnt vor Wissenschaft und Technik, statt sich mit ihnen zu versöhnen oder ihre Defizite zu heilen. Heidegger sieht die Gefahr des technisch-wissenschaftlich «rechnenden» Sprechens völlig richtig in der Reduktion der natürlichen Sprache:

> Das Ge-Stell, das überallhin waltende Wesen der modernen Technik, bestellt sich die formalisierte Sprache, jene Art der Benachrichtigung, kraft deren der Mensch in das technisch-rechnende Wesen eingeformt, d. h. eingerichtet wird und schrittweise die «natürliche Sprache» preisgibt. (1959: 263)

Sein eigenes poetisches Sprechen und sein eigenes poetisches Sprachdenken bleiben aber umgekehrt hochmütig und esoterisch der Welt abgestorben, zurückgezogen in der Kammer, wie es Bembo für den gloriosen Dichter gefordert hatte. Wenn nur die Sprache seine Welt ist, braucht das sinnende Denken weder das Gespräch mit den anderen Menschen noch den praktischen Zugriff auf die (wirkliche) Welt.

7.4.3. Das *Problem* dieser dichterischen Philosophie, dieses sinnenden Denkens, dieses «Sagens», liegt darin, daß sie nicht als Dichtung auftritt, sondern als Philosophie. Während in der Dichtung prinzipiell die Frage nach der Wahrheit suspendiert ist, erhebt das philosophische Sagen wie jeder philosophische Diskurs nach wie vor Anspruch auf Wahrheit. Das sinnende Denken ist ja nicht nur Philo-Logie, Auslegung und Bewahrung der Texte, obwohl es ausgesprochen «philologisch» daherkommt. Im Gegensatz zur analytischen Philosophie ist Heideggers Philosophie immer auch Auslegung der großen Texte der Tradition von der Antike bis Nietzsche oder dichterischer Texte (in einer gewissen Auslegungsvirtuosität liegt im übrigen ihre eigentliche Stärke und Berufung). Diese Philosophie aus der Sprache macht aber gleichzeitig massiv Aussagen über die Welt. Indem sie diese Behauptungen (logos apophantikos) als Sage aus dem «verborgenen Reichtum der Sprache» schöpft, der in Wirklichkeit Heideggers dichterisches Erzeugnis ist (weg – wëg – tao – geist), erscheint sie dem Leser als schönes und verführerisches *Wahr-Sagen* (dem nachzusinnen man sich kaum entziehen kann).[8]

Sofern das sinnende Denken die Sprache liebt und in ihr zu denken vorgibt, ist Heideggers linguistic turn tatsächlich eine Hinwendung zur

Sprache und anders als der analytische linguistic turn keine Wende, die eigentlich aus der Sprache hinausführen soll. Sofern sie aber in der Diskurswelt der wahr-sprechenden Philosophie verbleibt, ist Heideggers Sprachphilosophie weniger radikal als Wittgensteins *Philosophische Untersuchungen*. Mit der Öffnung auf andere Sprachspiele relativiert Wittgenstein nämlich das Sprachspiel der Philosophie überhaupt. Es geht gar nicht mehr nur um Wahrheit und Wahrsagen, sondern um verschiedenes sprachliches Handeln und damit auch um andere «Lebensformen» als diejenige der Philosophie. Sprechen in seinen verschiedenen *pragmatischen* Vorkommensweisen ist bei Wittgenstein das «Wesen der Sprache», nicht das dichtende und denkende «erscheinen lassen, lichtendverbergen frei-geben als dar-reichen dessen, was wir Welt nennen» (Heidegger 1959: 200), das immer noch das *semantisch* fokussierte Wahrsprechen der Philosophie ist. Anders gesagt: was die Franzosen «le monde» nennen, die Gesellschaft von miteinander sprechenden und handelnden Menschen, ist die «Welt» der Wittgensteinschen Sprachphilosophie. Sprache steht hier nicht im *Gegensatz* zur signoria del mondo, sondern ist ein Moment der signoria del mondo, Beherrschen gesellschaftlicher Regeln, Mitspielen-Können. Hier bahnt die Sprache keinen Weg durch tief verschneites alemannisches Land (in dem sie sich dann schließlich verliert), sondern hier fliegt das Wort wie der Tennisball zwischen Menschen hin und her, die (gern) beieinander sind.

Während im sinnenden Denken der einsame Sager der Sprache (und der in ihr dar-gereichten Welt) nachsinnt und dabei weit ins unvordenkliche Urwort abdriftet und hoch über dem gewöhnlichen Leben schwebend doch vergißt, daß er mit denselben Wörtern auch mit anderen im normalen Leben handelt, während also die Sprache als poetische Semantik «feiert», «arbeitet» umgekehrt das hin und herfliegende Wort ernsthaft im Sprachspiel des Alltags. Daß das Wort eben doch *auch* den Weg bahnt oder – griechischer und lateinisch-englischer – ausgedrückt – das Sein unterscheidet (organon ousian diakritikon) oder die Sachen ausschneidet (verba res secant), ist die bleibende Irritation dieser mondänen Pragmatik.

Bei beiden Sprachphilosophien fehlt somit eigentlich ein Denken der *Sprachen*: Bei Wittgenstein gibt es keine Sympathie für die verschiedenen Sprachen. Wie die Abendstern-Morgenstern-Philosophie reflektieren auch die *Philosophischen Untersuchungen* die Sprachen nach wie vor als zu überwindende Ärgernisse, als idola fori, Verhexungen und Verkleidungen. Heidegger entschwebt zwar gern in griechische Tiefen oder asiatische Weiten, er tut dies aber, um etwas Universelles, ein unhistorisches Vor-Sprachliches, nicht um das historisch Differente zutage zu fördern. Eine philosophische Feier der wunderbaren Vielfalt des menschlichen Geistes in seinen historischen Sprachen findet man auch bei ihm nicht.

Die Verschiedenheit der Sprachen wird sogar – was nicht verwundert, da die Sage gut aristotelisch ein letztlich universelles Denken produziert – ganz klassisch schließlich wieder bloß im *Lautlichen* angesiedelt. Und diese Verschiedenheit wird nicht eigentlich als historisch-willkürlich aufgefaßt, sondern sie wird gerade naturalisiert, sofern die «Erde», die alemannische Scholle und andere Landschaften, und nicht etwa gesellschaftliche Gruppen, für diese Verschiedenheit verantwortlich sein sollen:

> Ihre Verschiedenheit gründet nicht nur und nicht zuerst in unterschiedlichen Bewegungsformen der Sprachwerkzeuge. In der Mundart spricht je verschieden die *Landschaft und d. h. die Erde*. Aber der Mund ist nicht nur eine Art von Organ an dem als Organismus vorgestellten Leib, sondern Leib und Mund gehören in das Strömen und Wachstum der *Erde*, in dem wir, die Sterblichen, gedeihen, aus der wir das Gediegene einer Bodenständigkeit empfangen. (1959: 205, H.v.m.)

7.5. Im Paradies, herbstlich schluchzend

7.5.1. Wahrscheinlich dachten die Philosophen (eine Zeitlang ja durchaus zurecht), daß sich um die Verschiedenheit der Sprachen schon die Linguisten kümmern würden. Das haben diese ja auch getan, und sie tun es immer noch. Die Sprachwissenschaftler sind aber am Ende ihrer Arbeit doch eher, wie wir gesehen haben, bei der Erforschung des angeborenen menschlichen Geistes angelangt. Sie (lassen) rufen: «differences between individuals are so boring» (Pinker 1994: 428) und verabschieden sich aus den verschiedenen Sprachen und aus der Geschichte. Die Sprachen sind daher am Ende dieser Geschichte eindeutig die Verliererinnen des europäischen Sprachdenkens. Sie hatten nie besonders gute Karten: Die Bibel betrachtete sie als Strafe und Kommunikationshindernis, die Griechen interessierten sich nicht für sie, der vielsprachige Mithridates wurde von Rom besiegt, und als Europa die Sprachen entdeckte, waren sie schnell als Fallstricke für die Wahrheit, «a mist before our eyes», ausgemacht. Selbst die Sprachwissenschaft, der Leibniz die Erforschung der merveilleuse variété des opérations de notre esprit aufgegeben hatte, hat sich eigentlich immer mehr für den Ursprung und die Einheit interessiert, die jetzt – nach dem Durchgang durch die Verschiedenheit – wieder auf der Tagesordnung steht.

In der politischen und kulturellen Realität haben die verschiedenen Sprachen sowieso keine guten Karten. Die Globanglisierung setzt den Prozeß der sprachlichen Vereinheitlichung der Welt brutal fort. Waren bis ins 20. Jahrhundert die Nationalstaaten die Sprachkiller der auf ihren Territorien gesprochenen «kleineren» Sprachen, so sind nun die «großen» Staats- und Kultursprachen selbst die Opfer. Die Staatssprachen

werden aus den höheren Diskurswelten wieder hinausgedrängt, die sie
erst seit dem 16. Jahrhundert erobert haben und noch bis vor kurzem
innehatten: aus Wissenschaft, Technik und Business. Das bleibt natürlich nicht ohne Folgen für den verbleibenden Rest dieser Sprachen: Wie
die alten ethnischen Sprachen und wie die alten Dialekte rutschen sie ins
Private und Folkloristische. Der bewundernswerte Ausbau dieser Sprachen zu den differenzierten Kultursprachen, wie wir sie noch kennen,
wird zurückgenommen, die funktionale Variationsbreite schrumpft.
Schon jetzt brauchen wir z. B. keine Register des Deutschen mehr für die
Medizin, die Physik, Business und Management. Philosophy und cultural studies werden folgen. Es bleibt die Literatur, wenn wir Glück haben.

7.5.2. Aber wenn sich niemand mehr für die verschiedenen Sprachen
interessiert und wenn dann die vielen Sprachen verschwunden sind bzw.
sich ins Dialektale und Private zurückgezogen haben, dann flutscht doch
die (Tele-)Kommunikation um so besser, die Sprachspiele gehen hin und
her (und die Spieler können sich nur noch an *einer* einzigen Sprach-Mau-
er Beulen holen), der sinnende Denker kann doch auch dem Globalesischen nachsinnen (etymologische Spielchen lassen sich in jeder Sprache
machen, auch vom *way* kommt man leicht zum *tao* und zum *spirit* oder
mind, das untergegangene Oldspeak kann ja wie früher der alemannische Dialekt als heimatlich-chthonische Urschicht evoziert werden), und
der lästige Morgenstern und der überflüssige Abendstern leuchten nicht
mehr gegen alle wissenschaftliche Vernunft, wenn das Ding endlich nur
einen Namen hat.

Was will ich denn eigentlich? Was suche ich denn? Was fehlt mir denn,
wenn es so kommt? Ich möchte vor allem nicht verlieren, was Hegel als
den größten Gewinn jenes Prozesses angesehen hat, den wir gerade wieder rückgängig machen. Die Aufgabe der universellen fremden Sprache
(Latein) für das Denken und Beten und die Verwendung der eigenen
Sprache für diese «höchsten Bedürfnisse» im 16. Jahrhundert war nämlich ein Prozeß der geistigen *Befreiung,* bei dem ganz Europa in seinen
verschiedenen Stimmen hörbar aufatmete und der deswegen ganz ohne
Zweifel den wissenschaftlichen, politischen und kulturellen Fortschritt
ungeheuer beförderte (auch wenn er gleichzeitig das große europäische
Lamento über die Sprache ingangsetzte): «hier bei sich selbst in seinem
Eigentum zu sein, in seiner Sprache zu sprechen, zu denken, gehört ebenso zur Form der Befreiung» (Hegel 1970, Bd. 20: 52 f.).

Dazu gehört natürlich, daß man auch den Anderen zugesteht, bei sich
selbst in ihrem Eigentum zu sein und in ihren Sprachen zu sprechen und
zu denken. Und das heißt auch, daß man die Sprachen der Anderen zu
lernen bereit ist, wie es in Europa bisher durchaus in gewissem Maße der
Fall war, nicht nur die Sprache der Masters of the Universe (die muß man

natürlich auch können). Alle Pomponazzis dieser Welt können mich nicht davon überzeugen, daß dies Zeitverschwendung sein soll, die nur Haß und Widerwillen (odio e fastidio) verdiene. Die Kenntnis der Sprachen bekräftigt die Liebe zu ihnen (amore delle lingue), denn sie belohnt ja den Lerner aufs schönste. Man kann dann nämlich z. B. die in diesem Buch zitierten europäischen Texte lesen, wie Vicos herrlichen Satz von der dichten Nacht (Ma in tal densa notte di tenebre ond'è coverta la prima da noi lontanissima antichità, apparisce questo lume eterno ...). Oder man kann den wunderbaren französischen Nasalen im folgenden Gedicht nachlauschen und nachsinnen, wie Heidegger sagen würde:

> Les sanglots longs
> Des violons
> De l'automne
> Blessent mon coeur
> D'une langueur
> Monotone.

Obwohl es vielleicht Unsinn ist, daß «die langen Schluchzer der Violinen des Herbstes mein Herz mit einer monotonen Wehmut verletzen», so ist dies doch in solcher Schönheit gesagt, daß man diese Sprache einfach lernen muß. Und in meiner eigenen Sprache, wo ich bei mir in meinem Eigentum bin, möchte ich mich Wortorgien hingeben wie der folgenden:

> Wird das Wort die Blume des Mundes und Blüte genannt, dann hören wir das Lauten der Sprache erdhaft aufgehen. Von woher? Aus dem Sagen, worin sich das Erscheinenlassen von Welt begibt. Das Lauten erklingt aus dem Läuten, dem rufenden Versammeln, das, offen dem Offenen, Welt erscheinen läßt in den Dingen. (Heidegger 1959: 208)

Auch das klingt ja zunächst wie Unsinn. Ich kann dieser Passage aber – aufgrund der normalen Semantik der verwendeten deutschen Wörter und aufgrund der von Heidegger in seinem Sprach-Spiel hinzugeschaffenen Bedeutungen – einen Sinn geben, auch wenn es mir schwer fallen würde, ihn in meinen Worten wiederzugeben. Aber das ist auch gar nicht nötig, es ist ja gerade so gesagt, wie es gesagt ist. Die Sprache ist poetisch – sogar noch im «vernutzten Gedicht». Deswegen möchte ich, daß solches weiter so gesagt wird und daß es Leser gibt, die dieses zu verstehen versuchen. Man kann es in keiner anderen Sprache so sagen.

Denn es ist ja eben nicht einfach so, daß die verschiedenen Sprachen nur das sprachlos Gedachte materiell verschieden benennen und den anderen mitteilen. Die verschiedenen Sprachen sind verschiedene Weisen, die Welt zu sehen, die Welt erscheinen zu lassen, die Welt zu entdecken. Natürlich setzt jede Sprache Grenzen, Mauern, an denen man sich auch einmal Beulen holen kann. Aber gerade deswegen ist es ja wichtig, daß es nicht nur eine davon gibt, sondern viele, die andere Grenzen setzen. Jede entdeckt dabei etwas Anderes, das die andere nicht gesehen hat. Humboldt hat einmal gesagt, daß es daher – wegen dieser semantisch-kognitiven Funktion jeder Sprache – geradezu wünschenswert wäre, wenn es so viele Sprachen gäbe, wie es Menschen auf der Erde gibt. Nun, das würde zwar einen ungeheuren semantischen Reichtum generieren, es würde aber die pragmatisch-kommunikativen Sprachspiele erheblich erschweren, ja unmöglich machen. Da Sprechen «Mit-Denken» ist, da das kognitive Spiel erst dann an seinem Ziel angelangt ist, wenn das von mir gebildete Wort «aus fremdem Munde wiedertönt», sollte die Sprache schon zumindest *zweien* angehören. Die ideale Zahl der Sprachen auf der Welt wäre also die Zahl der *Hälfte* der Erdbewohner. Nun, zum Glück ist es natürlich nicht so. Es gibt bedeutend weniger Sprachen, und ihre Zahl schrumpft. Aber daß es nur noch *eine* Sprache auf der Welt geben soll, ist vielleicht das kommunikative Paradies, es ist aber die kognitive Hölle, ein Triumph der Dummheit. Denn es gilt noch immer, was Humboldt (IV: 27) 1820 in seiner ersten Rede vor der Berliner Akademie gesagt hat:

> Durch die gegenseitige Abhängigkeit des Gedankens, und des Wortes von einander leuchtet es klar ein, dass die Sprachen nicht eigentlich Mittel sind, die schon erkannte Wahrheit darzustellen, sondern weit mehr, *die vorher unerkannte zu entdecken.* Ihre Verschiedenheit ist nicht eine von Schällen und Zeichen, sondern eine Verschiedenheit der *Weltansichten* selbst. Hierin ist der Grund, und der letzte Zweck aller Sprachuntersuchung enthalten. Die Summe des Erkennbaren liegt, als das von dem menschlichen Geiste zu bearbeitende Feld, zwischen allen Sprachen, und unabhängig von ihnen, in der Mitte; der Mensch kann sich diesem rein *objectiven* Gebiet nicht anders, als nach seiner Erkennungs- und Empfindungsweise, also auf einem *subjektiven* Wege, nähern. Gerade da, wo die Forschung die höchsten und tiefsten Punkte berührt, findet sich der von jeder besonderen Eigenthümlichkeit am leichtesten zu trennende mechanische und logische Verstandesgebrauch am Ende seiner Wirksamkeit, und es tritt ein Verfahren der inneren Wahrnehmung und Schöpfung ein, vom dem bloss soviel deutlich wird, *dass die objective Wahrheit aus der ganzen Kraft der subjectiven Individualität hervorgeht.* Dies ist nur mit und durch Sprache möglich.

Anhang

Anmerkungen

1. Paradies
Vom ersten Wort zur Sprache des Herzens

1 Ich zitiere die Bibel nach der üblichen Luther-Übersetzung, wobei ich Henri Meschonnics (2002) neue französische Übersetzung der *Genesis* mit großem Gewinn zurate gezogen habe.

2 Zur Vorstellung der vollkommenen Sprache in der europäischen Geistesgeschichte vgl. Eco (1993).

3 Siehe Benjamin (1966: 23).

4 Zur Wirkung des Babel-Mythos hat Borst (1957–63) das klassische monumentale Werk geschrieben. Zu *Genesis*1–11 vgl. Westermann (1993).

5 Vgl. Werner (1992).

6 Wie die – als universell vermeinten – aristotelischen Kategorien von den partikularen Kategorien der griechischen Sprache abhängen, hat Benveniste (1958) in einem berühmten Aufsatz eindringlich gezeigt.

7 Die klassischen Werke zum *Kratylos* sind Derbolav (1953 und 1972).

8 Siehe unten Kapitel 7.4.

9 Dies etwa ist die moderne Position in dieser Frage, an die uns Jakobson (1965) wieder erinnert hat.

10 Vgl. Coseriu (1967: 89) in seinem klassischen Aufsatz zur «Spätgeschichte» dieses aristotelischen Begriffes.

11 Das steht übrigens in völligem Gegensatz zum modernen europäischen Symbol-Begriff (etwa bei Hegel), der dem Begriff des Abbilds nahesteht.

12 Hegel (*Enz.* § 459) wird allerdings diese übliche Visualität des Zeichens ins Phonetische wenden, wenn er «ein Dasein in der Zeit», den Ton, als die dem Zeichen zukommende Materialität ansieht. Zu Laut, Stimme und Sprache in der Antike vgl. Ax (1986).

13 Die Übersetzung lehnt sich an die von Weidemann an in Aristoteles (1994: 6).

14 Aristoteles faßt offensichtlich auch die Sprechakte, die er in der *Poetik* (Kap. 19, 1456b) aufzählt: Befehl, Bitte, Bericht, Drohung, Frage, Antwort, vorwiegend *formal*, wenn er sie «Formen der lexis», «schemata tes lexeos», nennt.

15 Zur Geschichte der Rhetorik vgl. Fuhrmann (1995) und Meyer (Hrsg. 1999).

16 Swiggers (1997) stellt die Grammatik als Basis der Linguistik heraus.

17 Vgl. Schlieben-Lange (1996). Siehe unten Kap. 5.5.

18 Die Privilegierung des Ohres als Erkenntnisorgan etwa bei Luther oder Herder hat in dieser augustinischen Tradition ihre Wurzeln.

19 Vgl. Borsche (1985).

20 Zit. bei Borst (1957–63: 395).

21 Vgl. Borst (1957–63: 391–404).
22 Vgl. etwa: Auroux/Koerner/Niederehe/Versteegh (Hrsg. 2000/01), Auroux (Hrsg. 1989–2000), Lepschy (Hrsg. 1990–94), Schmitter (Hrsg. 1987 ff.), Dascal u. a. (Hrsg. 1992/96). Handlicher ist Borsche (Hrsg. 1996). Eindrucksvoll hat jetzt Formigari (2001) das gesamte europäische Sprachdenken dargestellt.

2. Florenz
Poetische Welt-Sprache und neue Grammatik des Paradieses

1 Im Text selbst übersetzen Dornseiff und Balogh völlig richtig: «Lehre von der Beredsamkeit in der Volkssprache» (Dante 1925: 19).
2 Nach einer Mitteilung von Dirk Naguschewski stammt der erste Beleg aus dem Jahre 1119.
3 Augustinus hat das Lateinische «inter etiam blandimenta nutricum et ioca arridentium et laetitias alludentium» (*Conf.* I, 14) gelernt, «unter Koseworten der Kinderfrauen, unter fröhlichen Scherzen meiner Umgebung, die mit mir lachte und schäkerte» (Augustinus 1984: 49), ein ausgesprochen lustbetonter Erstspracherwerb.
4 Vgl. Koch/Oesterreicher (1985).
5 Die dritte Stelle in Dantes Werk, an der die «Muttersprache» auftritt, ist *Purg.* XXVI, 117: parlar materno.
6 Im *Convivio* allerdings nennt er es *latino*.
7 Vgl. Shapiro (1990: 127 ff.).
8 Dies ist auch die Grundidee des ersten wirklich großen Vulgare-Texts Italiens, des *Cantico di Frate Sole*, in dem der Heilige Franz die gloria Gottes durch seine Kreaturen besingt: «laudato sie, mi Signore, cum tucte le tue creature».
9 Hier muß natürlich erneut auf das unübertreffliche Werk von Borst (1957–63) hingewiesen werden, zu Dante vgl. Borst (1957–63: 869 ff.).
10 Vgl. den Artikel «selva» (von Eugenio Ragni) in der *Enciclopedia Dantesca*.
11 Zum weiteren Schicksal der für die italienische Kultur so zentralen Kategorie der gloria vgl. Kablitz (1999), Trabant (2001) und das nächste Kapitel.
12 Siehe unten Kap. 4.1. und 7.2.
13 Vgl. Gerl (1974 und 1989: 104 f.). Siehe auch das Kapitel «Sprache und Geschichte» in Otto (Hrsg. 2000).
14 So der spanische Humanist Juan Luis Vives, zit. nach Coseriu (1971: 240).
15 Vgl. Köhler (1976).

3. Bologna
Paradise Lost: Welche Sprache für Europa?

1 Die zahlreichen Beiträge zur Diskussion, die man in Pozzi (Hrsg. 1988) nachlesen kann, lassen sich zumeist einer dieser drei Positionen zuordnen.

2 Die klassischen Werke zur Questione della lingua sind: Labande-Jeanroy (1925), Hall (1942), Klein (1957), Vitale (1960) und Mazzacurati (1965).

3 Ich zitiere Speroni nach Pozzi (Hrsg. 1988).

4 Vgl. z. B. Ossola/Prosperi (Hrsg. 1980), Ossola (1987), Burke (1996).

5 Vgl. Olschki (1919–27).

6 Zu dieser Figur in der französischen Sprachgeschichte vgl. Trabant (2002).

7 Wegen der schweren Lesbarkeit der Originalgraphie zitiere ich Luthers Sendschreiben von 1524 nicht nach der kritischen Gesamtausgabe (Luther 1899 Bd. 15: 27–53), sondern nach Luther (1983: 201–220). Allerdings nehme ich aufgrund des Originals stillschweigend kleine Retuschen am zitierten modernisierten Text vor und gebe die Seitenzahlen beider Ausgaben an.

8 Vgl. Meschonnic (2001: 13).

9 In genau diesem Sinne wird Jahrhunderte später auch für Wilhelm von Humboldt Griechenland das kulturelle Modell für Deutschland sein.

10 Über die Einführung des Französischen in Okzitanien vgl. Kremnitz (1981).

11 Zu diesem Zusammenhang von imperialistischer Herrschaft und Sprach-Beherrschung vgl. Reinhard (1987).

4. London – Paris
Neue Paradiese oder die Reinigung des Wissens und der Sprache

1 Vgl. den Artikel «Götzendienst» im *Reallexikon für Antike und Christentum* Bd. XI von Fredouille (1981).

2 Ich zitiere nach der üblichen Aphorismen-Zählung und nach der Ausgabe von Wolfgang Krohn (Bacon 1620/1990).

3 Wegen der leichteren Lesbarkeit zitiere ich die Ausgabe von Liard und nicht die der alten Graphie folgende Werkausgabe von Adam und Tannery, wo man den *Discours de la méthode* in Band VI:1–78 findet (Descartes 1973).

4 Die Öffnung der Wissenschaften für die Lateinunkundigen hat Beck-Busse (2002) am Beispiel der Grammatik für die Damen glänzend untersucht.

5 Zitiert nach Baum (1989: 2).

6 Diese – in der Endfassung des *Cortegiano* getilgte – Stelle zitiere ich nach Ossola (1987: 52, H.v.m.).

7 Vgl. Trabant (2002: Kap. 5).

8 Vgl. Klein (1992: vor allem: Kap. II A 4 und 5).

5. London – Paris – Neapel
Das Reich des Menschen und die Sprache

1 Vgl. Johnson (1987), Lakoff/Johnson (1999). Siehe unten 6.6.4 und 6.6.5.

2 Zur Phänomenologie des Hörens vgl. Ihde (1973 und 1976).

3 En passant eine Bemerkung zum Babel-Motiv: Der Ausdruck «Turm zu Babel» repräsentiert – nicht erst hier – den Fluch der Verschiedenheit der Sprachen eigentlich durch eine metonymische Verschiebung. In Wirklichkeit war ja nicht der *Turm* zu Babel, sondern die *Zerstörung* des Turms zu Babel der

Fluch. Der Turm war gerade ein Produkt der alten «einerlei Sprache». Was Leibniz eigentlich will, ist natürlich die *Zerstörung der Zerstörung* des Turms zu Babel, also etwas Konstruktives.

4 Vgl. Trabant (1994).

5 Vgl. Löwith (1968).

6. Riga – Tegel – Cambridge, Mass.
Der beste Spiegel des menschlichen Geistes

1 Ich zitiere nach der von Proß besorgten Hanser-Ausgabe der Abhandlung Herders (1978).

2 Das spätere spanische Buch mit dem gleichen Titel – *Catálogo de las lenguas* (Hervás 1801–05) – ist kein bloßer Katalog mehr, sondern ein sechsbändiges Compendium des Wissens über die Sprachen der Welt, von denen allerdings zwei (Bd. IV und V) ganz der iberischen Halbinsel gewidmet sind.

3 Klassische Typologen sind etwa Finck oder Lewy. Typologie ist derzeit eines der vorrangigen Interessen der Sprachwissenschaft. Nachdem die Genealogie der Sprachen (weitgehend) geklärt ist und die Sprachen der Welt (weitgehend) beschrieben sind, geht man den strukturellen Gemeinsamkeiten zwischen den Sprachen nach.

4 Man hat im Ausdruck «indogermanisch» den Ausdruck böser rassistischer Absichten der deutschen Sprachwissenschaft sehen wollen. Dazu ist aber zu sagen, daß der Ausdruck weder von einem Deutschen noch von einem Sprachwissenschaftler stammt, sondern von dem französisch schreibenden dänischen Geographen Malte-Brun, und daß er nichts anderes meinte als die maximale geographische Ost-West-Erstreckung dieser Sprachfamilie: am östlichen Rand befinden sich die Inder, am extremen Westrand, nämlich in Island (!), die Germanen. «Indo-europäisch» ist besser, weil es nicht nur die Endpunkte bezeichnet, sondern das Ganze umfaßt.

5 Vgl. *Beiträge zur vergleichenden Sprachforschung 5* (1868): 206–08; eine revidierte indogermanische Form der Schleicherschen Fabel findet man in Hirt/Arntz (1939: 114).

6 Vgl. Ruhlen (1994).

7 Das Buch ist jetzt in der hervorragenden Ausgabe von Di Cesare zugänglich: Humboldt (1836/1998).

8 Vgl. Trabant (1986 und 1990).

9 In der Biolinguistik Chomskyscher Prägung wird nun allerdings doch ein Kasus-System angenommen, auch wenn in den Sprachen selbst nichts dergleichen vorhanden ist: ein Universeller Tiefen-Kasus. Eine herrliche Wiederauferstehung der *Grammaire Générale*!

10 Das bemerkt schon der deutsche Übersetzer Peter Krausser zurecht, vgl. Whorf (1963: 123, A. 18).

11 Vgl. Malotki (1983), Gipper (1972).

12 Ironischer Titel eines Buches von Tannen (1991), die den in amerikanischen feministischen Kreisen beliebten radikalen Relativismus kritisiert.

13 Deutlich noch einmal im 2. Kapitel von Chomsky (2000), in dem Kommuni-

kation, Gesellschaft und Referenz als das Außen der Sprache behandelt werden, das nicht in den Bereich der Sprachwissenschaft, bzw. eines «explanatory theoretical discourse» (2000: 31) fällt: Ex-Kommunikation all derer, die sich mit diesen – unreinen – Sachen beschäftigen!

14 Hierzu vgl. Milner (1989), der das Sektenmäßige als konstitutiv für diese Schule darstellt.
15 Vgl. Trabant (2000).
16 Vgl. dazu Trabant/Ward (Hrsg. 2001).

7. Cambridge – Schwarzwald
Arbeiten, Spiele und Feiern der Sprache

1 Auch in Schnädelbachs (1983) Darstellung der deutschen Philosophie von 1831 bis 1933 kommt Humboldts Sprachphilosophie nicht vor.
2 Zu Nietzsches Sprachphilosophie vgl. Kalb (2000).
3 Zu Rousseaus Sprachauffassung vgl. jetzt Wilhelm (2001).
4 Menninghaus (1995: 221).
5 Vgl. z. B. die Interpretationsphilosophie von Abel (1999).
6 Vgl. Rorty (Hrsg. 1967). Der Ausdruck ist aber schon in den 50er Jahren in Bezug auf Wittgensteins *Tractatus* verwendet worden.
7 Etwa Blume/Demmerling (1998), Dummett (1992), Geier (1992), Hoche (1990), Tugendhat (1976).
8 Die beste Kritik an der Heidegger-Sprache findet man bei Meschonnic (1990).

Bibliographie

Aarsleff, Hans. 1967: *The Study of Language in England 1760–1860*. Princeton: Princeton Univ. Press.
- 1975: The Eighteenth Century, Including Leibniz. In: Sebeok (Hrsg. 1975): 383–479.
- 1982: *From Locke to Saussure. Essays on the Study of Language and Intellectual History*. Minneapolis: Univ. of Minnesota Press.
Abel, Günter. 1999: *Sprache, Zeichen, Interpretation*. Frankfurt am Main: Suhrkamp.
Académie française (Hrsg.). 1694: *Dictionnaire de l'Académie française*. 2 Bde. Paris: Coignard.
Adelung, Friedrich. 1815: *Catharinens der Großen Verdienste um die vergleichende Sprachkunde*. St. Petersburg: Drechsler (Nachdruck Hamburg: Buske 1976. Hrsg. Harald Haarmann).
Adelung, Johann Christoph/Vater, Johann Severin. 1806–17: *Mithridates oder allgemeine Sprachenkunde mit dem Vater Unser als Sprachprobe in bey nahe fünfhundert Sprachen und Mundarten*. 4 Teile. Berlin: Vossische Buchhandlung (Nachdruck Hildesheim: Olms 1970).
Albrecht, Jörn. 1988: *Europäischer Strukturalismus. Ein forschungsgeschichtlicher Überblick*. Tübingen: Francke.
Amirova, T. A./Olchovikov, B. A./Rozdestvenskij, Ju. V. 1980: *Abriß der Geschichte der Linguistik*. Leipzig: Bibliographisches Institut.
Ammon, Ulrich. 1991: *Die internationale Stellung der deutschen Sprache*. Berlin/New York: de Gruyter.
Andresen, Julie Tetel. 1990: *Linguistics in America 1769–1924: A Critical History*. London/New York: Routledge.
Apel, Karl-Otto. 1963: *Die Idee der Sprache in der Tradition des Humanismus von Dante bis Vico*. Bonn: Bouvier.
Arens, Hans. 1969: *Sprachwissenschaft. Der Gang ihrer Entwicklung von der Antike bis zur Gegenwart*. 2 Bde. ²Frankfurt am Main: Fischer Athenäum.
Aristoteles. 1554: *Aristotelis Stagiritae Organum, hoc est libri ad logicam attinentes, Boëthio Severino interprete, nuper ex optimis exemplaribus Graecis recogniti*. Venedig: Officina Erasmiana.
- 1962: *The Categories. On Interpretation. Prior Analytics*. London: Heinemann/Cambridge, Mass.: Harvard Univ. Press (Loeb's Classics).
- 1994: *Peri hermeneias* (Hrsg. Hermann Weidemann). Berlin: Akademie-Verlag.
- 1994: *Poetik. Griechisch/Deutsch* (Hrsg. Manfred Fuhrmann). Stuttgart: Reclam.
- 1999: *Rhetorik* (Hrsg. Gernot Krapinger). Stuttgart: Reclam.
Auerbach, Erich. 1958: *Literatursprache und Publikum in der lateinischen Spätantike und im Mittelalter*. Bern: Francke.

Augustinus. 1974: *Der Lehrer. De magistro* (Hrsg. Carl Johann Perl). ³Paderborn: Schöningh.

– 1984: *Confessiones. Bekenntnisse* (Hrsg. Joseph Bernhart). Darmstadt: Wiss. Buchgesellschaft.

Auroux, Sylvain. 1996: *La philosophie du langage*. Paris: PUF.

Auroux, Sylvain (Hrsg.). 1989–2000: *Histoire des idées linguistiques*. 3 Bde. Liège: Mardaga.

Auroux, Sylvain/Koerner, E. F. Konrad/Niederehe, Hans-Josef/Versteegh, Kees (Hrsg.). 2000–2001: *History of the Language Sciences. Geschichte der Sprachwissenschaften. Histoire des sciences du langage*. 2 Bde. Berlin/New York: de Gruyter.

Austin, John L. 1962: *How to do Things with Words*. London/Oxford/New York: Oxford Univ. Press.

Ax, Wolfram. 1986: *Laut, Stimme und Sprache. Studien zu drei Grundbegriffen der antiken Sprachtheorie*. Göttingen: Vandenhoeck & Ruprecht.

Bacon, Francis. (1620): *Neues Organon* (Hrsg. Wolfgang Krohn). Darmstadt: Wiss. Buchgesellschaft 1990.

Barthes Roland. 1980: *Leçon/Lektion*. Frankfurt am Main: Suhrkamp.

Baum, Richard. 1989: *Sprachkultur in Frankreich. Texte aus dem Wirkungsbereich der Académie française*. Bonn: Romanistischer Verlag.

Baum, Richard u. a. (Hrsg.). 1994: *Lingua et traditio. Geschichte der Sprachwissenschaft und der neueren Philologien*. (Fs. Hans Helmut Christmann). Tübingen: Narr.

Beck-Busse, Gabriele. 2002: *Grammatik für Damen. Zur Geschichte der französischen und italienischen Grammatik in England, Frankreich und Italien (1605–1850)*. Frankfurt am Main etc.: Peter Lang.

Bembo, Pietro. (1525): *Prose della volgar lingua. Gli Asolani. Rime* (Hrsg. Carlo Dionisotti). Milano: TEA1989.

Benda, Julien. (1925): *La trahison des clercs*. Paris: Seuil 1981.

Benfey, Theodor. 1869: *Geschichte der Sprachwissenschaft und orientalischen Philologie in Deutschland seit dem Anfange des 19. Jahrhunderts mit einem Rückblick auf die früheren Zeiten*. München: Cotta.

Benjamin, Walter. 1966: *Angelus novus. Ausgewählte Schriften 2*. Frankfurt am Main: Suhrkamp.

Benrekassa, Georges. 1995: *Le langage des Lumières. Concepts et savoir de la langue*. Paris: PUF.

Benveniste, Émile. (1958): Catégories de pensée et catégories de langue. In: *Problèmes de linguistique générale*. Paris: Gallimard 1966: 63–74.

Bergounioux, Gabriel (Hrsg.). 1994: *Aux origines de la linguistique française*. Paris: Agora Pocket.

Berkenbusch, Gabriele (Hrsg.). 1990: *Klassiker der spanischen Sprachwissenschaft. Eine Einführung in die Sprachwissenschaft des 16. und 17. Jahrhunderts*. Bonn: Romanistischer Verlag.

Bernhardi, August Ferdinand. 1801/1803: *Sprachlehre*. 2 Teile. Berlin: Frölich. 1805: *Anfangsgründe der Sprachwissenschaft*. Berlin: Frölich.

Bloomfield, Leonard. (1933): *Language*. ¹²London: Allen & Unwin 1970.

Blume, Thomas/Demmerling, Christoph. 1998: *Grundprobleme der analytischen Sprachphilosophie. Von Frege zu Dummett*. Paderborn: Schöningh.

Boas, Franz. 1911/22: *Handbook of American Indian Languages*. 2 Teile (Nachdruck Bristol: Thoemmes Press 2002).

Bopp, Franz. 1816: *Über das Conjugationssystem der Sanskritsprache in Vergleichung mit jenem der griechischen, lateinischen, persischen und germanischen Sprache*. Frankfurt am Main: Andreä.

– 1833–52: *Vergleichende Grammatik des Sanskrit, Zend, Griechischen, Lateinischen, Litthauischen, Gothischen und Deutschen*. 6 Bde. Berlin: Dümmler.

Borsche, Tilman. 1981: *Sprachansichten. Der Begriff der menschlichen Rede in der Sprachphilosophie Wilhelm von Humboldts*. Stuttgart: Klett-Cotta.

– 1985: Macht und Ohnmacht der Wörter. Bemerkungen zu Augustins De magistro. In: *Kodikas/Code* 8: 231–252.

– 1990: *Wilhelm von Humboldt*. München: Beck.

Borsche, Tilman (Hrsg.). 1996: *Klassiker der Sprachphilosophie*. München: Beck.

Borst, Arno. 1957–1963: *Der Turmbau von Babel. Geschichte der Meinungen über Ursprung und Vielfalt der Sprachen und Völker*. 4 Bände. Stuttgart: Hiersemann (Nachdruck München: dtv 1995).

Bossong, Georg. 1990: *Sprachwissenschaft und Sprachphilosophie in der Romania. Von den Anfängen bis August Wilhelm Schlegel*. Tübingen: Narr.

Bouhours, Dominique. (1671): *Les entretiens d'Ariste et d'Eugène*. Paris: Colin 1962.

Bréal, Michel. 1899: *Essai de sémantique. Science des significations*. ²Paris: Hachette.

Brekle, Herbert E. 1985: *Einführung in die Geschichte der Sprachwissenschaft*. Darmstadt: Wiss. Buchgesellschaft.

Brugmann, Karl/Delbrück, Berthold. 1886–1900: *Grundriß der vergleichenden Grammatik der indogermanischen Sprachen*. 5 Bde. Straßburg: Trübner.

Brunot, Ferdinand. (1905–1943): *Histoire de la langue française des origines à nos jours*. 13 Bde. ²Paris: Armand Colin 1966–1972.

– 1926: *La Pensée et la langue*. ²Paris: Masson & C.ie.

Budé, Guillaume. (1536): *De philologia. La philologie* (Hrsg. Maurice Lebel). Sherbrooke: Ed. de l'Université de Sherbrooke 1989.

Burke, Peter. 1996: *Die Geschicke des Hofmann. Zur Wirkung eines Renaissance-Breviers über angemessenes Verhalten*. Berlin: Wagenbach.

Busse, Winfried/Trabant, Jürgen (Hrsg.). 1986: *Les Idéologues. Sémiotique, théories et politiques linguistiques pendant la Révolution française*. Amsterdam/Philadelphia: Benjamins.

Calvet, Louis-Jean. 1974: *Linguistique et colonialisme. Petit traité de glottophagie*. Paris: Payot.

Calvin, Jean. 1541: *Institution de la religion chrestienne*. 2 Bde. Paris (Nachdruck Paris: Champion 1911. Hrsg. Abel Lefranc u.a.).

Cassirer, Ernst. (1923–29): *Philosophie der symbolischen Formen*. 3 Bde. ⁶Darmstadt: Wiss. Buchgesellschaft 1973.

Castiglione, Baldassar. (1528): *Il Libro del Cortegiano* (Hrsg. Amedeo Quondam). ⁸Milano: Garzanti 1999.

Champollion, Jean-François. 1822: *Lettre à Monsieur Dacier relative à l'alphabet des hiéroglyphes phonétiques*. Paris: Firmin Didot (Nachdruck Aalen 1966).

Chevalier, Jean-Claude. 1994: *Histoire de la grammaire française*. Paris: PUF.

Chiss, Jean-Louis/Puech, Christian. 1999: *Le langage et ses disciplines. XIXᵉ–XXᵉ siècles*. Paris/Bruxelles: Duculot.

Chomsky, Noam. 1966: *Cartesian Linguistics. A Chapter in the History of Rationalist Thought*. New York/London: Harper & Row.

– 1986: *Knowledge of Language: Its Nature, Origin, and Use*. New York: Praeger.

– 1991a: Linguistics and Adjacent Fields: A Personal View. In: Kasher (Hrsg. 1991): 3–25.

– 1991b: Linguistics and Cognitive Science: Problems and Mysteries. In: Kasher (Hrsg. 1991): 26–53.

– 2000: *New Horizons in the Study of Language and Mind*. Cambridge: Cambridge Univ. Press.

Christmann, Hans Helmut. 1967: Beiträge zur Geschichte der These vom Weltbild der Sprache. In: *Akad. der Wiss. und Lit. Abh. der geistes- u. sozialwiss. Klasse* Jg. 1966 Nr. 7. Mainz: 441–469.

Christmann, Hans Helmut (Hrsg.). 1977: *Sprachwissenschaft des 19. Jahrhunderts*. Darmstadt: Wiss. Buchgesellschaft.

Cicero. 1981: *De oratore. Über den Redner* (Hrsg. Harald Merklin). ²Stuttgart: Reclam.

Comrie, Bernard (Hrsg.). 1987: *The World's Major Languages*. New York: Oxford Univ. Press.

Condillac, Etienne Bonnot de. (1746): *Essai sur l'origine des connaissances humaines* (Hrsg. Charles Porset). Auvers-sur-Oise: Galilée 1973.

– 1821–22: *Œuvres complètes*. Paris (Nachdruck Genf: Slatkine 1970).

– 1980: *Les monades* (Hrsg. Laurence L. Bongie). Oxford: Voltaire Foundation.

Copans, Jean/Jamin, Jean (Hrsg.). 1994: *Aux origines de l'anthropologie française. Les mémoires de la société des observateurs de l'homme*. Paris: Jean-Michel Place.

Corneille, Thomas. 1694/95: *Dictionnaire des Arts et des Sciences*. 2 Bde. Paris: Coignard (Nachdruck Genève: Slatkine 1968).

Corti, Maria. 1982: *Dante a un nuovo crocevia*. Firenze: Sansoni.

Coseriu, Eugenio. 1967: L'arbitraire du signe. Zur Spätgeschichte eines aristotelischen Begriffes. In: *Archiv für das Studium der neueren Sprachen und Literaturen* 204/119: 81–112.

– 1969/72: *Die Geschichte der Sprachphilosophie von der Antike bis zur Gegenwart. Eine Übersicht*. 2 Bde. Tübingen: Narr.

– 1971: Zur Sprachtheorie von Juan Luis Vives. In: *Aus der französischen Kultur- und Geistesgeschichte* (Fs. Walter Mönch). Heidelberg: Kerle: 234–255.

– 1988: *Sprachkompetenz. Grundzüge der Theorie des Sprechens* (Hrsg. Heinrich Weber). Tübingen/Basel: Francke.

Crépon, Marc. 1996: *Les géographies de l'esprit. Enquête sur la caractérisation des peuples, de Leibniz à Hegel*. Paris: Payot.

Curtius, Ernst Robert. 1963: *Europäische Literatur und lateinisches Mittelalter*. ⁴Bern und München: Francke.

D'Aisy, Jean. 1685: *Le Génie de la langue françoise*. 2 Bde. Paris: D'Houry (Nachdruck Genf: Slatkine 1972).

Dante Alighieri. 1925: *Über das Dichten in der Muttersprache* (Übers. Franz Dornseiff/Joseph Balogh). Darmstadt: Wiss. Buchgesellschaft 1966.

– 1979: *De vulgari eloquentia*. In: Dante Alighieri: *Opere minori* II (Hrsg. Pier Vincenzo Mengaldo). Milano/Napoli: Ricciardi:1–237.

– 1988: *Convivio* = Dante Alighieri: *Opere minori* I/2 (Hrsg. Cesare Vasoli/Domenico De Robertis). Milano/Napoli: Ricciardi.

Darwin, Charles. (1859): *The Origin of Species by Means of Natural Selection.* ⁵London: Murray 1869.

Dascal, Marcelo u. a. (Hrsg.). 1992/96: *Sprachphilosophie. Ein internationales Handbuch zeitgenössischer Forschung.* 2 Bde. Berlin/New York: de Gruyter.

Degérando, Joseph-Marie. (1800): *Considérations sur les diverses méthodes à suivre dans l'observation des peuples sauvages.* In: Copans/Jamin (Hrsg. 1994): 73–109.

Delbrück, Berthold. 1880: *Einleitung in das Sprachstudium. Ein Beitrag zur Geschichte und Methodik der vergleichenden Sprachforschung.* Leipzig: Breitkopf & Härtel.

Delesalle, Simone/Chevalier, Jean-Claude. 1986: *La linguistique, la grammaire et l'École. 1750–1914.* Paris: Armand Colin.

De Mauro, Tullio/Formigari, Lia (Hrsg.). 1989: *Leibniz, Humboldt, and the Origins of Comparativism.* Amsterdam/Philadelphia: Benjamins.

Derbolav, Josef. 1953: *Der Dialog «Kratylos» im Rahmen der platonischen Sprach- und Erkenntnisphilosophie.* Saarbrücken: West-Ost-Verlag.

– 1972: *Platons Sprachphilosophie im Kratylos und in den späteren Schriften.* Darmstadt: Wiss. Buchgesellschaft.

Derrida, Jacques. 1967: *De la grammatologie.* Paris: Minuit. 1972: *Marges de la philosophie.* Paris: Minuit.

Descartes, René. (1637): *Discours de la méthode pour bien conduire sa raison et chercher la vérité dans les sciences* (Hrsg. Louis Liard). Paris: Garnier 1960.

– (1637): *Discours de la méthode pour bien conduire sa raison et chercher la vérité dans les sciences.* In: *Œuvres de Descartes* (Hrsg. Charles Adam/Paul Tannery). Bd. VI. Paris: Vrin 1973:1–78.

Destutt de Tracy, Antoine-Louis-Claude. 1817: *Elémens d'idéologie.* 2 Teile. ³ᐟ²Paris: Courcier (Nachdruck Paris: Vrin 1970).

Di Cesare, Donatella. 1980: *La semantica nella filosofia greca.* Roma: Bulzoni.

Di Cesare, Donatella/Gensini, Stefano (Hrsg.). 1987: *Le vie di Babele. Percorsi di storiografia linguistica (1600–1800).* Casale Monferrato: Mariettti (dt. *Iter babelicum.* Münster: Nodus 1990).

Diez, Friedrich. 1836–44: *Grammatik der romanischen Sprachen.* 3 Bde. Bonn: Weber.

Dominicy, Marc. 1984: *La naissance de la grammaire moderne. Langage, logique et philosophie à Port-Royal.* Bruxelles: Mardaga.

Droixhe, Daniel. 1978: *La linguistique et l'appel de l'histoire (1600–1800). Rationalisme et révolutions positivistes.* Genève: Droz.

Du Bellay, Joachim. (1549): *La deffence et illustration de la langue francoyse* (Hrsg. Henri Chamard). Paris: Fontemoing 1904.

Dummett, Michael. 1992: *Ursprünge der analytischen Philosophie.* Frankfurt am Main: Suhrkamp.

Eco, Umberto. 1985: *Semiotik und Philosophie der Sprache*. München: Fink.
— 1993: *La ricerca della lingua perfetta nella cultura europea*. Rom/Bari: Laterza (dt. *Die Suche nach der vollkommenen Sprache*. München: Beck 1994).

Ehlich, Konrad. 2000: *Aristoteles, die Sprachphilosophie und die Pragmatik*. Thessaloniki: Aristoteles-Universität.

Eisenstein, Elizabeth. 1979: *The Printing Press as an Agent of Change. Communication and Cultural Transformation in Early-Modern Europe*. 2 Bde. Cambridge: Cambridge Univ. Press.

Elias, Norbert. 1978: *Über den Prozeß der Zivilisation*. 2 Bde. ²Frankfurt am Main: Suhrkamp.
— 1983: *Die höfische Gesellschaft. Untersuchungen zur Soziologie des Königtums und der höfischen Aristokratie*. Frankfurt am Main: Suhrkamp.

Eschbach, Achim/Trabant, Jürgen (Hrsg.). 1983: *History of Semiotics*. Amsterdam/Philadelphia: Benjamins.

Esterhammer, Angela. 2000: *The Romantic Performative. Language and Action in British and German Romanticism*. Stanford, Ca.: Stanford Univ. Press.

Estienne, Henri. (1579): De la précellence du langage françois. In: Du Bellay, Joachim: *La défense et illustration de la langue française* (Hrsg. Louis Humbert). Paris: Garnier 1930: 176–423.

Estienne, Robert. 1549: *Dictionaire francois-latin*. Paris: Estienne (Nachdruck Genève: Slatkine 1972).

Ette, Ottmar u. a. (Hrsg.). 2001: *Alexander von Humboldt – Aufbruch in die Moderne*. Berlin: Akademie Verlag.

Fiesel, Eva. 1927: *Die Sprachphilosophie der deutschen Romantik*. Tübingen: Mohr.

Finck, Franz Nikolaus. 1910: *Die Haupttypen des Sprachbaus*. Leipzig: Teubner.

Flasch, Kurt. 1986: *Das philosophische Denken im Mittelalter. Von Augustin zu Machiavelli*. Stuttgart: Reclam.

Fodor, Jerry A. 1975: *The Language of Thought*. New York: Cromwell.
— 1994: *The Elm and the Expert. Mentalese and Its Semantics*. Cambridge, Mass.: MIT Press.

Formigari, Lia. 1977: *La logica del pensiero vivente*. Rom/Bari: Laterza.
— 1988: *Language and Experience in 17th-Century British Philosophy*. Amsterdam/Philadelphia: Benjamins.
— 1990: *L'esperienza e il segno. La filosofia del linguaggio tra Illuminismo e Restaurazione*. Roma: Editori Riuniti.
— 2001: *Il linguaggio. Storia delle teorie*. Roma/Bari: Laterza.

Formigari, Lia/Lo Piparo, Franco (Hrsg.). 1988: *Prospettive di storia della linguistica*. Rom: Editori Riuniti.

Foucault, Michel. 1966: *Les mots et les choses. Une archéologie des sciences humaines*. Paris: Gallimard.

Fredouille, Jean-Claude. 1981: Götzendienst. In: *Reallexikon für Antike und Christentum*. Bd. XI: 628–895.

Frege, Gottlob. 1879: *Begriffsschrift*. Halle: Nebert.
— 1974: *Begriffsschrift und andere Aufsätze* (Hrsg. Ignacio Angelelli). ³Darmstadt: Wiss. Buchgesellschaft.
— 1994: *Funktion, Begriff, Bedeutung. Fünf logische Studien* (Hrsg. Günther Patzig). ⁷Göttingen: Vandenhoek & Ruprecht.

Fuhrmann, Manfred. 1995: *Die antike Rhetorik.* ⁴Zürich: Artemis & Winkler.

– 2001: *Latein und Europa. Geschichte des gelehrten Unterrichts in Deutschland.* Köln: DuMont.

Fumaroli, Marc. 1994: *Trois institutions littéraires.* Paris: Gallimard.

Furetière, Antoine. 1690: *Dictionaire universel.* 3 Bde. La Haye/Rotterdam (Nachdruck Paris: Le Robert 1978).

Gabelentz, Georg von der. 1901: *Die Sprachwissenschaft, ihre Aufgaben, Methoden und bisherigen Ergebnisse.* ²Leipzig: Weigel Nachf. (Nachdruck Tübingen: Narr 1969).

Gadamer, Hans-Georg. (1960): *Wahrheit und Methode. Grundzüge einer philosophischen Hermeneutik.* ⁵Tübingen: Mohr 1986.

Gaier, Ulrich. 1988: *Herders Sprachphilosophie und Erkenntniskritik.* Stuttgart-Bad Cannstatt: Frommann-Holzboog.

Gardt, Andreas. 1999: *Geschichte der Sprachwissenschaft in Deutschland. Vom Mittelalter bis ins 20. Jahrhundert.* Berlin/New York: de Gruyter.

Garry, Jane/Rubino, Carl (Hrsg.). 2001: *Facts about the World's Languages. An Encyclopedia of the World's Major Languages: Past and Present.* New York/Dublin: Wilson.

Gauger, Hans-Martin/Oesterreicher, Wulf/Windisch, Rudolf. 1981: *Einführung in die romanische Sprachwissenschaft.* Darmstadt: Wiss. Buchgesellschaft.

Geier, Manfred. 1989: *Das Sprachspiel der Philosophen. Von Parmenides bis Wittgenstein.* Reinbek bei Hamburg: Rowohlt.

– 1992: *Der Wiener Kreis.* Reinbek bei Hamburg: Rowohlt.

Gensini, Stefano. 1991: *Il naturale e il simbolico. Saggio su Leibniz.* Rom: Bulzoni.

Gerber, Gustav. 1871: *Die Sprache als Kunst.* Bromberg: Mittler.

Gerl, Hanna-Barbara. 1974: *Rhetorik als Philosophie. Lorenzo Valla.* München: Fink.

– 1989: *Einführung in die Philosophie der Renaissance.* Darmstadt: Wiss. Buchgesellschaft.

Gesner, Conrad. 1555: *Mithridates. De differentiis linguarum tum veterum tum quae hodie apud diuersas nationes in toto orbe terrarum in usu sunt.* Zürich: Froschauer.

Gessinger, Joachim. 1994: *Auge & Ohr. Studien zur Erforschung der Sprache am Menschen 1700–1850.* Berlin/New York: de Gruyter.

Gessinger, Joachim/Rahden, Wolfert von (Hrsg.). 1989: *Theorien vom Ursprung der Sprache.* 2 Bände. Berlin/New York: de Gruyter.

Giovanardi, Claudio. 1998: *La teoria cortigiana e il dibattito linguistico nel primo Cinquecento.* Roma: Bulzoni.

Gipper, Helmut. 1972: *Gibt es ein sprachliches Relativitätsprinzip? Untersuchungen zur Sapir-Whorf-Hypothese.* Frankfurt am Main: Fischer.

Gipper, Helmut/Schmitter, Peter. 1979: *Sprachwissenschaft und Sprachphilosophie im Zeitalter der Romantik.* Tübingen: Narr.

Goodman, Nelson. 1968: *Languages of Art. An Approach to a Theory of Symbols.* Indianapolis: Bobbs-Merrill.

Grimm, Jacob. 1819: *Deutsche Grammatik.* Erster Theil. Göttingen: Dieterich.

– 1822–37: *Deutsche Grammatik.* 4 Bde. Göttingen: Dieterich.

– 1848: *Geschichte der deutschen Sprache.* 2 Bde. Leipzig: Weidmannsche Buchhandlung.

– (1851): Über den Ursprung der Sprache. In: Jacob Grimm: *Kleinere Schriften.* Bd. 1. Berlin: Dümmler 1864: 255–298.

Grimm, Jacob/Grimm, Wilhelm. 1854–1954: *Deutsches Wörterbuch.* 16 Bde. Leipzig: Hirzel.

Guilhaumou, Jacques. 1989: *Sprache und Politik in der Französischen Revolution. Vom Ereignis zur Sprache des Volkes (1789 bis 1794).* Frankfurt am Main: Suhrkamp.

Gusdorf, Georges. 1960: *Introduction aux sciences humaines. Essai critique sur leurs origines et leur développement.* Paris: Les Belles Lettres.

Haarmann, Harald. 2001: *Kleines Lexikon der Sprachen. Von Albanisch bis Zulu.* München: Beck.

Hall, Robert A. 1942: *The Italian Questione della Lingua.* Chapel Hill: Univ. of North Carolina.

– 1948: *French.* Baltimore: Linguistic Society of America (= Supplement to *Language* 24,3).

Hamann, Johann Georg. 1967: *Schriften zur Sprache* (Hrsg. Josef Simon). Frankfurt am Main: Suhrkamp.

– 1988: *Vom Magus im Norden und der Verwegenheit des Geistes. Ein Hamann-Brevier* (Hrsg. Stefan Majetschak). München: dtv.

Harnack, Adolf. 1900: *Geschichte der Königlich Preußischen Akademie der Wissenschaften zu Berlin.* 3 Bde. Berlin: Reichsdruckerei.

Harris, Roy. 1980: *The Language Makers.* London: Duckworth.

Harris, Roy/Taylor, Talbot J. 1989: *Landmarks in Linguistic Thought. The Western Tradition from Socrates to Saussure.* London/New York: Routledge.

Hassler, Gerda. 1984: *Sprachtheorien der Aufklärung. Zur Rolle der Sprache im Erkenntnisprozeß.* Berlin: Akademie Verlag.

Hegel, Georg Wilhelm Friedrich. 1969–71: *Werke in zwanzig Bänden* (Hrsg. Eva Moldenhauer/Karl Markus Michel). Frankfurt am Main: Suhrkamp.

Heidegger, Martin. (1927): *Sein und Zeit.* [16]Tübingen: Niemeyer 1986.

– 1959: *Unterwegs zur Sprache.* Pfullingen: Neske.

Heinekamp, Albert. 1972: Ars characteristica und natürliche Sprache bei Leibniz. In: *Tijdschrift voor filosofie* 34: 446–488.

Heintel, Erich. 1975: *Einführung in die Sprachphilosophie.* [2]Darmstadt: Wiss. Buchgesellschaft.

Helbig, Gerhard. 1974: *Geschichte der neueren Sprachwissenschaft.* Reinbek: Rowohlt.

Hennigfeld, Jochem. 1982: *Die Sprachphilosophie des 20. Jahrhunderts. Grundpositionen und -probleme.* Berlin/New York: de Gruyter.

Henry, Victor. 1896: *Antinomies linguistiques.* Paris: Félix Alcan (Nachdruck Paris: Didier Érudition o. J. Hrsg. Jean-Louis Chiss/Christian Puech).

Herder, Johann Gottfried. (1772): *Abhandlung über den Ursprung der Sprache* (Hrsg. Wolfgang Proß). München: Hanser 1978.

– (1774): *Auch eine Philosophie der Geschichte zur Bildung der Menschheit.* Frankfurt am Main: Suhrkamp 1976.

- (1799): *Verstand und Erfahrung. Eine Metakritik zur Kritik der reinen Vernunft.* Berlin: Aufbau Verlag 1955.
- 1960: *Sprachphilosophische Schriften* (Hrsg. Erich Heintel). Hamburg: Meiner.
- 1987: *Werke.* Bd. II: *Herder und die Anthropologie der Aufklärung* (Hrsg. Wolfgang Proß). München: Hanser.

Hervás, Lorenzo. 1785: *Catalogo delle lingue conosciute e notizia della loro affinità, e diversità.* Cesena: Biasini (Nachdruck Madrid: Sociedad General Española de Librería 1987. Hrsg. Jesús Bustamante).
- 1785: *Origine, formazione, meccanismo, ed armonia degl'idiomi.* Cesena: Biasini.
- (1787): *Vocabolario poligloto. Saggio pratico delle lingue.* Cesena: Biasini (Nachdruck Madrid: Sociedad General Española de Librería 1991. Hrsg. Manuel Breva-Claramonte/Ramón Sarmiento).
- 1801–1805: *Catálogo de las lenguas de las naciones conocidas, y numeración, división, y clases de estas según la diversidad de sus idiomas y dialectos.* 6 Bde. Madrid: Ranz.

Hirt, Hermann/Arntz, Helmut. 1939: *Die Hauptprobleme der indogermanischen Sprachwissenschaft.* Halle: Niemeyer.

Hjelmslev, Louis. 1928: *Principes de grammaire générale.* Kopenhagen: Høst & Søn.
- 1963: *Prolegomena to a Theory of Language.* Madison: Univ. of Wisconsin Press.

Hobbes, Thomas. (1651): *Leviathan, or The Matter, Forme, & Power of a Commonwealth Ecclesiastical and Civil* (Hrsg. C. B. Macpherson). Harmondsworth: Penguin 1986.

Hoche, Hans-Ulrich. 1990: *Einführung in das sprachanalytische Philosophieren.* Darmstadt: Wiss. Buchgesellschaft.

Hoinkes, Ulrich. 1991: *Philosophie und Grammatik in der französischen Aufklärung.* Münster: Nodus.

Hüllen, Werner. 1989: *«Their Manner of Discourse». Nachdenken über Sprache im Umkreis der Royal Society.* Tübingen: Narr.

Humboldt, Wilhelm von. 1836–39: *Über die Kawi-Sprache auf der Insel Java.* 3 Bde. Berlin: Druckerei der Königl. Akademie.
- (1836): *Über die Verschiedenheit des menschlichen Sprachbaues und ihren Einfluß auf die geistige Entwicklung des Menschengeschlechts* (Hrsg. Donatella Di Cesare). Paderborn: Schöningh 1998.
- 1903–36: *Gesammelte Schriften.* 17 Bde. (Hrsg. Albert Leitzmann u. a.). Berlin: Behr.
- 1960–81: *Werke in fünf Bänden* (Hrsg. Andreas Flitner/Klaus Giel). Darmstadt: Wiss. Buchgesellschaft.
- 1994: *Über die Sprache. Reden vor der Akademie* (Hrsg. Jürgen Trabant). ²Tübingen/Basel: Francke.
- 1994: *Mexicanische Grammatik* (Hrsg. Manfred Ringmacher). Paderborn: Schöningh.

Ihde, Don. 1973: *Sense and Significance.* Pittsburg: Duquesne Univ. Press. 1976: *Listening and Voice. A Phenomenology of Sound.* Athens, Ohio: Univ. Press.

(Isidor von Sevilla) San Isidoro de Sevilla. (1982/83): *Etimologías*. Edición bilingüe. 2 Bde. (Hrsg José Oroz Reta u. a.). Madrid: Editorial Católica.

Ivo, Hubert. 1994: *Muttersprache – Identität – Nation. Sprachliche Bildung im Spannungsfeld zwischen einheimisch und fremd*. Opladen: Westdeutscher Verlag.

Jakobson, Roman. (1940): *Kindersprache, Aphasie und allgemeine Sprachgesetze*. ²Frankfurt am Main: Suhrkamp 1969.

– (1965): Quest for the essence of language. In: Roman Jakobson: *Selected Writings*. Bd. 2. Den Haag/Paris: Mouton 1971: 345–359.

– 1988: *Semiotik. Ausgewählte Texte 1919–1982* (Hrsg. Elmar Holenstein). Frankfurt am Main: Suhrkamp.

Janota, Johannes. 1980: *Eine Wissenschaft etabliert sich. 1810–1870*. Tübingen: Niemeyer.

Johnson, Mark. 1987: *The Body in the Mind: The Bodily Basis of Meaning, Imagination, and Reason*. Chicago: Univ. of Chicago Press.

Kablitz, Andreas. 1999: Warum Petrarca? Bembos *Prose della volgar lingua* und das Problem der Autorität. In: *Romanistisches Jahrbuch* 50: 127–157.

Kalb, Christof. 2000: *Desintegration. Studien zu Friedrich Nietzsches Leib- und Sprachphilosophie*. Frankfurt am Main: Suhrkamp.

Kamlah, Wilhelm/Lorenzen, Paul. 1967: *Logische Propädeutik. Vorschule des vernünftigen Redens*. Mannheim/Wien/Zürich: Bibliograph. Institut.

Kant, Immanuel. 1977: *Werkausgabe in zwölf Bänden* (Hrsg. Wilhelm Weischedel). Frankfurt am Main: Suhrkamp.

Kasher, Asa (Hrsg.). 1991: *The Chomskyan Turn*. Cambridge, Mass./Oxford: Blackwell.

Klein, Hans Wilhelm. 1957: *Latein und Volgare in Italien*. München: Hueber.

Klein, Wolf Peter. 1992: *Am Anfang war das Wort. Theorie- und wissenschaftsgeschichtliche Elemente frühneuzeitlichen Sprachbewußtseins*. Berlin: Akademie Verlag.

Koch, Peter/Oesterreicher, Wulf. 1985: Sprache der Nähe – Sprache der Distanz. Mündlichkeit und Schriftlichkeit im Spannungsfeld von Sprachtheorie und Sprachgeschichte. In: *Romanistisches Jahrbuch* 36: 15–43.

Köhler, Erich. 1976: Je ne sais quoi. In: *Historisches Wörterbuch der Philosophie*. Bd. 4: 640–644.

Koerner, E. F. Konrad. 1973: *The Importance of F. Techmer's Internationale Zeitschrift für Allgemeine Sprachwissenschaft in the Development of General Linguistics*. Amsterdam: Benjamins.

Kouloughli, Djamel. 1989: La thématique du langage dans la Bible. In: Auroux (Hrsg. 1989–2000) Bd. 1: 65–78.

Krahe, Hans. 1966/1964: *Indogermanische Sprachwissenschaft*. 2 Bde. ⁵/⁴Berlin: de Gruyter.

Kremnitz, Georg. 1981: *Versuche der Kodifizierung des Okzitanischen seit dem 19. Jahrhundert*. Tübingen: Narr.

Kreuzer, Johann. 1995: *Augustinus*. Frankfurt/New York: Campus.

Kristeller, Paul Oskar. 1974–1976: *Humanismus und Renaissance*. 2 Bde. (Hrsg. Eckhart Keßler). München: Fink.

Kukenheim, Louis. 1932: *Contributions à l'histoire de la grammaire italienne, espagnole et française à l'époque de la Renaissance.* Amsterdam (Nachdruck Utrecht: H & S Publ. 1974).

Labande-Jeanroy, Thérèse. 1925: *La question de la langue en Italie.* Strasbourg/Paris: Istra.

Lakoff, George. 1987: *Women, Fire, and Dangerous Things. What Categories Reveal about the Mind.* Chicago/London: Univ. of Chicago Press.

Lakoff, George/Johnson, Mark. 1980: *Metaphors We Live By.* Chicago/London: Univ. of Chicago Press.

– 1999: *Philosophy in the Flesh. The Embodied Mind and its Challenge to Western Thought.* New York: Basic Books.

Lee, Penny. 1996: *The Whorf Theory Complex. A Critical Reconstruction.* Amsterdam/Philadelphia: Benjamins.

Leibniz, Gottfried Wilhelm. (1694): Mediationes de cognitione, veritate et ideis. In: *Kleine Schriften zur Metaphysik* (Hrsg. Hans Heinz Holz). ²Darmstadt: Wiss. Buchgesellschaft 1985: 25–47.

– 1710: Brevis designatio meditationum de Originibus Gentium, ductis potissimum ex indicio linguarum. In: *Miscellanea Berolinensia ad incrementum scientiarium.* Berlin: Johan. Christ. Papenii: 1–16.

– 1717: *Collectanea etymologica.* 2 Bde. (Hrsg. J. G. Eccard). Hannover: Foerster (Nachdruck Hildesheim/New York: Olms 1970).

– (1765): *Nouveaux essais sur l'entendement humain* (Hrsg. Jacques Brunschwig). Paris: Garnier-Flammarion 1966.

– 1983: *Unvorgreifliche Gedanken, betreffend die Ausübung und Verbesserung der deutschen Sprache. Zwei Aufsätze* (Hrsg. Uwe Pörksen). Stuttgart: Reclam.

Lepschy, Giulio C. (Hrsg.). 1990–94: *Storia della linguistica.* 3 Bde. Bologna: Il Mulino.

Leroi-Gourhan, André. 1964/65: *Le geste et la parole.* 2 Bde. Paris: Albin Michel.

Lewy, Ernst. (1942): *Der Bau der europäischen Sprachen.* ²Tübingen: Niemeyer 1964.

Liebrucks, Bruno. 1964–1979: *Sprache und Bewußtsein.* 7 Bde. Frankfurt am Main: Akad. Verlagsgesellschaft/Peter Lang.

Locke, John. (1690): *An Essay Concerning Human Understanding.* 2 Bde. (Hrsg. John W. Yolton). London: Dent/New York: Dutton 1971–74.

– 1700: *Essai philosophique concernant l'entendement humain.* Traduit de l'Anglois de Mr. Locke par Pierre Coste. Amsterdam: Henri Schelte.

Lo Piparo, Franco. 1988: Aristotle: The Material Conditions of Linguistic Expressiveness. In: *VS* 50/51: 83–102.

Löwith, Karl. (1968): Vicos Grundsatz: verum et factum convertuntur. Seine theologische Prämisse und deren säkulare Konsequenzen. In: *Gott, Mensch und Welt in der Philosophie der Neuzeit – G. B. Vico – Paul Valéry.* Stuttgart: Metzler 1986: 195–227.

Luther, Martin. (1524): An die Ratherren aller Städte deutsches Lands, daß sie christliche Schulen aufrichten und halten sollen. In: *D. Martin Luthers Werke. Kritische Gesammtausgabe.* 15. Band (Hrsg. Paul Pietsch). Weimar: Böhlaus Nachf. 1899: 9–53.

– 1983: *Ausgewählte Schriften* (Hrsg. Karl Gerhard Steck). Frankfurt am Main: Fischer.

Machiavelli, Niccolò. 1989: Discorso o dialogo intorno alla nostra lingua. In: *Opere*. Bd. 4: *Scritti letterari* (Hrsg. Luigi Blasucci). Torino: UTET: 255–277.

Malotki, Ekkehart. 1983: *Hopi Time. A Linguistic Analysis of the Temporal Concepts in the Hopi Language*. Berlin/New York: de Gruyter.

Manetti, Giovanni. 1987: *Le teorie del segno nell'antichità classica*. Milano: Bompiani.

Marazzini. Claudio. 1989: *Storia e coscienza della lingua in Italia dall'Umanesimo al Romanticismo*. Torino: Rosenberg & Sellier.

Mazzacurati, Giancarlo. 1965: *La Questione della lingua dal Bembo all'Accademia fiorentina*. Napoli: Liguori.

Meigret, Louis. (1550): *Le Traité de la Grammaire Française* (Hrsg. Franz Josef Hausmann). Tübingen: Narr 1980.

Meillet, Antoine/Cohen, Marcel (Hrsg.). (1924): *Les langues du monde*. ²Paris: CNRS 1952.

Meinhold, Peter. 1958: *Luthers Sprachphilosophie*. Berlin: Lutherisches Verlagshaus.

Mengaldo, Pier Vincenzo. 1978: *Linguistica e retorica di Dante*. Pisa: Nistri-Lischi.

Menninghaus, Winfried. 1995: *Walter Benjamins Theorie der Sprachmagie*. Frankfurt am Main: Suhrkamp.

Meschonnic, Henri. 1990: *Le langage Heidegger*. Paris: PUF.

– 1997: *De la langue française. Essai sur une clarté obscure*. Paris: Hachette.

– 2001: *Gloires. Traduction des psaumes*. Paris: Desclée de Brouwer.

– 2002: *Au commencement. Traduction de la Genèse*. Paris: Desclée de Brouwer.

Meyer, Michel (Hrsg.). 1999: *Histoire de la rhétorique des Grecs à nos jours*. Paris: Le Livre de Poche.

Meyer-Lübke, Wilhelm. 1890–1899: *Grammatik der Romanischen Sprachen*. 3 Bde. Leipzig: Fues/Reisland.

– 1911: *Romanisches etymologisches Wörterbuch*. Heidelberg: Winter.

Michaelis, Johann David. 1762: *De l'influence des opinions sur le langage et du langage sur les opinions*. Bremen: Förster (Nachdruck in: *Corpus* 30 1996).

Migliorini, Bruno. 1978: *Storia della lingua italiana*. ⁵Firenze: Sansoni.

Milner, Jean-Claude. 1989: *Introduction à une science du langage*. Paris: Seuil.

Monreal-Wickert, Irene. 1977: *Die Sprachforschung der Aufklärung im Spiegel der großen französischen Enzyklopädie*. Tübingen: Narr.

Moravia, Sergio. 1970: *La scienza dell'uomo nel Settecento*. Bari: Laterza.

– 1974: *Il pensiero degli Idéologues. Scienza e filosofia in Francia (1780–1815)*. Firenze: La Nuova Italia.

Mounin, Georges. 1967: *Histoire de la linguistique des origines au XXᵉ siècle*. Paris: PUF.

Müller-Vollmer, Kurt. 1976: Wilhelm von Humboldt und der Anfang der amerikanischen Sprachwissenschaft: Die Briefe an John Pickering. In: Klaus Hammacher (Hrsg.): *Universalismus und Wissenschaft im Werk und Wirken der Brüder Humboldt*. Frankfurt am Main: Klostermann: 259–334.

Nebrija, Antonio de. (1492): *Gramática de la lengua castellana* (Hrsg. Antonio Quilis). Madrid: Editora Nacional 1980.

Neff, Landolin. 1870: *Gottfried Wilhelm Leibniz als Sprachforscher und Etymologe. Erster Theil*. Heidelberg: Avenarius.

Niederehe, Hans-Josef/Haarmann, Harald (Hrsg.). 1976: *In Memoriam Friedrich Diez. Akten des Kolloquiums zur Wissenschaftsgeschichte der Romanistik*. Amsterdam: Benjamins.

Niederehe, Hans-Josef/Koerner, Konrad (Hrsg.). 1990: *History and Historiography of Linguistics*. 2 Bde. Amsterdam/Philadelphia: Benjamins.

Nietzsche, Friedrich. 1988: *Kritische Studienausgabe* (Hrsg. Giorgio Colli/Mazzino Montinari). 15 Bände. [2]München: dtv/Berlin/New York: de Gruyter.

Olender, Maurice. 1989: *Les langues du Paradis. Aryens et Sémites: un couple providentiel*. Paris: Seuil.

Olschki, Leonardo. 1919–1927: *Geschichte der neusprachlichen wissenschaftlichen Literatur*. 3 Bde. Heidelberg: Winter.

Ong, Walter J. 1982: *Orality and Literacy. The Technologizing of the Word*. London/New York: Methuen.

Ossola, Carlo. 1987: *Dal «Cortegiano» all'» Uomo di mondo». Storia di un libro e di un modello sociale*. Turin: Einaudi.

Ossola, Carlo/Prosperi, Adriano (Hrsg.). 1980: *La Corte e il «Cortegiano»*. 2 Bde. Rom: Bulzoni.

Otto, Stephan (Hrsg.). 2000: *Renaissance und frühe Neuzeit* (= *Geschichte der Philosophie in Text und Darstellung*. Bd. 3). Stuttgart: Reclam.

Pagliaro, Antonino. 1959: La dottrina linguistica di G. B. Vico. In: *Atti Acc. Naz. Lincei. Mem. Scienze morali*. Ser. VIII. Bd. VIII,6: 379–486.

– 1930: *Sommario di linguistica arioeuropea* (Nachdruck: *Opere. I: Storia della linguistica*. Palermo: Novecento 1993).

Pallas, Peter Simon. 1786/89: *Linguarum totius orbis vocabularia comparativa*. 2 Bde. Sankt Petersburg: Schnoor.

Palsgrave, John. 1530: *Lesclarcissement de la langue francoyse*. London: Haukyns.

Parret, Herman (Hrsg.). 1976: *History of Linguistic Thought and Contemporary Linguistics*. Berlin/New York: de Gruyter.

Paul, Hermann. 1880: *Prinzipien der Sprachgeschichte*. Halle: Niemeyer ([7]Tübingen 1966).

– 1916–1920: *Deutsche Grammatik*. 5 Bde. Halle: Niemeyer.

Peirce, Charles S. 1986–93: *Semiotische Schriften* (Hrsg. Christian Kloesel/Helmut Pape). 3 Bde. Frankfurt am Main: Suhrkamp.

Pinborg, Jan. 1967: *Die Entwicklung der Sprachtheorie im Mittelalter*. Münster: Aschendorffsche Verlagsbuchhandlung.

Pinker, Steven. 1994: *The Language Instinct*. New York: William Morrow.

Platon. 1974: *Werke in acht Bänden. Griechisch und deutsch* (Hrsg. Günther Eigler). Darmstadt: Wiss. Buchgesellschaft.

Polenz, Peter von. 1991–99: *Deutsche Sprachgeschichte vom Spätmittelalter bis zur Gegenwart*. 3 Bde. Berlin: de Gruyter.

Port-Royal (Arnauld, Antoine/Lancelot, Claude). (1660): *Grammaire générale et raisonnée* (Nachdruck Paris: Paulet 1969).
- (Arnauld, Antoine/Nicole, Pierre). (1683): *La logique ou l'art de penser* (5. Aufl. 1683) (Hrsg. Louis Marin). Paris: Flammarion 1970.
Posner, Roland u. a. (Hrsg.). 1997/98: *Semiotik. Ein internationales Handbuch zu den zeichentheoretischen Grundlagen von Natur und Kultur*. Berlin/New York: de Gruyter.
Pott, August Friedrich. 1833–36: *Etymologische Forschungen auf dem Gebiete der Indo-Germanischen Sprachen*. Lemgo: Meyer.
- 1868: *Die Sprachverschiedenheit in Europa an den Zahlwörtern nachgewiesen, sowie die quinäre und vigesimale Zählmethode*. Halle: Waisenhaus.
- 1974: *Zur Literatur der Sprachenkunde Europas* (1887). *Einleitung in die Allgemeine Sprachwissenschaft* (1884–90) (Hrsg. E. F. Konrad Koerner). Amsterdam: Benjamins.
Pozzi, Mario (Hrsg.). 1988: *Discussioni linguistiche del Cinquecento*. Torino: UTET.
Reinach, Théodore. 1895: *Mithradates Eupator, König von Pontos*. Leipzig: Teubner (Nachdruck Hildesheim/New York: Olms 1975).
Reinhard, Wolfgang. 1987: Sprachbeherrschung und Weltherrschaft. Sprache und Sprachwissenschaft in der europäischen Expansion. In: Wolfgang Reinhard (Hrsg.): *Humanismus und Neue Welt*. Weinheim: Acta Humaniora/VCH:1–36.
Renan, Ernest. (1848): *De l'origine du langage*. Paris: Calmann Lévy (Nachdruck der 6. Auflage von 1883. Paris: Didier Érudition o. J.).
Richelet, Pierre César. 1680: *Dictionnaire françois*. 2 Bde. Genf (Nachdruck Hildesheim/New York: Olms 1973).
Ricken, Ulrich. 1984: *Sprache, Anthropologie, Philosophie in der französischen Aufklärung*. Berlin: Akademie Verlag.
Riedel, Manfred. 1990: *Hören auf die Sprache. Die akroamatische Dimension der Hermeneutik*. Frankfurt am Main: Suhrkamp.
Robinet, André. 1978: *Le langage à l'âge classique*. Paris: Klincksieck.
Robins, Robert H. 1967: *A Short History of Linguistics*. London: Longman.
Rorty, Richard M. (Hrsg.). (1967): *The Linguistic Turn. Esssays in Philosophical Method*. Chicago/London: Univ. of Chicago Press [2]1992.
Rousseau, Jean-Jacques. (1781): *Essai sur l'origine des langues* (Hrsg. Charles Porset). Paris: Nizet 1981.
Ruhlen, Merritt. 1991: *A Guide to the World's Languages*. Stanford: Stanford Univ. Press.
- 1994: *The Origin of Language. Tracing the Evolution of the Mother Tongue*. New York: Wiley.
Rupp-Eisenreich, Britta (Hrsg.) 1984: *Histoire de l'anthropologie (XVIe-XIXe siècles)*. Paris: Klincksieck.
Ryle, Gilbert. (1949): *The Concept of Mind*. [2]London: Hutchinson 1958.
Sapir, Edward. 1921: *Language*. New York: Harcourt, Brace & Company.
Saussure, Ferdinand de. 1879: *Mémoire sur le système primitif des voyelles dans les langues indo-européennes*. Leipzig: Teubner.

– (1916): *Cours de linguistique générale* (Hrsg. Tullio De Mauro). Paris: Payot 1975.

Scharf, Hans-Werner. 1994: *Das Verfahren der Sprache. Humboldt gegen Chomsky*. Paderborn: Schöningh.

Schelling, Friedrich Wilhelm Joseph. 1850: Vorbemerkung zu der Frage über den Ursprung der Sprache (25. 11. 1850). In: *Schellings Werke* (Hrsg. Manfred Schröter). 4. Ergänzungsband. München: Beck/Oldenbourg 1959: 503–510.

Schiller, Friedrich. (1793): Über Anmut und Würde. In: *Sämtliche Werke* (Hrsg. Gerhard Fricke/Herbert G. Göpfert). Bd. 5. ²München: Hanser 1960: 433–488.

Schlegel, August Wilhelm. 1818: *Observations sur la langue et la littérature provençales*. Paris (Nachdruck Tübingen: Narr 1971).

Schlegel, Friedrich. 1808: *Über die Sprache und Weisheit der Indier. Ein Beitrag zur Begründung der Alterthumskunde*. Heidelberg: Mohr und Zimmer (Nachdruck Amsterdam: Benjamins 1977).

Schleicher, August. (1861): *Compendium der vergleichenden Grammatik der indogermanischen Sprachen*. ⁴Weimar: Böhlau 1876.

– (1863): *Die Darwinsche Theorie und die Sprachwissenschaft*. Weimar: Böhlau. Jetzt auch in: Christmann (Hrsg. 1977): 85–108.

Schlieben-Lange, Brigitte. 1983: *Traditionen des Sprechens. Elemente einer pragmatischen Sprachgeschichtsschreibung*. Stuttgart etc.: Kohlhammer.

– 1996: *Idéologie, révolution et uniformité de la langue*. Sprimont: Mardaga.

Schlieben-Lange, Brigitte u. a. (Hrsg.). 1989–94: *Europäische Sprachwisssenschaft um 1800*. 4 Bde. Münster: Nodus.

Schmidt, Siegfried J. 1968: *Sprache und Denken als sprachphilosophisches Problem von Locke bis Wittgenstein*. Den Haag: Nijhoff.

Schmidt, Siegfried J. (Hrsg.). 1971: *Philosophie als Sprachkritik. Textauswahl II*. Stuttgart-Bad Cannstatt: Frommann-Holzboog.

Schmitter, Peter (Hrsg.). 1987 ff.: *Geschichte der Sprachtheorie*. Bisher 5 Bde. Tübingen: Narr.

Schnädelbach, Herbert. 1983: *Philosophie in Deutschland 1831–1933*. Frankfurt am Main: Suhrkamp.

Schulenburg, Sigrid von der. 1973: *Leibniz als Sprachforscher*. Frankfurt am Main: Klostermann.

Searle, John R. 1969: *Speech Acts. An Essay in the Philosophy of Language*. Cambridge: Cambridge Univ. Press.

Sebeok, Thomas A. (Hrsg.). 1966: *Portraits of Linguists. A Biographical Source Book for the History of Western Linguistics. 1743–1963*. 2 Bde. Bloomington: Indiana Univ. Press.

– 1975: *Historiography of Linguistics*. Den Haag/Paris: Mouton.

Seebaß, Gottfried. 1981: *Das Problem von Sprache und Denken*. Frankfurt am Main: Suhrkamp.

Shapiro, Marianne. 1990: *De vulgari eloquentia. Dante's Book of Exile*. Lincoln/London: Univ. of Nebraska Press.

Simon, Josef. 1966: *Das Problem der Sprache bei Hegel*. Stuttgart: Kohlhammer.

– 1989: *Philosophie der Zeichen*. Berlin/New York: de Gruyter.

Speroni, Sperone. (1542): Dialogo delle lingue. In: Pozzi (Hrsg. 1988): 279–335.

Stam, James H. 1976: *Inquiries into the Origin of Language: The Fate of a Question*. New York: Harper & Row.

Steinthal, Heymann. 1851: *Der Ursprung der Sprache im Zusammenhang mit den letzten Fragen des Wissens. Eine Darstellung der Ansicht Wilhelm von Humboldts verglichen mit denen Herders und Hamanns*. Berlin: Dümmler.

– 1863: *Geschichte der Sprachwissenschaft bei den Griechen und Römern mit besonderer Rücksicht auf die Logik*. Berlin: Dümmler.

Storost, Jürgen. 1994: *Langue française – langue universelle? Die Diskussion über die Universalität des Französischen an der Berliner Akademie der Wissenschaften*. Bonn: Romanistischer Verlag.

– 2001: *300 Jahre romanische Sprachen und Literaturen an der Berliner Akademie der Wissenschaften*. 2 Bde. Frankfurt am Main etc.: Peter Lang.

Swiggers, Pierre. 1997: *Histoire de la pensée linguistique*. Paris: PUF.

Szemerényi, Oswald. 1971: *Richtungen der modernen Sprachwissenschaft. I: Von Saussure bis Bloomfield. 1916–1950*. Heidelberg: Winter.

Tannen, Deborah. 1991: *Du kannst mich einfach nicht verstehen*. Hamburg: Kabel.

Tavoni, Mirko. 1984: *Latino, gramatica, volgare. Storia di una questione umanistica*. Padova: Antenore.

Thomsen, Vilhelm. 1927: *Geschichte der Sprachwissenschaft bis zum Ausgang des 19. Jahrhunderts*. Halle: Niemeyer (dän. Original 1902).

Tory, Geoffroy. (1529): *Champ fleury ou l'art et science de la proportion des lettres* (Hrsg. Gustave Cohen). Paris 1931 (Nachdruck Genève: Slatkine 1973).

Trabant, Jürgen. 1986: *Apeliotes oder Der Sinn der Sprache. Wilhelm von Humboldts Sprach-Bild*. München: Fink.

– 1990: *Traditionen Humboldts*. Frankfurt am Main: Suhrkamp.

– 1994: *Neue Wissenschaft von alten Zeichen: Vicos Sematologie*. Frankfurt am Main: Suhrkamp.

– 1994: *Elemente der Semiotik*. ³Tübingen/Basel: Francke.

– 2000: Inner Bleating. Cognition and Communication in the Language Origin Discussion. In: *Herder Jahrbuch. Herder Yearbook 2000*. Stuttgart/Weimar: Metzler: 1–19.

– 2001: Gloria oder grazia. Oder: Wonach die questione della lingua eigentlich fragt. In: *Romanistisches Jahrbuch* 51 (2000): 29–52.

– 2002: *Der Gallische Herkules. Über Sprache und Politik in Frankreich und Deutschland*. Tübingen/Basel: Francke.

Trabant, Jürgen (Hrsg.). 1981: *Logos semantikos* (Fs. Eugenio Coseriu). Bd. 1: *Geschichte der Sprachphilosophie und der Sprachwissenschaft*. Berlin/New York: de Gruyter/Madrid: Gredos.

– 1995: *Sprache denken. Positionen aktueller Sprachphilosophie*. Frankfurt am Main: Fischer.

Trabant, Jürgen/Ward, Sean (Hrsg.). 2001: *New Essays on the Origin of Language*. Berlin/New York: Mouton de Gruyter.

Trissino, Giovan Giorgio. (1524): Epistola de le lettere nuovamente aggiunte ne la lingua italiana. In: Pozzi (Hrsg. 1988): 105–116.

- (1529): Dialogo intitulato Il Castellano nel quale si tratta de la lingua italiana. In: Pozzi (Hrsg. 1988): 119–173.

Trubetzkoy, Nicolai S. (1939): *Grundzüge der Phonologie*. ²Göttingen: Vandenhoeck & Ruprecht 1958.

Tugendhat, Ernst. 1976: *Vorlesungen zur Einführung in die sprachanalytische Philosophie*. Frankfurt am Main: Suhrkamp.

Valla, Laurentius. (1540) *Opera omnia*. Bd. 1 (Hrsg. Eugenio Garin). Torino: Bottega d'Erasmo 1962 (Nachdruck von: Laurentii Vallae *Opera*. Basileae apud Henricum Petrum 1540).

- 1540: Laurentii Vallae *Elegantiarum latinae linguae libri sex*. Lugduni apud Seb. Gryphium.

Vaugelas, Claude Fravre de. (1647): *Remarques sur la langue française*. Paris: Ivrea 1996.

Vecchio, Sebastiano. 1994: *Le parole come segni. Introduzione alla linguistica agostiniana*. Palermo: Novecento.

Vico, Giambattista. 1990: *Opere*. 2 Bde. (Hrsg. Andrea Battistini). Milano: Mondadori.

Vitale, Maurizio. 1960: *La questione della lingua*. Palermo: Palumbo.

Volney, Constantin-François de Chasseboeuf. (1798): Observations générales sur les Indiens ou Sauvages de l'Amérique du Nord. In: *Œuvres*. Bd. 2. Paris: Fayard 1989: 329–406.

Vossler, Karl. 1904: *Positivismus und Idealismus in der Sprachwissenschaft*. Heidelberg: Winter.

- 1905: *Sprache als Schöpfung und Entwicklung*. Heidelberg: Winter.

- 1913: *Frankreichs Kultur im Spiegel seiner Sprachentwicklung*. Heidelberg: Winter.

- 1925: *Geist und Kultur in der Sprache*. Heidelberg: Winter.

- 1929: *Frankreichs Kultur und Sprache*. ²Heidelberg: Winter.

Waquet, Françoise. 1998: *Le latin ou l'empire d'un signe. XVIe-XXe siècle*. Paris: Albin Michel.

Waswo, Richard. 1987: *Language and Meaning in the Renaissance*. Princeton: Princeton Univ. Press.

Weinrich, Harald. 1988: *Wege der Sprachkultur*. München: dtv.

- 2001: *Tempus: Besprochene und erzählte Welt*. ⁶München: Beck.

Weisgerber, Leo. 1948: *Die Entdeckung der Muttersprache im europäischen Denken*. Lüneburg: Heliand Verlag.

Werner, Jürgen. 1992: Zur Fremdsprachenproblematik in der griechisch-römischen Antike. In: Carl Werner Müller/Kurt Sier/Jürgen Werner (Hrsg.): *Zum Umgang mit fremden Sprachen in der griechisch-römischen Antike*. Stuttgart: Steiner:1–20.

Westermann, Claus. 1993: *Genesis1–11*. ⁵Darmstadt: Wiss. Buchgesellschaft.

Whorf, Benjamin Lee. 1956: *Language, Thought, and Reality*. Cambridge, Mass.: MIT Press (dt. *Sprache, Denken, Wirklichkeit*. Reinbek: Rowohlt 1963).

Wilhelm, Raymund. 2001: *Die Sprache der Affekte. Jean-Jacques Rousseau und das Sprachdenken des siècle des Lumières*. Tübingen: Narr.

Wittgenstein, Ludwig. (1921): *Tractatus logico-philosophicus*. Frankfurt am Main: Suhrkamp 1963.

– (1958): *Philosophische Untersuchungen*. Frankfurt am Main: Suhrkamp 1971.

Wohlfart, Günther. 1984: *Denken der Sprache. Sprache und Kunst bei Vico, Hamann, Humboldt und Hegel*. Freiburg/München: Alber.

Wolf, Lothar (Hrsg.). 1969: *Texte und Dokumente zur französischen Sprachgeschichte. 16. Jahrhundert*. Tübingen: Niemeyer.

– 1972: *Texte und Dokumente zur französischen Sprachgeschichte. 17. Jahrhundert*. Tübingen: Niemeyer.

Zollna, Isabel. 1990: *Einbildungskraft (imagination) und Bild (image) in den Sprachtheorien um 1800*. Tübingen: Narr.

Register

Aus dem Verlagsprogramm

Geschichte der Sprache

Umberto Eco
Die Suche nach der vollkommenen Sprache
Aus dem Italienischen von Burkhart Kroeber
3., durchgesehene Auflage. 1994. 388 Seiten mit 22 Abbildungen.
Leinen
Europa bauen

Harald Haarmann
Lexikon der untergegangenen Sprachen
2002. 229 Seiten mit 1 Karte. Paperback
Beck'sche Reihe Band 1456

Nabil Osman (Hrsg.)
Kleines Lexikon untergegangener Wörter
Wortuntergang seit dem Ende des 18. Jahrhunderts
Mit einer Vorbemerkung von Werner Ross.
12., unveränderte Auflage. 2002. 263 Seiten. Paperback
Beck'sche Reihe Band 487

Ludwig Reiners
Stilkunst
Ein Lehrbuch deutscher Prosa
Völlig überarbeitete Ausgabe.
1991. 542 Seiten. Leinen

Jürgen Schiewe
Die Macht der Sprache
Eine Geschichte der Sprachkritik von den Anfängen
bis zur Gegenwart
1998. 328 Seiten. Gebunden

Harald Weinrich
Tempus. Besprochene und erzählte Welt
2001. 338 Seiten. Broschiert

Verlag C.H.Beck München

Reihe «Denker» in der Beck'schen Reihe
Herausgegeben von Otfried Höffe
Eine Auswahl

Verlag C.H.Beck München